平津战役

原国民党高级将领的战场记忆

全国政协文化文史和学习委员会 编

中国文史出版社

东北野战军挥师入关，对北平、天津之国民党军实行隔而不围。

解放军在张北追击溃逃之国民党军

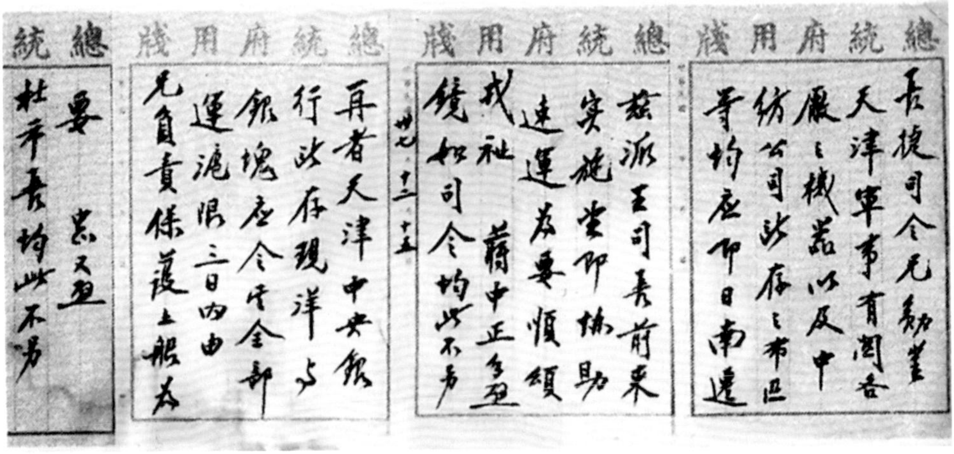
總統府用牋

長捷司令兄勛鑒
天津軍事有關各
廠、機器以及中
紡公司所存、布匹
等物應即日南運
茲派王司長前來
實施望即協助
速運為要 順頌
戎祉 蔣中正手啓
鏡如司令均此不另
卅七、十二、十五
再者天津中央銀
行所存現洋與
銀塊應令全部
運滬限三日內由
兄負責保護上船為
要 中正又啓
杜市長均此不另

蒋介石给陈长捷的亲笔信

一九四九年一月十四日，解放军向天津国民党军发起进攻。

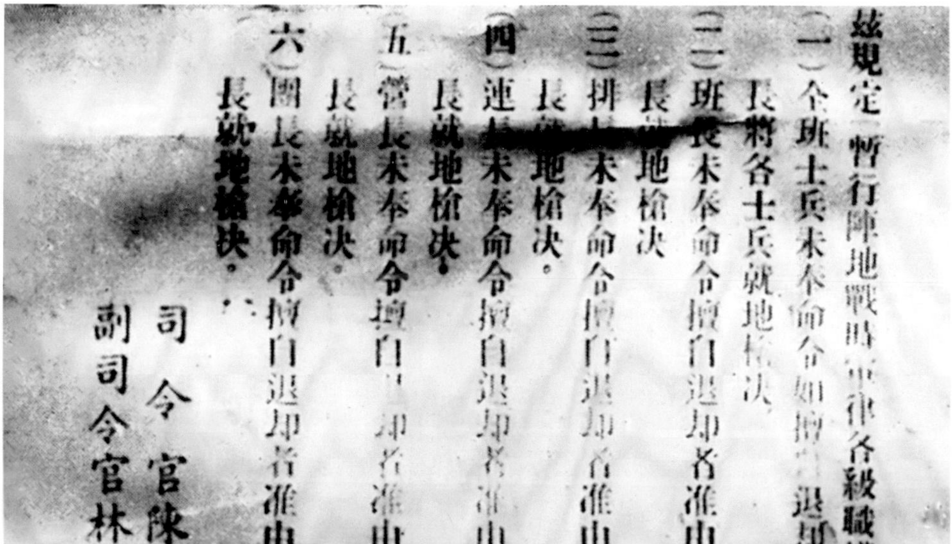

茲規定「暫行陣地戰時軍律」各級職權如左：

(一)全班士兵未奉命令如擅自退卻者准由班長將各士兵就地槍決

(二)班長未奉命令擅自退卻者准由排長將班長就地槍決

(三)排長未奉命令擅自退卻者准由連長將排長就地槍決。

(四)連長未奉命令擅自退卻者准由營長將連長就地槍決。

(五)營長未奉命令擅自退卻者准由團長將營長就地槍決。

(六)團長未奉命令擅自退卻者准由師長將團長就地槍決。

司令官陳長捷

副司令官林偉儔

国民党天津警备区司令部司令官陈长捷（左）、副司令官林伟俦（右）及其规定的“阵地战时军律”（下）。

一九四九年一月十五日，天津正式解放。图为国民党军俘虏被解放军押解出城。

執行毛主席八項和平條件的第一個榜樣

以和平方法結束戰爭

北平宣告完全解放

國民黨軍已全部開出城外聽候改編

和平結束北平戰事經過

北平介紹

经过和谈，国民党华北“剿总”总司令傅作义于一九四九年一月二十一日接受和平解放的条件，古都北平一月三十一日正式宣告和平解放。图为毛泽东为新华社写的评论。

一九四九年二月三日，解放军举行入城式。

二十余万国民党军出城接受解放军改编

绥远起义是北平和平的继续。傅作义将军受毛泽东和周恩来的委托，曾赴绥远促进国民党华北总部驻绥部队指挥所主任、绥远省政府主席董其武起义。图为一九四九年九月十九日董其武等在起义通电上签字。

一九六一年春，时任国防委员会委员、水利部部长的傅作义将军与周恩来总理（左二）、张治中（左一）、屈武（左四）在一起。

起义后任解放军第六十九军副军长的袁庆荣将军在看报（一九八一年）

一九八四年五月二十二日，全国政协六届二次会议期间，文史资料研究委员会在政协礼堂召开平津战役历史座谈会，与会者多为原国民党将领。前排左起：李英夫、刘瑶章（原北平市市长）、周北峰（原傅作义的和谈代表）、黄翔、王克俊、刘琦（文史资料研究委员会军事组组长）、杜建时、朱大纯、潘瑞征；后排左起：杨格非（原北平《平明日报》社总编）、刘春方、王建业、何宝松、刘一平。（邵焱摄）

一九八六年春，全国政协副主席、文史资料研究委员会主任杨成武（右）与全国政协委员文史资料研究委员会副主任杜建时在一起。（张炳礼摄）

反映辽沈、淮海、平津三大战役的电影《大决战》由八一电影制片厂开拍。图为一九八七年冬，八一电影制片厂厂长肖穆（前左二）及导演、编剧、摄影师等与原国民党将领杜建时（前左三）、黄维（前左四）、刘春方（前左五）、侯镜如（前左六）、文强（前左七）座谈电影剧本后合影。前左一为全国政协副秘书长孙轶青。（姜力军摄）

王　越

王雷震

冯　梓

林泽生

孙兰峰

杨维垣

王鸿鹄

靳书科

张兴成

卫景林

白　震

宋海潮

韩开元

田子永

李世杰

何思源

黄剑夫

前　言

平津战役是解放战争时期三个具有决定意义的大战役中的最后一个战役，是人民解放军在华北地区东起唐山、西至张家口长达五百公里战线上对国民党军进行的一次大歼灭战。

一九四八年七月，解放战争进入第三个年头。八月，国民党军被迫改取重点防御的战略方针。整个形势对国民党极为不利，政治的、经济的危机也愈益加深，民心失尽，内部矛盾加剧，国民党的统治已处于总崩溃的前夕。

十一月二日，辽沈战役结束，东北全境解放。此时，国民党军在数量上长期占有的优势，急速地转为劣势。十一月六日，解放军又发起了淮海战役，徐州"剿总"刘峙集团告急。华北"剿总"傅作义集团，面对东北、华北解放军即将联合作战，以优势兵力压境的不利态势，是固守，还是南撤？国民党统帅部与傅作义各有不同打算。

蒋介石的基本方针是，弃守平津，让傅集团南撤，以利于加强淮海战场及其长江防线的战力。为此，蒋对傅许以高官重权。当然，对弃守平津之影响，蒋介石也有所顾虑。

傅作义则设法保全实力，不离察绥，以便在而后军事、政治局势急骤变化的情况下，无论是守，是退，还是和，均能处于有利地位，同时，为自身利害计，也深虑南撤后将受制于蒋系，实力终将为蒋所吞并。因此，傅主张固守平津，认为固守华北是全局，退守江南是偏安，南撤方案非万不得已时，不宜实行。

由于蒋介石、傅作义在东北野战军何时入关的判断上，都错误地认为"需要有三个月到半年的休整时间"，"平津尚不致遽受威胁"，抓紧调整部署，尚有可为。遂决定了暂守平津，保持海口，扩充实力，以观时变的作战方针。他们认为，这个方针可牵制东北、华北解放军不能迅速南下，便于蒋介石取得部署长江防线的时间，也利于傅作义获得美国的军援，扩充部队。

中共中央军事委员会从战争全局出发，高瞻远瞩，深谋远虑，制定了将傅作义集团抑留华北，分割包围，就地歼灭的作战方针。为了防止傅部南撤或西退，调东北野战军迅速入关，立即发起平津战役。

战役前，双方根据各自的作战方针，作了精心的部署。

十一月六日，傅作义由南京返平。他一方面积极调整部署，收缩兵力于张家口、北平、天津、塘沽、唐山之线（蒋系部队配置在平津塘唐线，傅系部队集中在平张线）；同时拟订了扩兵计划，要绥远筹集粮草，将张家口守军眷属东移津、塘，还为“剿总”司令部迁津选择地址，等等。另一方面，又密觅渠道向中共试探和谈的可能性。

十一月间，中共中央军委一方面采取了命令华北人民解放军撤围归绥，停攻太原，令已入关隐蔽在冀东的东北野战军先遣兵团，勿过早包围唐山等一系列军事行动，以麻痹傅作义，使其既不能集中兵力，又难下西退或南撤的决心。另一方面令东北野战军主力停止休整，提前于十一月下旬隐蔽入关。

国民党军投入战役的兵力计有：华北“剿总”所辖的四个兵团和一个警备司令部，共十二个军（不含重建的两个军部）、四十二个师（不含战役中新建和重建的十三个师）、四个旅，连同“剿总”配属的特种兵部队，共六十余万人。

人民解放军参战部队计有：东北、华北解放军四个兵团，共十九个纵队（军）、四十八个师、二十个旅（相当于师），连同炮兵、装甲兵、铁道兵、工程兵等特种兵部队以及华北各军区的参战部队，共约一百万人。

战役分三个阶段。

第一阶段：一九四八年十一月二十九日至十二月二十日。解放军引傅作义西顾，东北野战军隐蔽疾进入关，将傅部全军分割包围在张家口、新保安、北平、天津、塘沽五个孤立点上。

十一月底，解放军包围张家口。十二月五日，傅作义惊悉东北野战军攻占密云，威胁北平，急令增援张家口的第三十五军（两个师）星夜撤返北平，途中遇解放军阻击，被抑留新保安，后多次向东猛冲夺路，终不得逞，旋陷入重围。奉命由怀来西出接应第三十五军的第一〇四军和在康庄的第十六军（各两个师），在接应作战受阻和突围后撤往北平途中，大部被解放军追歼。解放军对张家口、新保安采取暂时“围而不打”的方针，使傅作义不好下从海上逃走的决心。这期间，东北野战军主力先后到达冀东地区，并于十二月中旬包围了北平，切断了平津线和津塘线，形成对平津塘“隔而不围”的态势。傅作义西退绥远和东移从海上南撤的通道都被封堵，局势顿形严重。傅作义于十二月中旬，密派代表出城找到解放军平津前线司令部进行谈判，提出建立华北联合政府。因双方条件距离太远，谈判陷入僵局。

第二阶段：一九四八年十二月二十一日至一九四九年一月十五日。解放军发起攻击，先后攻克新保安、张家口、天津，使北平孤立，陷于绝境。

十二月二十二日，解放军向新保安发起总攻，全歼傅系精锐第三十五军两个师一万六千余人，军长郭景云毙命。二十三日，张家口守军弃城突围，遭到解放军的围追，战至二十四日，除第十一兵团司令官孙兰峰带少数骑兵逃往绥远外，被歼五万四千余人，第一〇五军军长袁庆荣被俘。张家口宣告解放。随着战局的急转直下，傅作义复于一月上旬，派周北峰为代表出城与解放军进行第二次谈判。十日，草签了会谈纪要。但傅仍想拖延，以时间仓促为由，不肯实施。此时，天津守军陈长捷等拒绝放下武器，解放军乃于一月十四日向天津发起总攻。十五日，天津解放，全歼国民党守军十三万余人，天津警备司令陈长捷、第六十二军军长林伟俦、第八十六军军长刘云瀚、天津市市长杜建时等先后被俘。十七日，塘沽守军五万余人乘船南逃。

第三阶段，一九四九年一月十六日至一月三十一日。第三次谈判达成协议，并付诸实施，北平和平解放。

一月十四日，中共中央毛泽东主席发表《关于时局的声明》，天津迅速解放，促使傅作义必须当机立断。傅再派华北“剿总”副总司令邓宝珊为全权代表同解放军进行第三次谈判，十六日达成了协议。同日，解放军平津前线司令部致函傅作义，敦促其认清形势，早下决心，站到人民一边。二十一日，双方代表在《关于和平解决北平问题的协议》上签字。二十二日，傅作义公布这个《协议》的文告。从这天起，北平城区国民党军陆续开出城外，听候改编。三十一日，解放军举行入城式。古都北平宣告和平解放。

蒋介石在察觉傅作义的和平谈判活动后，于一九四八年十二月下旬和一九四九年一月上旬，连派要员和亲信徐永昌、蒋纬国、郑介民等先后来平，劝诱傅作义南撤，破坏和谈，为傅拒绝。

全战役自一九四八年十一月二十九日至一九四九年一月三十一日，历时六十四天，共歼灭和改编国民党军五十二万余人。华北地区基本解放。

平津战役的胜利，连同辽沈、淮海战役的胜利，国民党军的主力基本上被消灭，华北大部分地区获得解放，大大增强了支援解放战争的力量，加速了解放全国的胜利进程。特别是在战役中创造的“北平方式”的实现，在中国人民革命战争中具有重要的军事意义和政治意义。

绥远是傅作义及其部属长时间驻守和管理的地区。在解决北平问题的谈判中，傅曾表示可将绥远一起解决。因战局的迅猛发展，首先实现了北平的和平解放。它对绥远产生了直接的重大影响。在宣布北平和平解放的当天，华北“剿总”绥远指挥所主任，国民党绥远省政府主席董其武飞抵北平，向傅作义表示愿走和平道路。一九四九年二月，中共中央提出了和平解决绥远问题的特殊政策——“绥远方式”。三月，双方指定了谈判代表，在北平起草《绥远和平协议（草案）》。四月，将协议草案送往绥远。董其武召集军、政和地方代表征求意见，大多数人表示赞同。六月上旬，双方代表在《绥远和平协议》上签字生效。随后各方面又经过几个月的工作，排除了种种干扰，同时拒绝了国民党政府要员的种种胁迫、诱骗和离间，打击了国民党特务分子的多次破坏活动，终于在同年九月十九日由董其武领衔发表起义通电，顺利地实现了绥远和平解放。

本书收录的文章，绝大部分是原国民党将领的亲身经历的记录。考虑到战役发展的特点，还选用了战役期间曾为和平解放北平进行过活动的前国民党北平市党政官员的回忆文章。鉴于绥远和平解放同北平和平解放有特殊的密切关系，能更深一层地理解平津战役胜利的深远意义，特收录了一组记述绥远和平解放的文章，单独编为一章。本书的文章生动真实地记述了战役中国民党军的军情、战况和政治斗争（特别是和平解放北平、绥远）的情况，其中包含不少军事的和政治的经验，可作为军事学家、历史学家和广大读者了解和研究这段历史的参考。

在编审中我们始终遵循实事求是的原则，以主要精力调查核实史实。曾组织编审人员到当年作战地区实地考察，就地搜集和核实史料。查阅了有关档案和地图、资料，对原作的失实之处进行了订正。但由于事隔多年，当事人对某些情节及人名、地名、时间等，难免记忆有误。对某些问题，一时难以核定的，采取多说并存或加注说明，以待研究。

由于篇幅所限，对各个兵团、军、师的材料，只选用了有代表性的文章，有的选用了有关章节。

为了阅读和研究的方便，编写了《平津战役国民党军大事记》《绥远和平解放大事记》，核定了平津战役国民党军华北“剿总”指挥系统表和战斗序列表，绘制了战前态势和战役经过要图，并收集了一些历史图片。

本书的出版，曾得到北京市、天津市、河北省、内蒙古自治区政协以及张家口市、怀来县、保定市政协的大力支持，得到了中国人民解放军五一〇五六部队、中国人民革命军事博物馆、中国人民解放军军事科学院的大力支持和帮助，谨此一并致以谢意。

由于我们的水平有限，本书难免有错误和不妥之处，恳请读者批评，并希知情者提出补充和订正。

中国人民政治协商会议全国委员会
文史资料委员会《平津战役亲历记》编审组
一九八八年七月二日

目录

第五章　北平和平解放　217

平津战役

第一章

全战役概述

平津战役国民党军被歼纪要

侯镜如　梁述哉　黄　翔　刘春岭*

在平津战役时，我们几个人都是国民党军队的指挥官。由于当时的职务关系，对战役的了解，有的不够全面，有的不够具体，而且可能还有讹误。现仅各就自己的记忆和认识，经过共同研究，写出这个材料，以供参考。

一　战役前华北国民党军队所处的形势

从国民党反动派于一九四六年七月发动全面内战以来，直到一九四八年秋，经过两年多的战斗，所有华北地区的国民党军队的各军师，在强大的人民解放军的沉重打击下，有的被歼灭了，如第三军早在一九四七年秋清风店—石家庄战役中即被歼灭；有的遭受过歼灭性的打击，有的遭受过严重的打击，如原第十一战区——保定绥署孙连仲所属的第九十二军、第九十四军、第十三军、第三十四集团军所辖的第十六军以及原第十二战区——张垣（张家口）绥署傅作义所属的第三十五军和暂编第三军（即第一〇四军）等等。其中第九十二、九十四军都是抗日战争刚刚胜利后，首先由美国空军空运到北平来的（第九十四军是由上海空运到北平南苑机场后，开赴天津的；第九十二军是由武汉以美机七十余架空运到北平西苑机场的，该军即驻防北平），是蒋介石为了抢夺抗战胜利果

* 作者侯镜如当时系国民党第十七兵团中将司令官；梁述哉当时系国民党华北“剿总”中将副参谋长；黄翔当时系第十七兵团第九十二军中将军长；刘春岭当时系第十七兵团中将副司令官。本书注释凡未署作者注的均为编者注。

实、发动全面内战而摆在华北地区的主要资本。所有这些部队已经没有一个是完整的了；而且军心厌战，士气低落，战斗力一般都很差。

在蒋介石发动全面内战之初，一九四六年十月间，原第十二战区傅作义部曾乘华北人民解放军和蒋介石嫡系部队在怀来东西之线对战的机会，从背后偷袭了解放区的要点张家口。蒋介石以傅部作战有功，为了挽回每况愈下的战局，支援其东北的作战，于一九四七年秋，即国民党第三军在清风店—石家庄战役被彻底歼灭之后，就撤销了孙连仲的保定绥署，成立了华北“剿匪”总司令部（简称华北“剿总”），任傅作义为总司令，指挥原保定、张垣两个绥署所有的军队。

华北“剿总”在北平成立之后，开头一个比较大些的战役，就是一九四八年一月间在涞水附近进行的。在这个战役中，傅部“精锐”主力第三十五军的新编第三十二师首先遭受了歼灭性的打击，师长李铭鼎阵亡，军长鲁应麟自杀，并损失了不少重炮和车辆。从此以后，傅部在大半年的作战中，除了进行一些零星奔袭战斗，消耗了一些兵力之外，也是毫无“建树”；至一九四八年九月以前，也仅仅是维持住了平、津、保、唐、张家口以及承德等几个大据点，至于这些大据点之间的交通线，早已不能保持畅通了。从一九四八年九月起，由于人民解放军相继在东北和南线发起规模巨大的辽沈战役和淮海战役，因而华北的国民党军在战略上很快地便形成了完全孤立的状态。

在两年多的过程里，华北国民党军不但在战斗力上进一步削弱了，而且在指挥上也因为傅作义之被任为华北统帅，蒋介石嫡系和杂牌部队之间的矛盾就更为突出了；互相倾轧、互相观望、互相利用、指挥不统一的现象，随着形势的愈益紧迫，也更为普遍和严重了。上述涞水战役就是其中之一例。当时蒋系第十六军和第九十四军的一部曾参加由保定、满城到易县一带的所谓“扫荡”，但是当涞水战役傅军与解放军主力接触时，蒋系部队都不积极行动，以致形成了第三十五军孤军作战的局面。

傅作义接任华北“剿总”的初期，除有指挥权外，对于原在华北的蒋介石嫡系部队的人事补充等皆不能过问；各部在报傅转蒋的同时，还须由当时的华北“剿总”副总司令兼北平警备司令陈继承负责承转。空军副总司令王叔铭曾为此专机来北平，秘密召集蒋系军长以上将领侯镜如、李文、袁朴、段沄等开会，传达蒋介石的“口谕”说：“军令听傅的，政治听陈（继承）老师的。”蒋介石为防止傅的背叛，以陈继承负责政治，作为牵制；但陈指示各部队将人事调动、兵员补充和补给事宜等皆全由其承转，乘机掌握军权。

到一九四八年秋，东北局势吃紧时，国民党在整个兵力使用上更感到捉襟见肘，完全不能适应自己的战略意图。当时，蒋介石令华北派出两个军以上兵力，由侯镜如指挥，增援东北，傅更感到压力很大，难以维持华北局面。蒋介石遂即给了傅几个师的番号，并将陈继承调走，逐渐将华北的军政财权通通交给了傅，并允许可以直接接受美援。

一九四八年十月，辽沈战役正紧时，蒋介石赴沈阳之前，曾来北平在华北总部召集师长以上军官讲话说："共产党最怕两件事。一个是世界大战，而明年大战就可爆发；再一个是改革币制，稳定经济（指发金圆券）。"并勉励大家听命令，服从指挥。此后，傅对蒋介石嫡系部队的掌握，也愈来愈抓得紧了，经常不通过兵团和军而直接指挥师、团长。如第九十二军在一九四八年十月间一个时期，所属三个师被分调三处，黄翔仅剩一个光杆军长。又如，侯镜如名义上是津塘防守司令（驻塘沽），而实际上津塘防守副司令兼天津防守司令陈长捷由傅直接指挥。塘沽防守司令段沄有事也直接向蒋介石请示报告，他因勾通罗奇[①]经报蒋介石撤换侯的连襟独立第九十五师师长张伯权而与侯有矛盾。侯的基本部队第九十二军被调到北平，侯的建制部队第六十二军和第八十六军又摆在天津。这样，侯镜如对津塘两地都指挥不灵，实际上也不能指挥了。

随着紧张形势的发展，蒋、傅之间，嫡系和杂牌部队之间的矛盾也愈来愈表面化了。平津战役开始前后，在作战方针问题上之始终不能取得一致，就是这种矛盾的集中表现。

二 华北国民党军队的变更部署和企图

整个战局的急剧发展，国民党多少个重兵集团之相继被歼灭，特别是东北集团被歼灭，完全出乎国民党反动派的意料，这就迫使华北国民党军不得不考虑如何应付未来局面的问题。在辽沈战役进程中，十月十五日锦州一解放，即将保定的第一〇一军（原新编第二军）撤至涿县至北平

① 罗奇当时任华北战地督察组长。

间[①]；十一月二日沈阳一解放，即将承德的第十三军撤至北平东郊通县附近[②]。这时，华北国民党军控制地区日益缩小，和南线的战略呼应更为困难，主要的凭恃只有美国的海上直接援助了。但是，华北军事当局仍希图尽可能多保留一些地盘，扩充一些实力，以壮声势，幻想在华北别开局面。初步打算是收缩兵力，以观动静，将全部兵力（除绥远外）五十余万人收缩于平、津、张和唐山至山海关一线，在五百多公里的铁路线上摆成一字长蛇阵。当时的部署是：

北平地区："剿总"总部，第四、第九两个兵团，第三十五、第一〇四（即暂编第三军）、第十六、第三十一、第十三、第一〇一（即新编第二军）等六个军，一个新编骑兵第四师，一个补给区司令部[③]等；

张家口地区：第十一兵团，第一〇五军（即暂编第四军），第五、第十一两个整编骑兵旅；

津塘地区：第十七兵团，第六十二、第九十二、第九十四、第八十六、第八十七等五个军，第三二六、第三三三、独立第九十五等三个师，一个交警第三旅，一个交警第十总队[④]，另有一些地方保安团队。

当时的军事形势，已经很清楚，那就是紧接着辽沈战役之后，东北人民解放军必然要进关，下一次战局无疑将在华北展开。华北国民党军过去应付一个华北野战军已经感到非常艰巨吃力，如果再加上东北野战军，显然将更加无法应付。面临这种形势，美蒋反动派在处理华北国民党军今后的作战方针问题上，大体上提出了以下三个方案：

第一，固守津塘，并以塘沽为中心构成六十里的半弧形滩头阵地，防守待援，准备不得已时由海上或沿津浦线南撤；

第二，固守平、津、塘；

第三，西窜绥远。

蒋介石因为他的内战主要资本——美械装备部队已在东北损失大半，为了保存力量，重建江南防线，想将华北兵力全部由海上南撤，万不得已就从陆路南撤，不管怎样，只要撤回江南就好。但是，他的美国主子

---

① 一九四八年十一月九日第一〇一军（欠两个师）由保定撤往涿县，二十二日该军留守保定的一个师亦撤往涿县，保定解放。涿县现又恢复旧称涿州。

② 一九四八年十一月十二日，第十三军撤出承德。

③ 作者注：为了便于部队机动，"剿总"控制着该部汽车及各军汽车数百辆；另外，还控制着火车若干列。

④ 据了解，一九四八年秋，成立交警第三旅后，交警第十总队归该旅指挥。

又不肯即时提供船只，因为他们唯恐白白地丧失了他们在蒋介石反人民内战中的投资，更不愿意让人民解放军不费气力就解放华北。而傅作义对南逃也有顾虑：首先，察绥部队都不是蒋介石的嫡系，海运宁沪有困难。其次，如沿津浦线南逃，以几十万军队连同眷属物资，要通过辽阔的解放区，要通过黄河天险，而且中原地区还有强大的人民解放军，可以说希望极小；与其这样，还不如西窜绥远，或固守平津。如西窜绥远，所顾虑的是蒋介石嫡系部队带不走。而固守平、津、塘，既可以全部控制所有华北部队，还可以直接得到美国的援助。由于美、蒋、傅之间，利害矛盾，各有打算，究竟采取哪一案，是走是守，始终没有作出最后决定。一方面因为他们判断东北人民解放军在辽沈战役之后，还会有一个时期的休整，不会很快入关；另一方面，华北国民党军集团还有自己的打算，那就是抓紧利用这一新的紧迫形势，获得美援装备，并补充兵员，然后再作决定也不晚。根据这种打算，并为了照顾蒋介石的意图，华北军事当局对固守津、塘，曾采取了不少积极措施，如修筑平津段铁路两侧的护路工事，以准备转移平、张兵力和物资，派出先遣指挥所（副总司令宋肯堂）进驻塘沽，并预定必要时将“剿总”总部移驻天津，以及将平、津、张等地的一部分眷属先搬到了天津等等。但是，他们又因不能忘怀于西窜绥远而不肯放弃张家口，同时为吸引美援，也不肯放弃北平。因此，总的来说，他们始终是举棋不定，没有明确的方针。

情况愈来愈紧迫，平、津、塘等地因为东北大批被俘的国民党军政人员和官兵被释放回来，使得城市“秩序”更混乱了。军队内部原来厌战情绪就很高，在这批官兵回来以后，更是风声鹤唳，草木皆兵。华北国民党军在这样紧张的形势下，又不得不进一步收缩兵力，继续察看形势。在山海关、秦皇岛附近的第八十六军因为孤悬无援，而沿铁路又撤不回来，遂即用船运到天津。空军虽然极力侦察东北人民解放军入关的情况，但始终没有发现显著迹象，及至发现时，再企图作任何大的变更或大的调动已经来不及了。

十一月底，张家口外围战斗开始，对于是否派部队增援，傅作义是经过一番考虑的。记得参加空军晚会时，傅尚未作出最后决定，晚会未结束，他即先回总部，才决定派其基本的精锐部队第三十五军乘汽车驰援。继而平东密云又告急，傅唯恐北平直接暴露，遂急令第三十五军星夜回撤。该军在回撤途中，于十二月五日[①] 被人民解放军包围于新保安。同时张家口也被包围，由康庄、南口派去接援第三十五军的第一〇四军主力和第十六军一部亦被歼灭。这时，北平空虚，傅又急由天津抽调第九十二军和第九十四军、第六十二军各一部加强北平兵力。十二月初[②]，在唐山、滦县一线的第八十七军、交警第三旅等亦被迫撤回塘沽。十二月中旬，继新保安、张家口之后，北平、天津亦相继被强大的人民解放军分割包围，天津和塘沽两地的联系亦被截断。十二月二十二日，被包围在新保安的第三十五军及其所属两个师被歼。十二月二十四日，被围在张家口的第十一兵团及所属第一〇五军的三个师，第一〇四军、一〇一军各一个师和两个整编骑兵旅等部亦被歼灭[③]。至此，傅系主力基本被歼，华北国民党军除塘沽一点而外，也全部成了死棋，所有海运南窜或西逃绥远的一切企图都破灭了，被迫改为分区防守，挣扎求活。当时，李文任北平防守司令；侯镜如任津塘防守司令，辖天津防守司令陈长捷，塘沽防守司令段沄。

十二月十二日后，北平被围，国民党守军企图最后挣扎，一面积极沿城墙及关厢民房构筑工事，并在城内开辟东单和天坛两个飞机降落场；一面急派第九十二军反攻南苑机场。但该军仅派出一个连的兵力，佯攻一下，即缩回原防。

北平围城后，蒋介石曾给平津国民党守军军长以上将领空投过一封亲笔信（当时城内机场尚未修好），大意是“固守待援，不成功，便成仁，以完成革命大业”。城内机场修好后，蒋又派其参谋次长李及兰及联勤总部参谋长吴光朝乘飞机来北平[④]，召集蒋系军长以上黄翔等会谈。各军长对前途表示悲观，李及兰安慰他们说：（一）到不得已时，军师长以上可以乘飞机离开北平；（二）美国人建议，不得已时，在必要地区使用细菌战。这时，蒋介石的嫡系人员，都早把家属送走，只是坐待失败，等机会南逃了。

---

① 据查，一九四八年十二月六日，第三十五军撤离张家口，七日被解放军阻于新保安以西地区，八日被解放军包围在新保安城内。

② 据查，一九四八年十二月十二日，第八十七军撤离唐山。

③ 第一〇四军第二五八师；第一〇一军第二七一师，当时番号已改为独立第三一八师，于十二月上旬由宣化撤往张家口途中被歼。

④ 据了解，李及兰等此次来北平的时间是一九四九年一月中旬。

三 塘沽国民党军南窜，北平和平解放

塘沽由第十七兵团兼津塘防守司令侯镜如所部担任防守，驻新港办事处；第八十七军军长段沄兼塘沽防守司令。兵力计有：独立第九十五师（师长朱致一）、第八十七军（军长段沄）、第三一八师（第九十二军预备师，师长刘元伯）、交警第三旅和一个保安团，一个津塘水上保安队，另有海军第三舰队（司令马纪壮，主力舰“重庆号”及由美国接收的登陆艇数艘，连同其他大小舰艇拖船共数十只）配合作战。

塘沽地区到处是盐池，冬季不冻，不好通过。从十一月起，塘沽和新河间及其附近凡能作工事的地区，在“剿总”先遣指挥所的督导下，只构筑了一部分防御工事，还准备修建一个飞机升降跑道，但未修成。

塘沽的防守，主要是由独立第九十五师和第八十七军担任。守北塘的是交警第三旅的一个团，这个团于十二月中旬人民解放军向塘沽及其以西地区前进时被歼灭。同时解放军解放了军粮城，切断了津、塘交通。以后，塘沽地区没有发生剧烈战斗。

塘沽情况原来就非常混乱，因为：第一，东北被俘的大批官兵被释放回来，增加了大批的散兵游勇；其次，有很多国民党军政人员携带着家属箱笼到塘沽等船南逃，拥挤争吵，乱成一团；再次，交警第三旅和第八十七军等部由唐山、芦台向塘沽撤退，纪律太坏，因而军心更加涣散，秩序更加混乱。各部到塘沽后，不顾一切地先抢船，准备逃命，再就是抢物资（堆积在新港的美械装备通讯器材等），抢老百姓。第八十七军军长段沄甚至带领所属三个师长到防守司令部要求下令让该军先上船南撤，不愿接受战斗任务。在这种士无斗志、极端混乱的情况下，防守任务都分配不下去。为要划分防守任务，只得先将船只分配给各部队，并先划分了逃跑时上船的路线，各自将行李物资先装在船上，各部非战斗人员一概移驻船上，这才稍稍安定下来，在没有战斗就先准备逃跑的情况下，勉强维持到了一九四九年一月中旬。一月十五日，人民解放军解放天津。十七日，北平转来蒋介石一个电报，大意是：天津既已失守，塘沽无再守之必要。于是，塘沽国民党军立即撤收了电台，下令各部上船，当日即狼狈南窜（大船直驶上海，拖船到长山岛换船）。

天津解放并迫使塘沽国民党守军南逃以后，北平的国民党守军根本失去了战役上的呼应，唯一可以从海上南逃的一线希望也完全断绝了。在这种形势下，在强大的人民解放军的压力下，在共产党的英明正确的政策的争取下，傅作义迫不得已，接受了和平改编的条件，并于一月二十一日召集国民党华北“剿总”及军长以上人员，宣布和平改编。蒋系的李文、石觉、袁朴等当时都痛哭流涕。李文召集石觉等蒋系人员开会，抽调了师长以上军官；并由每师抽出了轻机枪五十挺，乘飞机四架南逃。第九十二军军长黄翔和该军师长因事先已接头准备起义，借辞推托，留在北平没走。自即日起，所有国民党部队随即陆续开出城外指定地点进行改编。人民解放军于一九四九年一月三十一日胜利地和平解放了文化古城——北平。

四 结束语

华北国民党重兵集团侵占了张家口后，曾被这暂时的表面的胜利冲昏了头脑，兴高采烈，但是随着时间的推移，优势迅速地转到人民方面。在已经完全陷于孤立的情况下，他们还认为大有可为，幻想别开局面；继而被分割包围之后，还企图作最后挣扎，摆脱困境，但是华北国民党重兵集团在军事上也存在着无法克服的矛盾和弱点，其中最主要的是国民党反动派的战略意图和它的兵力不足的矛盾，国民党嫡系部队和杂牌部队之间的矛盾。在强大的人民解放军沉重打击下，国民党军队的活动只能局促在几个点线上；正因为活动的范围愈来愈小，嫡系和杂牌部队之间原来互相倾轧、互相猜忌的矛盾，就愈来愈严重。除了他们本身被消灭这个结果之外，反动派内部的矛盾是永远不会得到解决的。

在辽沈战役后，华北国民党军队原以为在长达几百公里的战线上，控制了足够的汽车和火车等交通工具，自恃能机动地使用兵力，可以与解放军较量一下，并以极大的注意力用空军侦察东北人民解放军的动静。但战役进程的发展，完全推翻了他们的一切幻想。人民解放军以完全准确和神速的行动，实现了毛泽东主席的英明的作战方针。无论进军、集中以及分割包围部署，都是极为秘密隐蔽，完全出敌意外的。及至华北国民党军集团发现情况时，既想顾头，又要顾尾，终于不能下定最后决心，结果这条一字长蛇阵被分斩数段，陷于既不能战、也不能守、更不能走的困境，从而只有束手受歼。

在辽沈战役之后，东北人民解放军立即释放了很大一批在东北被俘的国民党官兵。这批人陆续沿着北宁路来到了平、津、塘等地，一方面，扩大了共产党和人民解放军的政治影响；另一方面，严重地瓦解了当地国民党军队的军心，增加了国民党内部的困难，进一步激起了广大人民对国民党军队更深恶的憎恨。因此，这一措施对平津战役的顺利发展起到了极大的作用。

偷袭石家庄经过

由竹生*

一九四八年十月，人民解放军已在辽沈战场上全面展开歼灭国民党主力部队的总攻。固守锦州的范汉杰部和辽沈地区的廖耀湘部，正处于被消灭的前夕。这时蒋介石方寸已乱，心焦如焚，频繁地来往于南京、北平之间，一会儿命傅作义派第九十二军增援锦州；一会儿命杜聿明在葫芦岛撤兵，海运上海。一些有识之士早已看到蒋家王朝的彻底崩溃只在旦夕之间，就是南京国防部也不得不承认东北大势已去，只能寄一线希望于傅作义，希望他能在东北解放之后，集结华北"剿总"的全部人马，在平津地区与东北、华北两大野战军决战，以延缓淮海部队的被歼命运，从而巩固长江防线，等待所谓"国际变化"。

华北"剿总"总司令傅作义对当前形势的认识是比较清醒的，但由于种种原因，无自拔之力。设在北平城内圆恩寺的蒋介石临时行辕，要求傅作义出兵东北，增援锦州。傅作义迫不得已，调第九十二军增援锦州范汉杰部。第九十二军也清楚地认识到，此行是有去无回，但又不敢违抗蒋介石的命令，只好抽调一部分兵力，以每天二十华里的速度，向锦州进发①。

此后，傅作义终日惴惴不安，掂算自己所掌握的兵力，除第九十二军外，还有驻北平的青年军两个师，第十六、三十五、九十四、一〇一、一〇四等五个军，此外还有常驻张家口的第一〇五军，驻承德的第十三军，另外还有几个骑兵师。当时人们还预料不到东北地区能如此神速地解放，所以傅作义考虑如东北战场稍有拖延，蒋介石还可能再从华北抽调部

---

* 作者当时系国民党华北"剿总"政工处上校副处长。

① 当时由华北调往东北增援锦州的有第六十二军、独立第九十五师、第九十二军的第二十一师，均由海运至葫芦岛。

队增援东北。正在踌躇不安之际，华北解放军进攻太原，阎锡山的救援电报纷纷飞来。华北“剿总”第三处根据情报分析，华北解放军第二、四纵队正在围攻太原[①]。并侦察到第三、六纵队正在热、察两省境内活动，只有七纵动态不明。在冀中十分空虚的情况下，傅作义想用“围魏救赵”的方法，提出了“援晋兵团”——偷袭石家庄的计划。如果能乘虚而入，直取石家庄，那将直接威胁当时中共中央所在地平山县西柏坡的安全，围攻太原的解放军势必回师援石，这样既可解太原之危，又可借机将华北“剿总”的部队调到平汉线上，造成一种紧张气氛，从而杜绝蒋介石再从华北调兵的企图。傅作义的这套打算当时并未对我说明，而是在对我下达命令的谈话中流露出来的。

一九四八年十月二十一日，我正在华北干训团讲课，突然接到傅作义的电话，叫我马上回到总部见他。当我走到会议室门前时，副参谋长郑长海正走出来，他见我便说：“总司令等你哩。”我走进屋后，傅作义指着一个军官对我说：“这是第九十四军军长郑挺锋。”又指着我说：“他是政工处由副处长，他对地方熟悉，对各部队都熟悉，随你一块去，有事情叫他办就行。”郑点头称是。我和郑客气几句，就决定二十三日下午到涿县郑挺锋的军部相见，说罢，郑就告辞走了。

傅作义先问我对当前形势的看法，我分析之后，并向傅作义建议，目前急需将张家口的第十一兵团孙兰峰部调到北平附近。傅对我的建议没置可否，对我说：“目前太原已被华北解放军包围，形势十分严重。冀中地区共方没有野战军。总部决定，调第九十四军的三个师为主力（该军有四个师），再配上第一〇一军刘化南的第三十二师，并已电调在包头的新编骑兵第四师及骑兵第二师鄂友三部配合，袭击石家庄市。如步兵顺利到达滹沱河，即命骑兵进袭平山县西柏坡共产党中央所在地。并派由美式武器装备的国防部驻华北的新式技术大队队长杜长城同去。另外再调十个‘人民服务队’（该队是国民党政工局训练的青年学生，每队十六人，每人配一支卡宾枪，专门监视部队活动，兼做一些地方工作），归你指挥。如果能进入石家庄市，你以兼市长身份找几个在地方有名望的人及教会、学校联合向全国发出‘拥护国民政府、感谢蒋总统’的通电。在石家庄市最多住上三五日，把军用物资抢运回来，不能装载运输的，以及坚固的城

① 据查，当时围攻太原的是解放军华北军区第一兵团和晋绥军区、晋中军区的部队。

防工事，叫杜长城派人彻底破坏。对俘获的军政人员，不准打骂杀害，一律优待。但这些还不是最重要的，最重要的是你必须掌握住：绝对不能使军队受到损失，打不打石家庄是次要的，要保证军队能随时撤回。我已向郑军长介绍了你的情况，遇到情况多找他商量，万不可冒险前进，并要随时以电报请示。克俊还有些事要你办，你去见见他。”王克俊是总部副秘书长，兼政工处处长，是傅作义的高级机要人员。王克俊交派给我的第一件事，是把平山县天主教神甫吴稚阁等三人从北平带过保定；第二件事是把经理处蔡科长带上，蔡给各部队带了大量金圆券和边币（共产党边区银行的钞票，据说是一九四七年秋打河间县时抢来的），进入解放区后，公平买卖，老百姓愿意要边币，即付边币，愿要金圆券，就给金圆券；第三件事，青训队已训练好的俘虏五六人，带到徐水县放他们回家。同时，王克俊更赤裸裸地告诉我：没有百分之百的把握，绝不能贸然进入石家庄。只要把部队南调平汉线，和华北野战军接上火，就算是完成任务。并要我严格控制郑军，严守此密。之所以调我参加这次战役，目的就在于此。

十月二十三日，我按照傅、王二人交代的任务，带领各种人员抵达涿县。与郑挺锋会面后，约定次日宿营定兴县。

二十四日由涿县出发，汽车行至松林店车站附近，公路已被破坏，而且破坏得十分巧妙。在公路面上，按照十轮卡车前后两个车轮的距离，挖了一条条的横沟，使车的前后轮胎同时陷在沟里，两轮被泥土卡住，前后转动不得。路旁地里已长出绿油油的麦苗，汽车只得在麦地里行驶，在田边沟垄小道上，还常常埋着地雷，不扫雷不断出现踏爆，要扫雷不胜其扫，真感到行路难。铁路破坏得更厉害，部分路基已被挖掘，有的铁轨被拆除砸弯，扔在沟里，还有整段路轨被翻过来，枕木朝上。在定兴县城附近，发生过小的激战。进入定兴县城后，天色已晚。全城空荡荡的寂无一人。进城后，我严诫所属，绝对不准翻箱倒柜，一是纪律问题，更主要的是安全问题。有些箱柜里边装有爆炸物，一不小心就可能丧生。第二天拂晓由定兴县出发，在徐水附近有较激烈的战斗，我听到枪炮声甚密。三点钟以后我进城时，见城墙砖皮已被拆掉。仅有的黄土堆也被挖得壕沟纵横。我住在县邮政局里，开始执行第一个任务，释放“俘虏”。带到我面前的是五六个面黄肌瘦的庄稼人。我按名册询问他们，发现他们都不是武装部队的士兵。我又问他们的部队番号，是怎样当的“俘虏”，他们什么也说不清楚，只是说出他们的村庄地名。又说，当时老总们（指国民党军队的士兵）叫我们给他们带路，事后不放回家，被送到北平去了。我恍然大悟，这是国民党军队的一贯做法。抓几个老百姓当俘虏，谎报胜利以邀功，从而造成了无辜百姓的痛苦。然而事已至此，只得好言安慰几句，每人多给了一些金圆券，派人送他们出城。送走“俘虏”不久，郑挺锋来了。他说：“方才各师报告，根据种种迹象判断，似乎有一支解放军的大部队跟在我们的后边。但据谍报员说，附近没有大部队。我已令各师加强防御工事，做好应战准备，同时已电告国防部及华北‘剿总’。”当时我也向总部及第一〇一军发报联系。黎明时，郑挺锋接到国防部第二厅回电，说华北野战军第七纵队夜间从徐水大王店出动，沿平保公路越过保定向南疾行。这时总部也转来国防部的通报，内容大致相同。当时的国民党部队行军作战，只能靠本部队的谍报搜索三十里以内的动态，其他敌情要靠国防部第二厅供给，诚如盲人瞎马，令人生畏。

二十六日早饭时，第一〇一军侦察部队已到徐水接应，公路逐渐平坦，但因人多路窄，特别是十轮大卡车，身大体重，像蜗牛似的在公路上蠕动，走走停停，三十华里的路程到下午三时才到漕河桥。桥头已有第一〇一军的装甲汽车驻守，据说这些装甲汽车，只有白天来桥头巡守，每天午后便龟缩于保定城内。

自二十四日从涿县出发，二十六日下午才进驻孤城保定，所谓的机械化部队，所谓的偷袭，其行动之迟缓，令人焦灼不安。第一〇一军军长李士林、副军长张辑戎欢迎我们进城，并把我们安置在保定大旗杆院内，据说从前是李鸿章的总督衙门，不久前是第十一战区司令长官孙连仲的总部所在。李士林的军部就在大院西邻原曹锟的住宅光园内。因为工作需要，李军长又在西大街路南一家西药店二楼给我安排了住处。李士林和我们见面后，第一句话就问：“你们干什么来了？”我和郑挺锋同时回答：“闹不太清楚，明日总部任兆同副处长来作部署。”李开玩笑地说：“你们不知道，我倒知道得很详细，还知道都是哪些人来了。”说着从口袋里掏出一卷报纸：“你们看号外！这是今天下午跑单帮的商人从石家庄带回来的。”我和郑一看，“号外”的大标题是“傅作义派兵进袭石家庄”，大意是：“傅作义派郑挺锋、刘化南、刘春方、鄂友三、杜长城妄图侵袭石家庄市……”“号外”的日期可能是十月二十四日刊行的。看了“号外”，我和郑挺锋倒吸了一口凉气。我暗自庆幸，“号外”上没有我的名字，可能没参加会议，或者因为我不是军队的头头。郑挺锋十分恼火，大骂“剿总”内部共产党太多。我估计郑挺锋当晚向南京报告了此事。同时我也向总部发电报告，并请李士林将“号外”交任副处长带回总部，呈傅作义阅。在李士林的例行宴会上，见到该军第二七二师（原第三十二师）师长刘化南（刘部当时驻城南乾义面粉厂），第二七三师（即暂编第三十三师）师长郑海楼（郑部驻北城，据说是原警察局旧址）。该军第二七一师（即暂编第三十一师）不久便在定兴被解放军全部歼灭。饭后我回到西大街药店寓所，命经理处的蔡科长给刘化南及两个骑兵师发金圆券及“边币”，以备进入解放区使用。又嘱托刘化南把我带来的吴稚阁等三人护送出保定南门外的警戒区。

二十七日上午，总部第三处任副处长飞抵保定，召集各参战部队师长以上人员传达作战方案。他说：“确悉，华北共军第七纵队主力可能据守滹沱河，以保卫石家庄。总部认为，第七纵队战斗力弱，不论据守何处，国民党军队有飞机助战，加之重炮轰击，第七纵队构筑的临时工事是无济于事的。”任副处长命令骑兵当夜出发，到达滹沱河时停止待命，以俟步兵赶上，即分兵两路包抄平山县西柏坡。他讲话时，语调坚定，似有稳操胜券的信心。

我因约好与保定专员王汝璋谈话，会未终即返寓所。王向我报告了保定各县武装力量的情况，并要求迅速给他补充枪支弹药。他还密报第一〇一军纪律松弛，扰害乡里。他举的具体事例多是抢夺地主粮食。他还揭发保定市警察局局长李××专横跋扈，不听指挥等等（当时保定市不设市政府，一切行政治安统由警察局管理）。

十月二十八日，我们从保定出发，经过于庄时，村里不断地向公路上打枪，郑挺锋派一个副官带两名士兵到村里查看。不一会儿，两个士兵把副官背着回来了。据士兵说，进村前尚见有人持枪，但进村后，不见人影，副官的腿被枪打中。我想，这可能就是地道战夹壁墙的作用。因为国民党的地方武装是有名无实的，不能配合部队行动。而此次行动，是找解放军的野战部队决战，不能被地方武装纠缠住。所以，以后遇到这类事件，概不置理。为了安全起见，郑挺锋把队伍分成三路，公路两侧，相距一二华里，各派一路，步兵携轻武器徒步沿小路而行，重武器及军部等单位则沿公路走。将近方顺桥时，前锋部队与解放军前哨部队发生激战，不久对方撤退。郑挺锋和参谋长邹××约我到村外某师巡视。该师是美式装备，各师、团均不住村内，驻扎在专用帐篷里，以师部为中心，各团互为掎角形，在射界以内可以互相支援。郑挺锋说，该军此次出发，共带口径105毫米榴弹炮炮弹五千发，连装甲运输车共用卡车三百余辆。就是这样装备对解放军作战，一因地形敌情不熟，再则对方战术灵活多变，捉摸不定，每前进一步都感到不安。接着问我有什么高招。我说，自抗日初期打过仗，以后改做行政工作，对共产党作战，实为外行。但目前全国形势骤变，我们不求有功，但求保全部队实力，是唯一良策。郑点头称是。回到军部后，即接到总部电报云："刘、鄂两骑师，已抵滹沱河畔，着其停止待命，俟郑军到滹沱河时再议。"郑挺锋看过电报，有些急躁，说："我们明日加速行程，抢渡唐河到定县。"我仍坚持明日驻望都县，并分析当前我们已进入解放区，定县一带素有根据地之称。且第七纵队主力搞不清，不能急过，再说总部并未催我们前进。邹参谋长也同意我的看法，郑不再说话。

二十九日一路未遇抵抗。过午不久即进驻望都县。在入城时发生了一件意料不到的伤亡。本来扫雷队在城边一座无水的桥边发现了一颗土造地雷，半截露在地面上，半截埋在土里，扫雷队已用白灰圈定，还插了地雷标志。部队安全通过后，走在最后的工兵排长带着几个工兵走过来，其中一个工兵说："拆除它。"说罢即将地雷的雷管等拆除，但他还要把铁壳子搬起来，原来这颗地雷是踏爆的，下面还有一颗地雷，是拉爆的。一搬动铁壳，下面的地雷立刻爆炸，当场一死两伤。

三十日黎明继续前进，十时左右到达清风店，这时飞机已在唐河南岸低飞侦察，并不时低飞扫射。总部频频来电："据飞机侦察，有野战军在河边布防。"据各师报告，附近几十里的桥梁，均已被破坏。郑挺锋和我到河边察看，发现虽然河水流量大，但水位不深，可以徒涉。于是郑挺锋命令炮兵用榴弹炮轰击，然后在飞机、大炮、轻重机枪的掩护下，命令步兵抢渡。步兵刚到南岸附近，就被密集的机枪打了回来。从望远镜里，看到守军的前沿工事，被重炮炸开许多缺口，但转眼之间，又修补如初。郑挺锋命令第三十二师刘化南部由唐河上游河窄水浅处过河迂回包抄，但刘行动迟缓，畏怯不前。在郑的压力下，刘只派一个连抢过河南岸，与守军略有接触，即返回北岸。对此，郑挺锋十分恼火，立刻与总部发电，要总部严令刘化南抢渡，并要我与刘通电话，催其急速过河。我当时也有想法，认为如刘迂回奏效，共军第七纵队后撤，郑军过河，那将陷入背水为战，不能自拔的境地。在电话中，我和刘化南敷衍几句，并未催他。在激烈的冲锋抢渡中，部队已有不少伤亡。我到包扎所巡视，见伤者多在胸部头部，有二百多名，据此推算死亡人数肯定不少，但因多数尸体已顺流而去，无法统计。

下午二时许，我找到郑挺锋，对他说是否暂停冲锋，先以炮击破坏其工事，再派人侦察上、下游地区，寻找可乘之隙。郑也认为正面抢渡伤亡太大。电告总部后，战斗暂时趋于停滞。入夜郑对我说，从白天的情况及各师谍报报告看，对岸大小村庄住满军队，可以推断，共军的主力可能就在这里。我们应趁石家庄空虚之际，电陈总部，令骑兵直接向石家庄进攻，使其首尾受敌，可趁共军回援石家庄之机，将其歼于途中。不久，总部复电："郑的意见，正在研究。"并说"敌情不明之前，应严加防御。"

深夜，双方隔河相持。但郑的指挥室却灯火辉煌，郑挺锋与参谋人员仍在忙碌筹谋。三十一日三点多钟，河对岸突然枪炮声大作，山炮、重机枪子弹在空中呼啸而过。军部附近不时有炮弹爆炸。但前沿阵地报告，在密集的炮火中，不见有敌人进击之势。郑挺锋走进我屋说：敌人要撤退了。根据白日战斗情况看，虽经过一天拼搏，但敌我都无重大损失，突然撤退，显然别有所图。假如敌人真的撤走，我们是否过河？如果过河，敌人左右迂回反扑，我们则成背水之势，必造成重大伤亡。另外敌人会不会在唐河南岸撤退，在上、下游两侧绕过河北，从背后包抄我们？这两天，国防部通报东北战场十分不利。我认为，敌人后撤，引我们过河，再进行反击的可能性很大。我们正在为难之际，总部来了特急电报，云："敌三、六纵队已由热、察两省返冀援石[1]，其前锋已过察省蔚县。着你部克日撤至方顺桥待命，并已派第三十五军接应。"看完电报后，我顿时觉得轻松。郑挺锋周密地布置撤退防卫顺序后，当日午后即回到方顺桥，军部仍设在村内。

至此，我的任务已经完成，本拟于十一月一日返回保定，但因自进入解放区后，感到十分紧张，随时有被共产党地方武装袭击的可能，随时有脚踏地雷身受夹壁墙射击的危险，我们只好等到二日与护送伤兵的武装车队同行。我于二日上午返保，路过于庄时，见第三十五军某师正进驻该村。抵保后我住在第二七三师师部。我与该师师长郑海楼抗日时期同在董其武师任正副团长，交谊甚笃。郑海楼告诉我，第三十五军已到保定，第十六军已到定兴，先头部队已进入徐水。我把傅作义的目的告诉郑海楼，就是要把这几个军南调，并希望与解放军发生接触，免得蒋介石再从华北调兵。

晚饭后，打开收音机，延安电台声音细微，邯郸广播电台声大音

---

① 据查，当时回援石家庄的是解放军华北军区第二兵团第三、四纵队。

清，正在向全国播送沈阳解放的消息：“除主帅卫立煌乘飞机逃走外，所有官兵全部被俘，缴获战利品种类繁多，正在逐项清理。”关上收音机后，我对郑海楼说：“看来形势马上要变，你们恐怕很快要离保定回北平了。至于下一步如何，很难设想。”

三日晨，我仍随伤兵车队回北平，路上南下、北上的车队拥挤不堪。过了定兴之后，我的车子才单独行驶，加快速度，当夜九时抵达北平总部。

一无所获的“援晋兵团”

王 越*

一 援晋兵团出犯前的形势

一九四八年解放军在全国各个战场展开了强大的秋季攻势，大军所指，势如破竹，全国形势急转直下。至十月中旬，相继解放了济南、锦州、长春、郑州、开封等重要城市。在此期间，济南的吴化文，长春的曾泽生先后率部起义，困守长春的郑洞国部集体放下武器，国民党的名将王耀武、范汉杰被俘，眼看着蒋家王朝土崩瓦解，濒于覆没。

当时在华北的具体情况是：一九四八年初，傅作义部所指挥的主力部队，分布在唐山、平津、保定、承德、张家口之间，平张路还能通车，绥远、察哈尔的后方也能保持比较完整的统治，但随着解放军的秋季攻势，上述情况发生了急剧的变化。九月下旬，解放军在平绥西线发动攻势，连克集宁、丰镇、凉城、和林、清水河，使大同孤立，使归绥、包头与傅部主力完全失去联系。在这样的情况下，困守归绥的董其武，连电华北“剿总”告急。当傅部抽调兵力援绥时，解放军又于九月末在平绥东线发起进攻，先后克察北之崇礼、尚义、沽源、商都，截断了平张线，直接威胁张家口。又当傅部被迫放弃援绥，连克兴和、陶林、武川、托县、萨县，并于十月二十三日解放了绥远第二大城包头，使归绥陷于完全孤立。于是，傅部的长蛇阵即被节节斩断，尽管东跑西窜，应援解围，其结果是疲于奔命，无济于事，已不能实行其所谓“机动防御”，简直被赶打得丢盔弃甲，走投无路了。用傅部谋士们的话说，即：“我们正唱到板眼里，无奈文武场面已乱。”的确，这一阶段解放军东打西停，西打东缓，机动

* 作者当时系国民党华北“剿总”政工处上校督察员。

灵活，此呼彼应，真使华北“剿总”措手不及，无法招架。

另外，十月中旬，解放军已扫清太原城外群碉，直迫城垣，阎锡山急电傅部求救；平保线之徐水、安兴、安国、新城次第解放，平津震动，人心惶惶。与此同时，平津风波屡起，学生反饥饿反迫害运动汹涌澎湃，“金圆券”泛滥，抢购成风，米珠薪桂，怨声载道，两市一片混乱。所有这些，都在严重地削弱着反动派的统治地位。华北反动统治集团的日子真不好过。

二 密室面授机宜

十月中旬，傅部开始了紧张的备战活动。当时下面流传着不同的说法，有的说要打石家庄，有的说要增援太原，有的说要集结重兵在山海关和共军摊牌……尽管人们不知道底细，但迹象表明不久会有一场战事。

一天，我接到傅部书面通知，说决定派我为“援晋兵团”第一线联络官，候令出发。我急于知其究竟并听取必要的指示，即见傅部副秘书长兼政工处长王克俊。王向我说：“目前中央军在东北失利，形势吃紧，对我们威胁很大。我们要抓住这个紧要关头，出奇制胜，打开局面。”又说：“我们这次要出奇兵，要运用我部成功的掏心战术。你知道今年春季咱们在河间‘穿心’一战取得了多么大的胜利？”又说：“这次咱们打的是‘援晋兵团’的旗号，但这是对外的提法，我们并不是要打到山西去，而是叫共产党摸不着我们的意图。”尽管王振振有词，但给我的任务是什么并没说出来，使我越听越摸不着头脑。接着王又说：“这次我们兵力配备很坚强，主力骑兵都拿出来，步骑联合作战，还配备了爆破队，由第九十四军军长郑挺锋任指挥官。”我着急地问：“我去的任务是什么？请秘书长指示注意事项！”王说：“给你挑选三十名政工队员，随郑部出发。具体任务另给你说。”王一封口，我不便再问，最后王说：“明日下午头儿（指傅）也在，一上班你来我这里。”我随即退出。

次日下午我先王而到，在室外等候片刻，傅、王迎面走来，根据王的示意，即随他二人进入门口挂着“止步”小牌的密室。王将墙上的白布拉开，露出军用地图，图上散布着若干小纸旗，在正中央——北平的位置上插有一根大针，上拴几根白线。接着王手捏一根白线顺图转动。

转动几下停下来说："这里有八路军的指挥所，是刚到的。"再转又说："聂荣臻的司令部还在这里，我们一直没有放松监听这架电台的活动。"然后以另一根线转动了几下，并以手指按住线头说："这是共产党的总部，位置一直没有移动，这是准确的。"傅略点头，没说什么。这时好奇的我向前近了一步，才看清这根线的指点是"阜平"。王回头看我说："你看，阜平的位置就在这里，共产党的总部就在阜平。"然后放开线头又拿起教鞭指画着地图说："我们这次沿平汉线南下，进入石家庄即回师直捣阜平。我们这次总的目的就是要解决共产党的心脏。"又说："我们这次不但要在军事上打垮共产党的整个指挥系统，取得胜利，同时要配合政治作战和经济作战。就是在解放区进行政治宣传，发动民众支援我们，同时摧毁其行政系统；在经济方面，破坏工业设施，大量使用边区票以打乱共产党的经济手段。"这时傅仍在注视着地图。王又说："共产党的要人都在阜平，你跟部队的任务就是接管各部队的重要俘虏，这很重要。"我低声说："八路军和咱们一样，也是官兵不分，哪能认出谁是大官？"傅忽然转过身来说："哼！那容易，那不难，共产党的高级人员南方人多，先听他是什么口音。"又伸出指头说："再就是看手指头，这些人最爱吸烟卷，左手的指头总是熏得黄黄的，这些都是可以识别的。"又说："这次你去，你注意对高级俘虏要优礼相待。好好干！好好干！"说着傅向外走。跟在后边的王又拍着我的肩膀说："任务交给你了，就看你们这一下哩！"两人在说话时都表现出胜筹已操的乐观情绪。我当时接受这"重要"而"光荣"的任务，简直激动得一颗心都要跳出来。

当晚，在西郊总部大礼堂，傅又亲自对这次参加出犯的军官讲了话，我带领着三十名据说是经过挑选的政工人员站在最前头。讲话时间很短，其内容除了一般的战前打气和照例的强调行动中的纪律外，没有什么新的东西。傅讲完下了讲台，一面走一面又对我们说："好好完成任务，有奖励，有奖励。"

我怀着兴奋的心情回到住房，这时尚有两位前辈正在谈论着当前的形势，我便说了随部南下的事情。一向无所顾虑的郭灵墅先生听说后，高着嗓门说："常给你说国民党政权是要完蛋，你总不信，今天你看形势变化得怎样？……如今已经成了这个样子，不知道还梦想着什么？难道再运用什么'掏心战术'就能挡住历史发展的巨轮吗？……"又说："河北根据地绝对不是好进的。我的老弟！当心有去无回……一定要送上门去，定被吃掉……”

这一夜我的思想充满了矛盾和斗争。根据郭先生的说法，这次出兵进犯解放区的设想是完全建立在荒谬的空虚的基础之上，注定要碰得头破血流，我想这也不是没有道理。同时共军根据地“好进难出”的警告也非常吓人，远的我不知道，就在我们这次要走的地方，去年胡宗南的精锐第三军被吃掉了，军长罗历戎被俘，这是不容争辩的事实。但是郭总说国民党的寿命不长，说国民党已从根本上烂掉了，这点我想未必尽然，起码这是几十年后的事。我没有动摇对傅的崇拜和对“足智多谋”的王克俊的敬佩。同时又想，这次随部队出发，必然冒有危险，如果借故不去，又怕在傅部功劳簿上少写一笔，再说我现在就吃着傅部的饭，离开他我就没有一切了。

三　步骑出犯，中途回窜

一九四八年十月二十三日“援晋兵团”各部在涿县集结完了。步兵有第九十四军之第五师、第一二一师全部并各直属部队，配备汽车数十辆，骑兵有刘春方的新编骑兵第四师，鄂友三的整编骑兵第十二旅附军统特务杜长城爆破队。总指挥是第九十四军军长郑挺锋。

各队出犯前，傅部特派上校军需蔡苏民押运了若干箱边区票，在涿县召集各部军需领取，并规定边区票折合金圆券的比率，通知说：“进入解放区一律行使边区票，公买公卖，不赊不欠，严格遵守纪律。”原来这个边区票是傅部为了在解放区进行经济破坏而伪造的。一九四八年傅部责成印刷厂厂长潘佳绪在张家口筹办，并特派政工处秘书刘学全监印。据傅部政工处副处长由竹生告我说，他曾前后两次向傅上过伪造边区票的建议，后被采纳。

十月二十四日“援晋兵团”分路南下。步兵中路，骑兵两翼，展开扇形推进，步骑浩荡，耀武扬威。郑挺锋乘坐小吉普车，穿梭于大卡车之间，引人注目的是后拖一个车斗，上坐几个“女兵”，戎装卷发，据说是郑部的“政工人员”。

十月二十七日“援晋兵团”进至保定一带，这四天中，头两天没有遇到什么麻烦，可称“顺利”，后两天有了战争气氛，道路时有破坏，偶尔也能听到零星枪声。

次日继续南下时，增加了保定守军之第二七二师刘化南部。村里很少看见老乡，道路处处都有破坏，要口埋设地雷，冷枪冷炮时有所闻。我们在方顺桥宿营，有一个汽车司机助手因为要捉村里的小鸡踏着地雷而一命呜呼！这时一向谈笑风生，出语诙谐的郑指挥官也眉头紧皱，小心翼翼，一面急向傅部求援，一面抱怨说："骑兵的行动是缓慢的啰！"事实上一进保定，刘、鄂两部都有高度警惕，步骑行动保持在一个水平线上，互相观望，各怀鬼胎，谁也不敢贸然前进。

当部队越过方顺桥不远，汽车突然停下，人们喧嚷着第五师在前面村里已经接火，伤兵抬了下来，车再不敢前进。这时人们乱作一团，几个"女政工员"紧紧蜷缩在汽车底下，我也立即指点随行人员跳下车来跑到可以隐蔽的地方。这时郑挺锋和参谋人员蹲在地上指画着地图，同时决定传令炮兵集中轰击，掩护步兵继续前进。我想大战即在目前，紧张的心怦怦跳动。约有一个小时的时间，炮兵排好阵势，几架望远镜不停地活动，正要开炮轰击，忽报第五师已越过前面的村子继续搜索前进。于是一场虚惊始告平息。原来是这个村里的民兵进行阻击，当他们展开阵势后，已没有一个人影了。这时我自语地说："这才是小题大做。"其中有参加过青年军的队员告诉我说："步兵就是要靠炮火支援才能前进……这是美式打法。"

就在这一天，刘春方的联络骑兵来到郑部，我得知刘部不远，乘机向郑表示："骑兵前进缓慢，想去看看。"于是脱离郑部又随骑兵，总算松了一口气。

十月二十九日刘部进抵唐河北岸，当时对面没有发现情况，但刘春方徘徊河岸，感到此处渡河有欠妥之处，遂又决定向东急行二十里再渡，总算安全渡过。是日黄昏进入安国县境内宿营，人困马乏，饥肠辘辘，部队进村造饭。就在这个当儿，忽听"砰"的一声枪响，马嘶人叫，空气顿呈紧张。据刘的判断，是附近已有解放军设防，枪响可能是远哨发觉我们后发出的警号。于是刘下令东靠三十里某村宿营。因来去匆忙，未及通知鄂友三部（鄂归刘指挥）。就在这一夜，鄂的司令部被抄，连电台都丢弃了，部队向唐河北岸溃窜。我们算是侥幸过了一夜。次日据说郑部在定县以北地方遭到解放军的沉重打击，被迫撤回唐河北岸。与此同时，傅部已将其主力第三十五军和第十六军由平绥东段南调增援。

刘部进入安国、博野一带，形势变得更紧。使人难以捉摸的是：有时东村步枪在响，有时西村机枪连发，间或有重机枪声和迫击炮响，这究竟是民兵还是正规部队，谁也不敢下个断语。于是刘春方更加小心谨慎，其行动总是看着“友军”，而后决定。老实说，这几天真是够受，我的感受是：鞍马劳顿一天，盼到宿舍，但所有的村庄和民房却是“不祥”的来源，总是不敢合眼，生怕你正睡着，忽然会由炕洞、墙角、锅台、地下或者想不到的地方钻出共军游击队来，被打死或者活捉。

这一夜宿营后，在刘部政工处审讯了一名“俘虏”。参加会审的人有副师长乔占海，政工处长康耀，还有一位参谋，我也算作一个。这是一个身着破旧衣服，年近三十的人，根据印象判断他可能是一个村乡干部。据他本人说，他是在村里合作社工作的，因病未及离开，才被捉住。没有兴趣辨别他是什么“口音”，更没有去观察他手指的“颜色”，心想，他既然是一个地方干部，就不会回答出来“共军有多少？驻扎在哪里？番号是什么”等问题了。这场审讯终因没有审出名堂，仍由该部特务连看管。审讯时没有打骂的举动，但在审问的过程当中吹牛、诱骗、诈唬等则有之。

三十一日晨我看到刘春方，刘有不悦之色，说：“你看！总部来电责备我们行动缓慢，进战不力，叫我们要强渡滹沱河打进石家庄。这是从何说起，这几天的情况你是完全清楚的。”我说：“这是他们不了解实际情形，我虽人微言轻，也可以作个证明。”我又说：“根据刚听的广播，情况是不妙的。还叫进石家庄，我看咱们的戏也就唱到这里，可能要向后转。”我这话是真诚的，不料刘却一本正经地说：“你是不应该说泄气话的，这可关系极大，不是闹着玩的，头儿（指傅）还叫我们速进，怎么能有这样设想？”其实刘对情况知道得更多，看得更清，他又何尝不愿早拔泥脚呢？说话不久，译电员送来电报，大意是：“电达迅速返平待命。”这时我们会心地笑了。

撤退时，在野外发现一个头戴毡帽的人，这人像疯了似的，向我们跑着喊着：“顽军在哪里？顽军在哪里？”一面说着，一面指画着。于是司令部的人们围将起来，七嘴八舌地硬说这人是共军的探子，马上看管起来。我走了不远，看见两个兵跟着这个老乡往东走去，紧接着突然一声枪响，这个人应声而倒。可怜一个无辜的手无寸铁的农民就因“顽军”二字躺在血泊里了！

次日在溃窜途中，经过一个村庄叫潘营，在村外就能瞭见烟雾腾空和嗅到扑鼻的酒味。进村后，一条巷里满地淌着油和酒，火焰在吞噬着一堆一堆的土布、杂货和家具，情景是凄惨的！我问发生了什么情况？据刘部先头部队的人说："这是爆破队刚破坏了一个合作社，现在他们正在搜寻共军的地洞，要爆炸。"又说："这个村叫潘营，共军一个纵队的司令员的家就住在这个村里，听说还要烧房子呢。你看那不是杜队长。"我顺手指望去，一群灭绝人性的强盗身着不伦不类的杂服，手提卡宾枪在紧张地东跑西窜，另外一个粗短个子，便衣打扮的人，站在那里拧眉咬牙的目光四射。

在整个溃退中，我们这群人简直成了耗子过街，道路不敢通行，步骑落荒飞跑，我夹在人群当中同样恨不得一步跑到北平。十一月二日总算逃回保定。当夜宿保定驻军第二七三师郑海楼部，虽设丰宴压惊，但余惊未已。次日我们改乘汽车随同增援的郭景云部返回北平。

被华北"剿总"吹嘘为"强大的援晋兵团"在河北平原根据地挣扎了十多天，一无所获，狼狈败北，但步骑各部照例向总部报告一番"战果"。根据他们的说法，仿佛要不是命令撤退，早已打到"天边"。其中新编骑兵第四师解送的一名"俘虏"，特蒙傅部嘉许。王克俊曾给我说："援晋兵团这次胜利在望，忍痛撤退，这完全是受了东北战局的牵制。尽管如此，我们这次也有很大的收获。"又说："这次凡是我们到达的地方，共产党的行政系统整个被打乱了，就是这一下，也不是一年半载能缓过气来。边区票也是大量地流散出去，这对共产党是有力的打击。"我没说话，不知道王对"援晋兵团"为什么会有这样高的评价？别的不说，单说边区票，我们在解放区可说很少找到花钱的对象，我就曾经领过一皮包，一张未花，原物带回。有的部队因为看不到老乡，只得在离村时放到人家家里几张，用以表示傅部遵守纪律，这会起到什么"打击"作用呢？至于说破坏行政系统一节，这也同样是主观梦想，老实讲我们没被吃掉已是万分侥幸了！

四　结束语

"援晋兵团"是北平解放前夕华北傅作义集团的一次回光返照。部队刚刚回窜，东北解放大军已云集华北，这是傅部万万没有想到的。紧接着傅部主力第三十五军、第一〇四军（暂编第三军）被歼，张家口解放，形势更为紧迫，但傅部还在企图作最后挣扎，摆脱困境，赶紧收缩兵力，打算固守平津。再接着天津解放，兵临城下，这时什么"固守平津"，什么“西窜绥远”，什么“海路逃跑”等等计划，统统成为幻想，只有束手就歼了。在这样的形势下，在伟大的共产党、毛主席英明正确的政策争取下，傅作义将军迫不得已，接受了和平改编。文化古城——北平，一九四九年一月三十一日宣告解放。

平津战役

第二章

新保安战役

“王牌”三十五军在新保安被歼纪实

王雷震*

中国人民解放军在一九四八年十二月间解放新保安的战役中，取得了辉煌的胜利。当时被围在新保安的国民党军傅作义部，是一支兵员比较充足、配有美式装备、战斗力相当强的傅的起家部队——被称为“王牌之王牌”的第三十五军。战役的结果，不但这个所谓“王牌之王牌”的军队，被解放军全部歼灭，而且彻底打乱了傅作义“一字长蛇阵”的战略部署。它是整个平津战役中重要环节之一。

我当时是第三十五军的副军长，虽然身染斑疹伤寒，病势很重，但在战事紧张的情况下，仍随军行动。新保安被围前后，概由军长郭景云亲自指挥作战。在我病势略轻的时候，也曾对作战提出过些意见，因此，有些情况还是比较了解的。

一 第三十五军在新保安被围前后

那时，第三十五军是在由张家口返回北平的行军途中被围于新保安的。当部队从张家口行至鸡鸣驿附近，即受到解放军百余人在公路西约一公里处的射击。到新保安后，据报告：“新保安以东之公路已被破坏。”显然，此处曾有解放军部队，为了阻止第三十五军返回北平，将要选择有利地形，进行截击。据了解，当面的解放军仅有詹大南部① 及地方团队三四个师。旋又获悉，杨得志率领的第二兵团，亦陆续赶到。最后又侦

* 作者当时系国民党第三十五军少将副军长。

① 詹大南当时任解放军冀热察军区司令员。

知，由东北进关的部队中抽调来一个炮兵旅参加作战。这就可以看出，解放军欲就当前有利形势和依据新保安外围之有利地形，用绝对优势兵力包围第三十五军，一举而歼灭之。这样，第三十五军就被阻滞围歼于新保安。战役自一九四八年十二月五日开始至十二月二十二日止，前后进行了十八天。

二　第三十五军在新保安参战人员及部署概况

（一）主要参战人员

军长郭景云,副军长王雷震，参谋长田士吉，参谋处处长贾承祖，政工处处长张鸿恩，第一○一师师长冯梓，第二六七师师长温汉民。

全军（欠第二六二师，即原暂编第十七师）附一○五炮兵一个营及辎汽一团，汽车约四百辆，共一万六千余人。

（二）部署概况

以新保安南北门之线为界。线以西防守地区归第一○一师，以东防守地区归第二六七师。

炮兵阵地在城内西边第一○一师防守区内。

军部位置在鼓楼北之东北区内。

第一○一师之部署：城西北区归第三○三团，其前哨阵地在城外约一公里处之山涧地带。西南区归第三○一团，其前哨阵地在城外约一公里处之开阔地。第三○二团为师预备队。

第二六七师之部署：城东北区归第八○○团，其前哨阵地在火车站附近。东南区归第八○一团，其前哨阵地在城外约一公里处之开阔地。第七九九团为师预备队。

三　第三十五军在新保安作战之概况

（一）作战开始前

第三十五军在完成了它在张家口外围攻占万全县的任务后，即接到“速回北平，另有任务”的命令。在一九四八年十二月四日，部队将要出发之际，因傅作义飞来张垣召开会议，令郭景云参加，便暂缓出发。这就给解放军以比较充裕的时间，能从别处调动部队到平、张公路上来，阻截第三十五军之行动，进行包围而歼灭之。

从当时第三十五军的任务来看，返平时间既已改为十二月五日[①] 拂晓由张垣出发，即应遵照指定时间准时出发，以期早到北平。但是郭景云并不重视这一点，竟为了装运本军留在张垣的一个修械所的设备，一再迟延开车时间，致使部队从早上一直等到中午，才离开了张垣。这样就又延误了半天时间。当日行至下花园与新保安之间的鸡鸣驿附近时，受到解放军百余人在公路西侧的射击，再一次迟滞了全军之行进。

第三十五军之任务是速返北平。在行军途中，即使遇到情况，亦应一面令前卫积极掩护，一面令本队迅速通过，而郭则下令让全军停留在公路上，他亲自指挥着第一〇一师所派出的一个营，对少数的解放军进行追击，以致队伍受到牵掣不能前进，而他犹不自知。当时我因病在车上，觉得停车时间过久，又听得前边有机枪声，遂即下车去看，始了解前情，并看见郭正在指手画脚地忙着指挥。我乃告诉他，应命令第一〇一师指定一个团派队掩护本队前进，且不要离开公路过远，只要能打退解放军，使本队通过，即着该团改为后卫跟进就可以了，绝不可恋战。谈到这里，他才下命令让大队继续前进。可是这又耽误了约一个小时。迨到了鸡鸣驿后，他因为天晚，又发生疑虑，不再前进，部队即在鸡鸣驿、下花园宿营。

十二月六日，部队到达新保安后，得知前边公路已被破坏。是时，太阳刚刚压山。我当时认为，应尽量争取时间，想方设法排除障碍，或另选择前进道路。根据当时当地情况看：（1）解放军可能有后续的大部队到来；（2）新保安地形北靠大山，南临洋河，城堡如在锅底，在此狭隘地区，万一再发生情况，把道路两头堵住，势必进退无路，补给断绝，要求增援亦不易；（3）既奉令速回北平，更无在此驻下的必要，而且在当时尚非绝对走不出去，如果马上行动，约需两个小时，当可越过怀来[②]；（4）即使走不出去，也应进一步抢占较有利之地形（如怀来县城），以便应付。可是郭对以上情况，并不深加考虑，而竟然准备驻在新保安。

此时，我在新保安东门外对他说：“上路虽然破坏，下路还可通行。”并就地图上指出另一条行进路线，即由新保安经东八里、沙城以南

① 见第一章方正之文内注释。

② 当时的怀来县城在今官厅水库库区水下，今怀来县政府驻地为沙城。

通怀来之大路，同他研究。因此路我过去走过，路还好走，并有熟悉这条道路的人作向导。我还指定了工兵连配属前卫，担任修路任务。他当时同意了这一措施，并且下达了继续前进的命令。但是就在所有部队均已上车，汽车即将开动之际，他忽然又发出口令，高声喊："驻下吧，待明天再走！"不知怎的他又变卦，决定不走了。对此，我以身在病中，行动不便，亦无可如何。回忆我在一九四八年二月间回任第三十五军副军长时，傅作义曾对我说："第三十五军要你负责任。"这时，我自己想：郭景云这样刚愎自用，怎肯听从我的话？而第三十五军就这样在当日的夜间，被解放军包围在新保安了。

（二）作战初期

十二月六日夜间，新保安城外不断有枪声。七日，解放军已占领了新保安周围的村庄，构成了包围第三十五军之态势。郭景云派第一〇一师进击东八里的解放军，但连攻三天，都遭到反击，不得不退回城内。这才决定在新保安采取守势待援。从此，也就展开了攻守城堡的激烈战斗。解放军在外围，不但拥有更加强大之兵力，而且控制了有利地形，如在城外北山坡上俯瞰新保安，城内的一人一马，一举一动，都看得清清楚楚。而第三十五军被包围在这个近千户人家的小城堡内，也就成为釜中之鱼、瓮中之鳖了。

（三）作战中期

包围新保安的解放军之兵力，逐日增加，大于守军数倍，并有绝对优势的炮火威力配合展开猛攻。而困守在新保安的第三十五军，只好依城构筑防御工事，固守待援。有一次，参谋长田士吉来看我。我问及战况，他说只是缺少粮、弹。我接着告诉他："速用我的名义给傅去电，请空投粮、弹。"我也相信，傅一定要派援兵来的。未几，傅果派飞机投来粮、弹。

为了从新保安接出第三十五军，傅作义命第一〇四军安春山部来接援，主力摆在怀来，派队向沙城进击，但进到土木附近，为解放军所阻。以后又着第一〇四军的主力（两个师欠一个团）从怀来经贾家营、宋家营直推进至新保安东南之马圈。在当时看来，这样的部署和行动，对第三十五军来说还是十分有利的。这一条路线，也正是第三十五军初到新保安时我向郭景云建议所选的前进路线。而且第一〇四军的先头部队已经到达了马圈，距新保安仅约十里，只要第三十五军能冲出城，两方面就能联系得上。怎奈郭与第一〇四军军长安春山宿嫌很深，一到紧急关头，那种劣根性就表现出来了。现在把他们彼此矛盾的情形，写在下面：

郭景云与安春山，在过去谁也瞧不起谁。此时碰在一起，真是“狭路相逢”。适傅又给安春山加了个“西部地区总指挥”的头衔，这就更把郭景云激怒了。郭曾公开对干部们说：“我郭景云怎能受安春山的指挥呢？”当安春山攻打沙城时，郭未从新保安向东打，而在安军进攻失败之后，郭反而埋怨说：“安军救援不力，迟滞不前，故意看我的笑话。”乃至安军到了马圈后，郭和安在电话中商谈，又各持己见，争执不下。郭说：“傅命令你来解新保安的围，你的部队就应该打通道路，到新保安城下来接第三十五军，不然，我就不走。”安却说：“我的部队来接第三十五军，就只能到这里——马圈。”甚至还互相破口大骂，郭骂：“安春山这小子！看我将来突围回到北平后，和你小子打官司。”

那时，郭景云还说过：“来的如果是自己人，就一定要到新保安城下来解第三十五军的围。”他认为安军不到新保安城下来解围，是因为安不是自己人的缘故。什么是“自己的人”呢？他从前对我流露过，在傅部范围之内，他的势力已经是“三分天下有其二”。这显然是他自己在划小圈子，在树立自己的势力。当然也就对安更不能谅解了。

安春山对解新保安的围，也的确不积极。当我初听到安军来解围时，还认为有可能接出第三十五军。乃知他本人不到前边来指挥部队完成任务，而让副军长来指挥，我心中就十分诧异。为什么像这样紧急重大的任务，安不亲自指挥呢？这一定与他和郭景云过去的不睦有关。后来还听安自己说过，那时傅作义给他打电话，让他去解新保安的围，他假装睡着了，不去接电话，而是让他的副军长去接。他还表示过，他就是不愿解三十五军的围，而是愿意三十五军败。从此更可以看出，在傅部的干部之间，早已存在着钩心斗角、互相猜忌、倾轧的矛盾。

更可笑的是，在作战之际，郭、安二人表现出形形色色的迷信色彩。据说安春山曾与其参谋长郝勤福（系一贯道）扶乩，求问胜败。有一次说什么孔明“临坛”，还与安春山互道“山人”（安春山自号山人）。郭景云也与安春山一样，日与其参谋占课打卦，卜问吉凶。并且讲一些谶纬迷信，如说新保安之“安”字，可以保证平安之类，以安定人心。

（四）作战后期

在作战过程中，越打，解放军越多。十二月九日夜，第一〇四军终于从马圈、宋家营等处撤退了。此后第三十五军便困守无援。郭景云有一天曾决定突围，指示部队把所有笨重东西都抛掉，并计划将炮、汽车、电台的重要零件都拆卸下埋起来，轻装突围。对伤病员亦不顾，只给我和第一〇一师副师长常效伟（在攻东八里时受伤[①]）派出担架。在一切准备妥当就要出城时，郭忽然又变卦说："不走了，固守待援吧！"我对郭说："此地是死地，绝不能守。"他不以为然地回答说："我已经布置好啦，你去休息吧！"看他那骄傲的神色，好像他对于守新保安还有把握似的。当时，我以他不接受别人的建议，心情有点焦虑，急得晕倒在地上。

十二月二十一日傍晚，解放军的攻击开始了。枪炮声整夜不断。到次日拂晓发起总攻，攻势更为猛烈，密集的炮弹像暴雨一般，硝烟笼罩了全城。下午，我从病床上清醒过来，看见有几个负伤的士兵在交头接耳，神色很紧张，好像有什么事不让我知道似的。我想一定是情况紧急，遂着士兵扶我去到郭景云那里。

这时他死气沉沉地呆在那里，当我问到他打算怎么办、军预备队在哪里、有多少之后，才知他不但没有控制军预备队，而且也未靠近一个有力的师预备队，只带着十几名卫士和军部的几个参谋、副官等在那里束手待毙，毫无办法。他只是对我说："你能来了就更好。"随着便转过头去，对着一个副官狠狠地说："快把汽油桶推进来点着吧！"从此可以看出，事已危急，他要把周围的人和他用汽油焚烧，同归于尽。当时，副官只好出去。我即在电话中先问明第一〇一师的战况，据师长冯梓说："此时战况尚不甚激烈。"又问明了他还控制有预备队二三百人，乃同冯师长在电话中商妥，由他派一个连即刻来军部，把郭接到他那边去。接着我转向郭说："已联系好，你们到第一〇一师那边去吧！第一〇一师是你自己带过的部队，对你行动比较便利。且不要管我，我病得这样，也走不动。"当我讲完这话后，冯师长派的队伍尚未来到，我再要与其他部队联系时，电话就叫不通了。

半月来，解放军不断以炮火对守军施行制压，以强大的兵力多继续

① 冯梓说，常效伟是在六日进入新保安后被解放军炮弹击伤的。见本书冯文。

向城关迫近。第三十五军已经鏖战了十八昼夜，如何能抵挡住越战越强的人民解放军呢？到了这天下午三时许，解放军攻击城东南防区李上九团阵地，突破城墙，打进城内。经过激烈巷战，战斗渐渐移到军司令部了。在我电话打不通时，门外枪声越来越近。这时天已黄昏，我听到从郭所在的方向发出枪声，枪弹从我的棉帽顶上擦过，我初疑是门外解放军打进来的，紧接着听到第二响枪声，郭就倒在血泊中。接着解放军就占领了军司令部。

计自新保安战役开火之日起，各团每天都有伤亡。截至解放的前一天，每团官兵均伤亡三四百人。在最后解放的那天，战斗更为激烈，各团官兵伤亡，较以前更大得多，其残余者，亦都放下武器，举手投降。

（五）作战期间第三十五军官兵的战斗情绪

第三十五军本来是一支战斗力较强的部队，但在八年抗日战争以后，投入内战，士气就开始低落，出现厌战情绪，军官请长假，士兵要回家，都难以说服。就连我在新保安被俘之初，也深深以自己在抗日战争以后，没有断然"解甲归田"，置身事外为憾。特别是在新保安被围后，有生力量消耗殆尽，士气更大大低落。一般认为是没有什么希望了，迟早总会被歼灭的，不仅下级官兵是这样想，中级以上指挥人员也是这样想。比如第八〇一团团长李上九，曾听到解放军有位高级政工同志写信，劝第一〇一师师长冯梓战场起义的消息，他就到冯那里问冯："你看咱们这次仗还有没有希望？"冯说："我看是没有希望了。"他便说："没有希望咱们还打个什么？你如果是有什么行动的话，我愿意跟你一起走。"同时，第七九九团团长王孝模听到这个消息后，也多次问李上九打问，希望脱险。这说明当时部队战斗情绪已动摇了。

四 结束语

在第三十五军被歼灭时，我总认为失败的主要原因是由于指挥官缺乏军事素养，有勇无谋，而又刚愎自用，不纳忠告，以致开始时犹疑徘徊，贻误戎机，被围后又不敢大胆突围，与援军靠拢，致使全军覆灭。当时思之，诚不胜其遗憾，尤其是认为即使突围遭受损失，也比这全部被歼要好些。直到参加革命后，学习了毛泽东主席的军事思想和《关于平津战役的作战方针》以及其他有关的英明指示，才认识到在当时解放军动作神速、严密布置、集中绝对优势兵力的情况下，第三十五军的被歼灭，已成了定局，如果还思谋返回北平，那简直是梦想。即使我当时不病，也没有可能指挥第三十五军逃出解放军在新保安周围所设置的天罗地网。

从增援张家口到新保安围城

田士吉*

被牵往张家口

第三十五军从一九四八年十月中旬青龙桥战役后，虽没有参加大的战斗，却仍沿着平绥铁路在北平到张家口之间来回调动，没有休息。一直到十一月中旬，才回到北平附近丰台一带集结休整。当时全军各部队的兵力集结情况是：（1）军部及直属部队与第一〇一师（附山炮一连）驻丰台及其以东各村；（2）第二六七师（原暂编第二十六师）驻丰台以南长辛店一带；（3）第二六二师（原暂编第十七师）附山炮一连驻西直门外衙门口田家庄一带。全军总兵力两万余人，武器均美式装备，整个部队完全汽车化。

十一月二十九日十二时，第三十五军军长郭景云由北平西郊总部打电话给我说："张家口有情况，总部命令我们第三十五军除第二六二师外全部前往增援，速做准备，于下午二时出发，以第一〇一师为前卫。"我即按照郭的指示给部队下达命令。第三十五军是机动部队，笨重装备不下汽车，无需准备多长时间，遂都准时出发，乘着四百多辆汽车向张家口开去。到达南口后，因夜幕降临，八达岭山路崎岖险峻，行车较难，于次日十二时后才全部到达张家口。

到达后，郭景云向第十一兵团司令官孙兰峰请示，即令第一〇一师向万全推进，接替骑兵第五旅在前线右翼参加战斗（左翼是第一〇五军的第二五一师）。当时战斗并不激烈，不久，解放军即主动撤出万全，向西南方向开去。第一〇一师留了一个营防守万全县城，其余部队撤回

---

* 作者当时系国民党第三十五军少将参谋长。

张家口。

十二月二日晚九时，驻扎宁远堡的第一〇五军遭到解放军夜袭，第一〇一师又连夜前往增援，军部及第二六七师亦推进至宁远堡一带。解放军于天明后向西撤去。第一〇五军派出侦察部队继续侦察，于三日十二时回报，宁远堡以西三十里内无解放军。

三日，天气晴和，张家口附近无情况。第三十五军原拟次日返平，旋奉总部长途电话说："总司令即赴张家口，第三十五军部队可候总司令与郭军长见面后再走。"

四日，部队仍做返平准备。上午九时稍过，傅作义乘飞机到张家口，召见第三十五军军长郭景云和第一〇五军军长袁庆荣等会谈当时形势。傅最后指示："林彪进关尚需时日，这方面仅有聂荣臻的部队。留下第一〇五军及原有部队，就能够应付自如，第三十五军可于明日（五日）返平。原在张家口的野炮营和察哈尔省的保安第三团拨归第三十五军指挥，其他不必要的机关和各部队留守处均撤回北平[①]。"郭回到军部已过十一时，令部队仍回宿营地，准备明天开走。接着，张家口预定撤出的各部队留守人员，以及商车和绅士们，都来向郭商洽随军撤走。郭一一答应，告以明日拂晓到宁远堡集合出发。在这天夜里，第三十五军的官兵们都做着回北平又可以吃喝玩乐的美梦。

返平途中陷入重围

五日仍是好天气，部队从容地吃了早饭，拂晓上车准备出发[②]。但因为拆装第三十五军在张家口的修械所和抽调汽车载运其他随行人员，一直到中午才开动。沙岭子过去了，宣化也过去了，人们在车上预计着下午就可到下花园。讵料刚走出宣化不多远，汽车突然停住，前方远远传来稀疏的枪声。郭景云当即告参谋处处长贾承祖说："你快到前边看看是怎么回事。我想不会有什么大的情况吧！告诉冯师长不要因为小情况耽搁前进。"贾奉命前去，走不多远，遇见冯坐着汽车疾驶而来，便一起去见郭

① 关于傅作义在张家口研究撤、守方案的变化，请参看本书第三章靳书科文。

② 关于第三十五军离开张家口的日期，请参看本书第一章方正之文中的注释，以下各文中不再重注。

景云。郭问前边怎么样？冯说："下花园以西的公路被挖断，当前共军不多，三〇一团正在一面战斗一面修路。"郭指示修好公路，继续前进，冯即回前方指挥。不久，汽车向前蠕动，大家都认为前方没大情况，今天仍有回北平的可能。

下午二时到了下花园，又因前边发现情况，汽车不能前进。据报，解放军阻击很强，正与第三〇一团在公路正面及南侧激烈战斗中。郭景云即带贾承祖等参谋人员驰赴前方，并要我向总部报告情况。郭走后一小时，前方枪声骤紧，约半小时又慢慢稀疏了。四时，前方没枪声，路也修好，汽车又开动起来。

十二月的天气，下午四点多钟就接近黄昏。郭景云从前方来电话和我说："今天天色已晚，军全部在鸡鸣驿宿营，没什么情况明早再走。"我即照郭的指示给各部下达宿营命令。鸡鸣驿距下花园约四华里，汽车多，地方小，不易安排，到九时后才全部进入宿营地。第一〇一师派兵一部担任鸡鸣驿以东和以南的警戒，第二六七师派兵一部担任下花园方面的警戒。

当晚，第三十五军的官兵们大都在鸡鸣驿安然睡觉，仍做回北平的好梦，而解放军则正给他们安排下天罗地网。试听以下的报告吧：

（1）从鸡鸣驿以北高地下来的共军很多，分别在公路以北及山上构筑工事；

（2）从下花园以南山地下来的共军部队不少，在公路以南构筑工事；

（3）下花园方面似亦有共军构筑工事；

（4）新保安与鸡鸣驿之间的公路及两侧，有很多共军在构筑工事；

（5）鸡鸣驿四周，共军调动频繁……

郭景云鉴于以上这些情况，特召集了一次部队长会议。大家认为情况严重，不能叫解放军在夜里顺利构筑工事，应派兵扰乱。而郭则认为没关系，并且很有把握地说："叫弟兄们好好休息，明早以第二六七师（附山炮一连）为前卫，来个拂晓攻击，一下子就可冲过去。其余部队于早八时前准备完毕，待命出发。"因此这一夜解放军构筑工事，没受到一点扰乱，很顺利地准备了拖住第三十五军的绊索。

十二月六日拂晓，一切均按郭的指示去办。第二六七师早六时即开始行动，其余各部也都做好出发准备。七时许，前方枪声很紧，并夹杂有炮弹、手榴弹爆炸声，显然是第二六七师与解放军发生激烈战斗。一直持续到十时后，枪炮声仍紧。郭景云几次用电话问前方情况，第二六七师师长温汉民始终回答："正在激战中。"等到十二时后，仍没有打开出路，郭非常急躁地对我说："你马上用报话机向总部报告情况，要求飞机快来助战。我去前方看看。"他说罢就带几个参谋走了。两天来，总部来电都是叫迅速击破当面之敌，到北平集结。这也是我们的愿望。但第三十五军已被解放军紧紧拖住，欲进不能。我将情况报告后，总部决定派飞机来助战。

下午二时，前方枪炮声又一阵加紧，无疑这是因为郭景云到了前方督战。这时飞机也飞临上空。解放军以我攻势甚猛，又有飞机助战，便逐步后撤。三时许，第一〇一师前卫到达新保安。正面的解放军沿公路继续东撤，在公路南北的解放军也分别向南北山里撤去。下午六时，第三十五军全部进入新保安。当时曾有人向郭景云建议，最好连夜赶回北平。郭则认为夜间行军受的损失要比白天大得多，结果未予采纳。

六日晚间，解放军调动频繁。事后得悉：大同方面的解放军以一昼夜二百公里的急行军向新保安方向集结；东北野战军入关的一部，亦连夜开来，限于十二月七日拂晓前赶到新保安①。同时解放军得到人民群众的协助，也在这一夜通宵达旦赶筑工事。当时前方警戒部队虽迭次报告，新保安四周到处都是锹镐之声，但郭景云都不理会，仍然像昨晚一样命令部队充分休息，静待明日（七日）拂晓攻击，因此解放军又很顺利地构筑了一夜工事。

七日拂晓，郭景云派第一〇二师攻击前进，其余部队仍准备上车出发。在前方发生接触后，官兵们因急于回平，攻击甚为猛烈，但解放军凭借工事进行坚强的抵抗，寸步不让，结果攻了一天毫无进展，只得又撤回新保安。第三十五军撤后不久，解放军阵地锹镐之声四起，又继续加强工事。我警戒部队虽不时射击，也阻挡不住。当天还接到总部急电说："林彪一部进关后向该方面移动，希迅速击破当面之敌，赶回北平。"

八日，第一〇一师继续进攻，又被解放军反击回来。九日，郭景云急了，令第二六七师和第一〇一师合力进攻了一天。他自己几乎整天在前线督战，虽反复冲锋，仍毫无进展。晚九时后，郭把各师团长及军部各处负责人召集到军部开会。他介绍当前的情况说："当面为解放军

---

① 据了解，华北军区第二兵团主力于十二月八日晨经涿鹿赶到新保安外围。东北野战军先遣兵团第四纵队于十二月九日晨进抵康庄、怀来地区。

二、三两纵队[①] 和东北一个炮兵旅，还有由东北来的其他部队，番号不详，总兵力三个多纵队。以我们现在仅有的兵力继续突围，不但兵力小，牺牲大，并且也很难有突出去的把握。”最后他说：“暂取守势，以待援军，总司令是不会不管第三十五军的。看大家有什么意见。”经几天来的战斗，自认为所向无敌的郭景云，已再没有勇气突围。两师长亦亲身体会到解放军的战斗力量，不敢再作尝试。其他与会的人也都为自身安全打算，以不突围为好。因此大家一致同意郭的意见，即拟电向总部请示。天未明，得总部复电，同意固守待援。从此第三十五军便转入被动挨打的局面。

三路援军都成泡影

在决定固守待援后，即划分防守地区，作了以下部署：（1）第二六七师附保安团及山炮一连，任新保安东半个城和东关的防守，就地构筑工事并逐渐加强；（2）第一〇一师附山炮一连，任西半个城的防守，重点置于西门外，就地构筑工事并逐渐加强；（3）各师在城外警戒部队的据点，应尽可能构筑较坚固的工事；（4）各部队即于十日拂晓前进入指定地点开始构筑工事。

这一天第三十五军构筑工事，解放军也构筑工事。双方相距约两千公尺，彼此相望，可以说是进行构筑工事的竞赛。这时第三十五军主要还是盼望援军早来，曾设想有三路援军可以派来：一路是南口方面的第十六军袁朴部；一路是张家口的第一〇五军袁庆荣部；一路是北平附近的第一〇四军安春山部。当即电请总部调派，旋得复电称：“第十六军已被林彪部打垮，现在平郊整顿。已电令安、袁两军前往解围，希径与联系。”郭与两军去电联系，得到复电，均准于十日早出发前来解围[②]，到达地点及情况随时联系。

十日九时，第一〇五军袁庆荣来电说：先头部队到达沙岭子，与共军遭遇，正在激战中[③]。到下午四时，袁军来电称，攻不过来，已退回张

① 当时包围新保安的解放军是华北军区第二兵团第三、四、八纵队，参加打援的还有冀热察军区部队等。

② 据杨维垣回忆，第一〇五军奉令增援新保安的时间是十二月九日。

③ 据杨维垣回忆，第一〇五军奉令增援新保安的时间是十二月九日。

家口，待机再动。

当晚又接到一〇四军安春山来电话，说第一〇四军已至怀来，未发现情况，明（十一日）早向沙城以西推进，希预做突围准备[①]。郭景云接电后，异常兴奋，认为安春山一到，围可立解。

为了迎接安军的到来，十一日早，全军完成突围准备，指定第二六七师为第一线突围部队，第一〇一师的两个团为第二线的突围部队，另一个团视突围情况的进展随军部前进。七时许，第二六七师即开始行动与解放军接触，同时并电安军迅速前进夹击。八时安复电说，第一〇四军已进到沙城南李官庄一带与解放军接触，正攻击前进，希第三十五军也向共军猛攻，及早会师。不久从东南方向听到安军和解放军作战的枪炮声，第二六七师更尽力猛攻，但解放军据工事坚强抵抗，又有优势炮火支援，仍屡攻不下。十时许，又接安军急电两份，说一〇四军九时与解放军交战，颇有进展，现已进至沙城以西，距新保安仅十余里，如你军猛攻，当可迅速会师，希勿失良机。郭景云接电后，除令第二线第一〇一师加入战斗外，还亲赴前线指挥，并电总部速派飞机助战。但当日飞机没来，虽拼命攻击，反复冲锋，伤亡惨重，亦突不出去。郭便将这情况电安，请安军猛攻前进，接出第三十五军，而安仍来电促郭速进。但解放军非常坚强，直战到黄昏，第三十五军亦未能越雷池一步，只得仍撤回新保安。安来电责第三十五军攻击不力，致功败垂成。郭有口难分，只好说明早提前努力去干，安亦回电同意。

不料到了半夜时分，安急电告知怀来发现情况，总司令着他即撤回北平。同时总部亦来电说：林彪部已到达怀来附近，着安军即撤回北平，该部暂勿突围，仍固守待援。十一日拂晓前，即听见怀来方面枪炮声甚急，安部电台亦呼叫不出。总部亦来电说，安军方面有情况，与安已失去联系，电台正在呼叫中。

在这种情况下，三路援军都成为泡影。郭景云曾召集几次会议研究。大家认为直往北平行不通，返张家口也不成，因为那方面已有解放军的重兵和工事，第一〇五军来不了，我们就上不去。此外只有两条路可走：一是不要汽车，徒步向南突围；如能进入南山，即可脱险（安春山亦曾来电建议）。二是出其不意，向大同方面突围，但途中桑干河流域都是

---

① 据了解，第一〇四军九日断续奋力向西猛攻，以接应第三十五军，但攻击受阻，十日下午即由怀来南撤。

山地，也不能带汽车。郭景云听了之后说：“别的都好说，这四百多辆汽车是傅总司令的命根子，不能不要。”有人说：“只要有生力量存在，不怕没东西。”郭仍不作决定，虽一度令各部队做轻装突围的准备，但因为舍不得汽车又打消了。最后仍然是固守待援，大家这时都知道“援”不过是个想象而已！

在这期间，郭景云曾命令汽车部队将重要零件卸下埋起来，使解放军在进城后也用不上。命令虽然下了，汽车队的官兵却都不愿照办，并且每天还去保养它。因此新保安一解放，汽车部队便在解放军的指挥下，全部向指定地点开出。

困守新保安

十二日无战斗。这时郭景云在决定固守之后，即令各部队重新整顿防务和加强工事。当日郭还亲到各师讲话，鼓舞士气。他说：“大家要安心防守，要相信总司令，他绝不会舍下第三十五军不管。”

郭景云及两师长最愁的是粮弹。这一万多守城部队，每天都要吃，没粮食怎么活？每天都要消耗弹药，不补充怎么打？虽然总部也派飞机空投，但相差太远。军部除了每天电请补充外，还向当地人民强征一些杂粮油盐。郭曾叫师长们对士兵说：“这是一时困难，要大家克服，总司令是会有办法的。”因此官兵都被蒙在鼓里，只希望傅作义早派援军，速解此围。

十二月十三日，解放军的围城工事想已完成，在西门外竖起很高的标语牌招降。一位姓甄的敌工部长派老乡送进城内两封信，一封给郭景云，一封给冯梓。信内大意是希望他俩派人接洽起义，投向人民。信中还说到他是冯的同学。郭看了后，没有给冯看就烧掉了。紧接着是解放军的司令员来信说：“你们突围已不可能，困守只有被歼。现给新保安准备下八万发炮弹，你们如接受劝告，应即派人接洽，将部队开到指定地点，听候改编。”这封信曾在晚九时军部的例会上念过一遍，大家都没表示，信也烧掉没回复。据事后获悉，甄部长另外还给冯梓写过信，冯曾单独回复过，但冯当时却没有把此事暴露出来。

十五日以后，情况愈显紧张。解放军不但白天向城内不时炮击，并进攻城外警戒部队，还在夜间九时至十一时进行大规模的侦察攻击。到了十七日以后，飞机很少来，解放军白天的进攻也愈趋激烈。主攻点是东门外的第二六七师。目的是占领据点，缩小包围圈，以便于直接攻城。第二六七师的战斗力虽不如第一〇一师，但据工事防守，还可以抵挡得住。解放军选定了附属该师的保安团作重点，这个地方杂牌部队在被攻击的第二天（十八日）就招架不住，不待命令即后撤，致第二六七师的右侧受到威胁，亦被迫退守东关。这样一来，把保持十余天的城外空投场，也随着丧失了。

由于解放军的炮击，城内部队每天都伤亡近百名。后来加强工事，在院内构筑掩蔽部，在街上挖交通壕，伤亡大大减少。但随着解放军攻城的加紧，前线守军的伤亡，却日益增多。

这几天在解放军缩小包围圈的攻击中，军部最忙的是电台和报话机。每天一早首先是发出请送粮弹和派飞机助战的电报，其次才是报告情况和要求援军。报话机是军部参谋长直接与傅作义联系的工具，规定两小时呼叫一次，有情况随时呼叫。例如解放军攻城很紧急时，就即刻用报话机向总部联系请派飞机，一小时内飞机准到，有好几次是这样。

在解放军攻击开始后，郭景云规定每晚九时后由军部召开例会，参加者是军部课长以上和各师参谋长以上人员。在会上，他总是提心吊胆地板着面孔听各方面报告战况。一直到十一时解放军攻击停止后，大家才把心放下。郭景云自决定固守后，就心绪不宁，食不甘味，寝不安枕，在人前是强作欢笑，没人时则呆呆地坐在屋里，门也不出，每天就是叫我写电报请求送粮弹、派飞机。从他的表情看，像是已感到大祸将临。他平常说他不迷信，但这时每晚例会上都叫军部政工处张副处长给占“响马卦”，问新保安能不能守住，何时解围，北平方面情况如何。如占一课说“今晚没事”，他就很高兴；如说“今晚某处怕撑不住”，他便把牌打乱，生气地说：“谁信你这个！”但以后每天仍请张占卦，大家也随着请占，张在当时倒成了个忙人。

实际上，谁都知道守不了多久，但谁也不敢说。同时大家还另外有一个迷信想法，就是傅作义舍不得第三十五军，不会没办法。但眼看着城内没有粮弹，每天这样消耗，飞机送不来，特别是解放军已知道第三十五军没有炮弹，把炮兵都放列在“暴露阵地”，一天到晚轰击，只是飞机来时遮蔽一下，飞机一走就又响起来。

在解放军开始攻击后，郭景云怕解放军地下工作人员在城内做内应，曾指示冯梓会同军部政工处对新保安户口进行了一次大检查。这个检查组织由军师政工人员、参谋人员以及当地士绅组成，先以部队封锁各街巷口，随即挨户检查，一直到全城检查完为止。检查结果，只有搭张家口商车回平的两个人没有证件，于是把他们看管起来。

十八日拂晓，解放军以压倒优势，从北、东、南三方面向东关守军第二六七师进攻。该师官兵凭现有工事抵抗。我炮兵也在撙节使用炮弹原则下予以支援，但不久即被解放军炮火压制住，不敢发炮。九时左右，解放军又由保安团方面突入，第二六七师亦全线动摇。当第一〇一师增援部队到东门外时，东关已经失守，该师又作了收容掩护工作，便撤回城内。接着第一〇一师在西门外的部队也在十八日夜里撤回城内，至是城外据点完全放弃。

这时城外已成为解放军的世界，送粮弹的飞机又不见来，郭景云为节省弹药，曾下令非在必要时不准射击，官兵们也想留一点以备在最后关头壮一壮胆，因此对城外解放军的活动，很少干扰。解放军好像也知道这一点，作工和观测，任意行动，毫无顾虑。

在这种情况下，军心很不安，首先是粮弹送不来，没东西怎能支持下去；其次是城虽高厚，也顶不住解放军加农炮的轰击。因此每个人都在想，终有弹尽粮绝、城破被歼的那一天。

十九日中午，飞机来了，以新保安城内北部作空投场，投了些面粉和轻武器弹药，但为数不多，且无炮弹，仍然是解决不了问题。

此后，城外的解放军即准备云梯，每天自上午九时至下午三时作攻城演习。第三十五军所采的办法是：远距离不开枪，接近到有效距离才射击。这种战斗，说不激烈吧，但只要一下顶不住，解放军就会爬上城来；说激烈吧，解放军又不是集中全力整天整夜攻击，使第三十五军弄不清什么时候是真攻，什么时候是佯攻，因而疲于奔命，完全被动。

第三十五军的覆灭

十二月二十一日，解放军白天的攻击延长到天黑五点钟才全线停止，晚七点又开始攻击。第三十五军草草地吃了晚饭，就慌忙应战。这一晚，解放军发动全线总攻，一开始就极其猛烈，炮弹像暴雨般投向守军阵地。郭景云一看兆头不妙，急电总部要飞机、要炮弹。复电是：“明早七时派飞机十架前往助战，另十吨弹药于明晨由青岛起飞运往。”但今晚解放军攻击得这样猛烈，就怕等不到明天早上。因此郭景云和他司令部的人员都感到十分危急。这一夜谁也没合一合眼，每个人的面部都随着外边的报告和枪炮声的稀密而时有不同，老是嫌时间过得太慢。

好容易，把这一夜挨过去。解放军的攻击暂时停了一下，我们松了一口气，但饭还未来得及吃，解放军的攻击就又开始了。当时，郭景云眼盯着手表说："七点十分了，参谋长听一听外边有没有飞机响？"我回答："没听见。"接着到了七点二十分、三十分，又连续着问，还是没听见。郭景云急了，对我说："你再写个电报问总司令，还要我们不要？"电报发出后，没回复。过了八点钟，飞机仍没来。

这时解放军攻城的炮火更为猛烈。九时，据第二六七师报告，东南城角已被轰开两处，解放军的尖刀连在炮兵掩护下几次突入，都被顶住。同时第一〇一师也报告，防区内城墙被轰开缺口，在解放军突进时，被我城墙下伏炮用零线子母弹[①]击退。但随着解放军的继续猛攻，第二六七师防区内城墙的缺口越来越多，解放军像潮涌般突进，守军再也顶不住了，死的死、俘的俘、退的退。大队解放军随着进入城内，发生了激烈的巷战。时间已过了十点钟，飞机仍没来，郭景云更急了，再电总部仍没回答。接着通各师的电话均被炮弹打断，通讯营也难以修复。午后，解放军已从各方面突进城内，全城一片枪声，到处是战斗。解放军逐渐逼近军部，军部直属的特务营、工兵营和通讯营全部参加了战斗。郭景云想去第一〇一师冯梓处，也因巷战激烈不能出门。解放军翻墙越屋奋勇前进，锐不可当。郭景云见大势已去，像发了狂似的，向贾承祖说："快！快推两大桶汽油来！我们不能被俘，要大家死在一处，限十分钟推来！"贾承祖唯唯退出，问我怎么办？我说："不用理他，到时再说。"四点多钟，解放军已到军指挥所房上，郭景云在屋里一面骂贾承祖不把汽油推来，一面掏出手枪对准自己的太阳穴一击，即时毙命。接着解放军来到三十五军指挥所，副军长王雷震以下的人均被俘。据事后获悉，下午三时左右，第一〇一师已与解放军接洽停火。当时与解放军巷战的只是军部直属部队和第三〇一团及第二六七师残部。

---

① 炮兵术语。伏炮指接近地平线非常隐蔽的炮阵地、炮位。零线是装在炮弹头上的时间引信的刻度。子母弹是榴霰弹的旧称，弹体（母弹）内装有若干小弹（子弹）。零线子母弹是炮弹在引信作用下，射出后母弹迅即爆裂，具有很强的杀伤力。

下午五时，城内全部停火，被俘的第三十五军官兵押送指定地点集中，新保安从此宣告解放。

盼望已久的飞机，这时才来了一架，绕新保安一周，见地面战斗已结束，便向北平飞去“报丧”。

困守新保安简记

冯 梓*

傅作义部（以下简称傅部）第三十五军，是傅嫡系部队三个主力军之一，辖第一〇一师、第二六七师（原暂编第二十六师）和第二六二师（原暂编第十七师）三个师。傅到北平任华北"剿总"总司令后，把这支部队控制在北平附近，作机动使用。远距离活动或急用，以汽车输送；近距离活动，仍以原有骡马驮载、挽拽，指挥员乘马，其余步行。涞水战役（解放军叫保北战役），就是这样，算不上摩托化。汽车输送时，师长也是坐十轮大卡，没有吉普指挥车。打起仗来，只得徒步指挥，远不如乘马方便。也不全是美械装备，在最后被歼时，还有苏式机、步枪、日造山炮。三个师战斗力也不平衡。第一〇一师是老部队，战斗力较强。第二六七师是原胡宗南部第二十六师，曾被解放军击歼一次后，由各部抽调干部，补充新兵，重新组建的，战斗力较差。第二〇一师的三个团是：第三〇一团（以下简称一团），是第三十五军的老底；其余两团是在抗战初期，忻口战役太原突围后，由其他部队编入的。第三〇二团（以下简称二团）是原国民三军独立第七旅的一个团改编而成的，第三十五军军长郭景云曾任这个团的团长；第三〇三团（以下简称三团）是由山西部队的一个团改编而成的。

一九三九年，傅部归第八战区后，移驻绥西后套①，那里比较偏僻，环境较好，干部私心杂念少，很多政治干部是由延安来的；第三十五军也派干部到延安抗大学习。傅把解放军的三大纪律，八项注意，改名为十项纪律，严格执行。官兵过着极艰苦的生活，战斗作风和群众纪律都较好。

---

* 作者当时系国民党第三十五军第一〇一师少将师长。

① 后套现属内蒙古自治区达拉特旗，西部一块属杭锦后旗。

决心抗日到底，不当汉奸亡国奴。

部队进北平后情况大变，干部逐渐腐化堕落，贪图享受，广大士兵直接间接受到共产党宣传，提高了觉悟而不愿继续卖命，从而部队素质每况愈下。

一九四八年十一月下旬，第三十五军（欠第二六二师）在北平西南丰台、长辛店一带集结休整。二十九日忽奉命急援张家口，出发时已到下午，我师在先头行进。途中大休息时，师侦察人员下车侦察，得到了一些材料，经综合分析判断，发觉我们去张家口的行动，解放军已知道。我感到惊奇，向郭景云军长（以下简称郭）作了汇报。他听后，并看了些材料，发火说："我说总部有了八路（郭对共产党解放军的习惯称呼），不假吧！咱们还没动，人家都知道你去哪，以后这仗怎么打！"当时我只感到惊奇，但判断不出个正确结论，郭即判断为总部有人通敌。三十日下午，到了张家口，随即协同友军攻击万全方面的解放军，解放军撤退。十二月二日，又协同友军击退宁远堡方向的解放军。三日，张家口外围已无情况。四日，傅飞来张家口，召集军以上干部开了会。傅回北平后，发现东北解放军已南下，这才急令第三十五军五日速回北平。原定我师一早先行。出发前，郭告我说："你不能先走啦！总部来电着第二五八师（原暂编第十师）临时归我指挥，一块回北平。你知道，我不能和安小个子（第一〇四军军长安春山）一样，谁归我指挥，就把方便让给谁，让第二五八师先走，你后走。"接着辎汽第一团的陶营长来说："军部抽调汽车到张家口。"我以为是给第二五八师调配汽车。午时，汽车载面粉回来，汽车队的干部说："军部的面粉，让每个汽车搭配装运。"过午，军部通知说："第二五八师因抽不够汽车，不能一块走了，仍着我先行。"出发时已下午一时许。在张家口至宣化的中途，遇到由宣化撤出的胡团长告我说："下花园附近和以东地区，已发现情况，路过时要注意！"过下花园时，南山已有枪声，先头部队在鸡鸣驿山脚下的公路上，被又宽又深的壕沟阻隔，汽车不能通过。这个沟左起峭壁式的山脚下，紧靠铁路，铁路一侧打着很高的石坝，下面就是大洋河。公路、铁路并靠，山脚到大洋河相隔很近，这段狭路还很长，沟宽三四米，深二三米，长十几米，车过不去，于是赶快把工兵连调上来。挖出来的土不够填沟，可能是把土倒到大洋河里去了，还得到别处取土。挖倒沟壁，做斜坡路，也得相当时间。车停的时间长了，郭赶到前面发火。他看过这个沟后，感叹地说："真他妈的挖到点子上啦！他们地形熟，这手做得多绝！前边情况怎样？"我说："部队下车向鸡鸣驿前进啦。"沟修得能过车后，已近黄昏。军部通知，今晚在此附近宿营，军部驻鸡鸣驿，第一〇一师驻鸡鸣驿附近，第二六七师驻下花园附近。

六日早，郭率第二六七师和第一〇一师第二团先行，令第一〇一师（欠第二团）顶住后边和南边追来的解放军，掩护部队安全通过山下隘路后跟进。第二六七师攻下西八里向新保安进击时，前来助战的飞机又轰炸了自己人（在张家口外围作战时，蚊式战斗机就曾把我师第二团的白营长炸死，他是郭曾经当团长时的老连长，使郭又痛又恨）。午后，西八里、西水泉、新保安之间停满汽车和炮兵，下花园方向追来的和由涿鹿县渡过大洋河北来的解放军，紧追猛冲，要袭击汽车和炮兵，展开激烈战斗，有两个营长伤亡。我到新保安西北山坡上找到郭军长，报告了后边激战情况和飞机滥炸之事。他气忿地说："飞机又炸自己人啦！那架飞机的号码是九〇五号，我已向总部发电报追问。飞机上也有了八路啦，这仗怎么打？！"我说："打过了新保安快前进吧，这块地形久打不好！"他说："你别管啦，可不能让八路冲过来！"我师进新保安后，天已黄昏，在西城墙上布置防务时，解放军集中炮火猛烈袭击。初进城里，部队毫无掩蔽，造成不少伤亡，我师常效伟副师长就是在这时受重伤的。当晚驻新保安。七日早，令我师（欠第二团）攻击前进。攻下车站后，发现解放军阵地内留有一些遗体，我即想到，解放军的打法变了，不是打不赢就走，而是硬拼啦。我把两个团都展开，沿公路方向主攻，打了一天，突破了不少阵地，但没打到东八里，晚上撤回城里。第二天（八日）拂晓继续进攻，主攻方向改在右边，反复猛冲，曾一度突破了解放军东八里的阵地，但因解放军兵力雄厚，火力炽烈，工事坚固，打开通路确不容易。又拼了一天，仍未攻下。这次解放军的打法和以往不同，一方面硬冲，另一方面硬顶，对峙线交错难分，以致飞机投弹往往误伤了自己人。第三天（九日），郭亲率两师（欠我师第二团，留在城内守城），又打了一天，连东八里也没有打到，伤亡很大，士气沮丧，郭也只好服气，撤回城里（第一〇四军来援之事，郭当时没有详细告我，第三天的攻击是不是要和第一〇四军会合，现在我记不清了）。援军撤走后的一个晚上，忽然奉命要轻装突围，汽车、重武器要彻底破坏，重伤兵不带。正在准备中，忽又决定死守待援。于是分配了防守任务，我师担任城的西半部。防御部署是：第三团守城的西北角（由北门至西门），在解放军居高临下的瞰制下，防守较困难；第一团守西南角（由西门至南门），地形较好，但该团伤亡较大，兵力已弱；第二团为预备队，着该团构筑向东防御阵地，准备巷战的工事。每晚在军部开碰头会，汇报当前情况，研究下一步做法。这时王雷震副军长病重不能参加，田士吉参谋长虽参加但很少发言，郭传达一下傅的来电指示，电报始终没有让开会的人看过。郭临战时，在枪林弹雨中，能带头冲杀，确是一员勇将；但他文化不高，运筹帷幄，研究战术，在图上指挥，却没有一套。十二月中旬这十天时间，没有激烈战斗。补给断绝，只靠空投，空投场日渐缩小，时常偏投城外，解放军放心用、吃（不会有假、放毒），城内守兵，望空饿叫！

围城期间，解放军积极地开展政治攻势：立标语牌，以空炮弹壳打宣传品，夜间到处喊话，听得真清。约在十五日前后的一个晚上，我收到了一封信，拆开看过，思想震动，找送信人，找不到了。信上说："我是甄梦笔，甄华是我的新名，我这几个字，你还可以认得出是我写的……你们完啦！……快率部起义吧！……"甄华是我的一位老同学。一九二六年冬到一九二七年上半年，我俩都在太原，甄梦笔是国民党内的共产党。一九二七年春末，国民党派人来太原清党，甄华逃回我县（山西平定）被捕，后经营救出狱到日本留学。抗日初期回国，我在山西离石和他见面，那时我是第三十五军第一〇一师的营长，他到我营教过向日军喊话的日语口号，并鼓励我好好抗日，旧事未提。这次看到他的信后，我的思想曾激烈地斗争过。甄华说："你们完了！"这我相信，但起义的事，不好办，部队毫无思想基础。这师的三个团长，都是绥远的学生，住了傅办的绥干团，毕业后分配到这个部队培植起来的，是一些所谓"家生驹子"，跑不了的干部。郭军长是由这个师的师长升任军长的，师里的第二团，是他当团长时由独立第七旅带过来的，在这个班底上怎能搞起义呢？！我的思想也没有准备，当然不想反动到底，但先傅作义投降是不愿做的。我偷偷地把信烧掉，没有同别人说过。这时从收音机里，可以听到国民党起义、投诚将领们的宣传，并有对傅的宣传消息。这时，每晚碰头会上，郭再不说傅的来电指示了。我想这时傅该怎样指示呢？！还说死守待援，援从何来？能说死守守死吗？如果说"死守待机"，还能使人相信。我在那时的思想就是以"死守待机"为精神支柱的，总认为傅是不会不管我们的。最坏的结局，就是傅下令着我们投降，做北宋时的杨业[①]，这样我们也好

① 杨业也叫杨继业，原是北汉刘崇部将。宋太宗打下太原后，刘崇已降，杨业尚未降，刘崇令杨业降宋。杨业投宋后，成为北宋良将。曾在雁门关大破契丹军。

重新做人,建功立业。当时，我所以加强构筑工事，让宣传部门，编造谣言，鼓舞士气，自己还给主要干部讲些幻想的道理，就是想死守待机。

二十一日下午，解放军开始发动攻击，城外零星据点都被压回城内。二十二日拂晓，解放军发起总攻，曾突破第三团阵地，后又恢复。上午解放军已占东城，第二团全部展开，向东激战，在下午三时前后，我和郭军长通了最后一次电话。他说："完啦，你过来吧！"我说："我这儿还没完，我派部队把你接到这里来！"随即电话不通了。我这时还控制个工兵连，令史连长冲到军部把军长接过来。接着第二六七师温汉民师长，不知由哪里绕到我这掩蔽部里，他说："东部全完啦！军部已过不去。"不久史连长血渍斑斑、气喘吁吁地进来说："我连伤亡已无几人了，冲不过去啦！"我说："你去裹伤！"这时第二团的政工主任王德全进来，可能有事找我，我没等他说话，就对他说："你快去设法和解放军联系，说咱不打啦！败局已定，为什么再死人呢！"他看我很难过，可能有话没说，只说："好吧！我明白你的意思，我就去。"近半小时后，他领着解放军的一位干部和两个战士，来到我的掩蔽部，我下令各团停止战斗。解放军干部看见我打了电话，外边枪声已稀疏，他说："我回去报告我们首长去。"不久城里的枪声渐停，黄昏时，战争已告结束，第三十五军全部被歼。晚上解放军高级首长接见了我和第二六七师温汉民师长以及我师的樊参谋长。第二天（二十三日），把我一个人送到兵团敌工部前训处和甄部长、吴处长见了面。他们对我热情款待，甄部长对我作了批评和热诚开导，还陪我到涿鹿县城买了些日用东西。

在前训处看到的小报上，才知道郭景云已被击毙。以后到解教团学习时，又听说郭是打两枪自杀的。一九八一年和王雷震在大同见面时，他说："……枪响第二声后，郭才倒下，当时以为是打两枪自杀的。我出掩蔽部被俘后，到了一个较安静的地点，才发现我的军帽上有个弹孔，估计郭第一枪是打我的，第二枪才自杀。"

我的被俘经过

林泽生*

从长辛店到张家口解围

一九四八年十一月，第三十五军在平汉路北段的丰台、长辛店一带休整。第二六七师在长辛店附近驻扎。

十一月二十九日，师部在长辛店东街口的一个广场正对第七九九团的装备情况进行“细密检查”，突然参谋处机要参谋跑步送来一份电报，师长看了以后，立即和副师长、参谋长、参谋主任等在广场的一角研究了一阵，马上宣布停止检查，命令部队迅速返回驻地准备乘车出发。我们一同参加检查的各处室的负责人，也都匆匆返回驻所，做出发准备。

当天下午二时许，汽车兵团开来了四百多辆深绿色的而且是很新的美制十轮大卡车，每个连队都分配到四至五辆。我们政工室也单独分配了一辆。当时我还不知道部队要往何处去，临上车以前参谋长才告诉我是到张家口，但究竟是驻防还是作战仍不大清楚。不过我当时有一个猜测，考虑到作战的成分多一些。因为这里有两个征兆：第一，出发的命令下达得很紧急，如果是单纯的移防，不会把“细密检查”半途停止。第二，在这几天以前，傅作义在北平西郊曾亲自指导进行过一次“火焰喷射器”的大演习，我们都去参观过。按照我们通常所体验的一般规律来说，有什么大战役开始，或者要使用哪一个部队，傅作义总要召集这个部队的高级将领开开会，讲讲话，给他们打打气，或者亲自到这个部队检阅一番。这次演习以后，他同样地利用各部队派员参观的机会，召集大家讲过话。讲话的内容，除了从“火焰喷射器”的威力说到战略战术问题以外，也大大给大

* 作者当时系国民党第三十五军第二六七师政工室上校主任。

家打了一阵气。我在参观回来以后，曾对我的秘书强风鸣说过："你看，不久冬季战役又要开始了。"所以这次部队向张家口出发，我估计是作战的成分多。

部队在当天的傍晚就出发了，第二天三十日下午到达张家口以南的宁远堡（离张家口市区约三十里）。这时已听见枪炮声，张家口的驻军正在外围抗击着进攻的解放军。我们的部队下车以后，稍作休息，立即参加了战斗。据说这次进攻张家口的解放军是华北第三兵团的部队，战斗力很强，因此战斗很激烈，双方均有不少伤亡。激战延续到第二天下午，解放军有计划地撤退了，但我们却以为他们知道了第三十五军已增援上来，不敢打了。就这样，算是暂时解了张家口之围。

十二月五日上午，部队都集中在宁远堡上车待命，这时我才见到了第三十五军军部的人员和第一〇一师的部队。在上车前，我还听到傅作义前一天飞到张家口，同孙兰峰等高级将领研究过是死守张家口还是撤退的问题。当时孙兰峰是傅作义部第十一兵团司令官，又是察哈尔省政府代理主席，直接指挥着第一〇五军和三个整编骑兵旅[①] 五个保安团。研究的结果，听说孙兰峰主张死守，不同意撤退。因此傅作义在张家口略事布置后，仍乘机飞返北平。同时命令第三十五军立即乘车东返，准备担任北平一带的防务，以便抗击东北入关的解放军。

返平途中被阻于新保安

五日的午后，部队乘车从张家口宁远堡出发，经宣化到达下花园。由于战争的关系，这时我已感到一路上呈现出一片萧条的景象，大非前半年我们到张家口一带"出击"时的情况可比。火车早已不通了，公路两侧的远处，时时可以听到枪声。我们一些平时爱唱爱闹的青年政工队员们，也鸦雀无声地站在车上，大家都唯恐解放军拦路伏击，不能够早回北平。

刚到下花园，汽车停住了。当时我很纳闷，为什么部队不前进而要在这个地方停下来？后来才知道前方发现了"敌情"，要等派出去的侦察部队了解情况以后才能行动。为了等候消息，我和师部的几个官佐在马路上来回溜达。突然听到"砰"的一声，大家都惊了一下，接着就是赶快往

① 当时在张北一线活动的整编骑兵第十二旅（鄂友三部）亦受孙兰峰指挥。

自己的汽车跟前跑，以为是解放军来袭击了。后来才知道是一个战友的拐把机枪走了火，听说这个“战友”还受了伤。当时我的思想上认为这是一个很“不吉利”的征兆。就这样我们在下花园住下一直等到天明，也就是十二月六日。

侦察部队的侦察情况怎样，我们并不知道，可是部队在天亮以后，就命令上车出发了。这天汽车在公路上摆开了一字长蛇阵，行进得很缓慢，走走停停，停停走走，因为汽车多，在公路上又拉得很长，形成了一个挨打的架势，大家心里都显得很焦躁。当我乘坐的那一辆汽车快到西八里的时候，就听见前面有了枪声，这时走在最前面的汽车，已经受到了解放军的阻击，据说这是解放军华北第二兵团第四纵队的第十二旅。也许是了解一些“敌情”，或许是白天的关系，这时我的心情反不怎么紧张。老实说，当时遇到解放军一个旅，第三十五军是根本不会把它放在眼里的。可能也就是由于这样骄傲自大、麻痹“轻敌”的结果，郭景云只派出少数兵力抗击，大部队仍坐在汽车上安然不动。后来抗不过去了，这才另派出一些部队增援，同时又因为汽车在公路上摆的太长，深恐解放军袭击汽车，这又不得不电请北平华北“剿总”派飞机助战。不久飞机来了，说起来，这天的“陆空协同”真好笑，地下和飞机联络的“布板”也不灵了，飞机老是在“自己”的部队头上打转转，炸弹也是投在停放汽车的公路两侧。我们不得不赶快下车躲炸弹，气得官兵们骂道：“没有飞机投弹，我们只要注意前方就行了，有了飞机还要躲炸弹，真是岂有此理。”从下花园到新保安，只有二三十里的路程，可是却整整地闹腾了一天，等到飞机走后，已是黄昏时候了，这时前方的战斗暂告一段落，汽车也都开进了新保安的城中。

在被围困的日子里

进入新保安的部队是第三十五军的军部、军直属部队，第一〇一师和第二六七师，另外还有一个保安团，总计一万六七千余人，汽车四百多辆。当时分布的情况，根据我的回忆大体上是这样的：第一〇一师的三个团在鼓楼以西，第二六七师的三个团在鼓楼以东，军部和军直属部队在鼓楼以北，大部分汽车停放在鼓楼东北方向的一个广场上，少数的则随着有关单位停放在街道的一旁。东关由保安团驻守，并由第七九九团派出一个连（也许是一个营），在火车站担任警戒。

当天我以为只是在这里住上一夜，第二天还是向北平开拔的，想不到这一住就住到全军覆灭。因为过去第三十五军参加过不少次的大小战役，虽然有时也失利（像涞水战役那样的败仗，在参加内战以来还是第一次），但是打胜仗的时候总是比较多的，所以我这时的心情仍是开朗的。当部队驻定以后，我照例的用电话和各团政工室联系了一下情况，并带了几个队员到直属部队的驻所看了看，接着又到师部了解情况，当时我没有得到什么新的指示，晚上就很安静地睡了一觉，因为几天来我都没有得到好好的休息。第二天一清早我到师部联络，才知道这一天是第一〇一师向东进击，我师在后方警戒，但第一〇一师连续攻击了两天，都没有打开出路，后来我师参加进攻也没有攻出去。郭景云和师、团长们都非常忧虑。

九日上午，我正和军医处的人员研究安置伤兵的问题，突然听到东八里方向有密集的枪炮声，听说是第一〇四军增援来了，我师和第一〇一师都派部队出击接应，当时大家的精神都很振奋。我到师部了解了一下真相以后，又同几个官佐悄悄地跑到城楼上看望，只见东面浓烟滚滚，战斗很激烈，这时城内也向城外发炮助战，城外也有炮弹打进来。不想一颗迫击炮弹正在我们身边掉下，要不是有一个掩体，几乎把我们的脑袋炸开花，为了避免危险，我们就赶快退下来。很明显，这是一场恶战，解放军是绝不允许第一〇四军和第三十五军靠拢的，如果让这两个军能够会师在一起，以后的仗就有些麻烦了。同样的，第三十五军必须争取和第一〇四军会合，不然就很不容易出城，并有全军覆没的危险。因此这一仗打得很激烈，双方伤亡都很大。但终以解放军的兵力强大，我们攻不过去。郭景云又为了保存一些兵力，不得不退进城来。接着第一〇四军也因打不过来向后撤了，战场寂静下来，希望成了泡影。这一下大家又松了劲，觉得出城是没有什么可能了，但死守又能守出个什么结果呢？虽然如此，一般人也没有什么其他想法，只能是跟着郭景云顽固到底听天由命而已。

一两天后，我接到一个要把一切笨重东西丢掉轻装突围的通知，令即时准备，晚间待命突围。我们政工室分到了一头小毛驴，于是便把一些不必要的文件烧掉了，无法带走的东西也准备丢掉。有的人还想把新从北平买来的一架油印机带走，我当时很生气地说："几百辆汽车都不要了，还要什么油印机。"我自己是只准备带一条毛毯和便于跑路的球鞋，以及必须携带的干粮和一支随身的加拿大手枪。当我们正在紧张的准备过程中，突然又接到军部下达"不再突围"的命令，据说华北"剿总"来电指示，让我军仍“固守待援”。并说据飞机侦察报告，解放军的强大兵力正在向新保安的外围集中。同时我还听说华北解放军第二兵团的几个纵队都压上来了。想是因此关系，看见突不出去了，不能不“固守”了。

为了“固守”，城墙周围开始加强防御工事，城内也开始挖掩蔽部，以防解放军的炮击。我们政工人员也组织了临时纠察队和宣传队。开始清查户口，检查纪律，向城内的军民进行反动的欺骗宣传。接着在城内的部队，又开始挖交通壕，在重要的交通路口，构筑工事，设置障碍物，做了必要的巷战准备。政工人员除了协助部队“征集”构筑工事的材料以外，还动员群众组织抢救伤兵的担架队，闹得群众敢怒而不敢言。这些日子我已有些坐卧不安，到处无目的的乱转，有时到师部聊一下，有时也到军部走走。记得有一天下午，我到军长住处时，见郭景云一个人半卧在炕上，炕桌上放了一副牌九，还有纸烟和花生等等，他看见我就问：“林主任，你害怕吗？”我说：“有军长在指挥，我怕什么！”接着他给我丢过一盒前门烟，说了一句：“好样的！”我知道他这几天心情不好，没有让我坐下，我就退出来了。到了门口，我问他的卫士：军长桌上放一副牌九干什么？是不是有人要钱被军长抓住了？卫士低声对我说：“是打卦用的。”从这里也可以看出这时的郭景云已是六神无主，到了穷途末路的时候了。

这几天城内的粮食、弹药都感到缺乏了，尤其是炮弹。因为从张家口出发以来，消耗很大，一直没有得到补充，这就不得不靠飞机空投。可是国民党空军人员的空投技术真是够低的，在投运粮食和弹药时，我们有时看见降落伞在头上打转转，但一落就落在城外很远的地方，给解放军送了礼。大家都骂空军人员“太不中用”。有一天我正在师部看到我们的师长把第七九九团团长找来，态度很严肃，要他马上派部队把火车站拿回来，因为火车站原来是第七九九团派兵防守的，也是在前两天被第七九九团丢掉的。不久第七九九团的部队出击了，打得很凶猛，师长他自己还到东关尽头的一个街头堡里亲自督战。第七九九团虽然发起好几次冲锋，但由于解放军的兵力强大，始终没有拿下来。这一仗第七九九团的兵力几乎伤亡了一半。

在新保安被围的日子里，解放军对第三十五军的围攻是军事、政治双管齐下的。在政治方面，一到晚间就可以听到解放军的战场喊话，后来白天也能在城楼上看见解放军在城外竖起来的大幅白布标语，此外还不时投进来大批宣传品。例如《告蒋军官兵书》、“通行证”等等，还有专门为新保安被围时的情况（内无粮草、外无救兵）所画的宣传漫画。总之，都是希望第三十五军官兵能够迅速觉悟、放下武器投向人民的内容。但由于自己受了多年的反动的宣传教育，看过以后也无动于衷。即使少数人思想上有些波动，在当时严密的控制下，也不可能会有什么行动。在军事方面，解放军有时寂静无声，有时攻城攻得很猛烈，炮弹就像下雨一样，打得我们在掩蔽部里都抬不起头来（第三十五军政工处处长张鸿恩就是在掩蔽部门口被炮弹打伤的）。在那些日子里，城内躲炮弹就好像小孩子躲石头子一样，我们有时上街，如果遇到解放军炮击，街上又没有交通壕（因为交通壕不是所有街道都有），那就只好从墙外跳到墙里，或者从墙里跳到墙外，这主要是躲迫击炮弹，遇到山炮或榴弹炮，那只好送命。一些连队的传令兵和修理电话线的通讯兵，被炮弹炸死的就不少。解放军在围攻新保安的时候，主要在东城打得激烈，在西城也猛攻过两次，城墙也被打开了两个大缺口。由于第一〇一师的拼命死守，同时城外又是开阔地，所以解放军一直没有从西城攻进来。

全军覆没

大约是十二月二十一日的下午，解放军开始进攻东关，所有大炮都向东关射击，震动得坐在掩蔽部里连说话都听不见了。第八〇一团伤亡惨重，保安团也被打散了，剩下不多的官兵都退到城内来，东关就这样被解放军占领了，战斗也暂时停下来。新保安城的东关，面积并不很大，也不过四千多平方米，据说在解放军发起进攻的五分钟内就落了几千发炮弹，由此可以想见当时解放军的炮火是何等的强大。这一天我们都没有好好吃饭，已经没有法子做大锅饭，只好在掩蔽部门口用小锅轮流做，吃完几个人再做一锅，这时吃的已是空投大米，所以往往做得半生不熟。记得那天我刚刚吃完晚饭（说吃晚饭，实际上已经是半夜了），突然又听到猛烈的枪炮声，我们还以为和平时一样，是解放军不让我们得到休息的机会，扰射一阵就会停止的，想不到越打越激烈，越打越凶猛，拂晓时东南角阵地上喊杀声也断断续续的听见了。我和政工室的几个干部紧张地待在掩蔽部里，等候派出去联络的人员回来汇报消息，可是等到天大亮，也没有见到人影。

十二月二十二日上午[1]，第八〇一团团长李上九，突然跑到我的掩蔽部来，神情很慌张，问师长在哪里，我说在西院。因为这时电话线被炮弹炸断，电话不通了，所以他从后半夜就没有和师部联络上。接着我问他外面情况怎样？（他的部队是在城墙东南角担任防守任务的）他说："不行了，部队打完了，解放军已经突进城。"当时我的脑子里"轰"了一下，但在表面上仍故作镇静。他走后，我把这个"不幸"的消息告诉了我的秘书，他叫我也到师部去看看，我让他把政工室的人员招呼好，便抱着"生离死别"的心情，看了看"战友"们，走出了掩蔽部。当我跑到西院一看，师部的人员一个也没有了，这时我的神情很紧张，不顾一切地往大门外跑，幸好在门口还找到特务连的一个站岗的战士，我问他："你们连长在哪里？"因为师部转移，特务连长是应该知道的。他回答我，他们的连长在交通壕的掩蔽部里。接着我就爬进了交通壕，找见特务连长，由他才把我领到师长的掩蔽部，这是临时利用的一个商店放货的砖砌地窖，在门口正碰上师长往外走，可能是要出去督战，满脸流露出一股杀气，副师长正在拦住他说什么，他们都没有和我说话，只是副师长摆了一下手让我进去。我到里面看见有几个参谋人员默默无言地坐在那里，满地都是烟头，有几部电话机，因为摇不通，也都静悄悄地摆在一边。一个姓郭的参谋拉我坐下，在我耳边悄悄说了一句"今天情况很不妙"，接着又在我手上写了一个"死"和一个"俘"字，意思是不死就要当俘虏，我苦笑了一下，也没有说什么。这时街道上的枪声打得很密集，已经能够很清楚地听到喊杀声，我知道这是已经开始巷战了。

不久副师长随着师长进来了，副师长说："我们转移到鼓楼去。"这时已听到特务连的战士上了房，正在房顶上和解放军战斗着。我们一伙有十几个人，从地窖绕道跑到街南的一个铺面里，准备由路南跃进到路北，再转移到鼓楼去。本来只有几十米的距离，可是整整绕了两个多小时，才到达目的地。因为守卫鼓楼的军直属部队的重机枪，正在向东街射击，而进城解放军的冲锋枪则步步往西打，我们却要从街南往街北跃进，这简直是过"鬼门关"。还是师长有"经验"，他一方面关照我们注意，接着就亲自集合了各方面流散的二三十个战士，叫他们上刺刀，让号兵准备吹冲锋号，预备向东街冲锋。另一方面他又用"旗语"和鼓楼上的军直属部队联络，让他们暂停射击，只听一声"冲锋！""杀！"他就往北跑

① 据了解，十二月二十二日晨，解放军向新保安发起总攻。

了，我也跟着过了这一关。这时东街上已横躺直卧地堆了不少尸体。

当我们到达鼓楼的时候，很多被打散的官兵都退到这里来了，人越来越多，几乎挤不下了。这时东街和南街的解放军拿着小红旗，步步逼近，城外的炮弹也密集地向鼓楼的周围打来，把小小的鼓楼全部封锁了。不过这时西街和北街看起来大体上还安静，副师长对师长说："让泽生到军部去联络一下，叫他向军部报告，师长正在鼓楼亲自指挥阻击。"同时还专意让我快走，我知道他是照顾我。但鼓楼四周已被解放军的炮火所包围，出鼓楼也不是一件容易的事。记得当时工兵连杨连长奉师长令，上鼓楼上看情况，结果刚上鼓楼就被炮弹打下来了，立刻头破血流（解放后在呼和浩特市我曾见到他，不过他已成了一只眼）。我利用了解放军发炮的间隙，拼命地向外逃跑，总算跑出去了，并爬进了交通壕。从交通壕往北转西，就是第一〇一师的阵地，他们不让我通过，后来碰见他们的连指导员，才放我过去，因为这个指导员认识我，同时我又说明是奉命去和军部取得联系的。有人问我："前面的情况怎样？"我说："情况很好。"看来这一个连队，还不知道解放军已经进了城，更不知道已经快接近鼓楼了。往军部应该是向北走的，因为走错了交通壕，我却盲目地向西走了一大气才爬出交通壕。回头看东北方向的汽车场，已被炮弹击中着火，原来军部所在地的周围，成了一片火海，到处都是号声、枪声和喊杀声。

我坐在交通壕的壕口上，点了一支烟，正在犹豫该走哪里去找军部的时候，见到师长和副师长在另一条路上也绕过来了。副师长问我："你半天才走到这里？"我苦笑了一下，没有回答，心里想这真是"寸步难行"啊！同时我看见师长的脸好像唱《伐子都》的子都一样，鼻梁和眼眶的周围都是黑的，不禁有些为他忧伤。后来师长说："走！找八〇〇团去！"因为第八〇〇团是防守东北城角，大概还负有警卫汽车的任务，几天来一直没有和解放军打过多少仗，他想这个部队还比较完整，也许还没有和进城的解放军有多大的接触。于是我们便绕到北城西面向东朝着第八〇〇团方向走去，正碰上第八〇〇团也垮下来了。垮下来的官兵都向西跑，和我们正碰个对面，我见到第八〇〇团的刘团附，还有一个政工干事也跑过来。刘团附哭着对我说："主任！我们不行了。"我看到这种"兵败如山倒"的情况，也不由得眼睛湿润了，正准备再问一下情况，师长却转过身来，用左轮手枪指着我们说："你们干什么？"接着又说："快到南面截住部队去！"说南面也不过是几十米的距离。我刚往南走了几步，碰见我的那个政工干事（他是干四团的学生，陕西人，外号叫聋子，名字记不起了），在背后喊了一声：“主任！你的绑腿散了！”随后他又拉了我一把，悄悄地对我说：“你看北门城楼上已经插上了红旗。”这是解放军已经占领了这个地区的标识（或许只是一位战士刚把红旗插上）。这时我没有主意了，稍一迟疑，刘团附和师长已被败兵冲散，一个都看不见了。接着他又说：“我们到伤兵掩蔽部待到天黑再说。”这时已是下午四时左右了，也许是过于紧张，或者是过于疲劳的缘故，我有些走不动了，我向他说，是不是我的腿上“挂花”了？他说：“没有，可能是棉皮靴太沉了。”接着我就在一个被打死的“战友”的脚上，脱下了一双球鞋换上，才感到轻松一些。

伤兵掩蔽部是在北门西头的城墙脚下。我们刚在伤兵掩蔽部坐定，还没有抽完一根烟，就听见解放军在城墙上投了一阵手榴弹，跟着就听见他们从城墙上跳下来。在快到我们掩蔽部的时候，打了一梭子冲锋枪，问里面有人没有？我说：“有！”又问：“是什么人？”我说：“是伤兵。”外面又说：“是伤兵就不要乱动。”过了几分钟以后，又来了一队解放军，照样在洞口附近打了几枪，也照样问了几句话，不过这次是加问了一句“有没有武器？”我说：“有。”外面接着说：“交出来！”我把武器和子弹丢了出去，他们也就走了。接着又来了第三批的解放军，除了像前面的问话以外，又再加问了一句：“有没有能行动的伤兵？”我说：“有！”外面说：“出来吧！”我和我的那位干事只好硬着头皮出来了。当时解放军看见我们和士兵穿着的服装一样，认不出是军官，所以还很亲切地和我们握手，并且还说了很多安慰的话。就这样我们都当了俘虏。这时各地的枪声也渐渐地停止下来，在我们经过西北城墙附近第一〇一师阵地时，看见很多被击毙的“战友”尸体，也看见了许多丢弃的枪支。我想，这一下第三十五军是全军覆灭了。傍晚时全部战斗结束，说也奇怪，天也紧随着下起大雪来了，好像是要埋葬整个旧的世界。

被俘之后

就在十二月二十二日的晚间，被俘的人员有一部分集中在东八里的一个小学校里，我也在其中。大家都忙着吃饭，我却拼命地抽烟，因为这时我还在想着怎样逃跑的问题。后来考虑到我是南方人，口音不对头，天又下了雪，不好跑了，所以就在一个讲桌上睡了下来。夜间解放军的指战员们，曾两三次询问这里面有没有军官，我听了也没有吭声。直到天明，有一位身背盒子枪的解放军官跑到教室来，看样子是个干部，进来一开口就问："你们哪一位是林主任？"我看已经隐瞒不了了，就应声回答："我就是。"他很客气地拉了我一下，并告诉我说："你们师长、副师长都在东院，正等你去吃饭哩！"我随他到了东院一个老乡家里，果然看见师长、副师长他们都在一个炕上坐着，炕桌上摆了酸菜熬肉和大米饭，他们叫我吃，我没有说什么，拿起碗来也就饱餐了一顿。这时我知道了大部分"头头"都被俘了。

解放军是优待俘虏的，对被俘的第三十五军的高级军官则更优待，在转送我们到涿鹿县去的时候，都是用汽车运输的。当我们的汽车路过新保安城边的时候，在树林子的一头，突然看见了一个用枕木写着红字的桩子，我有意识地看了一下，只见上面写着"国民党第三十五军中将军长郭景云"。

到达涿鹿县城南的一个村庄以后，这里已经收容了大批的被俘军官，也有张家口的国民党、政工人员。在被俘的军官中，除了第二六七师的师长、副师长、参谋长、团长和各处室主任以外，还有第三十五军副军长王雷震（当时他正害着伤寒病，解放军对他很照顾，有一个警卫员在照顾他），第一〇一师师长冯梓、军部参谋处处长贾承祖、副官主任关一之等等，由于第三十五军被俘的高级将领都集中在这里，解放军某部的吴政委还来这里讲过一次话，主要是讲宽大政策，希望我们安心学习。他的话讲得很好，大家对他都有好感。某部的敌工部部长甄华同志也来看过我们，还请过一些人吃面条，给我送来手巾、肥皂、牙刷和火车牌牙粉。

我们这批被俘的第三十五军军官，在北平和平解放后，有的被释放了，有的根据自愿留在解放区学习。在共产党和毛主席的宽大政策教育下，绝大部分人员的思想都有了转变，认识到昨非今是，陆续地参加了革命工作，得到了适当安排，在国家的军队和机关里担负着各种不同的职务。

第一〇四军驰援第三十五军被歼记

安春山*

驰援第三十五军受阻

一九四八年十二月二日，第一〇四军（即暂编第三军）的第二五八师奉令由沙城开往张家口后，沙城随即为解放军占领。我当时任第一〇四军军长，乃令驻狼山、土木的第二六九师慕新亚部（欠一个团）于十二月三日进攻沙城，打了一天，重占沙城。第二六九师所遗防地（狼山及土木），我命令第二五〇师由康庄开往填防。康庄则由第十六军接防。

十二月三日，我命令直属骑兵大队向延庆、永宁地区搜索，发现解放军已到达这一带。这天夜里，北平总部派夜行飞机（外号“黑寡妇”）两架对东八里的解放军进行侦察和袭击，但他们却把炸弹丢在六十里外的狼山湾，我部一个连的官兵全部伤亡，从而引起全体官兵的极大愤慨。

十二月五日，我接到总部的电报，说郭景云的第三十五军及我军的第二五八师，本日早晨六时由张家口出发，乘汽车返回北平。待第三十五军通过怀来后，第一〇四军乘火车撤回北平。

当日据我骑兵报告，解放军已进到康庄以北附近地区进行侦察；解放军另部已到延庆附近地区，有向康庄攻击、截断平绥铁路模样。我当即将情况报告总部，并通知驻康庄的第十六军。据康庄驻军说，他们当天所得情况与此相同，全军正在严密戒备中。

但是第三十五军并未如期来到，我即令参谋处向各方联系。据悉：

* 作者当时系国民党第一〇四军中将军长。

（一）傅作义在四日晚十二时由北平电令郭景云率部速返北平，并令郭挤出汽车将第一〇四军的第二五八师同时带回北平，出发时间最迟须在五日拂晓。但郭对出发时间和率第二五八师同车回北平的两件事，都没有遵办。郭景云所掌握的汽车本来是够用的，整个辎汽第一团足够运输一个步兵军，及其所必需的弹药、粮秣。但郭将汽车装运了私人什物和该军的一个修械所的机械等，把运送第二五八师的任务推给张家口的驻军解决。实际上，张家口所有的汽车也担负不了这任务，结果把第二五八师甩在张家口了。（二）傅作义规定郭景云出发的时间是五日拂晓，届时郭部的官兵也都按时上了车，但他因装运私人财物（其中还有张家口大商人的），竟把出发时间推迟到五日午后一时，误了七小时。

郭景云率部到达下花园后，据前卫部队报告，鸡鸣驿西山上有解放军约一个连向他们射击。这时郭军长不是速令前卫打开出路，掩护该军迅速通过这一段隘路，而是全军停下来，和师长冯梓登上下花园南山观察情况。他们从望远镜中看见涿鹿方面似有解放军向下花园前进，于是郭景云骄傲地说："好得很，我们正要找敌人打，还打不上，送上来岂不更好？"便令部队下车迎击。正在行动中，他的副军长王雷震建议："我们的任务是迅速开回北平，不能在这里打仗。"他才停止了这个行动，而继续率部前进。当部队进到了鸡鸣驿附近，又下了车，郭景云亲自指挥前卫迎击西山上的解放军，直到日落西山，西山的解放军才后退。当晚全军即宿营鸡鸣驿、下花园。

六日上午八时，郭军从下花园出发，前卫到了东八里，发现有解放军阻击。郭没有了解这里解放军有多大兵力，便下令前卫攻击。他逐次使用攻击兵力，先以一个连，失败；改以一个营，又失败；最后使用到一个团，仍被解放军击溃。郭景云当初是目空一切，气壮如牛，到了这时又束手无策，只得退缩在新保安。这时有人向郭景云建议：经新保安南边之马圈、赵家营、贾家营，沿永定河北岸，还有一条公路可通怀来，以一部佯攻，大部即可迂回通过，转回北平。但是郭景云不采纳这一建议，却以十万火急的电报，向总部求援。

在五日、六日、七日这三天的时间里，解放军从涞源、蔚县、怀安、龙关、赤城、永宁、延庆等地，向新保安、怀来、康庄之线集中。七日晚，新保安以南的马圈、赵家营、宋家营等地，都被解放军占领，把第三十五军围困在新保安。

六日晚，第一〇四军接总部急电，要旨是：郭军被围于新保安[①]。派该军军长安春山为西部地区总指挥，指挥第一〇四军（欠二五八师）、第十六军（欠一个师）及第三十五军（欠第二六二师），迅速击溃包围第三十五军之敌，星夜向北平转进。在这同时，我接到第十六军军长袁朴由康庄发来的电报，说有解放军约两个纵队，于晚七时许在延庆附近地区集结完毕[②]，似系东北解放军先遣部队，有向康庄攻击模样。

我接电后即召集幕僚综合分析了当时情况，并下达命令：

（一）解放军华北、东北两个野战军，将在这一地区合围并歼灭我们，看来形势即将形成。

（二）我们必须千方百计突出包围，迅速离开这一地区。

（三）令第二六九师（欠一个团，暂与军部驻守怀来），由第二五〇师师长王建业指挥，协同第二五〇师（附野炮一个营）即刻各由现地出发，用夜行军到沙城以南贾家营附近集结，向占领新保安外围宋家营、赵家营、马圈之敌进攻而占领之，迎接第三十五军向新保安以南地区突围。重点指向马圈。限九日前打通赵家营、宋家营、马圈、新保安间的通路，越早越快越好。第三十五军向新保安以南地区突围后，沿永定河以北公路经怀来撤回北平。该两师任务完成后即返怀来集中。

（四）军属工兵营及通信营一部（有线通信连），由副军长王宪章（号法之）指挥，迅速抢修永定河北岸桥梁，或在桥梁破坏处改修便道。通信营迅速构成与第二五〇师、第二六九师间地上有线通信和电台联络。辎重补给汽车二十辆，随工兵营前进，在工兵营掩护下为该两师补给粮弹。王副军长到达战地后，在我未到达之前，各部队由王副军长统一指挥，以电话与我保持联系。

（五）第十六军派一个团，限九日早八时前接第二六九师第一团的怀来城防。该军对延庆附近敌情，应努力搜索，严密戒备，加强康庄工事，必须固守，在第一〇四军、第三十五军全部通过之前万勿放弃。

（六）令第三十五军于九日早，待第二五〇师、第二六九师开始向赵家营、宋家营、马圈攻击时，该军即由新保安向马圈攻击，两面夹击，赶早突破重围。

（七）余暂在怀来，俟第十六军以一个团接替怀来防务后，亲率第

① 据查，解放军华北第二兵团主力于八日晨赶到新保安地区，实施对新保安的包围。

② 据查，东北野战军先遣兵团七日进抵延庆四海地区和怀柔渤海所地区。

二六九师第一团视情况变化支援各方作战。

这个命令同时用电台转发给本军及第三十五军、第十六军各部队，并呈报总部。

九日早八时，我用无线电话先和第三十五军军长郭景云直接讲了话，问了他们当面情况。他说，共军大约有两个纵队，包围了第三十五军。他已打了两天，打不出去。我问他："你是否接到了命令？"他很不高兴地说："接到了。我是没有办法了，看你的吧！"我还想说话，他已放下耳机走了。

后路被断，只好回撤

九日早九时接到第十六军军长袁朴电话，说已派一个团于今早六时轻装由康庄出发，徒步开赴怀来，问是否到达。我即派人查看。据说，先头部队已到附近，尚未进城，但不远有枪声，似有解放军在尾追中，该团团长尚未到来。我因为着急，就令我的卫士张发同乘上我的吉普车，快到途中去接第十六军的刘团长。到十时许，跑回一个士兵说，解放军的军服、帽子、武器都和我们一样，只是帽子上没有青天白日徽章，正向着怀来开来。我派去的人下了车问有没有刘团长，还没有弄清楚是谁的部队就被俘虏了。毫无疑问，我们城内的情况，解放军已全部了解了。我又向袁朴要电话，要了很久要不通，原来这时康庄、怀来间的电线已经都被割断了。我于是命令第二六九师第一团团长王文换防后待命。

九日上午十二时，第一线贾家营的电话已通了。据报第二六九师正攻击赵家营，第二五〇师已攻下宋家营，正准备向马圈攻击前进，副军长王宪章在第二五〇师军中。午后四时，工兵营营长何钦由贾家营报告：永定河北岸公路路面很完整，只有个小桥在贾家营西边一公里附近是水冲坏的，已修了便道；第二六九师已攻克赵家营，解放军向西撤去；第二五〇师已开始向马圈炮击；但第三十五军却仍未动。我随即把情况向总部报告，请求傅作义速令第三十五军由新保安突围，与第二五〇师夹攻马圈，由永定河北岸公路撤回北平。我曾于九日早，向第三十五军政工处长张鸿恩说了全面情况，请他转告郭景云，争取时间，两面夹击，迅速突围，就是生路……说到这里，电台有了干扰，听不清话，我又以电报促请郭军突围。第二五〇师以全力攻击马圈。我判断马圈可以拿下来。根据王建业报告：马圈已占领，解放军向西撤去，从马圈到新保安已无共军，要求第三十五军速突围。我即用电报指示第三十五军经马圈、宋家营、赵家营、贾家营，速返怀来。迄午夜未得回音。解放军整夜又连续反攻马圈、赵家营、宋家营。九日夜怀来城附近有扰袭战，城内未予还击。

九日晨，工兵连押汽车二十辆回怀来城，为第二五〇师、第二六九师接运粮弹，据说途中通行无阻。我即用无线电话请郭景云讲话，要他于九日上午，无论如何抓住这千载一刻的良机，果断突围，并把全面情况告诉了他。他说："你必须令第二五〇师来新保安接防。"我说："新保安是死地，不能防守，第二五〇师进去，马圈必被解放军占领。我们的任务是速向北平集结。如果进去了，又得出来打，甚至你我都出不来，这是为什么？"他说："他妈的，我是不走啦！"我劝他："不走不好，新保安不能守。"说话间，无线电话中断了，又要了一个小时才叫出来。我问他："老兄，请你快出来，我在怀来等你。"他说："你是收容我吗？"我说："这是什么话，请你在患难中不要胡思乱想，不要闹意见。"我说话尚未完了，他就骂起来："他妈的，我是不走了。"我郑重地告诉他："错过了今天这个机会，你是不可能再出来了。"

九日午后二时许，傅作义在无线电话上叫我说话。他说："无论如何请你亲自去把郭景云拉出来。"我说："从马圈到新保安，一目可望，中间没有任何障碍。傅长官命令他，他都不出来，我有什么办法拉他出来！"接着，我又问傅："是否还向北平集中，还是就在这里会战？在这个绝地上会战，既没把握，而且没有准备。究竟怎么办？"傅停了一会，没精打采地说："你看着办吧！"

当时我想，事情要坏了，统帅的决心动摇，而将在外又不听命，十分被动。我又想起郭景云为什么说我"收容"他。我查了电报，没有错，事后才了解，傅作义给我的电报，命令我为"西部地区总指挥"，他们却译成"西部收容总指挥"。郭认为这是对他莫大的侮辱，因此宁死也不承认"收容"。

郭景云当时有他的想法。他怕突围时有被击溃的危险，所以想把第二五〇师拉到新保安去，替他打当前的解放军，他就可以安全出来。我认为这样做不合理，因而拒绝了他的要求。我也没有亲自去新保安。因为支援第三十五军突围，我应做的工作都做了。这时我考虑的问题是，部队要向北平集中，而康庄、八达岭、居庸关等地处于解放军的攻击之下，第十六军（欠四个团）是否守得住，这是我最担心的问题。新保安通向南方的道路已经打通，第三十五军只要决心突围已不成问题，所以我没有遵照傅作义的命令亲到新保安第一线去指挥，只是请傅严令郭景云迅即突围。

九日午后四时，接第十六军由康庄来电，说解放军积极准备攻城工具，部队向前推进，今晚必攻康庄。又说，康庄、居庸关、青龙桥之间的电线已被破坏，青龙桥仅有守兵一个营，工事也不坚固。第三十五军如再迟延，连我们都难回北平，请令第二五〇师佯攻东八里，掩护第三十五军突围的左侧安全。

我当即又电第三十五军，告诉他们日落前如再不突围，我们将全部（包括第十六军）撤回北平。九日午后六时，解放军向康庄发动攻势。我给在马圈、赵家营、宋家营的第二五〇师、二六九师两师长及副军长王宪章发出电报，大意是："解放军围攻康庄甚急，正激战中。第三十五军既决心不突围，我各部即互相掩护，星夜撤回怀来待命。"

马圈距怀来县约七十华里，部队撤退时，除运送粮弹的二十辆汽车载运野炮营外，所有轻重机枪、山炮、迫击炮、粮弹等，均由官兵背着或抬着走。他们从十二月八日到十日，经过三昼夜的连续激战，又徒步往返负重行军，实在疲惫不堪。因此第一〇四军的第二五〇师、第二六九师，到十日午后四时，才全部到达怀来城附近集中完毕。

在横岭关[①] 被歼

我在十日上午得悉，第十六军（欠四个团）于九日夜与解放军激战，十日晨被歼灭。当时怀来仅有两个团，只能自保，不能出击支援。解放军于九日夜除以主力攻击康庄外，同时也向怀来攻击，天明后撤至十里附近村庄构筑工事，以阻止我向康庄增援。这天上午我还接到总部来电，大意是：九日夜第十六军失守康庄；石觉部已增援南口和居庸关；第三十五军仍未突围。

第一〇四军撤到怀来时，上自师长，下至士兵，都希望能喘口气，喝口水，睡上一觉。但迫于形势，我立刻召集团长及独立营长以上人员开会，研究当面的情况。我向大家说："康庄的第十六军已被解决，康、怀间通路已被截断，共军先头部队已迫近怀来。围攻新保安的共军，将以少

---

① 横岭关又称横岭城，属河北省怀来县，现简称横岭。

数兵力阻止第三十五军突围，而以主力先在怀来解决我们。怀来城可守，但没有准备粮弹，而支援又无希望。如打回北平去，八达岭是天险，从双方力量对比来看，我们要由此通过已不可能。当前唯一的生路，即经十八家子、横岭关，沿日伪时期所筑的沙丰线，尚可回到北平。”

我在说这番话时，观察各官佐的表情。有的师、团长，紧皱眉头，情绪紧张，也有几个人闭目酣睡。待我叫醒他们时，他们自己都情不自禁地以拳头打自己的脑袋，说：“我们实在困乏到极点了。”我也看出，已成了强弩之末，无能为力了。我只好勉强继续向大家说：“目前情况已如上所述。我判断这条路虽是共军的老根据地，但目前没有大部队，共军的主力已调到西边去了。我们可出其不意由此突出去。但也有危险，以这样大的部队行动，不能不使当面的共军发觉，对我进行追击、截击。我担心在康、怀间的共军会与我们平行前进。我们进了十八家子，他们也能占领横岭关，因此我们如能顺利地突过横岭关，便活了一半，否则可能全军覆灭。”我把情况分析后，问大家是否同意这个分析，是走好，还是驻守好？大家一致的意见是走。

突围的部署大致如下：（一）情况如所悉。（二）军（欠第二五八师）决心突围，经十八家子、横岭关、镇边城、门头沟、石景山等地向北平急进。（三）军属骑兵大队，依军转进路线，用最快速度抢占横岭关附近高地，掩护全军通过。工兵营乘现有汽车二十辆，掩护野炮营在骑兵大队之后先行，排除转进途中的道路障碍，掩护全军迅速顺利通过横岭关、镇边城，而后，继续沿军行进路线前进。（四）第二六九师第一团团长王文即刻出发，占领十八家子附近左右高地，掩护全军通过十八家子之后，改为后卫跟进。（五）按第二五〇师、军司令部、军警卫营、通信营、卫生营、第二六九师（欠第一团）、第十六军第二十二师第六十四团序列，按军指定道路向北平转进。

这个命令没有规定中途遇到解放军时如何作战，只规定了夜间联络信号如旧。军队于夜间分散在二十多里的长途上，事先没有充分准备，如突然受袭，是会手足无措的。但当时的部队已是士无斗志，将无信心，士气如此之坏，自参谋长只能是推一步动一步，再没有人能够慎重考虑，妥善安排了。

十日下午五时，我带了几个随员，徒步来到怀来南门外妫河桥的附近，检查各队执行命令的情况。当时骑兵大队及工兵营都先后通过了妫河桥，向十八家子前进。第二六九师第一团也出发了。接着第二五〇师也过桥前进，军部警卫营正跟上来，我便随同前进。这时解放军已发觉我们的企图，以一团的兵力向怀来城攻击前进，并以山炮、野炮向怀来至十八家子中间实行遮断射击。我们仍照旧前进，我问士兵是否还能走得动。他们回答说，走是还能走，就是两三天了没吃一顿饱饭，没有喝上水，实在受不了。

我随军走到十八家子，天已漆黑，路上的坏车堵塞了前进的道路，使后面的车辆和队伍都停了下来。我认为要坏事，怕过不了横岭关。我便从第二五〇师抓了一个第九十三团（这个团是我亲自带过五年的），亲自率领，向横岭关急进。到了横岭关后，骑兵大队已如令占领了该处高地，尚未发现有什么情况。接着，第二五〇师师长王建业也上来了。我便将第九十三团交他指挥，占领关上高地掩护全军通过，仍令骑兵大队继续前进，后续部队迅速跟进。但是官兵疲乏到了极点，只要部队一停便睡，一睡便叫不起来。传令兵在夜间找不见官长，部队失去指挥。

到了深夜，我率队到达黄土洼，原来走错了路，本应向东南，我们却走了东北。向东南，是奔向门头沟；向东北，是走向南口和九峰山。南口已为解放军所占领，黄土洼距南口约二十五里。我们在途中并未遇到解放军，但后续部队并未赶上来，只好令军直属部队休息等待。我坐下来，倒在堰头上便睡着了。约一小时后，醒来时，东方大亮，看见空中从西北向东南发射很多红绿色信号弹，判断是康、怀间解放军追了上来。我赶快把部队唤醒，继续前进。但部队仅走十多里路，便走了约两个多小时。这时大概是十点钟，官兵都乏得走不动。到了马跑泉附近，我认为说什么也应让部队休息，吃点饭，喝点水，否则便没有一点战斗力。于是我决心令部队休息吃饭。这时隐约听见我们来的方向有枪炮声，我派了一个骑兵班返回侦察。在这之前，我在途中已派过多次探骑，都是去了再不回来。我又命令通信营架起电台，与总部联系，报告我们的情况，要求派飞机支援。

大约是午后四点钟，解放军约一个营从高崖底的西山上向我们攻击。当时我身边的部队只有一个骑兵大队二百多人，警卫营还在我们后边约二里的另一个村内，只好令骑兵进行抵抗。我率副军长王宪章、参谋长郝勤福及参谋处若干人，向东山突围。

在突围前，据悉除第二五〇师第九十三团一部由门头沟突围外，其余全被解放军在横岭关以西至十八家子间截为数段，分别予以歼灭。

我向东山突围后，军属骑兵大队顺着马跑泉那条沟突出去。我只带了二十多人，翻过东山，进入一条长沟，只见四面山头都有三五成群的民兵，注视着我们的去向。我们遇到村庄也不敢前进，因为这是解放区，怕有民兵活捉我们，这时地图已经丢失，我们究竟到了什么地方也不知道，只是盲目地在高山深沟之间乱窜，随从越来越少，最后踉踉跄跄走到妙峰山附近被解放军俘获。这时我已伪装为伙夫，未被查出身份。解放军纪律严明，优待俘虏，看我年老，发给我回北平的还乡证和几元钱作路费。有一解放军战士对我们说："革命自愿，绝不勉强，愿干者干，不干就放，放下武器，不咎既往，或干或放，都起作用。"这几句话是有深刻的道理的，我便乘机赶紧找捷径返回北平。

第一〇四军的最后一幕

王宪章*

支援第三十五军从新保安突围

一九四八年冬，第三十五军自张家口撤回北平时，傅作义恐中途受阻，命令第一〇四军（欠第二五八师）星夜开往怀来掩护。第一〇四军于十二月四日下午到达怀来，立即派二六九师的一个团进驻沙城，保护交通。当夜平张铁路已被破坏，最后一列车停在沙城，不能前进，此外尚无其他情况。

当时我们对总的情况不大明了，任务看得简单，没有考虑到会有什么不利的变化。当夜派驻沙城之团虽有小战斗，我们认为是解放军游击部队常有的一手，军长安春山没重视起来。

十二月五日，第三十五军由张家口开出，按路程计算，上午十二时左右很可能通过怀来。安春山为了集结队伍便于而后行动计，把进驻沙城的那个团中午就撤到怀来车站，准备第三十五军通过后，同时撤离怀来，也未做掩护战斗的准备。不料所谓快速部队的第三十五军，乘汽车行军，当夜宿营于下花园、鸡鸣驿附近，距张家口仅九十华里。六日，第三十五军仅走了二十华里，宿营于新保安。他们毫未侦知解放军两个纵队跟在后边，也未料到前进路上会发生什么情况。第三十五军军长郭景云骄傲狂妄，自以为有天大的本事，既不分析情况，也不注意任务，想走就走，想住就住，注意的只是汽车上所运的私有财物。新保安与怀来之间相距不过六十里，郭景云与安春山并不是紧密联系，配合行动，而是各干各的。这不是实际不允许，而是他俩争权夺利，素有意见。

---

* 作者当时系国民党第一〇四军少将副军长。

在六日这一天，汽车路上的东八里、沙城、土木堡几个据点，均被解放。而郭景云认为这个责任应由安春山负担，好像这场官司他又抓住理似的，并不考虑前途的危险，不主动积极地想办法，改道到怀来，而只是把情况报告北平总部，他却安然地待下了。当日下午，安春山奉总部命令，派了一个步兵团，附山炮一连，在飞机协助下攻击土木堡。直至深夜，伤亡很重，也未攻下，仍将部队撤到怀来。七日，第三十五军派了一些小部攻击东八里，亦未成功。这两位军长，你攻一下，他打一下，如同儿戏，毫不联系。当晚，据侦探报告，怀来东北约十里地北山底的几个村庄，到了解放军东北野战军骑兵一个团宿营，都穿着毡靴。军部将此情况由电话报告总部。而总部还不相信，认为解放军东北野战军不会这样快，也无什么指示。当夜十二时，安春山派两个步兵团，分两路包围袭击，“四野”骑兵向东退去。

安春山对当前这些情况，毫不研究分析，也不计划如何完成自己的主要任务，而整日忙于事务，命令军部人员用大部汽车装载怀来仓库的存粮，运往车站装火车，并办理地方行政部门撤退的琐碎事务。更奇怪的是，他同参谋长郝范吾（即郝勤福）每日几次到城外扶乩（郝是一贯道的点传师）。他们常常扶乩回来告我说，今天是某某神临坛，批的话如何灵，如何神奇。由于他们二人沉迷于扶乩，好似有了诸葛亮、关云长的指点和关照，就万事大吉了。

八日，北平总部以电话命令安春山：尽全力支援第三十五军由新保安突围，然后合力撤回北平；如公路通不过，可沿永定河东岸前进。安春山很聪明，知道形势不好，任务很难完成，便对我说：“总部电话，要你带两师接第三十五军，给我留下一个团和重炮连守怀来。我还有别的任务,不能离开。”我接受命令后，率第二五〇师及第二六九师（欠一团），于八日下午四时出发，沿永定河东岸向新保安前进。七时许到达贾家营，发现前边村庄都驻满了解放军，我们就在贾家营停止，做好准备，严密警戒起来。当夜前哨部队不时发生接触，侦悉解放军新增来两个纵队，并闻新保安周围现有解放军四个纵队的兵力。我同两个师长研究情况，计划九日拂晓怎样接近新保安，如两军在马圈会师后怎样协力向怀来撤退。我们将计划决定后，立即呈报北平总部。得到同意后，我们又将计划电告郭景云，并用无线电话同郭通了话。他首先问：“你们哪些人来了？”我告诉他之后，他说：“安春山没来？好！你们的电报接到了，就照你们的计划办。”当夜我们做好一切准备，下达了命令，决心孤注一掷。

九日早七时，战斗开始了，第三十五军的大炮已响了，一炮一炮地向东八里射击。我们认为第三十五军是先向东八里佯攻，主攻方向一定是马圈。

第一〇四军的攻击部署很简单，第二六九师的两个团分左右两侧担任掩护，第二五〇师集中力量纵深突入。战斗开始后，有十几架飞机助战，空军副总司令也乘机到前线观测，并同我们地面部队随时联系。我们首先攻下乔庄，继续又攻下两个村庄。每次攻下一个村庄，北平总部就来电奖洋若干元。最后攻入马圈，而第三十五军毫未行动，连单响炮也不放了。这时解放军大部队增援上来，我们的力量支持不住，被迫退出。事后知悉，郭景云当时故意按兵不动，他认为第一〇四军既担任接出第三十五军的任务，第一〇四军打不到城门，第三十五军绝不出城。所以我们预定马圈会师的计划未能成功。而当时我军伤亡太重，第二五〇师的十二个营长就伤亡了六个，同时弹药也补充不来，傍晚只得撤至贾家营。

当时我把战斗情况电报北平总部。总部要我们不顾任何牺牲，接出第三十五军，并说彼此协力苦战，才有返回北平的希望。我召集师长、团长开了个紧急会议，研究下一步该怎么办，大家都认为：第三十五军既死到那里不动，我们一方面的力量怎能接出他呢？我们现在的地形攻防均不利，绝不宜久留。军部还在怀来，我们撤到怀来再作第二步计划。我将情况电报总部和怀来安春山，决定乘夜撤退。

当夜北风很大，我们向南撤退。夜十二时，我们留第二五〇师的一个轻装营掩护，按第二六九师、第二五〇师次序撤退。半夜一时许，汽车开动，被解放军察觉，即攻占了贾家营，并随后追击。

十日晨八时，部队撤到怀来附近。安春山早在距城十里的地方，派汽车一辆等候，并架通临时电话找我说话。我在电话上简单地报告了情况，他说：“我们还有最后一关，见面再说吧！”

逃窜途中被歼

当解放军未到康庄、青龙桥之前，安春山以一个团兵力防守怀来县城，兵力薄弱，企图率军部人员先回北平，几次登火车，都被总部来电制止。他又要乘汽车到前方，官兵已上了汽车，忽然又终止。他这时已是张皇失措，不知所之，因此对前线部队返回后的行动计划也毫无准备。当时，北平总部认为安春山部不能撤离怀来，命令第十六军派一个步兵师增加上来。第十六军先头已派一个团，安春山这才安定下来。他派人乘吉普车迎接该师团长，人车均被解放军俘去。而防守康庄、青龙桥的第十六军，未战即退，平张线交通从此被切断。安春山正在着急为难之际，我们前线部队撤到怀来了。他向总部请示尔后行动，总部却征求他的意见："郭军已决定守新保安，你军决定怎么办？"安答复要打回北平去，这个行动就算决定了。

安春山同幕僚们研究后，决定由怀来城南山口入山，经横岭关、斋堂，出红山口到北平，部队徒步行军，汽车在后跟进。行军次序，也作了安排。两个师长均未发言，这个计划就草率地定下了。下午三时，部队开始入山。当时山口高地已有少数解放军占领,安春山先派骑兵队和一个步兵营在重炮的配合下攻占了山口东边高地，掩护大部队进山。行军序列是：第二六九师（抽出一个团担任怀来城防，改任后卫），军部和小部队，第二五〇师，汽车队[①]。入山行动，尚称顺利。前边部队到达横岭关（长城口）亦无情况，由第二六九师派出一个团在横岭关担任掩护。

但是，当第二六九师（欠两团）、军部和小部队通过后，突然发生战斗，那个掩护团不知去向，部队被截成两段，顿时混乱。安春山急忙率部继续前进，走了几里路，在一个小村庄停下了。这时，军部同第二五〇师已失去联系，架起无线电，也未联络上。安春山这时既不同大家研究措施，也不命令部队前进，他一个人一声不响带了护卫人员躲起来，找也找不到。军部参谋长也在第二六九师师部待起来了。官兵们由于三天三夜的行军，过于疲劳，倒在地上便睡着了，遍地皆是，毫无戒备。直至十一日早晨，人们才找到安春山，但后边部队仍联系不上，他决定继续向高崖口退走。当部队行至距山口二十多里，这时不过上午十时左右，经过一个村庄时，又停止了。他说士兵们饿了，命令各部队分散开饭。其实，安春山所以这样做，是由于大部队丢光了，带着少数人不好出山，回不了北平。他又命令架起电台同第二五〇师联系，仍未联系到，便向电台工作人员大发脾气。安春山这时一说话就生气，生完气就睡觉。于是官也睡，兵也睡，待着消磨时间。下午三时，他突然决定不走了，就在附近几个小村庄宿营。他认为离山口不远了，太平无事了，也不注意警戒。他毫不在乎地

① 由怀来撤逃的时间、行军序列与安春山文不尽一致，请参看安文。

带了几个卫士到另一个村庄住下。电台工作人员怕挨打，跟去架好电台收听。我向安春山建议："这些村庄又小又分散，有了事，可不好办。还是出山后再休息好些。听枪声并不激烈，第二五〇师不会这样就垮了，也许从别的山沟走了。"他说："第二五〇师如果通过横岭关，无论从哪里走，也不能不跟我联系。你们觉得这地方不安全，你们先出山吧！我同第二五〇师联系不到，绝不出山。我们这些'喝泔水的'（部队里称副职人员作'喝泔水的'，意思是说肉菜由主官吃尽了，剩下的只是洗锅刷碗的一点油水），只好听人家的话。"

军部人员刚刚住下，特务营还在后边没来，连卫兵也未派到。突然北山上发出机枪声，从望远镜看到，追来的解放军人数并不多，只在山顶上用轻机枪、步枪向我们射击，也没有前进。这时第二六九师师长慕新亚尚在军部，安春山手忙脚乱地急于出山，命令慕新亚赶快到前边指挥部队掩护军部撤出山区。他又派传骑分头通知工兵营、骑兵队即速上山抵抗，特务营赶快在军部周围警备。接着他又给第二六九师师部去电话，电话不通，原来慕新亚已带领其残部抢先逃跑了。工兵和骑兵队也不执行安春山的命令，他们绕过军部竟向北平逃去。特务营营长是安春山的拜把弟兄，连个招呼都不打，绕过军部，擅自逃跑了（其实这时第二五〇师已由师长王建业率领残部早从斋堂直奔门头沟去了）。解放军在山上清楚地看到许多部队逃跑了，很快地接近军部。安春山感到，两个师的部队，丢的丢了，跑的跑了，连个特务营都没剩下，痛苦万分，拿起手枪要自杀。我向他说："何必闹这一套。你要决心死，我陪着你就在这个小屋子抵抗，打死算完。不愿在这里死，咱们就逃跑。"他这时不再发脾气了，和气地说："那么咱们就跑吧！"于是我们跟着几个参谋、卫士越墙向南逃跑，军部其他人员就此各自逃生。

我和安春山及参谋长、副参谋长一块逃走，连官带兵不过二十个人。我因病刚好，到部队不足两星期，浑身无力，两腿不听指挥，头一个就把我丢掉了。他们继续拼命向前奔跑，但终于一个一个被俘虏了。安春山比我们聪明，他早已穿上一套士兵衣服，冒充伤病员，后被释放回到北平。

平津战役

第三章

张家口战役

张家口战役概述

孙兰峰*

一

一九四八年秋冬之际，中国人民解放战争已进入战略决战阶段，国民党败局已定。辽沈战役胜利结束后，华北、东北两大野战军对平、津、张已成夹击之势。处于进退维谷的国民党华北“剿总”总司令的傅作义，心情极为矛盾。记得当时我到北平开会时，他曾数次向我发问：“畹九（我的字），你说我们为什么而战？”作为他患难与共几十年的老部下，其困难处境和极其矛盾的心情我是完全理解的。

当时，在平津一带的国民党部队，大部分是蒋介石的嫡系，在指挥上是棘手的，而傅的嫡系部队，又分散于察绥各地，鞭长莫及，顾此失彼。为了集中兵力，甩掉包袱，缩回拳头，争取战争的主动权，曾订过一个“甩掉保定、唐山、张家口等地包袱，集中兵力，坚守平津，以观大局变化”的方案。但出乎意料的是，东北解放军于辽沈战役后，未予休整，即神速挥师入关，横越长城，分路从冷口、喜峰口隐蔽地进入北平以东蓟县、石门地区待命。而我们还在五里雾中，认为时局的发展不会如此之速。

二

一九四八年十一月间，张家口的防守部队有：第十一兵团（兵团司

* 作者当时系国民党第十一兵团中将司令官兼代察哈尔省政府主席。

令官孙兰峰、副司令官朱矩林），所属：第一〇五军（军长袁庆荣、副军长杨维垣），下辖：第二一〇师（师长李思温），第二五一师（师长韩天春），第二五九师（师长郭跻堂）；独立第三一八师（师长张进修）[①]；整编骑兵第五旅（旅长卫景林）；整编骑兵第十一旅（旅长胡逢泰）；察省保安第三、四、五团；独立野炮营；独立铁甲车大队；侦察总队第一大队；辎汽兵第一团第一营。此外，驻防张北的整编骑兵第十二旅（旅长鄂友三）；暂编骑兵第二旅（旅长陈秉义）；骑兵第二总队（总队长安恩达）等部，亦归第十一兵团的战斗序列。

十一月底，解放军华北杨成武兵团突然从绥远回师，在二十八、二十九两日，先后攻占了怀安、万全及孔家庄等外围据点，张家口顿时吃紧。我感到局势严重，立即主持召开了有第一〇五军军长袁庆荣参加的各师、旅长及省保安司令部负责人的军事会议，决定在十一兵团领导下，所有部队分为两部分：第一〇五军的第二一〇师、二五九师、二五一师、整编骑兵第五旅、整编骑兵第十一旅、野炮营为野战部队，由第一〇五军军长袁庆荣指挥；省保安第三、四、五各团，侦察总队，铁甲车大队为城防部队，归省保安副司令靳书科指挥。第二五一师配备辎汽一团之一个营作为机动部队。野战部队，除二五一师派一个团在市区西南亘赐儿山之线担任警戒外，其余分别集结于上、下堡，东山坡，大境门，平门及七里茶房一带。省保安部队三个团布置在东山坡、飞机场、元宝山、大境门之线。电请华北“剿总”任命整编骑兵第十二旅旅长鄂友三为察北、绥东总指挥，指挥骑兵暂编第二旅和骑兵第二总队在张北县以南地区活动，以策应张家口部队之作战，并负责确保张家口至张北县公路之畅通。还派第十一兵团高级参谋阎家玙住张北县为联络官。与此同时，还电请傅作义速派部队增援。傅即命第三十五军军长郭景云率第一〇一师（师长冯梓）和第二六七师（师长温汉民）从丰台、长辛店乘汽车星夜驰援张家口，并命第一〇四军第二五八师（师长张惠源）从怀来乘火车开抵张家口，归郭景云军长指挥，企图在张家口外围捕捉战机，歼灭解放军之有生力量。第三十五军于十一月三十日下午开抵张家口后，随即命第一〇一师向占据万全县城之解放军发起攻击。一经接触，解放军即主动撤离，万全县城收复。翌日，张家口东南之宁远堡告急，郭景云军长命令第二六七师前往迎击。激战终日，解放军又主动撤走。

① 即原第一〇一军第二七一师，下同。

一九四八年十二月二日，傅作义偕随员刘庸笙等飞抵张家口。旋即在第十一兵团司令部召开军事会议[①]。兵团司令官孙兰峰，军长郭景云、袁庆荣，副军长杨维垣，兵团参谋长贾璜、军参谋长成于念、田士吉，所有师、旅长，以及省保安副司令靳书科等参加了会议。傅首先听取了军情汇报，然后就张家口撤守问题让大家各抒已见，进行讨论。会上，大家都默不作声，唯第二一〇师师长李思温发言，向傅作义请缨守城。他建议：主力部队应出敌不意，迅即撤往北平。为了服从战略需要，他愿率领他的师，并指挥全部保安部队，防守张家口，或者相机撤回绥远。不可犹疑不决，贻误戎机。傅听了很高兴，但没置可否，只是告诉我们："快打，要打好！"并说："第三十五军和第二五八师，我还要调往北平使用。"会后又召集我和袁庆荣军长、民政厅厅长周钧、省政府秘书长曾厚载和保安副司令靳书科等人开秘密会议，傅说："由于坚守张家口已无价值，我们要在此实行'荣誉交代'。在张家口撤退时，除军用物资和机要档案尽行带走外，国家仓库的物资和其他财产要造具清册，留人向中共交代。但目前要秘密进行，以免搅乱军心。"傅当日下午即飞返北平。临上飞机前，再次嘱咐：荣誉交代的事，要积极进行。从十二月二日到四日，傅作义总是每日上午九时许乘飞机自平莅张，召集兵团司令官、军长及其他高级人员开会。

十二月四日下午四时许，傅作义正在兵团司令部召集我和各军、师、旅长开会[②]，北平总部第一副参谋长梁述哉突然打来了十万火急的紧急电话（在傅来张家口时，梁每天都有电话报告军情）：东北和华北的解放军分别从东北、西南向平张线南口—下花园间急进，判断似有切断平张交通线，分割包围我军之企图……"傅作义接电话后，即将方才获悉的情报告知大家，并说："第三十五军的行动，待我返平后电告。"旋即匆匆飞返北平。当晚，北平总部给我来电话说，着郭景云军长率领该军和第二五八师，于今天拂晓前从张家口出发，限当天黄昏前撤到康庄附近待命。我当即将此命令告知郭景云，并嘱咐他说，平张途中恐有情况，应作充分的战斗准备。后因运载第二五八师的汽车没有筹措好，旋奉傅命留在张家口，归第一〇五军袁庆荣军长指挥。

第三十五军于五日下午方从张家口出发，当行抵鸡鸣驿时，遭遇小

① 关于这次会议的时间，靳书科回忆是十二月四日，请参看本书靳书科文。

② 有关十二月四日的会议情况，本章各文忆述不尽一致，靳书科文忆述较具体。

股解放军阻击，当即停止前进。翌日，该军边打边走，晚间进驻新保安。与此同时，我唯恐驻宣化之独立第三一八师和县保安团队有被解放军吃掉的危险，故命令他们立即撤回张家口。不意在五日下午，独立第三一八师师长张进修率领该师及县长王一方率领的县保安团，于撤退途中，在沙岭子附近遭到了解放军的伏击，师长张进修负伤，县长王一方自杀，师参谋长张振洋率残余部队逃回了张家口。

郭景云军进驻新保安后，被解放军团团围住。十二月八日，傅作义派第一〇四军安春山军长率领该军前往接援。同时，傅作义命令第一〇五军军长袁庆荣亲率所部，向下花园、鸡鸣驿攻击，以资策应[①]。尽管第二五九师由郭跻堂师长亲自率领猛攻，并由军长袁庆荣临阵督战，但解放军阵地，犹如雷池，不可逾越。反之，解放军的强大阻击，使郭师伤亡枕藉，不得不撤了回来。经报傅，电示停止执行这一任务。郭景云军在新保安，经十七天的激烈战斗，继十二月十一日傅部第一〇四军被歼于怀来南山横岭关之后，在十二月二十二日又覆没于新保安。至此，傅作义嫡系部队已丧失殆尽。

三

十二月二十二日下午，我们接到傅作义的急电："郭军在新保安被歼，希即研究可否及时突围，经察北、绥东与董其武军靠拢。"这是一个有关我军前途命运的问题，我和袁庆荣军长即在我的办公室召集兵团参谋长贾璜和第一〇五军参谋长成于念进行研究，决定二十三日拂晓，开始突围，向商都县转进。当时成于念建议："兹事重大，成败在此一举，应召集各师长、旅长、民政厅长、七兵监、分监等共同研究突围计划。"袁庆荣军长恐怕泄露机密，引起骚动，于是决定：除密电察北、绥东总指挥鄂友三外，其余各师、旅长由袁分别面授机宜。突围部署为：

（一）电令察北、绥东总指挥鄂友三，率该旅及安恩达、陈秉义等部由张北油篓沟一带迅速攻占长城线之狼窝沟和神威台，以接应张家口突围部队；

（二）令第二五九师郭跻堂部为前卫，于二十二日夜，出大境门，

---

① 据查，第一〇五军奉令增援新保安的时间是十二月九日。

向陶赖庙方向攻击前进，打通通向张北、崇礼之道路，掩护全军突围后，改为后卫，向商都转进；

（三）令整编骑兵第十一旅旅长胡逢泰归整编骑兵第五旅旅长卫景林指挥，从七里茶坊经孔家庄突围，然后向察北、商都一带转进；

（四）第二五一师师长韩天春部为后卫，掩护全军撤退后，在本军后跟进，向商都一带转进；

（五）其余为本队，按第二一〇师、兵团司令部、军司令部、第二五八师、保安司令部及所属各团之顺序，沿前卫行进路线向商都转进。

二十三日拂晓，我和袁军长商定：他先出大境门指挥部队撤退，我留在兵团司令部等候北平总部是否还有指示。等到十一时许，北平总部迄无指示，我即驱车出了大境门到朝天洼第一〇五军指挥所位置，和袁军长会面。当时兵团参谋长贾璜、民政厅厅长周钧、教育厅长胡子恒，还有几位师、旅长在一起，大家面面相觑。我十分焦急地问："欣然（袁的字），部队呢？"袁答："先头部队打不出去，还掌握着几个师的兵力。"这时，当面解放军占据朝天洼两侧高地，强力阻击。第二五九师的一个团，数次发起进攻，均被击退。袁军长再次下令，要郭跻堂师长带领全师发起猛攻，并令炮兵向通往崇礼的道路猛烈轰击。但解放军的兵力不断增加，愈战愈强，对我突围部队形成两面夹击的态势。虽然全师投入战斗，亦毫无进展。原来指定从七里茶坊向孔家庄突围的骑兵部队，听说从大境门外突围的步兵，已打通出路，于是他们改变路线，也出大境门，跟在步兵后面突围。这时，步、骑、炮兵五万余人拥挤在一个一里宽、二十来里长的狭窄的山沟里，十分混乱，以致杂沓相挤，怨声载道。从二十三日上午开始，人民解放军即向张家口市区攻击前进，并分别在陶赖庙、汉诺坝、麻地营、乌兰哈达等地进行截击。我们面对这一人民的巨型铁钳，已如釜底游鱼，无力挣扎了。下午三时许，我和袁军长商量，必须集中力量在黄昏前，打开通路，否则到黄昏后就无法掌握部队了。当即令炮兵集中火力猛烈轰击，并以骑兵连续冲锋，但均被解放军猛烈的火力击退。而张家口市区已在当日下午，被解放军全部占领，欲恢复原来的守城态势也不可能。这时风力转猛，飞雪飘飘，战士们在风雪中，饥寒交迫，已无战斗能力。突围部队，步骑兵各一部，先后在东窑子、西甸子被击溃，我两个师兵力在庙西南山强攻达十二次均遭顿挫，伤亡十分惨重，余部均溃散被俘。我四个团的兵力在二道井高地及乌兰哈达、高家营南山之线，经过激烈战斗，在二十四日也先后被歼。至此，我突围部队有组织的战斗已经基本结束。张家口突围部队共五万余人，除一部分骑兵突围外，其余全部被歼和被俘。

在将近黄昏时，我令跟随我的骑兵第五旅王绳武团的一个连，向陶赖庙小山口方向增援，我和我的警卫员在当地一个老乡的引导下，在风雪弥漫中，沿着崎岖曲折的山路，通过长城线的神威台，向商都方向走去。在商都县四台房子一带，与鄂友三、察北专员白震所率的保安团队、陈秉义、包贵廷、安恩达、察盟保安队、省保安团曾凯和李维业等部，以及张家口突围出来的张汉三、楚云龙和杨占山残部，先后会合。然后经土木尔台、大青脑包山线撤到绥远省武川、固阳一带和董其武部会合。

驰援三十五军失利与兵败张家口

袁庆荣*

一九四八年末，我任国民党傅作义部第一〇五军军长，属第十一兵团节制。兵团司令孙兰峰，副司令朱矩林，兵团参谋长贾璜。我军副军长杨维垣，参谋长成于念。军下辖第二一〇师（师长李思温），第二五一师（师长韩天春），第二五九师（师长郭跻堂），独立第三一八师（师长张进修），整编骑兵第五旅（旅长卫景林），整编骑兵第十一旅（旅长胡逢泰），察哈尔省保安第三、四、五团，独立野炮营，独立装甲车大队，侦察第一大队，辎重兵第一团第一营等。另外像第一〇四军之第二五八师（师长张惠源）、驻张北之整编骑兵第十二旅（旅长鄂友三）、暂编骑兵第二旅（旅长陈秉义）、骑兵第二总队（总队长安恩达）等虽不归我直接指挥，但也临时划入第十一兵团战斗序列。这些部队是防守张家口地区的基本兵力，约五六万人马。

张家口是守卫北平的重镇，它西接绥远，南邻平津，自古就是兵家必争之地。故张垣的得失，牵动华北"剿总"的全盘防务。为了防守张垣，我军早就在它的周围构筑了多层次防御体系。除城内加强工事设防外，还在城垣外围的赐儿山、人头山、元宝山等处构筑了明碉暗堡。为了加强交叉火力的支撑点，一些重点部位还用战防壕沟连接起来，攻可进，退可守。同时，在兵团司令部和我军部所在地——河东东山坡处还强修了临时飞机场。一些机动部队驻扎在宁远、万全、宣化、下花园、柴沟堡等地，一旦情势紧张，他们既可以单独作战，又能互相依托配合行动。整个张垣地区虽称不上是固若金汤，但就其兵力部署和火力配备而言，仍可与解放军周旋一时。这也是当初我奉命守张垣的信心所在。

* 作者当时系国民党第十一兵团第一〇五军中将军长。

一九四八年十一月，张市周围顿时紧张起来，几个地方同时发现不明番号的解放军小部队在活动，与我小股侦察部队时有接火。这月下旬，情报处向我报告，孔家庄一带发现解放军大部队，有向张市方向推进的迹象。我和成于念察看地图后即去兵团部向孙兰峰作了汇报。返军部后我向第二五一师下达了作战命令，令韩天春师长亲率几个主力团队前往孔家庄迎击。不久，接韩报告，他率队到孔家庄后，解放军主力已转移，只留下一支小部队与韩的部队短期交火后也撤走了。此次解放军行动意图不明，杨维垣说可能共军在进行火力侦察。

十一月二十九日，各方情报汇到我处，解放军杨得志的第二兵团和杨成武的第三兵团已在张垣外围完成了对山城的军事包围，并逐步向心收拢，大有攻张之势。我同孙兰峰会商后即将第二一〇师和骑兵第十一旅调至张市近郊，又联名电请北平总部傅作义紧急增援。

张市告急，傅作义坐卧不安。三十日下午，他派出的第三十五军军长郭景云亲率主力第一〇一师（师长冯梓）和第二六七师（师长温汉民）乘兵车抵达张市。第一〇一师与我军一部配合行动，首先向占据万全的解放军发动攻击。我和孙兰峰指示部队要全歼解放军。但两军刚一交火，甚至连重武器还未展开火力解放军就主动撤走了。我军则轻而易举地夺回万全。

十二月一日，我又命令第一〇五军一部与第二六七师部队联合向占据宁远的解放军发动进攻。双方刚一接触即动用了重武器，第二六七师自恃是北平来的救世主，他们凭借炮火优势，连连向解放军阵地发起冲锋，双方出现了伤亡。谁知，就在我军准备迂回包抄的时候，解放军不战即退，去向不明。我军收复宁远后，第一〇四军的第二五八师也以援兵姿态乘火车急抵张家口，暂归第十一兵团指挥。

十二月四日上午九时，傅作义乘专机飞抵张市。他落机后没有小歇即直奔第十一兵团司令部召集会议。记得出席会议的有孙兰峰、贾璜、郭景云和我及副军长、各师旅长、保安副司令靳书科等。会上，傅首先听取了孙兰峰和我汇报张市近况及各部队备战情况，然后作了指示。他说林彪部队远在关外整训远水不解近渴。北平仅有聂荣臻部孤军作战，凭借第一〇五军及其附属部队，完全可以应付。他要求各部队加强训练，加紧构筑防御工事，鼓励大家对防守张垣要有胜利信心等。虽然我一再当面向傅报警；指出张垣在防守上潜在的危险情况，但他对张市的去守问题始终未作出明确选择，搞得与会人员不得要领。临近散会时，北平总部给他打来紧急电话，他向大家握别后即匆匆返平。

十二月五日，张市外围十分宁静。既然张垣无战事，按傅预先指示，第三十五军及市内部分行政机关和零星部队便在郭景云率领下离张返平。由于兵多人杂行动迟缓，该部行至下花园、鸡鸣驿时遇小股解放军阻击。部队被迫停步还击后于六日启程，途中又遇解放军袭击而不得不边打边前进。最后，由于这支部队行动上的严重失误而招致了解放军主力将其包围在新保安。

十二月九日上午，我视察城防部队后回到军部刚要小歇一下，突接傅作义发来急电：第三十五军于新保安被围困，除已令第一〇四军从怀来驰援外，着你部立即向下花园、新保安发动攻击，以策应被围困之第三十五军突围返平。

军情紧急，刻不容缓。我同杨维垣当下便率领第二一〇师、第二五九师各一部乘汽车前往执行命令。当我率部行至沙岭子附近时，突然遭到预先埋伏在两面山腰的解放军猛烈阻击。我见部队受阻，又加上出发仓促事先未派出搜索部队，心情十分暴躁，忙令师长们组织突击队为大部队冲开一条路。但是，解放军参加阻击的部队越战越勇，且援兵不断从两翼开到。从上午打到下午，双方激战了四五个小时，我军仍不能前进。杨维垣焦急地问我怎么办？我沉思后感到我部所处地理位置十分不利，深恐后路被解放军切断，已来不及请示，我断然下令部队原路返回。返张后当即将我军遭遇报告傅作义和孙兰峰。

这时的张市，自第三十五军撤走后，刚夺回的宁远、万全、榆林乡等地又相继失守。解放军大部队（情报说东北野战军进关的第四纵队也加入了围张之列[①]）已对张市步步紧逼过来。我部由于屡遭袭击，伤亡剧增，官兵士气开始低落。虽经我一再鼓劲打气，但面对外界重兵压境，士兵们仍如惊弓之鸟，搞得我心中也惴惴不安。

十二月二十二日晨，枪炮声从四郊升起。包围张市的解放军已兵临城下。下午，傅作义从北平给我和孙兰峰发来特急电称：第三十五军及部分增援部队已在新保安被解放军歼灭，张垣被围已无守备意义，可相机突围转进绥远。事不宜迟，我与孙当即召集贾璜、朱矩林、杨维垣和成于念在孙的办公室内进行了紧急磋商，确定了突围的原则性方案。经请示傅作

① 东北野战军第四纵队十二月十七日奉令由南口西开，十二月二十一日进抵张家口附近。

义后，张垣守军的下一步行动统归我指挥（第十一兵团主要是第一〇五军在支撑，孙只是个空头司令）。

军部内也开始紧张起来。我和杨维垣、成于念面对地图进行了具体研究；为了分散解放军的主攻方向，我们决定分路突围；步兵从大境门撤出，骑兵从七里茶坊分数路向商都方向突进，两部分人马最后向绥远移动。同时决定当晚先由第二五九师冲出大境门后向陶赖庙方向进击，为后续部队开路。考虑到我平常对部下常唱誓与张垣共存亡的高调，而现在这个决定太突然，我怕涣散军心造成混乱难于掌握部队，故对突围的布置严格保密，对军部某些成员也不例外。我叫成于念单独起草突围的具体事项；除对远驻张北和绥东的鄂友三等部用电报下达通知外，其他驻张部队均由我一人面对面下达口述突围命令。

十二月二十三日晨，各部队在零星的枪炮声中开始执行突围的命令。按规定：我亲率军部成员和卫队从大境门内开出。由于解放军尚未发动大规模攻击，故突围部队出城后行动迟缓。见此状我十分焦急：这样大的部队被拥挤在小山沟内爬行是非常危险的，我严令师长们督促部队跑步突围，对行动迟缓和延误大部队突围的长官可以阵前处决。经过三令五申，终因兵多沟窄而看不出有何进展。

上午十时，我们到达朝天洼。这时，陶赖庙四周的高山上，我先头突围部队正与堵截的解放军进行激战。由于解放军事先已占据制高点，用交叉火力封锁通道，我军频频发动攻击均未奏效，部队伤亡惨重。眼见大部队被阻，我心急如焚。急带几个卫兵冲到炮兵阵地前，亲自指挥他们发炮轰击解放军阵地。这时，孙兰峰、贾璜等一行人跑到阵地上来找我。他一见我就高声叫道："欣然（我的字），部队在哪里？"我忙回答先头部队受阻，后续部队爬在山沟内等待前进。孙听后焦急地告诉我，原定从西门突围的骑兵部队不知怎么搞的，也从北门突出来，这样目标太大了。我听后气恼地说，擅自更改我的突围计划，等突出去以后再算账！孙与贾璜和省民政厅长周钧听后面面相觑，无言可出。

这时，第二五九师的一个团在我炮火掩护下向高地再次发动攻击，但时间不长即被顶了回来，几乎溃不成军。我一看急了眼，忙命令郭跻堂师长亲自率领全师向高地发动冲击（当时别无他法，只要能冲开一条路，即使全师都打光了也在所不惜），同时下令炮兵向通往崇礼的道路猛烈轰击。半个小时后，这些努力均成泡影。解放军早已对我部形成左右夹击之势，援兵也相继投入助战，其气势凶猛异常，他们固守的高地尽管被炮兵炸得成了一堆黄土，但仍纹丝不动地挡住我军前进的路。在这前不着村后不靠店的地方窝着，官兵们怨声载道，我的心情更是烦乱无章。

下午三时半左右，我同孙兰峰又一次紧急磋商，认为必须在黄昏前杀开一条通道，否则天一黑部队就会像放羊一样散了架而无法掌握。于是，我又一次亲自指挥炮兵猛烈轰击左右两侧的高地，同时命令骑兵部队在步兵轻重机枪的掩护下继续发起冲锋。这样持续了一段时间后，部队被打疲了，最后竟连冲锋的架势也端不起来了，前进的通道始终未打开。

近黄昏时，已冲进四城的解放军与退进城内的我残余部队发生了巷战。这些被打散了的残余部队欲逃无路，欲守无力，几经拉锯，整个城垣被解放军占领。

城外我军分路突出城后因到处受阻，指挥官无法统一指挥部队，故大部分人马竟漫无边际地自动跑进解放军的包围圈内。五万之众的突围部队除极少数从解放军的防地空隙西逃外，其余均被解放军解决。

兵团司令官孙兰峰见我部突围受阻，又见大部队被解放军击溃瓦解，等待而至的将是灭顶之灾。他顾不上同我细谈，即带兵团司令部少数人员混在西撤的队伍中突围。事后，我才知他跑到了绥远的武川。天黑以后，我无法再指挥部队了。在军部几位成员的簇拥下我们跑进山里。由于天黑无法辨认出逃的方向，心想，只要能突出包围圈就算是万幸了。

我们在山里沿着崎岖小道摸黑赶路，地形和方位搞不清楚，折腾了一夜最后仍没有逃出包围圈。那坎坷不平的小道使不少人摔伤了腿脚，我的一条腿也在黑夜中被石头碰伤，最后不得不拄一枝小树杈当拐杖。

二十四日上午八时左右，天色大亮。我们一行被杨成武将军的部队严密包围在一个小山头上。面对顶住胸膛的刺刀和一双双愤怒的目光，任何挣扎和反抗都是徒劳的。我们被迫放下了武器。至此，国民党第一〇五军这个番号在华北“剿总”的战斗序列中被抹掉了。

（任方明　整理）

张家口之战的片断见闻

杨维垣*

一

一九四八年入冬以来，华北战场的形势急转直下，国民党华北“剿总”指挥下的部队，在各条战线上节节失利，完全陷于中国人民解放军逐渐形成的战略包围之中。华北“剿总”在此严峻的局势下，不得不收缩防线，集结兵力于平、津、塘和张家口之线。张家口地势险要，向为兵家必争之地，是傅部必要时西撤绥远的重要支撑点，故配置重兵防守。防守部队，基本都是傅的嫡系。

张家口外围的防御工事，早在一九四八年春就开始构筑（当时我任察省保安副司令兼张家口城防司令）。除防守部队参加构筑外，还强征民工数千人投入了这一工程。张家口外围如赐儿山、人头山、元宝山等各个山顶、山麓，以及各主要交通路口，均筑有钢筋水泥碉堡；市内重要地点，筑有核心工事。在张家口被围、榆林乡飞机场被占后，在市内东山坡又强征民工赶修起临时使用的飞机场。

担任城防和守卫飞机场的部队，主要是保安部队，还有第一〇五军第二五一师之一部。其余部队，除第一〇五军之第二一〇师和骑兵第十一旅驻防柴沟堡（后柴沟堡弃守，该两部撤至张家口近郊），独立第三一八师驻防宣化外，均集结市内，作为野战部队，机动使用。

---

* 作者当时系国民党第一〇五军少将副军长。

二

一九四八年十一月底，张家口外围顿形紧张，张家口东南孔家庄一带，时有小股解放军出没，多次与张家口守军派出的侦察部队发生战斗。

十一月二十五日（可能记得不准确），据侦察部队报告，孔家庄附近发现解放军大部队在活动，并有向张家口推进的迹象。第一〇五军袁庆荣军长据报后，一面报告十一兵团司令官孙兰峰，一面命令第二五一师师长韩天春率领所部于翌日拂晓乘汽车前往迎击。当该部驰往孔家庄后，解放军只留战斗小组与我前哨部队接触，其主力已经撤走。

十一月二十九日，柴沟堡、怀安、万全相继被解放军解放，驻守柴沟堡一带之第二一〇师和骑兵第十一旅亦撤至张家口近郊。根据各方面情况判断，来犯之解放军系华北的杨成武第三兵团，有围攻张家口之企图。第十一兵团司令官孙兰峰立即电请傅作义总司令派兵来援。三十日下午，第三十五军军长郭景云率领所部第一〇一师（师长冯梓）和第二六七师（师长温汉民）乘汽车星夜驰抵张家口，归第十一兵团司令官孙兰峰指挥，旋即命令第一〇一师向万全发起攻击，企图一举击歼占据该地之解放军。但先头部队一经接触，解放军即主动撤走。十二月一日，解放军一部向张家口附近之宁远堡进攻，第三十五军郭景云军长命令第二六七师迎击，激战终日，解放军又主动撤走。四日，为支援张家口而临时拨归第三十五军郭军长指挥的第一〇四军第二五八师（师长张惠源），亦乘火车开抵张家口。

十二月四日上午，傅总司令乘飞机来张，当即在第十一兵团司令部召开军事会议。参加者有：第十一兵团司令官孙兰峰，第一〇五军军长袁庆荣，第三十五军军长郭景云以及所有师旅长，还有保安副司令靳书科等。会上傅首先听取了战备情况的汇报和部队长官们的建议及意见，然后傅作了指示，并鼓励大家要有必胜信念，要很好地练兵、作战，最后胜利一定是属于我们的，等等。关于张家口撤或守的问题，始终没有肯定。傅只是说："回北平研究后再行电告。"傅当日即飞返北平。

十二月五日，第三十五军奉傅急电，从张家口开返北平。但行抵下花园、鸡鸣驿时遭小股解放军之阻击，停止前进。六日，该军边打边走，终于被解放军围困在新保安。

十二月七日，驻防宣化的独立第三一八师张进修部，奉令向张家口撤退途中，在沙岭子被解放军围歼，师长张进修负伤后逃回张家口。接着解放军攻占了榆林乡飞机场。

十二月九日，傅给孙兰峰司令官和袁庆荣军长来电说，第三十五军在新保安被围，除已令第一〇四军安春山部即日从怀来驰往接援外，着第一〇五军即向下花园、新保安攻击，以资策应。军长袁庆荣和我即日上午率领第二一〇师李思温部和第二五九师郭跻堂部执行任务。当先头部队进抵沙岭子附近时，即遭据守沙岭子的解放军猛烈阻击。激战至下午四时许，伤亡很大，毫无进展，遂撤返防次。

自援军第三十五军撤离张家口后，前几天从万全、宁远堡等地撤走的解放军，卷土重来，逐渐迫近张家口郊区，形成四面包围。防守部队为了巩固防线，调整了部署，在关键地区，增加了兵力，加强了戒备。唯连日以来，不断与解放军接触，屡吃败仗，士气低落，广大官兵，已成惊弓之鸟，惶惶不安。

三

十二月二十二日下午，傅给孙和袁急电：“第三十五军已在新保安被歼，张家口守军要相机突围，向绥远转进。孙和袁接电后，研究商定：部队的行动，完全由袁庆荣军长负责指挥。于是袁即召集我和参谋长成于念在地图上研究，大致决定：步兵从大境门、骑兵从七里茶坊分两路突围，向商都转进。并决定，当日晚上，先派第二五九师郭跻堂部出大境门，向陶赖庙方向出击，为突围部队开路。具体突围部署责成参谋长成于念草拟。为了严格保密，突围命令除驻张北的骑兵十二旅鄂友三部用电报下达外，其余驻张家口的部队，均由袁军长召来，下达口述命令。

十二月二十三日拂晓，各部队遵照突围命令开始行动。我随袁军长出大境门后，看见前面的部队行动迟缓，后面的部队拥挤在狭窄的河沟里，呈混乱状态。当我们行抵朝天洼时，已十点多钟。这时，先头部队正与据守在陶赖庙南北高地上的解放军激战。几次发起冲锋，皆被击退。这时，袁军长亲到炮兵阵地指挥射击。将近中午时，兵团司令官孙兰峰赶到，经和袁庆荣军长研究决定，再投入两个团向当面的解放军进击。但正面和两侧高地的解放军愈战愈多，顽强阻击，屡攻不下。到下午四时左右，从七里茶房突围的骑兵部队，因遭阻击，突不出去，于是又返回来从大境门突围。这时步骑兵混在一起，乱作一团，部队随之失去掌握。接近黄昏时，所有部队已溃不成军，解放军的射击亦逐渐沉寂下来。这时，袁军长、我和成参谋长带着司令部一些官兵进入山里，翻山越岭，转了一夜，二十四日上午，在一个山头上被俘。

至此，盘踞张家口的国民党傅作义部的一个兵团部，一个军部、五个整师、两个骑兵旅、三个保安团以及其他特种部队共五万余人，除兵团司令官孙兰峰和少数骑兵部队脱逃外，全部被歼。塞外名城——张家口重新解放。

我在张家口突围中的最后命令

王鸿鹄*

一九四八年十二月初，我师进驻张家口后，没有担任城防任务。作为机动部队，在东山坡一带集结待命。十二月九日，奉傅的命令，袁军长率领第一〇五军的第二一〇师、第二五九师（原暂编第十一师）和我们第二五八师，①驰援被围在新保安的第三十五军。前进到张市与宣化中间的沙岭子一带，即遭到解放军打援部队的强大阻击。第二一〇师及第二五九师投入了主力部队，与解放军激战六七个小时之久，毫无进展。驰援企图破灭，于黄昏后脱离战斗，又全部返回张家口。除了这次出击外，我师还配合其他友军到张市郊外，抢过两次草料。

十二月二十二日深夜，我们突然接到第一〇五军参谋处的电话：通知张惠源师长与我及所属三个团长，到东山坡第十一兵团司令部开紧急会议。我们到达会议室后，室内灯火辉煌，而气氛沉闷。先到的与会人员谁也不讲话，只见袁军长在会议室里低头踱来踱去。待各师开会人员到齐后，袁军长以严肃的口吻宣布了这一震惊人心的消息和傅先生的来电：“三十五军在新保安被歼，共军即将进攻张家口。令我们驻张部队，立即准备，相机突围，向绥远撤退。”袁军长随又下达了口头命令，大意是部队都由大境门突围，向商都方向攻击前进。已派出第二五九师为前卫，正搜索前进中。第二五八师为本队，在军部后跟进。并对骑兵第五旅、骑兵第十一旅也下达了命令。

散会后，我们匆匆赶回师部临时驻地——察哈尔省公路处办公楼。立即召集师部各处室的主任、处长开了个紧急会。传达了袁军长讲的情况

---

* 作者当时系国民党第一〇四军第二五八师上校参谋长。

① 据袁庆荣回忆，驰援新保安的是第一〇五军的两个师。

和命令，张师长布置了出发前的准备工作。主要内容是让各处室把携带不方便的笨重器械和多余的给养等自行设法存放，尽量找可靠的地点，以备返回时取用。争取时间，越快越好。最后还规定了出发的时间、集合地点和行进序列。

拂晓前，我师的部队在东山坡马路上集合完毕，沿着明德北大街向大境门方向前进。有的连队是住在市民的家中，部队出发的秘密，不可能不泄露。大街上已出现了三三两两仓皇乱窜的行人。

出大境门后，冷风刺骨，东南天空，已出现了鱼肚白。地上的景物，已能察看出来。行进路附近的两旁，有些障碍物还没有排除。行进队伍的两侧和间隙，夹杂着不少省、市政府各单位的行政人员及其家属，还有车、马混杂其间。这些人跟着突围的部队逃生，真是自找危险，也是部队的累赘。

军部从前边送来振奋军心的通报：第二五九师（师长郭跻堂）进展顺利，后面部队，加速跟进。这时部队已进入平坦的沙河道上，我与张师长前进约有二三里的路程，正前方传来了清脆的枪声。十几分钟后，枪声越来越密，间有手榴弹的爆炸声。张师长与我扬鞭催马，急驰到袁庆荣军长所在的位置。袁军长说，还没有得到郭跻堂的详细报告，但前方的战况，不用望远镜，已看得很清楚。

郭跻堂师的尖刀部队，与解放军的阻击部队，在前方陶赖庙附近的山头上，展开了激烈的战斗。解放军居高临下，又有碉堡和其他工事的掩护，很是得心应手，打得郭师仰攻的部队难以进展。多数趴下不动的，不是死，即是伤，也有不少顺着山坡滚退下来的，少数匍匐到碉堡附近的，还没站稳，即被打倒。这些碉堡和其他掩体工事，原是张家口傅部的城防部队和民工修筑的，现在被人民解放军利用起来。

我方的炮兵开始射击不久，即遭到解放军炮兵连续的反击。军指挥所的临时位置，已成了解放军炮击的目标。军指挥所和炮兵阵地，随即转移到山谷北面的山凹处。

前方的战斗，仍在激烈地进行，解放军阵地上的火力，织成了一条稠密的火网。郭跻堂师的兵力，仍在分路向山上反扑，每路都又被击倒、击退。郭师在山下尚有多少兵力？远处看不清晰。目击所投入战斗的兵力，恐怕已是过半。直到将近正午，解放军的阵地，仍是屹然不动。这时我们才恍然大悟，前所谓“郭师进展顺利”云云，并非是解放军尚未吹起床号，而是故意撤退警戒兵，引蛇出洞。

在郭师的攻击屡遭挫折、毫无进展的情况下，李思温的第二一〇师的部队，约在上午十一时许，也奉令投入战斗。李师的任务，是向郭师右翼的山头，展开攻击。预想这方面解放军的守兵，也可能部署少些。

张家口附近的山地，都是属于同一类型的穷山。穷山另一个名字叫秃山，只能看到一些稀疏枯干的荆棘。从我们所在的角度观察，山头上也看不见解放军活动的征候。待李师部队各个散兵群爬到半山腰时，已进入解放军阵地的前缘，山顶上的解放军，把轻重机枪的子弹一个点地泼了下来。李师冲上山的尖兵群，成片地倒下或滚退下来，遭到了与郭师攻击部队相同的命运。郭、李两师攻击的这两座不相连接的山头，正是扼守在通往张北县的谷口。不能占领这两座山的制高点，就休想进入北逃的路口。

我军突围的意图、方向及经路，包围张家口解放军的最高指挥部，想早已定出了阻击方案。经过一上午的战斗和观察到部队后面的行政人员和家属群，解放军对我们的企图，更是洞若观火。从郭、李两师部队攻击所遭到的挫败，足以证明原来解放军在这里布防的兵力和火力，即相当雄厚。随战况的发展，想必定是逐渐增加了阻击的力量，所以越战越强。

时间进入午后时分，第十一兵团孙兰峰司令官从后方赶来，身后跟随着几十名骑兵。我们的目光都集中到他身上，想从他那里寻觅到希望。孙司令与袁军长、杨维垣副军长等私下交谈了一阵，然后下令郭、李两师，重整攻击部署，在炮兵掩护下，奋力进行强攻，下令骑兵第五旅部队从郭师的左翼冲击，下令我师派一个团的兵力，增援李师。孙司令官亲自到炮兵阵地进行指挥。这给突围部队，仿佛打了一支吗啡针。

我派了一个参谋，到增援李师的武耀国团取联络，我与张师长立即靠近了另外两个团集结的位置，并告知该两团随时作投入战斗的准备。

双方的枪炮声，又开始了更紧密的呼啸。我们所在的位置，也陷入了解放军炮兵射击范围。所能看到的战况，郭、李两师的攻击，仍进展迟缓。目睹战况，我们真是心急如焚。在此同时，听到我们在后方的远处，也陆续传来了枪炮声。询问从后方来的散兵，得知是张家口防守司令靳书科率领的城防部队，在东北方的山地，也与解放军展开了遭遇战。

从张家口逃出的行政人员及其家属，为寻求逃生的机会，距我们所在的位置并不很远。在东、西双方枪炮声的惊吓下，躺坐的人大都站立起来。突然看到人群四散，还能听到孩子们的哭喊声。有几个人向我们所在的方向奔来，其中一个人大声呼喊："张家口，被解放军占领了……"同时，又看到我们的骑兵部队，在枪弹的追击下，从西南方的山坡上慌乱地飞奔下来。恰在这军心人心更加恐惧的气氛中，位于郭师攻击正面的解放军，跃出工事，有似猛虎下山，全面出击。郭师在山上、山下剩余的部队，全部败退下来向回跑，李师的部队，相继溃败。我师经过一刹那的骚动，在没有任何命令的指挥下，一齐崩溃，四下逃奔，互相挤搡，有的被踩在脚下。“兵败如山倒”，这成语的构思实在绝妙。

夜幕降下后，各部队的官兵盲目地溃逃，我与张惠源师长却还紧紧挤在一块儿，寸步不离，跟着一群杂合散兵，摸进了一条辨不清方向的山沟。我俩坐在一处沙石上喘息时，从后面又上来了一伙部队，走到我们跟前，认出了袁军长，杨维垣副军长也在其中，相会后，谁也没有说什么话，一起坐下来休息。后面传来一阵枪声，我们又继续混在散兵中向山里钻。山沟弯弯曲曲，逐渐有了坡度。越爬坡度越大，山沟的宽度也越窄。夜，漆黑，脚下的石头，大小不等崎岖不平，很少不摔跤的。我与张师长相约躲出行列外，又摸到一块较平的石头上喘气，极想吸支烟。这时我们才想起身上口袋里的烟早已吸完，多余的香烟、饼干、罐头、皮大衣……都在牵马的勤务兵身上背着和马上驮着，连什么时候与他们失掉了联络也不知道了。

远处，从不同的方向，仍不时传来阵阵枪炮声和手榴弹的爆炸声。而我们进入的这条山沟，竟没有与解放军遭遇。莫非是钻出了解放军的包围网？心里又产生了一线希望。

黎明，我们总算爬上了那座山的顶峰。严冬山巅的风，咬人鼻子。上到山顶上的官兵，都以不同的姿势躲在一块背风的山凹处。我与张师长刚到山顶不大的工夫，在半山腰与我们失掉联络的袁军长、杨副军长也挪上山来。我们相见后，该怎么办？谁也没有主意。什么敌情也不知道，只有先在这里休息一会儿再说。我往山顶上派了几个本师的兵放哨，有不少的人已在寒风中鼾睡起来。

看看表，看到从灰色云后钻出的太阳，我们才弄清东西南北。

一个哨兵下来报告说：“东北山上有敌人走动。”

又一个哨兵报告说：“正东山沟里有一伙敌人向西行。”

稍停了一会，又一个哨兵喊：“西边山上的敌人向南走。”

袁军长、张师长和我，都弯着腰挪到山的分水岭处。察看哨兵报告的情况。情况一目了然。我们奔爬了整整一个夜晚，仍然没有能逃出解放军的手心。

解放军打扫战场的部队，一群群，一队队，远近不等，人数也不等，搜索的方向也不同。我们的一个哨兵乱弹琴，冲东北方向放了一枪，这一枪，即暴露了我们所在的地点。

没有多久，一颗炮弹飞到我们所在的山北面爆炸。一发，又一发，像是追击炮弹。射程逐渐向前，向左右延伸。忽然，一颗炮弹落在我与张师长的近处。一股硝烟腾起，夹杂着四射的石块、铁片，两个士兵被炸倒，一块铁片刺透张师长后背的棉衣，幸未穿伤背骨，仅伤及肉皮，铁片进入棉衣的口子被血染湿。我们与袁军长等立即向西面的山头跑去，解放军的炮弹也随即跑来。在这转移的须臾之间，又落下了数枚炮弹，十几个士兵，死的死，伤的伤。

情况越来越紧急，西、北、东三面的解放军都朝着我们所在的这个山头前进。距离最近的，有五百米左右。南面那座最高的山阴面，也发现有解放军顺着山坡向下走。我们已完全陷入了解放军的包围中。

先后同我们一齐逃到这山头的军官和士兵，总共不到三百人。上来后还又死伤了一部分。剩下的这些官兵，只有一个班长还扛着一挺轻机枪。有的士兵，身上虽还有枪，但有的却没了子弹，有的没了手榴弹，有的早已把枪扔掉成了徒手兵。就凭这些残兵败将和火器，在这山头上占领阵地打一场？不敢想象。干巴巴地在这里等死或集体被俘？又不甘心。

时间，不允许再迟疑，那位姓路的副团长的建议被袁军长采纳：把二百多官兵，集合在一起，令那挺机枪作掩护，向最近的解放军射击。所有的人，都向山下西北方向那个山沟冲去。发现那个方向解放军最少，还有冲出包围圈的可能。

天虽然接近了黄昏，我们的行动，仍可被解放军看得清楚。在我们向山下冲奔时，解放军的武器，从北、东北、东三面向我们猛烈射击，火力的密度构成了“枪林弹雨”的程度。我们拼命地向山沟逃跑，待到山沟底部时解放军停止了射击，呼喊口号：“缴枪不杀”，“优待俘虏”……这时，逃进山沟的少数士兵，还想挣扎，依着沟坡向天空射击。我鼓起勇气，用嘶哑的嗓子大声喊：“放下枪，谁也不准再射击！”在这全军覆没的作战中，我这个师参谋长，仅仅起了这点指挥作用。

解放军还没有冲进山沟时，我两眼紧盯着袁军长和张师长的行动。光线虽暗下来，我还能看清袁军长向西边一个小沟中摸去，张师长向东面一个小沟中钻去。看来他们谁也不愿在自己士兵的眼皮底下被活捉。我也机警地穿进另一个小山沟，在山沟的转弯有一个洞，我敏捷地钻进去。听到解放军已从南边的山坡上进入大山沟，也有的在沟上面喊话：“还有藏着的，赶快出来！”“天黑了，快走，快走！”他们没有发现我藏的洞，我也没有出来。

我在洞中，把听神经的功能提到最高限度，约半个小时，看到小雪开始降落，沟内沟上再也听不到任何声响。自己琢磨着：一个人藏在这里怎么办？这个洞，好像是狼的窝？今夜狼大概不敢回来，在这数九天的夜晚，冻，也得把我冻个半死。再顺着山沟往北逃？若碰上解放军的哨兵，答不上口令，很可能会挨两枪？悔恨还不如被活捉了去的好。

洞内潮湿阴森，寒气逼人。我又从那个洞中爬出来，迈着轻轻的脚步挪到刚才下来时的那条大沟。在雪光的映照下，发现了我们士兵遗弃的几个背包。背包里有一条灰军毯和一件皮大衣，还有点破烂衣袜。我捡起了两个，提着又回到那个洞内躺下。极度的疲劳把我推进梦中。

一觉醒来，天已大亮。从洞口向外望，雪地上已铺上阳光。难忍的饥饿，催着我从洞中爬出来。挟着一条毯子和一件皮大衣，爬登到沟顶的山坡上。

我佩带的职级符号和在突围前周钧先生赠给我的一支小手枪，昨晚才冲到山沟时我即避着人埋进沙子中。身上还有一只手表和一个怀表，再就是一支最心爱的派克笔。这些东西扔不得。披着士兵的皮大衣，遇到解放军时，承认自己是个少尉司书，满能瞒得过去。

走到沟顶上我正观察四周的情况，约一班解放军从山上下来。有几个解放军，一个人身上背着两三个捡来的背包。这时我一点恐惧感也没有，过去我与被解放军放回的我方人员谈话时，很多人都向我介绍了被俘后不挨打，不挨骂，不搜腰包的情况。解放军走到我跟前，问明了我的身份，摸了摸我身上没有武器，即叫我同他们一齐往山下走去。

张家口战役的幕后决策

靳书科*

关于张家口突围撤退经过情况，我曾和当时傅作义部的第一〇五军副军长杨维垣、参谋长成于念，骑兵第十一旅旅长胡逢泰和第一兵团司令官兼代察哈尔省政府主席孙兰峰交谈过，对史实进行了核对。现写成此篇，望知情者补充和订正。

一

一九四八年十月底，东北全部解放之后，傅作义将各地兵力收缩集中，采取单纯防御。当时除绥远地区外，所有的部队收缩于平、津、张、保（定）、承（德）和唐山至山海关一线。

一九四八年十一月初，傅作义由南京谒蒋介石后返平召开军事会议期间，美国大使司徒雷登通过胡适等呼吁，要求美帝直接援助傅作义，希望傅能直接接受美援，据守津、沽海口，扰乱华北。这时傅认为，南逃没有海运船只，困难太多，察绥部队又不是蒋介石的嫡系；西撤绥远，蒋的嫡系部队不好带走，撤到西北，同马家军队[①]也不好合作，尤其不战而弃平、津，在国内外影响方面，有损个人声誉，故而犹豫不决。对直接接受美援，他不敢甩掉蒋介石单干，况且单干不一定就有出路。所以傅对美方的答复是：“我所指挥的军队，是国家的一部分，大夫无私交，希望通过政府办理。”这是傅的英文秘书王钧佐和我密谈时露出来的。

---

* 作者当时系国民党察哈尔省保安司令部少将副司令兼张家口市警备司令、张垣地区防守司令。

① 指盘踞在甘肃、青海、宁夏一带的马鸿逵、马步芳、马步青等部。

此后傅为了符合蒋介石的意图，又采取一些积极措施：加紧修筑平津铁路两侧的护路工事，加强平张铁路线的护路兵力，转运平、张的兵力和物资；派出先遣指挥所，以副总司令宋肯堂为指挥，进驻塘沽，准备在必要时将“剿总”总部移驻天津，并将张家口的军政眷属搬迁到天津安置（据说还曾打算把随军眷属团转移到福建省，并拟打电报给当时的福建省主席刘建绪请协助解决住房问题）；与此同时，又在总部会议室召开扩军会议，参加人员有副总司令郭宗汾、副参谋长梁述哉，高级参谋周岱（军械委员会主任），人事处长王赞臣，编制处长齐卿士，河北省保安副司令陈光斗，察哈尔省保安副司令靳书科（绥远省保安副司令刘万春未参加），以及其他有关人员等多人。会上傅作义提出：“蒋介石将在东北战场上被共军歼灭的六个军番号全部给了我们，让我们重新编组六个军。大家研究一下，我们有无这多兵源？军事干部怎么抽调？武器装备如何筹拨？以及其他一些问题如何解决？”经过讨论决定：河北省、察哈尔省、绥远省各负责编组一个军，天主教负责编组一个军（因有位知名权威主教提出，他可以由天主教徒中负责编组一个中国天主教军），先成立四个军。干部由总部干训团及河北、察哈尔、绥远各省干部训练团筹拨；武器装备由总部军械委员会负责电请国民党联勤总部调拨，兵员由各省自行征用。此外，还拟在东北人民解放军进关（山海关）之前，由总部编组一个全部美械装备的机械化师，连同归傅指挥的国民党军战车第一团，战车第三团和炮兵第十二团合编一支快速部队，以便同入关的东北人民解放军进行主力决战时使用。后因兵员征集不起来和国民党联勤总部扣了拨给机械化师的全部美式装备而未能组成。事后方知，傅作义之所以如此大张旗鼓地又迁眷属，又扩充军队，又成立机械化快速部队，又在天津设前进指挥所，并在张家口成立军粮抢运指挥部（由我兼任指挥官），加派大批军车，征用全部商车，将察省各县、张市的粮食赶运平津等地等等，这些都是故作姿态，使蒋介石及归傅指挥的蒋军各部队均认为傅作义确实是在加紧积极备战，保卫平津及华北各地，阻击解放军进关南下。实际就在此时傅已令其长女傅冬（中共地下党员）密向毛泽东主席发出和谈电报，要求派南汉宸同志来平协商。所以在我参加完扩军会议离平返张时，向他陈述“战”、“和”建议。我说：“就整个华北来看，在东北没有完全丢失之前，我们打不了华北共军。华北共军也打不了我们。现在东北完全丢失，中央军那么多美式装备，八十多万军队全被共军解决。如果东北共军进关同华北共军联合起来打我们，我们绝对应付不了，最后必然失败。依我看，内战是不能再打下去了，现在我们只有和、战两条路。如战，即应集中兵力同共军决战。一是放弃察绥，集中兵力于平津地区同共军决战，打不胜即由塘沽海路南下，退守江南；一是放弃平津，退守察绥，能战则战，不能战即退守甘（肃）宁（夏）青（海）大西北。但不管怎样，最后必然失败，这是肯定的。如和，则应同共产党进行谈判，一定能有很好的出路和前途，可以加速内战的早日结束，使我官兵免遭大的伤亡，人民的生命财产少受损失，使全国人民早日过上和平安定的日子，这是上策。这个建议是否妥当，请总座考虑。”我讲话时，傅作义习惯地将手插在腰带上，来回踱步。过了一二分钟，他未表态，我接着说：“这个意见在我军中不少人都有此想法，只是谁也不敢贸然向你提出。我是鼓足最大勇气，不怕您的责斥，在临行前向您大胆陈述。妥否，请总座考虑！”我说完后，他仍不作声，还是来回走动着。突然，他止步恳切地说：“这是大事，用不着你们管，让你们干什么就干什么，反正最后不会把你们牺牲掉。回去好好工作，不要管这些闲事。”简短数语，表示出他对干部的负责与爱护。但在那时谁也看不出他的用心，因而傅部人心惶惶，预感到败局已定。尤以在张家口，华北“剿总”关于“即日将全体军政人员家属和重要物资设备运往天津另作安置”的命令下达后，就更加重了这种恐慌局面。所以人人看亲戚、找朋友、托乡亲、访同事，闹得满城风雨，不知所措。十一月十八日夜间，张家口全市封锁戒严，进行了一次大检查，凡是无户口和居住证的人，以及逃避自卫队训练的人，一律抓送部队补充缺额。

二

张家口外围作战，于一九四八年十一月底开始。二十九、三十两日，张家口西北和西南的万全县、怀安县、柴沟堡等地连续解放。因此，张家口突然紧张起来。第十一兵团司令官孙兰峰，立即将张家口附近第一〇五军的两个师及整编骑兵第五旅、整编骑兵第十一旅等部，集结市内，一面加强守备，准备战斗，一面急电傅作义要求派兵支援。

柴沟堡、怀安、万全被解放时，孙兰峰即召开紧急军事会议，将部队区分为两部分：一为城防部队，一为野战部队。担任城防的部队为察哈尔保安司令部所属的保安部队，计有保安第三团（团长邢俊杰）、第四团

（团长张茂青）、第五团（团长张兴成）；第二五一师（师长韩天春）所属第九十四团（团长胡星文）、第九十五团（团长路世平）、第九十六团（团长谢克刚）及独立野炮营（营长张令功）、铁甲车大队（队长李修天）、侦察总队第一大队（队长董玉庆）等部，由我指挥。专负防守之责。野战部队为第一〇五军（军长袁庆荣、副军长杨维垣、参谋长成于念）所属第二一〇师（师长李思温），第二五九师（师长郭跻堂），整编骑兵第五旅（旅长卫景林、副旅长郭耀武）、整编骑兵第十一旅（旅长胡逢泰、副旅长郁传义）等部，还有临时指挥的第一〇四军第二五八师（师长张惠源），由袁庆荣军长指挥。城防部队的防御配备为：第二五一师担任市区西南面，由平门（含）经赐儿山、南营房、七里茶房至飞机场（含）之线；保安部队担任市区东北两面，由飞机场（不含）经人头山、元宝山、大境门（含）至平门（不含）之线。

野战部队集结地区为：第二一〇师集结于下堡，第二五九师集结于上堡，整编骑兵第五旅集结在大境门、平门一带，整编骑兵第十一旅集结在南营房、七里茶房一带。

傅作义接到孙兰峰电报后，派驻防北平郊区丰台附近的"王牌"军第三十五军的第一〇一师（师长冯梓）和第二六七师（师长温汉民），由军长郭景云率领，分乘大卡车四百余辆，配属一〇五毫米榴弹炮兵一营，星夜驰援。十一月三十日下午二时许，第三十五军开抵张家口。郭景云向孙兰峰请示命令，先将第一〇一师第三〇三团（团长梁兴）用汽车送至张家口西北门外去万全县之大道上，在距万全十多华里处，向万全县城展开攻击前进，前哨部队一经接触，解放军即主动撤出万全县城，向西南方向转移。一〇一师留下一个营防守县城，其余撤回张家口。十二月一日，华北解放军一部，由怀安方面向张家口南的宁远堡（距张家口约十五公里）进攻。此时三十五军军部及第二六七师均驻在该地附近，郭景云遂即一面令第二六七师在正面同解放军接战，一面令第一〇一师实行迂回包围，拟于宁远堡附近地区，集中优势兵力给华北解放军一个"歼灭性"打击。战斗由拂晓开始，至下午四时左右，解放军又主动撤退。傅部计划落空，不得不由"求战"变为"待战"。一面等待解放军向张家口发起进攻时再用主力决战，一面令第三十五军和第一〇五军随时准备出动，妄想在东北解放军入关之前，能够消灭一部华北解放军的有生力量。

后来才明白，华北解放军进攻万全、怀安、宁远堡等地的目的，是为了把傅的嫡系部队吸引到张家口，使东北的解放军乘虚直迫北平。

三

十二月四日上午十时许，傅作义由北平飞抵张家口，先在第十一兵团司令部召集孙兰峰、袁庆荣、曾厚载（察哈尔省政府秘书长代行主席职务）和我等数人，开了一次小型军事会议，听取和研究了有关察哈尔省和张垣的一些军政情况。下午二时，又在第十一兵团司令部召开了一次师、旅长以上部队长军事会议，研究和听取了各部队长的意见。参加人员有第一〇五军军长袁庆荣、第三十五军军长郭景云、察哈尔省保安副司令兼张家口警备司令暨防守司令靳书科、第一〇一师师长冯梓、第二六七师师长温汉民、第二五一师师长韩天春、第二五八师师长张惠源、第二五九师师长郭跻堂、第二一〇师师长李思温、整编骑兵第五旅旅长卫景林、整编骑兵第十一旅旅长胡逢泰等二十余人（孙兰峰没有参加）。傅作义在会上说："你们看我们这些高级人员，每个人都是红光满面，还像个倒霉样子吗？"又说："虽然目前军事情况非常紧张，但只要我们指挥运用适当，将士用命，局势尚非不可挽救。"接着向大家征求防守张垣意见。这时，大家面面相觑，均不作声。傅见人们都不发言，又说："现在是我们胜利、失败和生死存亡的关头，大家有什么好的意见，应该尽量谈出来，以挽救当前危局。"第二一〇师师长李思温说："防守张家口必须先守住外围的万全、宣化等几个重要据点，如果这些地方失去，别说张家口部队少，就是多也无法防守。"李的含意是张家口应该放弃，其他人员也有同感但不敢说出来。韩天春发言说："张家口是一个易攻难守之地，如果周围的山头被敌人占领，城内即无法坚守下去。"我说："张家口应否防守，应从整个军事决策来看，不应单从政治影响而定其取舍。如果在军事全局上需要，不但不应放弃，而且应以重兵坚守；如果在军事全局上无大的必要，即应马上撤退，将兵力集中使用于需要的地方，以免兵力分散，被各个击破。"傅未作任何肯定的指示，只说："大家提的意见都非常好，只要大家抱有必胜信念，能够很好地练兵作战，完成每次战役交付的任务，相信我们是不会失败的。"会后傅又召集孙兰峰、袁庆荣、曾厚载、周钧[①] 和我开了一次秘密会议，傅指示我们在张家口来一次“荣誉交代撤退”。就是在撤退之前，将所有的军事物资，包括武器、弹药、服装、粮秣以及其他物资作一次清点，在撤退时能带的尽量带走，不能带的一律造具清册，将储存物资的库房加封上锁，留交不愿意跟随我们走的当地工作人员，替我们作一次“荣誉交代”。傅特别强调说：“只可以秘密进行准备，不要向下边说明其意，也不要宣扬出去。”傅当天下午四时飞返北平，我们到机场送行。傅在临上飞机前又指示说：“张家口是否撤退，何时撤退，等我到北平研究之后，再行电告。”

我们按照傅的指示秘密准备，佯向主管人员说，查一查库存物资能供多少日子作战使用，一律进行一次清点。同时又召集各有关单位负责人，嘱其秘密准备，候令行动。当时的撤退计划为先学校，后机关，最后为部队。但人们一听到这个消息，市内即出现了混乱现象，有的变卖私人东西，有的偷售国家物资，负责保管军粮的部分人员，勾结商人，变价中饱。当晚十二时左右按计划先让张垣中学和张垣师范等学校人员上车，但其他一些单位却强行上车。于是张家口火车站乱成一片，车马塞途，你争我吵。我屋内的军用电话和市内电话响声不止，这家提质问，那家追原因，这家要求先上车，那家要求先开走。正在乱得不可开交之际，突然孙兰峰来电话说：“总司令（指傅）已来电，张家口为必守之地，不要再作撤退准备。速令城防部队加强戒备，通知在车站准备上车的学校师生，立即返校照常上课，各机关照常办公，勿再自相惊扰。”

据事后得知，傅所以又命令固守张家口，主要是错误地认为东北人民解放军不可能立即过关。迨四日晚他由张回平之后，获悉华北人民解放军第二兵团由紫荆关经涿鹿向沙城方向进军，东北人民解放军先遣兵团第四、第十一纵队由蓟县抄捷径星夜向南口、怀来急进。第十一纵队在行进中将密云地区（一九三三年长城战役时，傅曾在密云与日寇作战过，深知密云之失对北平威胁甚大）蒋介石的嫡系部队第十三军一个师全部消灭[②]等情况。认为东北人民解放军可能要直接围攻北平。因而除急由天津、塘沽地区抽调第九十二军、第九十四军的两个师和第六十二军[③] 加强北平的防守外,并意识到平张铁路可能很快就被截断，张家口的撤退已不可能，遂变更计划，一面电令孙兰峰固守张家口，一面急调第三十五军回

① 周钧当时任察哈尔省民政厅厅长。

② 据查，东北野战军第十一纵队攻克密云是十二月五日。

③ 第六十二军三个师奉调北平，不久又奉令回防天津，该军一个师被滞留在北平。

援北平。

在调第三十五军的同时，傅给了我一个命令："着将察哈尔保安第三团和在张家口的独立野炮营拨归第三十五军郭景云军长指挥，随同该军一同调平。"将炮兵营调走对张家口的防守力量影响甚大，我心中很不愿意。保安第三团系我一手编组起来的部队，更不愿意拨出去，但不敢违抗命令，便将该团的第一营留下，编为保安司令部的直属营，另将逃往张家口的各县"清剿团"和散兵游勇编为一个营，交由保安第三团，连同野炮营拨归第三十五军。

在张家口外围万全等县城未解放前，张垣军政人员家属和傅部子弟学校——奋斗中学等，早在十月中旬全部乘火车撤往平津。一些地方机关的首脑人物，如省参议会议长杜济美、省党部委员马仰贤、察蒙党部特派员赵城壁、书记长杨润霖、市参议会议长高炳文（兼国民党张家口市党部书记长）、商业日报社社长贺天民、耶稣教堂传教士范某某，以及这些部门的一些议员和委员们，以前没有走掉，这时忽然听到第三十五军将于十二月五日上午乘汽车开返北平的消息，纷纷要求跟第三十五军去北平。经批准后，十二月五日上午八时，这些达官要人和太太们，分乘汽车数辆，带着细软、贵重物品以及大米、洋面等，一行数十人，直奔第三十五军驻地宁远堡，满以为这一下可逃到北平去过舒适的日子了，没想到后来第三十五军在新保安全部被歼，这些人除高炳文化装逃到北平外，全部当了俘虏。

十二月六日上午，第三十五军由下花园、鸡鸣驿出发后，七日下花园被解放，驻防该地的保安第一团全部被歼灭。为使防守宣化县的独立第三一八师（师长张进修）不致再蹈保安第一团的覆辙，孙兰峰同意了我的建议令该师放弃宣化向张家口撤退。该师于当日下午一时开始由宣化县城撤出，行至沙岭子、榆树乡一带，遭到解放军的伏击，激战两小时全师被歼，仅师长张进修一人受伤后逃回张家口。同日下午，郊区榆林乡飞机场被解放军占领。这时张家口的外围据点仅剩下东南二十华里的常峪口，四面被包围，已成了一座死城。

张家口市城防工事的构筑，是从一九四八年三月二十五日察南门户蔚县解放后张市受到威胁时开始的，当时只赶筑了外围工事。是年六月，决定在外围各山顶、山腰及山坡下，修筑城防碉堡五百余个，于六月二十日正式施工。两万军民，吃尽了苦头，到九月十日全部完工。在当时召开的"发奖大会"上，第十一兵团司令官孙兰峰等人讲话说：这些工事的构筑，不亚于万里长城，使张家口披上了铁甲，在三十里内无法接近。为了更加保险，十月二十日开始又征集五千多民工，昼夜不停地干了二十多天，在东山坡下的广场修建了一个市内飞机场。在解放军围城期间，每天还征集五千多民工，昼夜加强纵深防御和核心工事的构筑。为了扩大射击区域、扫清射界，曾拆除一些郊区民房，使得有些市民流离失所，无家可归。

当时张家口的防御，战略上以依城野战为主，战术上白天以野战部队出击，夜晚返回市内，协助城防部队巩固城防，企图旷日持久（当时的军粮、民食和武器、弹药准备，能够坚守三个月），以观整个战局的演变。

四

十二月七日起，张家口基本上已陷于四面被包围之境地。由于解放军采取了“围而不打，隔而不围”的战略方针，没有正式向张家口发起进攻。傅部虽决定采取“依城野战”的战略方针,但并未出动部队，两方实际上处于对峙状态。所以由七日至二十二日夜，半个多月的时间除奉令增援新保安的一次大的作战行动外，双方只发生过几次小战斗。

十二月九日晚，驻常峪口的保安第四团第一连，经过两小时的战斗全部被歼灭。

第三十五军在新保安被包围后，傅作义命令第一〇四军从怀来地区驰援的同时，命令防守张家口的第一〇五军由张垣出发驰援。十日晚，第十一兵团司令官孙兰峰、参谋长贾璜，第一〇五军军长袁床荣、参谋长成于念及我数人，在兵团会议室召开了一次支援新保安第三十五军会议。经过多次反复研究，最后决定由袁庆荣军长率第二一〇、二五八、二五九师三个师[①]由张市出发，轻装抄近道前往增援。十一日[②]早七时，袁庆荣率三师之众由七里茶房出发，以第二五九师郭跻堂部为前卫，进至沙岭子一带，即遭到解放军的强力阻击。由七时半开始一直战至下午四时，虽然多

① 袁庆荣回忆是两个师。

② 据孙兰峰、袁庆荣、杨维垣等回忆，第一〇五军奉令驰援新保安的日期是十二月九日。

次突击，始终未能通过沙岭子，最后不得不撤回张家口。

十三日夜，在大境门外西湾子地区，崇礼县县长兼保警团长陈怀初的县政府和保警团（后改为“清剿团”），遭到解放军袭击，激战两小时，陈部撤至大境门外元宝山以东山头，占领阵地，担任该山以北方面的警戒。

常峪口保安部队被歼，第一〇五军在沙岭子遭受阻击，崇礼县地方部队在西湾子被击退，张家口外围的大小据点，全已丢失，解放军把张家口围了个水泄不通。这时张家口市的军粮、民食、武器、弹药虽然尚可对付，但两个骑兵旅的马料和饲草却成了大问题。因而他们经常配合野战步兵向郊区老鸦庄、沈家屯、杨家庄、小辛庄一带出击，抢饲料、饲草。

五

察哈尔省主席原为傅作义兼。傅在十二月四日来张家口时，决定由孙兰峰代理主席，由第一〇五军军长袁庆荣负责军事。当时傅的口头命令是这样下的：“察省主席由畹九（孙兰峰的字）代理，军事由欣然（袁庆荣的字）负责。”

十二月十九日上午，傅作义给孙兰峰、袁庆荣和我来了一份急电，令由张家口自卫队中征集兵员千余名，补充第一〇五军缺额。孙即召集我和袁研究。我因早在三四月间发动自卫队员参加这次保安团以后，绝对不再从张垣征兵。现在我就不好出面了。想从逃到城内的宣化等县的地方保安团内，各抽一部拨补。但各县县长都不同意。袁庆荣要求从两个保安团内拨两个营。保安团是我一手组织起来的，并由我亲自示范带头训练出来的。是我的主要城防力量，我坚决不同意。最后决定由保安司令部命令省会警察局长阴燕英将全市自卫队集中在“察干团”大操场内，由第一〇五军派员从中挑选千余人。当时说明：参加兵役的队员，每人家中发给小米两石，棉布一丈五尺，以作安家之用。选拔时，自卫队员家属闻讯赶来，父要子、子要父、妻要夫，哭骂声不止。

二十日夜晚十二时许，第一〇五军参谋长成于念，第二五一师师长韩天春，第二五九师师长郭跻堂，察哈尔省保安司令部参谋长焦达然同我五人（都是山西上党同乡，多年要好朋友，彼此来往密切），在我的办公室开了一次秘密会议，对当前形势作了一些分析：认为北平大军包围，新保安突围不出，张家口重兵围困，彼此互相支援不上，最后必遭各个击破。成于念和焦达然两位参谋长的意见是：就目前战局看来，失败已成定局，谁也扭转不过来，今后的出路只有两条，不是战死，就是俘虏。战死太无价值，抗战八年没有战死在抗日战场上，今天死于内战，实在死得无意义。同共产党打了多次内战，虽是同胞兄弟，实已成为仇敌。如当了俘虏，必受屈辱，甚至会遭恶果。他们主张同共产党谈和起义，并愿推我为首（因我是察哈尔省保安副司令）可以代表察省军民率领两个正规师、一个保安师（辖三个团）和张家口市两万多自卫队员同共产党和谈起义。韩天春不同意这样做。韩说："傅总司令当年守涿州时，我在傅部任见习排长，一直随傅到现在，当了师长。早年守涿州，那样艰苦，都没有投降奉军，今天绝不能叛傅投共，应以作战情况和傅总司令的去留来决定我们的行动。如共军围攻北平，我军守城失败，傅总司令像卫立煌一样乘飞机离开北平走了，我们无头领了，那我就同意以书科老弟为首率领我们同共产党和谈起义。如果傅作义总司令不是像卫立煌那样，而是坚决打到底，那我们就要死守张市，战斗到底。"郭跻堂主张："不论到何地步，也要同共产党打到底，傅飞走了也要坚决战到底。傅在，那就不用说了。最后不行，就上山打游击，也不能向共产党投降。"我听了他们四人的发言后说："各位老大哥（因我年龄最小）说的都有道理，就目前的局势来看，确实是败局已定，无法挽救，失败只是时间而已！战必败，败了不是战死就是当俘虏。不战洽和是一条生路。但我等随傅总司令抗战八年，同日本鬼子打了数十仗，出生入死，流了多少血汗，受了多少艰苦，傅总司令对我们多年培养教育才有今天，我们怎能叛傅投共去作他的叛徒呢？此路我们绝不能走。我认为守温（韩天春的字）大哥的意见比较妥善可行，我很同意。另外还有一个特殊情况向大哥们讲一下……"于是我将我在北平参加完扩军会议回张时傅对我讲的"大事用不着你们管，让你们干什么就干什么，反正最后不会牺牲掉你们的"讲给他们听后，大家认为这几句话大有文章，值得研究。是不是傅要同共产党谈和平呢？因为傅作义是一个爱国者，长城抗战时，为了保卫古都北平，曾在怀柔战役，不惜一切牺牲，抗击日本侵略军，使日寇未能进攻北平，保卫了古都的安全。今天同共产党的军队作战，绝不会让文化古都毁于战火之中，使北平市内的父老兄弟生命财产遭到惨重的损失，肯定会用和平谈判方法解决的。最后决定五人相依为命，采取一致行动。如傅在北平同共产党和谈我们就一齐跟着起义；如让我们坚守张家口我们就不惜牺牲，战斗到底。另外还谈到如共军先打北平，傅作义像卫立煌一样坐飞机走了，我们就一起联名参加起义，跟着共产党走，并要随时联系，坚持一致行动。

十二月二十二日，第三十五军在新保安全军覆没。这天上午八时许，傅作义给孙兰峰来电："本日上午十时，军机一架飞张，着张慎五（察哈尔省银行经理）、曹朝元（号善初，察哈尔省田粮处长）、白宝瑾（察哈尔省财政厅长）三人即乘该机来平，希先通知。"三人走后，舆论大哗。

二十二日下午，傅作义给孙兰峰、袁庆荣二人来电，告以第三十五军在新保安被歼，解放军即将进攻张家口，密令："相机突围，向绥远撤退。"军事指挥系袁庆荣负责，袁为了保密，未召开部队长会议研究突围计划，即自行决定全军由大境门外突围向商都方向撤退。他只个别找来师、旅长，口头上作了一些指示，就开始行动。袁庆荣在当天行动之前还给过我一个通知，大意是：张市外围的解放军对我军威胁甚大，拟于今晚令第二五九师向大境门附近进行"扫荡"，希饬城防部队严加防守，并相机支援出击部队。我信以为真，并作了部署。

当晚十一时许，平日不常来往的国民党中央通讯社分社社长王华灼（中统特务分子）打电话告我："日本军队十万，已于今晚在塘沽登陆，协助我们消灭共军，华北将有一场大的决战。"当时我断定这是特务造谣。一夜过去，次日（二十三日）七时我照常"升旗讲话"，并对司令部人员及直属部队说："我军昨晚出击，张垣防守绝无问题。"八时，照常在会议室听取各处室的汇报。汇报刚开始，省会警察局长阴燕英突然推门进来，惊慌地说："我有要紧事向司令报告。"我同他到办公室内，还未坐定，他说："部队昨天晚上开始撤退啦！您还不知道吗？"我说："这是谁说的？怎么会有这样的事情！明明队伍是出击，怎么能说是撤退呢？部队撤退我还能不知道吗？"他说："情况绝对真实，各分局都有报告。部队将大车毁掉，有的人把家眷都带走啦，如果是出击，他们毁大车带走家眷干什么？"我急忙到第十一兵团司令部去见孙兰峰。一进大门就见院内人们都扎好行李，待命行动。我质问孙兰峰："为什么部队早已撤退，到现在还不通知我们一声？"孙说："欣然没有告诉你吗？详细情况我也不大了解，完全是欣然计划的。我想不是欣然不通知你，而是因为还没有作出最后决定。欣然走时在电话上对我说，他先带着部队去打一下，如果能够打出去，我们就决定撤退，如果打不出去，他们还要回来固守。过早通知你怕市上骚动，对城防发生影响，等欣然来电话我再通知你。"我气得连话都说不出来了。

我回到司令部后，立即通知各城防部队：除留少数警戒部队担任掩护撤退，其余即向大境门外东山坡下集结待命，并先派联络军官一名，到该处接受命令。同时用电话通知市内有关单位，即行准备随部队撤退。但此时各单位已经混乱不堪，一个负责人也找不到。我将以上情况作了紧急处理之后，一面派参谋处长周树华先到集结地点同部队联系，并了解第一〇五军突围撤退情况；一面又派高世宏参谋到兵团司令部侦察孙兰峰的行动。

我正考虑如何突围撤退的腹案，突然高参谋回来说："孙司令官带着兵团司令部的人马已经出城走啦。"我看表，正是上午十一时。

这时，我突然想起在十二月四日，傅作义曾讲过："向共产党做'荣誉交代'。"我即对参谋长焦达然说："我们坚守不退，还可以坚持一段时间，看看局势有无什么变化（主要是看北平有何变化）。这样无计划的突围撤退，肯定突不出去。与其突围出不去当俘虏，还不如向共产党做'荣誉交代'，以免军队遭伤亡，人民受损失。你认为如何？"焦考虑后说："好是好，这样做是不是背叛了傅作义呢？"此时，韩天春师长突然进来说："书科，你怎么还不收拾一下撤走呢？"我说："孙、袁两位既然抛下我们走了，我不打算走啦！我想代表傅作义主席向共产党做'荣誉交代'呢！"韩着急说："到什么时候啦，还耍小孩子脾气？赶快收拾一下走吧！我在大境门外东山坡等你。"并对我的副官和警卫员说："赶快收拾行李现在马上撤走。"说完，他着急地走了。

当天下午二时，我率保安司令部人员及直属部队，沿东山坡马路经长清大桥到大境门时，在大马路上，碰到骑兵第十一旅副旅长郁传义，带着部队也往大境门走。我问他："你们骑兵部队怎么也由大境门外撤走？"郁说："我们由南营房、七里茶房出去十多里路，听说暂编十一师（即二五九师）已将退路打通，所以我们又回来跟着步兵一齐撤走。"我一听："噢！原来如此，那我们就一块走吧！"行至大境门里时，碰见防空指挥部副指挥官王振宇正坐在一辆三轮卡车上等着我（王和我是日本东京陆军士官学校同学）。我们走到大境门外一看，连一条比较宽阔的行进路口都没有开辟出来，工事外边的铁丝网、鹿砦、地雷等一点也没有排除。一个原为行人通路的小出入口，挤满了官兵，大家争先恐后，大队的骑、步兵走不出去，人喊马嘶，乱成一片，因踏响地雷而死伤的时有发生。

出大境门不到半公里，前面的部队又堵塞了。听到陶赖庙方向炮声大作，派员联络，得悉第一〇五军遭到解放军阻击，突不出去，正在战斗中。这时前边的部队突不出去，后边的部队无法前进。一条长达二十多里的大境门外的山沟路上，部队好像进了一条未封口的口袋，危险异常。我与韩天春研究，将部队重新作了部署，便开始向崇礼方面突围前进了。

事后据第一〇五军参谋长成于念对我说：袁庆荣在十二月二十二日下午五时许，接到傅作义的突围撤退的密电后，独自一个人在地图旁边考虑了很长时间，然后决定先让第二五九师师长郭跻堂率该师于夜间九时许向大境门外作一次试探性的攻击，侦察一下围城兵力情况，如果能打开一条出路，就当晚全军突围，如攻击顿挫，打不出去，再退回城内。由于第二五九师未遭到强大阻击，袁庆荣遂于当晚十二时决定全军突围，向商都方向前进，结果遭致全军覆没。如果袁在接到傅的命令之后，召集师旅长以上干部共同研究一下突围撤退计划，并对突围的方向、路线，特别是步骑兵的协同配合等作一周善部署，绝不会一支部队也突围不出去，而遭致全军覆灭。那时的突围方向如果不选在大境门外至庙二十多华里山谷口袋之中，而由七里茶房、沈家屯、杨家屯、老鸦庄之间地区突围，中间用铁甲车开道，两侧由骑兵掩护，再利用赐儿山的制高点火力支援，利用开阔地区向洗马林方向撤退，绝不会全军被歼。反之，事前既有突围不出回军坚守之决定，即应急速回军坚守张市，未有这样果断去做，实为失策。

当时的突围部署是：（1）令驻防张北附近的整编骑兵第十二旅鄂友三部，由张北附近出发向狼窝沟方面之解放军攻击，并于二十三日上午十时前占领该地，掩护张家口我军突围撤退。（2）令第二五九师郭跻堂部为前卫，由大境门外突围经狼窝沟同鄂旅会师，掩护全军通过后，改为后卫向商都转进。（3）令整编骑兵第五旅、整编骑兵第十一旅，由整编骑兵第五旅旅长卫景林统一指挥，由七里茶房向老鸦庄、沈家屯、杨家屯方向突围，经高庙堡、洗马岭一带向商都方向转进。（4）令第二五一师掩护全军突围后改为后卫，在本军后跟进，向商都转进。（5）其余为本部，按第二一〇师、军司令部、第二五八师、新编张副元师（新兵师，人数不多，正式番号及装备尚未发给）之顺序，沿第二五九师撤退路线向商都方向撤退。为了保密，这一部署命令，除向整编骑兵第十二旅鄂友三部电报下达外，其余均未正式下达书面命令，都是由袁庆荣将各部队长分别找来下达的口头命令。

六

这里将各路突围经过分述如下：

（1）整编骑兵第五旅和整编骑兵第十一旅的突围经过。十二月二十二日晚五时许，胡逢泰与卫景林领到袁庆荣的口头命令后，由于他们事先侦知解放军在老鸦庄、沈家屯一带筑有堑壕及其他防御工事，骑兵通过不易，便决定每旅各派一个团为前卫，分别由指定地点先打突围，打通出路，占领适当有利地形，掩护全旅撤退。并决定以连为单位，能突出去多少就算多少。当时卫景林旅派的是杨占山团，胡旅派的是张汉三团。两团在突围战斗中没有遭到强力阻击，比较顺利地到达郭磊庄附近，并占领有利地形。就在这时，卫景林从电话中偷听到袁庆荣给孙兰峰打电话说："郭跻堂师已将大境门外的出路打通，大军可以即时通过。"这时卫景林一方面担心孤军出去，中途遭截击，难以走脱；一方面认为步兵的退路既已打通，骑兵即可在其后边安全撤退出去。于是遂改变计划，令已突围出去的在郭磊庄一带的杨占山、张汉三两团又复撤回张家口，经由下堡出大境门跟在步兵后边一同撤退。没有想到郭跻堂部并没有真的打通出路，而是在陶赖庙地区遭到解放军的强力阻击，用尽全力也没有打出去。结果整编骑兵第五旅随着第一〇五军在陶赖庙附近地区被歼，整编骑兵第十一旅跟着我和韩天春所率的保安各团和第二五一师，在乌拉哈达以南山地被歼。只有卫景林因在突围前就准备好了便衣，临时化装成市民逃往北平；当第二五一师和保安各团在乌拉哈达以南山地同解放军战斗时，骑兵第十一旅张汉三团长，率二百余骑兵乘隙绕山突围出去；卫旅杨占山团长，在陶赖庙地区，利用第一〇五军和解放军激战时，率部百余名突围逃脱。

（2）第一〇五军在陶赖庙地区突围战斗经过。第一〇五军前卫部队第二五九师郭跻堂部，二十二日夜十时出大境门向当面解放军作试探性的突围攻击，开始进展比较顺利。拂晓时先头部队进至陶赖庙附近地区，遭到解放军的强力阻击。该师虽猛攻多次，毫无进展，激战至上午九时，未前进一步。这时袁庆荣带着后续部队三个师赶到。袁令该师全力发起总攻，并令炮兵在陶赖庙通崇礼县的拐角路旁放列，支援该师攻击，想迅速打通一条出路。不料解放军的兵力越打越多，愈战愈强，袁庆荣部陷于四面包围之中。孙兰峰赶来视察情况，经过与袁研究，决定集中炮兵火力，掩护攻击部队，实行强力突围（时已下午二时半）。孙还亲到炮兵阵地指挥炮兵射击，战斗非常激烈。同时孙还令骑兵部队进行冲锋。激战至下午五时许，仍无进展。这时，各级指挥人员均感突围已成泡影，便各想各的逃走办法，于是整个部队失去了掌握，数万大军四散奔逃。天将黄昏时，孙兰峰脱离战场，不知去向。袁庆荣也在天黑前和部队失去联络。其他各级指挥人员，也都乘天黑一个一个地溜之大吉。这时解放军到处猛冲，猛杀，并发起政治攻势，叫喊“缴枪不杀”“优待俘虏”。就这样，一支傅作义的嫡系部队五万余人，经过一夜的战斗，于二十四日上午九时全部被歼。大卡车、小吉普，都推翻在沟里。成千匹骡马，到处嘶叫，遍地是武器、弹药、物资和成群的骆驼。除孙兰峰逃出外，军长袁庆荣、副军长杨维垣和郭跻堂、张副元、李思温、张惠源等几个师长以及其下的团、营、连长都当了俘虏。

（3）第二五一师及保安部队在突围中的战斗经过。我同第二五一师师长韩天春，在大境门外见到陶赖庙突围的部队都猬集在沟内走不出去，感到跟在第一〇五军后边突围已不可能，我即同参谋长焦达然、韩天春师长、兵站总监赵蔚、防空副指挥官王振宇几人商量说：突围出去，恐不可能，不如回去给共产党做一次“荣誉交代”比当俘虏要好。焦、韩二人不大同意，赵、王二人坚决反对。后遂决定另找一条出路，由东窑子经乌拉哈达、高家营子之间地区向崇礼方向撤退，先逃出包围，然后再绕道张北附近转向绥远方向。我们一面令第二五一师第九十四团派兵一营，向大境门外东山坡山头的少数解放军实行攻击，以掩护我军撤退；一面令第九十六团为前卫，向乌拉哈达和高家营子之间方向突围前进；其余为本队，按第二五一师司令部、第九十五团、保安司令部、崇礼县政府及该县保警团、保安第四团、保安第五团、第九十四团的顺序前进。保安第五团当时担任着大境门外一带任务，须在各部队完全撤出后始得撤退，因为撤得迟了些，解放军追击部队突然赶到，一经接触，溃不成军，团长张兴成以下完全被俘。我同韩天春率领所部，一路没有遭到阻击，行进非常顺利。第七兵站总监赵蔚和张市防空副指挥官王振宇得意地说：“我们这条路选对了，不然我们非当俘虏不成。”晚八时许行至乌拉哈达以南地区河边附近，正准备涉水渡河，突然发现解放军汽车数十辆，沿张家口、崇礼县公路向崇礼方向驰进，我们遂改变路线，绕道山沟向乌拉哈达东北方向转进。是夜，天降小雪，乌云密布，天色墨黑，伸手不见五指，走不多久，前后失去联系。前卫部队第九十六团在行进中又丢了一个营，谢克刚团长带着两个营由高家营以南地区渡河，天明时逃至狼窝沟附近一个有堡子的小村内。突然解放军的追击部队赶来，战斗了两个多小时，因弹尽无援，缴械投降。

我同韩天春师长所带的主力部队，在山地转了一夜，二十四日天明仅走出三十多里。为了躲避解放军追击，决定到高家营附近再转向张北方向前进。下午二时，竟和东一股、西一股、拉着马四下乱窜的骑兵第十一旅走到一起。他们旅长胡逢泰、副旅长郁传义，早于二十三日夜间在东窑子附近被俘，团长有的早已脱离部队，有的混在部队中不愿意露面。正在此时，突然发现崇礼方向的对面山路中，出现了大股军容整齐、行动迅速的部队，大约有两师之众，向我方迎面而来。我和韩天春两人用望远镜一望，看见既不是友军，也不像是华北人民解放军（华北解放军穿的是黄色军装），仔细一看，这部队穿的都是美国人字布草绿色军装，和国民党在东北的部队穿的服装有些相仿，但肯定不是国民党的部队，后来一想，这一定是东北解放军从新保安方向开来截击我们的。话尚未说完，就看见东北人民解放军发现我军正在混乱行进的军容之后，即令步兵展开，炮兵占领阵地，开始放列，集中火力向我们迎头痛击，接着步兵发起猛烈攻击。我们一面命令第九十五团占领左右两边的制高点，进行迎击；一面急调第九十四团迅速增加上来，进行侧击。但保安部队，尤其是骑兵部队，由于遭到解放军猛烈射击，已乱成一片，山上山下好像炸了群的野马，都在拼命狂奔。在这紧急关头，陈怀初自告奋勇，率领四百余人，抢占了一个有利山头，集中轻重机枪火力，向接近我们的解放军进行阻击，一直打到弹尽，陈怀初拔枪自杀，其余悉数被俘。据跟陈的人说，他是叛徒，作恶多端，因畏罪而顽固到底。

我同韩天春率领该师的特务连和第九十五团的两个营，在陈怀初部队的掩护下脱离开正面战斗，向侧后绕进，仍图突围出去。刚绕过一个山头，又碰上正由侧面向我们包围的解放军，遂令第九十五团的一个营就地展开战斗，掩护我们继续绕道突围，并拟采用转山头、绕山沟的办法，脱逃出去。但这时官兵们都将武器甩在山坡上，不愿再打下去，自行脱离我们。最后我和韩天春仅带着二十多个警卫及亲信人员了。韩天春因为跳山沟摔伤了头部，不能再走，我因突不出去，就在一个半山腰隐藏起来，拟天黑人静后再行设法逃走。不想黄昏时，解放军搜山部队清扫战场，我终于被发现，当了俘虏。

至此，最后剩下的傅作义的嫡系部队第一〇五军和两个骑兵旅、一个新兵师、两个保安团，总计五万余人，继怀来的第一〇四军和新保安的第三十五军之后，全部干净彻底地被人民解放军所消灭。除孙兰峰一人逃脱外，军师旅团各级指挥人员，基本上被解放军活捉。

几十人俘虏了上千人

张兴成*

一九四八年十月间，张家口的防守部队，曾接到要放弃张家口的命令，做了撤退的准备，随军家属也送到北平、天津安排。但到了十一月间，又接到要固守张家口的命令。这个命令下达后，人们不是积极备战，而是在想，今后个人前途如何？北平、天津的家属怎么样，何日能够团聚？张家口守不住，个人怎么办，能否逃出去？有的人赶做便服，准备解放军攻下张家口后，换便服逃走；有的人搞个户口，领个“良民证”，准备如逃不出去就改变身份潜居下来。真是人人自危，悲观失望，深感前途渺茫，不知所措。

十二月二十二日，由北平飞来张家口一架飞机，它带来了新保安已成一片火海、第三十五军被歼灭的消息。这使得孤守张家口地区的第十一兵团的将军们，大为震惊，不知所措，在他们仓皇执行华北“剿总”密令“突围西逃绥远”的行动中，同样遭到了全军覆没的下场。察哈尔省保安第五团的全体官兵也逃脱不了同样的命运。

察哈尔省保安第五团的建制有：团部，团直属迫击炮连、通信排、特务排，下设三个营。每营有三个步兵连、一个机枪连，每连三个排，每排三个班，每班十六人，全团共有官兵两千余人。营以上的军官有：团长张兴成、副团长申秉祯，团附傅武，第一营长王明心，第二营长杨炳文，第三营长王炳钰。

在张家口防守期间，国民党第十一兵团所属部队分为城防部队和野战机动部队两个方面。察哈尔省保安第五团是防守部队，部署在大境门、太平山、平门一线，团指挥所设在大境门内。第一营防守大境门地区（一

---

* 作者当时系国民党察哈尔省保安第五团上校团长。

个连驻守自来水源处——水母宫），第二营防守平门地区（一个连防守馒头山），第三营防守太平山地区（为团预备队）。团的右翼是察哈尔省保安第四团，左翼是第一〇五军新编第三十二师即二五一师）。

野战部队的作战方针是“依城野战”，白天出击，晚上撤回，相机捕歼解放军有生力量。而解放军则紧紧地把张家口围住不放。这种状况从十二月初开始，天天都是这样战斗。我们防守部队是白天观战、休息，晚上进入阵地准备战斗。

第十一兵团司令部决定十二月二十三日突围，事先未通知防守部队。保安司令部也是后来知道的，防守部队对兵团司令部事先不通知的做法，非常不满，也严重地种下了离心离德的种子。

到了下午二时，保安司令部的突围命令才下达，让我们保安第五团团部、团直属部队和第一、二营编入司令部战斗序列，随司令部突围。让我率第三营最后突围，并改为后卫，掩护大部队突围。但到了下午五时，部队还没突出去，先头部队突围情况一点也不知道，只看到很多部队都挤在大境门外二十多里长的山沟里，也有不少部队停留在大境门内外等候前进。尤其是两个整编骑兵旅未按原突围路线突围，也跑到大境门外来了。当时真是官指挥不了兵，兵也找不到官，谁也指挥不了谁，形成各自逃命的局面。我们最后还接到一个命令，让各回原驻地防守。但这个命令在混乱的情况下，怎能行得通呢！

当时，我也很着急，不知该怎么办才好。我发现人头山有部队向大境门移动，原认为是友军撤退，怎么也没有想到是解放军的部队。当解放军战士喊话“缴枪不杀”时，我才恍然大悟。那时在我团指挥所附近停留的部队有数千人之多，解放军只来了几十人，但听了解放军的喊话后，都放下武器，举手投降。真是兵败如山倒，当时连一个人也没有还击。我一看情况不好，连马也顾不上骑，行装也顾不上拿，就和一个警卫员沿着山地交通壕，向太平山第三营阵地跑去。解放军战士发现后没有追，只向我们打了几十发子弹。我到了第三营阵地，营长王炳钰已集合好队伍在等我的命令行动。我告诉他从大境门是出不去了，只好从平门突围。我随即率第三营从平门出去向万全方向前进。当时解放军的部队都集中在大境门以北的各个山头上阻击我军突围，而平门外的道路上没有解放军的部队。即使如此，我们也不敢走大路，沿着山脚下前进。当晚天色阴沉黑暗，沿着山脚小路行走非常困难。第三营在距离市区二十多里路的一个山坡下，设有一个牧场（羊群），有几个士兵住在那里。我们到牧场后，准备吃点东西和休息一下再走。当我们进入院子后，即发现部队少了一半，因为士兵都是张家口市人，他们不愿走，在途中逃跑了。这一情况使我大为吃惊。

在我们休息的时候，解放军的大部队源源而来，向市区进军。当时我想怕突不出去了。第三营营长和我是同学，比较知己，我把突不出去、不打算再走的想法和他商量。他同意并立即召开了连排长会议，把我们的想法和打算向他们谈了，大家一致同意不走了，向解放军缴械投降。我们随即派了第三营营部郭副官和第八连段排长，进城找解放军联系缴械投降问题。夜间二时许，郭、段二人随解放军十数人来到部队。解放军先向我们讲了一下优待俘虏的政策，然后命我们原地放下武器点收，并把我们军官分为一队，士兵分为一队，分别由解放军带进市区内，并给安排了食宿。解放军的一个团参谋长还和我谈了话，问了我突围的计划和打算。我由于对突围情况知道得很少，所以也答不上来。这就给解放军以错觉，认为我不愿讲实话。我们被俘后，我在想，由于我不走运，没有逃出去当了俘虏，可能其他人逃出去了吧！由于我没有隐瞒身份，又是自动缴械，所以解放军很优待我，在我被解放军从团部向旅、师、兵团司令部送的途中，让我乘马和坐车，饮食上也照顾得很好。最后把我送到华北军区军官教导团学习时，我看到了第十一兵团所属的将校级军官，除兵团司令孙兰峰和少数的几个人外，其余军长以下的全部将校级军官，都被送到这里来了。

重围中溃散的骑兵旅

卫景林*

一九四八年十二月间，防守张家口的部队有：第一〇五军全部，第一〇四军的第二五八师，两个整编骑兵旅，暂编骑兵第一团，还有察哈尔省的保安部队；外围有独立第三一八师（驻防宣化）。约计五万余众，将近傅作义嫡系部队的半数。十二月二十三日开始突围，二十四日就全部被解决了。

中国人民解放军开始战略反攻后，华北地区的军事形势越来越紧张，尤其一九四八年秋季，解放军占领包头，包围归绥以后，华北“剿总”所属部队，就调来调去，疲于奔命，穷于应付。我奉华北“剿总”电令，派我为察、绥边区指挥官，活动于察北的独石口、张北县、尚义县，绥东的兴和县、集宁县等地。由于军事形势所逼，及战斗中积累的经验，我骑兵第五旅的部队，一到夜间宿营时，便人不卸装，马不卸鞍，乘马的哨兵要派到二十华里以外。

一九四八年十一月下旬，“剿总”命令我旅向绥远集宁县以东地区活动，尔后归第一〇五军指挥。时间已过两天，我还没与第一〇五军联系上。我刚到了老平地泉（集宁县以东的一个村庄），“剿总”又电令我旅归第三十五军指挥。可是第三十五军在哪里呢？电台也呼叫不通，我只好指挥部队向各方面进行威力搜索，以了解各方面的情况，并求与第三十五军取得联系。我将上述情况，向华北“剿总”报告后，又电令我经过兴和县撤到柴沟堡。

解放军由西向东，昼夜兼程疾进。可能是曾经占领包头和包围归绥

---

* 作者当时系国民党华北“剿总”骑兵第五旅少将旅长。

的部队挥师东向，所以我旅连夜向兴和县撤退。第二天下午，我旅到达兴和县东南地区，正准备宿营时，突然遭到解放军华北第三兵团的追袭。幸好我旅是兵分两路行动的，只有一部分向宿营地前进中遭受袭击，但并未受到损失，便连夜撤至柴沟堡地区。

一九四八年十一月底，奉华北"剿总"电令，调我旅到张家口市内归第十一兵团指挥。当我旅进抵张家口市以西，赐儿山西北，万全县东南地区将要宿营时，解放军华北第三兵团的部队又跟踪追来。天已黄昏，而解放军仍在尾追中。我想，如让追击的解放军，随我骑兵进入张家口市，那这个责任我是承担不起的。所以我立即布置部队，坚决抵抗，战斗十分激烈。这时我派参谋进到市区，以电话向第十一兵团司令官孙兰峰报告了战斗情况。不久孙派第一〇五军副军长杨维垣坐汽车来到前方，了解情况。因我在第一线指挥，未与杨见面。第二天拂晓前，追击我旅的解放军，全部向张市西南地区撤去，我旅便进入张家口市内。

我向孙兰峰汇报我旅战斗经过及其他情况后，孙对我说："由于你旅装备较好，所以总部将鄂友三旅（整编骑兵第十二旅）调去察、绥边区，把你旅调来张市，作为防守张家口的机动部队。这里所有的骑兵部队（包括整编骑兵第十一旅和暂编骑兵第一团）统归你指挥，好好发挥骑兵的特长，积极配合步兵作战。"并说："张家口市所有部队和一切军事行动尔后统归欣然（袁庆荣）指挥，以后有事找他。"

一九四八年十二月四日上午，傅作义将军乘飞机到了张家口，即召集师、旅长以上军官在张家口市东山坡第十一兵团司令部驻地（第一〇五军军部也在此，就是原张垣绥靖公署所在地）开会。大家都很高兴地想听听傅先生对形势的分析和尔后的作战计划。会议刚开始，第十一兵团参谋长贾璜来到会议室，走向傅先生面前，靠近耳朵说了些什么。傅即时站起来背着手沿长条会议桌踱了个来回，一言未发，走出会议室。与会人员鸦雀无声，面面相觑，等待着新的消息。几分钟之后，贾参谋长又来会议室，大家向他打听消息，贾说："总部的情报说，昌平县以北山里，发现由东北入关的解放军，有四个旅向西急进[①]。"大家听到这出乎意料的情报后，异常震惊。东北的解放军，接连打了好几个大的战役，消灭了国民党在东北的几十万军队，按说，总得有个整顿喘息的时间吧。总部曾经估计，东北地区的解放军，最少也需要有三四个月的休整时间，所以总部在

① 据了解，十二月四日，东北野战军先遣兵团进到密云地区。

这个阶段的作战计划，很少把东北解放军进关后的力量对比考虑在内。难怪傅先生对这突如其来的情报，如此震惊，于是匆忙地立即乘飞机返回北平，这次会议也就这样结束了。上述情况的出现，对守卫张家口的高级军官的作战情绪影响极大。

十二月五日，第三十五军（第一〇一师和第二六七师）奉命由张家口乘汽车返回北平，途经新保安时，被解放军堵截，打不过去，便退入新保安城内宿营。解放军大部队日夜兼程赶到，将新保安城团团包围起来。第一〇四军奉命接援，亦未成功。

就在这时，张家口防守司令部，曾策划命令我整编骑兵第五旅，绕道崇礼县地区，利用山区的隐蔽，出其不意直扑新保安城，接援第三十五军突围。不清楚为什么，后来这一计划并未执行。实际上，这个方案执行起来很成问题：经崇礼县到新保安城，几百里路均系高山深谷，居民分散，村庄稀少，购买马草困难，且时届严冬，野草枯干，不便放牧；特别是骑兵目标又大，易于暴露。显然，这个计划，不啻纸上谈兵。

起初，防守张家口的步、骑兵，不断地到外围进行威力侦察，并部署了必要的外围据点。嗣因包围张家口的解放军越来越多，外围各据点，经过反复争夺，逐渐丢失，包围圈越压缩越小。我步、骑兵的活动一天比一天困难。榆林乡飞机场被解放军占领后，我骑兵第五旅奉命夺回飞机场。我即派第十团发动攻击，但遭到了解放军猛烈的火力狙击，机场未能夺回，而人马的损失则很大。

十二月二十二日夜间，我旅副旅长谷耀武由防守司令部开会回来，给我汇报说：司令部决定，张家口的所有部队及各方面有关人员，于明天（二十三日）拂晓突围，向商都转进。突围部署是：步兵及其他人员从大境门（张家口市的北城门）突围，骑兵部队于二十三日拂晓开始，向张家口市以南突围。特别注意要严守秘密。

二十二日夜间十二点左右，听见大境门外枪声相当激烈，后来，枪声由近及远，渐渐沉寂。

我骑兵部队的突围计划是：整编骑兵第五旅为第一线，整编骑兵第十一旅及暂编第一团为第二线，并以整编骑兵第五旅的第十团为突击部队，于二十三日拂晓前开始突围。从解放军包围部队的薄弱部分突破，尔后在突破口两侧占领阵地，支援我后续部队的突围。两个骑兵旅和骑兵第一团于突围后，渡过洋河向西绕走，相机越过铁路，奔向绥远集结。

二十三日上午九点多钟，据我旅第十团报告：包围张家口的解放军，在张市以南利用既设的纵深阵地，严密防堵，我先头部队损失很大，难以突出。就在这时，我骑兵第五旅参谋长马仰超向我报告说：“据报，大境门突围的我步兵部队，已打通退路，冲出包围圈了。”于是我们两个骑兵旅及暂编骑兵第一团，便奔向大境门。

当我到达大境门外约二十多华里的地方，看见不少步兵部队和其他人员靠在山坡或躺在山沟安然睡觉，也有些一动不动地站着。东山偶尔有机枪声，正前方山头突出部分有我步兵，其对面山头的解放军，有时稀稀拉拉地打几枪，双方均不发动攻击。眼看天快黑了，我感到这样下去，后果不堪设想，便带几个人走上山头，正好碰见第一〇五军第二一〇师师长李思温、副师长令狐理，我与他们商议说：“我们后边的不少部队都躺在那里睡觉，一点行动没有，这不是等着缴枪当俘虏吗？我的意见咱们两个部队应即联合行动：一是，你师发动攻击，我骑兵配合起来，攻占对面山头后掩护我们的突围；二是，等天黑后，悄悄绕过小山沟，先向东北方向即通往崇礼县的大沟，尔后再转向西北往张北县以北突围。”李思温同意我的第二个意见。于是，我即召集整编骑兵第五旅的副旅长、参谋长、团长说明情况，讲清楚突围路线后，并说，小的接触也可能有，但能不放枪就不准放枪，除非万不得已，尽可能地避开走，我们的目的是突围。突围序列：我旅按第九团、旅部、第十团、暂编骑兵第一团的顺序；整编骑兵第十一旅在我旅后跟进。将以上部署书面通知暂编骑兵第一团和骑兵第十一旅（因他们尚未到达）。

因我先头部队迷失了方向，走错了路，山路崎岖，单人牵马行走都很困难。直到第二天（二十四日）中午以后才走下山来，仍未绕出坝顶（张家口以北最高的山），依然在长城线以内，查点人马不过二百多，连、排组织都乱了，只好临时编组起来。细看，前面的山很高，而且山上的解放军沿簸箕形的坝顶严密防堵，我们企图突围是不可能的。这时整编骑兵第十一旅参谋长李兴久赶到，他说，突围的步兵已全部缴了枪，当了俘虏，骑兵第五旅的一部分已绕出包围圈向崇礼县方向溃逃，其余也都被俘。

太阳快落的时候，解放军从几方面向我这二百多骑兵包围上来。这时，战，是没有力量再战了，我又不甘心当俘虏，我便对我旅副旅长谷耀武、王存瑞，参谋长马仰超，整编骑兵第十一旅参谋长李兴久等说：你们看着办吧！我不能当俘虏。说完，我便上马向东南方向顺山坡跑去。天黑了，旅部副官赵峰、卫士靳则贤也来到了，三个人乘混乱之机，返回张家口，住在旅部文工团。我感到住在这里不够安全，便于第二天着赵峰去和住在桥东的一位姓许的朋友联系，当晚即住在许家。许先生对我们很好，给我们换上了便衣，我俩便安心住下。过了几天，去北平的火车通车后，我俩便乘车到了北平。

傅作义将军宣布北平和平解放后，我于一九四九年一月二十三日随董其武将军乘飞机到了绥远省归绥市，参加了促进绥远起义工作。起义后，我任中国人民解放军第三十七军副军长，一九五一年参加了抗美援朝。

张北溃散后的西逃绥远

白 震*

一 张北大溃散

解放战争时期的张北之战，是张家口战役胜利歼灭孙兰峰兵团五万余众的前奏曲。正是由于张北之战的捷报先传，使进攻张家口的解放大军，北自长城线，南接宁远堡、榆林堡之线，形成一把夹击张垣的巨大铁钳，使敌处于四面楚歌、进退维谷的境地。

早在一九四八年十二月上旬，解放军北岳军区主力一部，已挺进张北西之南壕堑（尚义县）。为了防其不测，孙兰峰即电请北平傅作义任命整编骑兵第十二旅旅长鄂友三为察北、绥东总指挥，总揽这一地区的军政大权，派第十一兵团司令部少将高参阎家玙，携带参谋人员、电台一部驻张北城，任督战联络官。战斗序列是：暂编骑兵第二旅陈秉义部两个团、暂编骑兵第一总队包贵廷部两个团、李维业之省保安团，张北、沽源两县之保警团及一些自卫队等游杂部队，共约三千余人。鄂友三部的两千骑兵装备较好，进驻张北西北约六十华里之公会镇，后移驻城郊馒头营。陈秉义旅和沽源保安团驻城西一带。李维业为城防司令，驻防县城内，并在城南油篓沟一带游动，以拱卫张北城。我被新任命为察北专员，仍兼任张北县长，指挥有关县之保警团队，参与城防守备。

为了可战可守，以确保张家口通向察北咽喉的狼窝沟之安全，经鄂友三主持之城防会议确定：

（一）鄂友三之整编骑兵第十二旅，陈秉义之暂编骑兵第二旅，包贵廷之暂编骑兵第一总队为依城野战部队，机动控制张北南狼窝沟之长城

* 作者当时系国民党察哈尔省察北专员兼张北县县长。

线与张（家口）张（北）公路之畅通，以牵制解放军进攻张家口之兵力。

（二）以省保安团李维业部为主力，指挥有关县、乡保警团，乡自卫队，入伍新兵及十一兵团在张北所招收之游杂部队，共约两千五百余人为守城部队。计：

1. 李维业部负责北起城西北之大仙庙，经西城至南门之线。

2. 沽源保警团防守东城，南城东侧。

3. 张北保警团防守北城。

4. 各乡自卫队混编一个团，防守东城。由李维业控制一个团兵力作为预备队，一切听从总指挥鄂友三之统一指挥。严格要求城防部队，从速加固城防掩体工事，在沿外壕一律悬挂吊灯，防止解放军接近城垣。第十一兵团驻张北督战联络官阎家玙与我协助总指挥部有关军务，并以电台与孙兰峰保持联系。

5. 张北城内之非战斗人员及张北师范愿意撤走的部分学生，共约二百余人，决定由副县长温培、省田粮处督导陈宝全率领，乘卡车十五辆，于十二月十四日撤回绥远，请示绥远省主席董其武安排。

第十一兵团前留张北之俘虏四十多名，经请示孙兰峰，责成阎家玙与我负责按“优待俘虏”政策处理，全部发给证明和路费，由县公安局派两名警察引导，礼送出城释放。已分别执行。

据报，解放军华北第三兵团主力一部，于十二月二十一日由尚义县（南壕堑）向张北运动，估计要袭击张北城。鄂友三为发挥骑兵善于野战之优势，妄图以“撤出来，打进去”之战法，截击解放军于张尚公路。鄂率整编骑兵第十二旅、暂编骑兵第二旅、暂编骑兵第一总队、省保安团共五个团、一个重火器营，于十二月十四日夜，在夜色笼罩下，北风淅淅中，分别潜伏于张尚公路之西北和西南地带，并封锁道路和消息。参战部队均以白布缠袖，以三发红色信号弹为记。督战官随军，专员守城。是夜，鄂友三率部，马衔枚，人无声，潜在公路两旁之小树林中等待他梦想的好时机。自该日下午六时开始行动，至次日早五时月落星稀时为止，仍不见解放军动静。其实，这一诡计早为解放军所识破，计划当然落了空，他们只好人困马乏地撤回县城近郊休息。恰在十五日清晨绝早，第十一兵团原来在张北收编的游杂人员，自称是孙兰峰的特务连一百余人哗变为匪，在城外劫掠民财，正好遇到从张尚公路撤回之鄂友三部，予以包围全部被俘，立即押解城内广场，在群众大会上宣布排以上四人就地枪决。由于孙兰峰部收管的特务连的哗变，鄂友三预见到内部的骚乱可能重演，即在城防司令李维业处研定，立即处决：在押国民党部队的叛乱犯，已判死刑及无期徒刑的刑事犯；盗割军用电线、破坏公路桥梁等军法案犯二十名。经与会人的一再申述，又减除六名，余十四名鄂亲批处死。因天色昏暗，押解到东门外又逃跑几人，余皆牺牲。鄂友三的这一招，无非是杀鸡给猴看，既镇压了广大群众的反抗情绪，又给他所统治的部队以颜色看。

这一草菅人命的罪行，历史已作出了公正的判决，鄂友三、李维业等刽子手们都得到了应有的惩罚。

十二月十六日凌晨一时许，解放军乘敌不备，以快速之行动，猛烈之炮火，突袭张北北郊馒头营鄂友三整编骑兵第十二旅之司令部。鄂部官兵在睡梦中突遭袭击，惊魂不定即被俘虏。号称骑兵第十二旅之精锐的机枪营全部被歼。鄂友三亦在酣睡中惊起，仅披一领大衣，抓一匹无鞍马，冒死逃走。余众如惊弓之鸟，均向康保、商都地区，作鸟兽散。这时我立电孙兰峰和傅作义求援，由于他们已自顾不暇，也无从回电。是夜三时许，解放军已向张北城全线出击，炮火异常猛烈，我伤亡惨重，扶死救伤工作又因设备简陋，缺医少药而束手。天微明，我到北城、东城视察，目睹全部碉堡及大部工事已被解放军准确的炮火所摧毁，而城防司令李维业所掌握的预备队，因全线已成崩溃之势，他也补牢无术，只能顾全自己了。相持至上午十时，解放军以炽盛的炮火，猛烈的冲锋，首先攻下可以俯瞰全城的西北高地大仙庙阵地，并迅速扩展战果，向市中心推进，占领制高点——春和玉药房，封锁大十字道路，火力已控制全城了。西城李维业部，不顾守城部队之牺牲，打开西城门，率残部夺路西逃。此时我正巡视东城，目睹这一情景，自分难以幸免，遂佯作镇静，带领少数警卫和副官走向县府前街，遇保警团长阎思有率残部自北城退下，侯副官怒不可抑，即用加拿大枪对空扫射了一梭子，妄图把退兵堵上去。可我内心明白，张北的弃守，不能再作无谓的牺牲了，遂挥了挥手说：“算了！让他们逃命去吧！”这时大街上乱兵如麻，枪弹背包扔满道路，我受旧道德之驱使，不能弃友而逃，又在弹雨中走到阎家玙处，只见地图、电话仍在桌上，可杳无人迹，我意识到督战官已经逃走了。这时我仓皇上马，挤出南门，趁解放军封锁南门火力暂停之间隙，率少部骑兵直奔张家口公路，至油篓沟西向，沿山线逃走了。是役，张北城内守敌约五百骑被俘，伤亡约三百余，损失枪马无算。由于傅作义曾指示要“光荣交代”，我并没完全听从鄂友三之指令。因而，电灯公司没有破坏（仅拿出一根电轴，扔在县府门前井内），全部档案（除少数军法案）基本都封锁在卷宗柜内；物资存放如旧，办公室打扫干净，炉火仍在通红；政府铜印被扔在县府后排房舍东头之厕所内。当然，这是在解放大军的威力下，反动政府所作的无可奈何的一个姿态吧？历史证明了，自古军家必争之地，张家口的屏障，通向察北草原的咽喉，古老的张北城，自从一九四六年十月八日被国民党反动派占领，经过两年又七十天的统治，在一九四八年十二月十六日下午三时，又重新回到了人民的手里。

登高望远，解放军的胜利红旗，在英雄的张北城头，迎风招展。

二　西逃绥远

十二月的塞上，雪片如席，冰封千里，气温下降至零下三十多度。我带领残部，沿张北西山之崎岖小道北行，在十九日赶至康保县境，收容残部，整顿纪律，和早已被解放军赶出馒头营的鄂友三、陈秉义两个旅长会面，并商定了电告驻宝昌县的安恩达暂编骑兵第二总队、苏和巴塔尔骑兵第一旅、色楞那木济勒的察盟保安团、驻康保县的曹凯省骑保安团及崔振寰部，以及有关县如宝昌、沽源、多伦、化德等县长，立即安全撤回商都一带集结（这一电报约在十二月二十七日发出），妄图逃脱全部被歼灭之命运。就在这时接到了傅作义要全力接护孙兰峰的急电，作为察北专员责无旁贷，然其心情是十分焦虑的，茫茫荒原，风雪交加，部队又一片混乱，人心浮动不安，要接着孙兰峰可真如大海捞针。

原来，孙兰峰于十二月二十三日上午十时许，自张家口东山坡兵团司令部，最后驱车至大境门外朝天洼第一〇五军司令部掩蔽部和军长袁庆荣磋商军务，并严令骑兵在炮兵支援下，向陶赖庙解放军阵地猛攻，均先后顿挫。接着在东窑子、西甸子、乌拉哈达及长约十几里、宽约八九里之二道井之狭窄地区等地，步骑突围部队先后被解放军击溃，伤亡惨重，有组织的撤围已成泡影。孙兰峰是一位久经战阵的老军伍，他已经预料到即将来临的是什么，立即命令跟随他的整编骑兵第五旅王绳武团的一个骑兵连向陶赖庙山口增援，以缩小目标，仅以一个年轻人作随身警卫，于风雪中在一个山头下坐下。孙平时既无衣冠楚楚的将军风貌，又从不流露咄咄逼人的领导姿态，一领老羊皮旧草绿大衣和半旧军帽，完全是一个慈祥老人。谁还能认出他是一位在抗日战争中曾叱咤风云的中将兵团司令官呢？他自知无法逃脱，遂在茫茫夜色中，自行随着混乱的国民党军俘虏队伍，住到一个老百姓家的土炕地下，受到押解战俘的一个解放军指导员以热汤热饭的照顾。没听到一句呵斥声，没看见一点胜利者的骄横动作。孙兰峰暗暗称赞人民解放军是有高度政治觉悟的战士，是真正的仁义之师，胜利应该属于这样伟大的军队。可是作为一个将军，怎么能甘作战俘呢？就在这一日的夜十一时，孙和他的警卫员一块，没有受到任何阻碍地逃出村庄，越过冰封的小河，走向二道井通向张北公路。在一个老乡的引导下，于风雪迷漫的早晨，通过长城线的神威台，穿越张北西郊，向公会方向前进。由于手脚冻伤，徒步行走困难，直到张家口解放后的第七天，也就是十二月三十一日，走到商都县偏东南之四台房子村，就是在这个村子里，遇到一位似曾相识的中年农民（注：系姓王的一个保长，他见过孙兰峰），引导孙到他家中，给以不寻常的接待，并允予以骡车送孙西去。在这一重要时刻，宝昌县（今内蒙古自治区的太仆寺旗）西逃商都的一个散兵纠缠着这个老乡，要以自己的劣马调换已经套车驾辕准备送孙西逃的骡子，并且用假的部队番号来吓唬老乡。孙在家中听其言语支离，破绽百出，料定这不是追歼他的解放军，而是游勇散兵的敲诈行为，立即把这个散兵叫到家中问话。当这个散兵见到孙时，吓得面色苍白，惊呼“孙司令官！”立即行了一个军礼。孙当时厉声斥责其扰民害民的行为，并连声说：“该杀！该杀！”要这个士兵立即去找专员、县长来见他。

当大家来到四台房子见到孙兰峰时，这位身经百战的老“将军”已是手脚冻伤面目憔悴，简直不能相识了。他痛哭流涕地大骂国民党军是“不听命令，纪律废弛，兵骄将悍的乌合之众”，“此兵不败，实无天理”。这时候，孙兰峰的心情我们是完全理解的。当晚，以孙兰峰的名义电复傅作义，他已脱险。

一九四九年一月一日晨，我们决定继续西进，以甩脱解放军的尾追。王忠辅团的连长张淮，以自己所骑的好马两匹，鄂友三以自己所围的黑狐围脖，王忠辅以衣服被褥，把孙兰峰装备起来，即催马加鞭，向西转进。约在一月三日于大青山下的达拉村，由孙兰峰、鄂友三主持，召开了西行部队长会议，要与各部队“约法三章”，整顿纪律，以保证安全向武川县撤退。决议是：

（一）执行傅作义规定的：“说话和气，态度谦恭，借东西要还，损坏东西要赔钱，不调戏妇女……”等十项纪律。违者杀！沿途用粮要开条，凭条顶交公粮。

（二）依新建制统一组织，统一行动，按规定路线行进。各部不得插前错后，混乱部队组织，以防鱼目混珠，招致败坏纪律情况的发生。

（三）西撤部队新建制如下：

1. 整编骑兵第十二旅（正规军）约两千人马为前卫。

2. 暂编骑兵第二旅（旅长陈秉义）约一千来人、骑兵第二总队（司令安恩达）包括自东北退至察北的原龙涛领导的特工部队张凌云团约一千五百来人为本队。

3. 察北专区领导的张北、宝昌、多伦、沽源保警团队及商都沈砚书（“游剿”司令）所率的康保、尚义等县的保警团队，共两千余人为右侧卫。

4. 省骑兵保安团曹凯部，七百余骑为左侧卫。

5. 新编骑兵第一旅苏和巴特尔旅长（系东北解放后败退到察北的原李守信伪军）率领所部及骑兵第一总队司令包贵廷部、察北盟旗保安部队、色楞那木济勒保安司令所率的温盖骑兵团等，两千余人为后卫。

6. 省骑兵保安团长李维业所部六百余人开向化德地区，化德县长白玉珩、王天麟及保警团队二百余人随军前往，归李维业指挥，妄图牵制解放军兵力。

行军路线是自商都以西，沿大青山线，经陶林以北土木尔台、大青脑包、卧狼卜子、库囵图、四子王旗等地及其两侧，向武川乌兰花、小井、马王庙一带集结，并及时向总指挥部报告。孙兰峰及高参阎家玙、秘书主任曾士先等随总指挥部（即前卫部队）行动。

塞上的数九寒冬，风雪莫测，温度下降到零下三十多度，加以沿山村少人稀，平沙无垠，连一条大路也没有。这一万余骑，既装备不好，又无后勤供应，一路上步骑杂沓，互不相照，人吃马喂，均是无秩序地取之于民，而且伤病士兵无人收容，也流落群众家中。民不堪其扰，亦不堪其苦。尤其自东北败退来绥的原李守信伪军中的某些军官，更是“人吃饺子马吃料”，既抢劫马匹，又掠夺财物，所经之处十室九空。孙兰峰虽三令五申，但兵败如山倒，有谁能听从呢？连他司令部的高级干部也只是写一纸吃粮收据，交给老乡了事（家中没人的，将收据放在炕上，用饭碗扣上），可有些残兵败将，连一纸收据也不给留了。连鄂友三旅的一个青年团长那银太，一路目睹这一情景十分激愤，遂击毙一个乱兵团长，没收其枪马，起义投向解放军去了。察北专署的副官胡子屏奉命维护纪律，带领警卫殿后，在行军至铁毛村时，就以半自动加拿大枪猛烈扫射窜入一个蒙古包企图抢劫的乱兵，使某些宛如匪徒的地主武装（乡自卫队）不得不稍有收敛。

这次自察北地区向原绥远省大撤退的孙兰峰部，除前述各部外，还有察北专署下属的化德保警团、宝昌县长王忠辅、沽源县长郑海源、多伦县长杨振华、康保县长范亦夫、商都县长李文林、尚义县长王力夫及化德县长白玉珩、王天麟等；还有自张家口突围到察北的骑兵第五旅的张汉三、楚云龙、杨占山、耿光英等团长所率的部分骑兵，原在东北经棚一带活动的龙超特工部队张凌云团，共一万余人。从一九四九年一月七日自原察哈尔省商都县动身起程，经康保、商都、兴和、陶林、四子王旗等边界，于十七日到达原绥远省武川县境，和董其武部会合，前后走了十天（实际上是：张家口一九四八年十二月二十四日解放，张北县是十二月十六日解放，宝昌、多伦、沽源部队是十二月二十八日自宝昌城撤退，康保县是十二月二十四日撤退），共行程九百华里。冻伤、患病、死亡五百多人。解放军追歼包贵廷部的两个连，二百余被俘。沿途吃喝人民粮食约十五万斤，干草三十余万斤。

一九四九年一月间，孙兰峰在其第十一兵团司令部所在地——武川县城，接连开会整编、整顿所属部队，撤销原察哈尔省察北专区、县、保警团、省属骑兵团及其他杂七杂八的部队番号，报请傅作义，任命我为第十一兵团司令部政工处长，将原察北八县之县长、科局长、区乡长约三百人经短期训练，派赴正规军充任部队政工人员，有带兵能力的充任团一级干部，如尚义县长王力夫被任命为骑兵第十一旅上校政工处长，商都县长李文林被任命为骑兵第五旅中校政工处长，沽源县长郑海源被任命为新编骑兵第一旅中校政工处长，康保县长范亦夫、宝昌县长王忠辅被任命为暂编团团长，原省属保安团曹凯部及张凌云团等，都分别充实了整编骑兵第五旅安恩达部和骑兵第十一旅陈秉义部，阎家玙任第十一兵团少将代参谋处长，秦文博为副官处长，崔振寰为新编第一旅参谋长，曾士先为代秘书长，并依国家规定安排了后勤供给。从此基本结束了原察哈尔省残部西逃绥远像炸了马蜂窝似的混乱局面，而各安其所，走向正轨，获得了一个暂时喘息的时间。

中國紀

平津战役

第四章

天津战役

我防守天津的经过

陈长捷*

解放战争期间，我在天津抗拒人民解放军，将战火引入市区，置人民的生命财产于毁灭而不顾，对人民负有严重无比的罪过。如今觉悟，无限痛恨！兹将当时情况分述如下。

一 傅作义给我的任务

一九四八年夏，时任国民党华北“剿总”总司令的傅作义经过易县涞水之役，溃丧了他所恃为“精悍”的第三十五军后，鉴于解放军的野战威力，采取了集结部队于平绥、北宁铁道线区的措施；将张垣、北平、天津作为三个基点，连同平津张铁路线上的重要城镇，预行工事设施，以为依据，实现所谓“灵活机动、集中优势”的“依城决战”方略。

一九四八年六月，傅作义将我从兰州（当时我任第八补给区司令）调到天津，给我以“警备司令”的名义，负天津基地之责，主要筹办两事：

（一）改建并增强天津的城防工事（原是第十一战区天津指挥所主任上官云相同天津市长杜建时一年前所筑），为设堡强固阵地。

（二）征津市壮丁，编成“警备旅”（等于三团制师）作经常守备，以便灵活调度驻防在津的部队。

以上两事，限于三四个月内完成。

---

* 作者当时系国民党津塘防守区中将副司令兼天津防守区司令、天津警备司令。

二 沈阳解放后傅作义考虑的动向

是年九月下旬，济南解放，十月初东北完全解放，傅作义指挥的在华北的国民党军更为孤立暴露。无论华东、中原解放军的北进或东北解放军的入关，联合起华北解放军，都要形成为绝对优势（当时傅所指挥的连杂编的护路旅、保安团以及后勤部队，不逾五十万）。对此形势再不容排成一线，必须集结一头，策定根本动向。计有三条路线：（一）傅内部属于察绥系的，倾向西去，保察绥基地，但不能带动蒋嫡系中央军，尤其不能和马鸿逵合作，没有后路；（二）蒋介石以徐（州）海（州）在危急中，想放弃平津，免蹈辽沈复辙，给傅以华东全责，依青岛为后路，以图挽救淮海危局；（三）美国以司徒雷登通过胡适等人的呼喊，要以军火直接给傅，就须东靠，死踞津、沽海口，扰乱华北。十月后，蒋介石数次到北平，顾祝同（当时的参谋总长）、徐永昌也不断到北平，和傅一度飞到南京，都是为讨论这等动向。终于傅倾向于“依托美援保持津沽”的向东靠，以观望形势。傅对蒋表示尚能保持平津，支撑华北，为蒋介石所首肯，更为美国所奖励。当时蒋介石支持平津的措施是：

（一）将华北的党、政和经济（连中央银行的支付权）付与傅，表示对其信任，叫傅直接接受“美援”。

（二）编成渤海舰队，派到长山列岛筹建基地，支援塘沽，保持海口。

（三）派联勤部工兵署署长到平、津、塘间，设计“阵地网”。

三 顾虑东北解放军入关所做的准备

傅作义决定坚据平津、主力保持海口的策略后，我曾和他谈到最可顾虑的是东北解放军的入关。但估计经一度大会战后，需要一段时间的休整，从战争史实看，都得三个月以后才能举行另一次会战。现在东北解放军要消化辽沈的大战果，从事扩展，或者需要半年才能大举行动。当此隆冬严寒，难作远程行军，预计到明春化冻后，应准备一场大会战。还估计，东北解放军进关至多为五十万人左右。因此在量上要争取平衡，急速扩军；应即接受美械，在三四个月时间内，扩军二十万左右，以应付明春的决战。这时傅的腹案已决定放弃张垣，逐步转移主力到津、塘（沽）、芦（台）、唐（山）近海方面来。他的措施是：

（一）再加强平、津的城防及塘沽的港口工事，派出“剿总”副总司令宋肯堂，组织工事督导列车，活动于北宁线上，检查津、塘工事，并督导沿线上据点工事，和平、津、塘地区阵地网设计相配合，速成基线设备。

（二）部署第九十四军于杨村，第六十二军于芦台，第八十六军于唐山，第九十二军于塘沽、军粮城，第八十七军（青年军二〇八师改称，从北平移来）于北塘、塘沽。又将两护路旅（一个从唐山，一个从北平）配置于天津到廊坊和天津到马厂沿铁道线上。占好天津、塘沽、唐山三基点相犄角的形势。

（三）把张垣的私家当（如小兵工厂和一些经济组织）和在那里的军政眷属（约三千多户，孙兰峰的眷属也在内），移来天津安顿。

（四）命河北省主席楚溪春和保安司令陈光斗急编河北保安团，从所辖的几十县里，每县编组一团至两三团，发械升格为正规团，加紧动员扩充，作为第一步扩军二十万的计划实施。

（五）傅的总部准备从北平西郊移来天津，已经派总务处长到津选定天津图书馆地址，并安起各项通信设备。

以上设施，待张垣的家当移净后，傅的基本实力第三十五军（重整的）、暂编第三军、暂编第四军，也就要移来津市和津、塘、唐三角地区内控置。可能只留第八军[①]、第十六军、第十三军在北平和通州方面，交李文兵团司令负责；塘沽海口叫侯镜如兵团司令负责；傅自己来津坐镇，指挥全局。察绥的骑兵一部委给董其武向绥远开去，进一步征凑察绥杂部，在河北大力扩军。

四　出乎意料所不及的

我对当时局势的看法，是倾向于保持海口，支持华北局面，牵制华

① 据查，当时北平地区无第八军番号。

北解放军不得加注于淮海方面，争取时间大事扩军，增强傅系势力，准备在一九四九年夏间，于平津地区对入关的东北解放军来一次华北大会战的。自负还“不弱”，可争以主待客，以逸待劳的“优越”，争取“胜利”，扭转孤立局势。即或未能取胜，但依城设阵的收缩，海口海军的支援，还可收拾残部，从海上退到江南。但始料所未及的是：

（一）淮海国民党军竟然那么快地被消灭了。

（二）东北解放军一步不停地于解放沈阳后长驱入关，且达八十多万人之多，那么神速强大，又先趋于张垣、新保安方面。

（三）傅作义竟勇于捐弃新保安，令在那里的第三十五军强行突围西去，动摇了迅移主力于津塘集结的原计划。他把暂编第三军、暂编第四军[①]推向怀来以西还不够，连已经部署好的第九十二军、第六十二军也调度于南口、怀来方面，诩为“勾相联系，稳步东移”，一时“权宜灵活”的应付。这正是落入解放军的环围，把第三十五军、暂编第三军、暂编第四军他的基本得力的十多万本钱丧光，使得唐山、芦台、杨村空虚了，塘沽、天津暴露出来，置于解放军的直接攻围之下。

如果解放军对于张垣的第一〇五军、新保安的第三十五军，不是作“围而不打”的神妙运筹，而是可能的迅击解决，在傅仍保其暂编第三军、暂编第四军的基本军，则在平津的其他各军亦不会被牵连出去，重点尚可在津塘，傅的指挥中枢也会立即率同他的基本余力到天津来的。

五　瞶瞶负隅

我总是对解放军估计得低，既对东北解放军的猛进入关，尚在瞶瞶中，而自己的反动劲又甚狂妄。傅系老本三个军覆没于新保安、怀来间，傅犹秘而不宣。当时天津附近驻军被调一空，我在事先是一无所闻。只余第九十二军的一个待整补的残师，和新编起的尽是强征街道居民编成、还不会操枪的所谓警备旅，又两营宪兵、五个市公安局所属的保安大队。

十二月十二日夜，我正和天津防守区副司令秋宗鼎谈到：傅总部为何尚不让各部队安定下来，争取大冻结前完成要点阵地网工事，反而急调大军西去，对摸不着的解放军作非必要的局部会战。正难为解释中，总部

---

① 暂四军即第一〇五军，当时驻守张家口未动。

参谋长李世杰来电话说："空军情报，有解放军一大纵队——很大的，已到宝坻，向天津方面行动中。傅传令叫你紧急布防。"问："用什么部队布防？"答："急抓吧！现从南口调第六十二军当夜火车急运去津。"那时除了以警备部队警戒市的东北区、城防线外，也别无可处理的。十三日早晨第六十二军林伟俦军长带了两个师，通过铁路到来，其另一师（第一五七师）到丰台，临时被傅总部留下，但是当夜丰台即被解放军袭击，该师下车接受临时任务。慑于不知解放军从何方突袭而来，傅总部也仓皇从北平四郊向城内移退。调到怀来、南口的各军，撤得还快些，来得及回到北平。廊坊路断，单独第六十二军的第一五七师，也不敢窜过来津，就都归于北平的防守部队序列了。

第六十二军是广东系的老部队，经过东北塔山战役的很大损失，整理为两个师（第一五七、一五一师），此外还有一个师（番号记不得）是以新编的华北各团队凑成的新部队[①]。林伟俦急盼他的广东部队在一起而不可得，以不相习的两师在他指挥下应付紧急战局，感到十分为难，不得不勉强以天津的河北（金钢桥以北）地区作为阵地，把他的基本得力的第一五一师放在那里。

十五日，第八十六军由刘云瀚军长从芦台带来，亦只两个师（第二十六、二九三师，另一师尚未编补）[②]。

当日傅作义在北平，为应付紧急的局势，决定"分区坚守"，颁布命令：

（一）天津防守区：配置第六十二军（缺一五七师）、第八十六军（三个师）、第九十四军留津的一个师（第四十三师）为主力，另附以两个护路旅，两个河北保安团，以陈长捷为防守司令，林伟俦为副司令。

（二）塘沽防守区：配置第八十七军、第九十二军一个师[③]，又交警一个总队[④]以侯镜如为防守司令，段沄（八十七军军长）为副司令。

以上又合天津、塘沽为一个津塘区，使互相支援，以侯镜如为司令，陈长捷为副司令（用意是保持海口，贯通两处交通，也判断解放军将

① 据林伟俦回忆：第六十二军仍为三个师。其中第一五七师后被滞留北平。另增编该军一个新兵师，即第三一七师。

② 据了解，第八十六军辖第二十六、二八四、二九三三个师。

③ 据了解，第九十二军的一个师是第三一八师。

④ 据了解，交警一个总队指第十二总队，归交警第三旅序列。配置在塘沽的还有独立第九十五师。

先攻海口塘沽方面）。

（三）北平防守区：这时第八军、第十六军、第九十四军（缺一师）和从承德撤到通州的第十三军，以及被留在丰台的第六十二军的一五七师都撤到城内去配备守城，名义是第四兵团司令李文为防守司令，实际是傅自己直接指挥的。

三区的兵力比较起来，以北平为充裕，形成重点所在，傅不会再来天津是很明显的。而侯镜如对天津部署亦不肯负责，仅派一个参谋来联络了解。

这样的仓皇分区设防，是不得已的临时应付。傅的自己得力部队搞光了，再无可控制活动的部队。各区在形势上也不能相互支援。徐海情况日趋危殆，蒋介石更绝无余力来增援。据守各区有什么目的？无非是无路可走，缩到一个设防的区内，图一时的苟全。也知道"政治洽商"为必然的倾向，不外要以顽强的抗拒，把牺牲人民作"要价还价"的条件而已。我还瞩望于傅作这种适时的活动的。为了给傅以可恃为活动的基础，就尤其以为应凭恃天津的复杂"险固"地带，作较长期的顽强据守。

六　蒋介石的指示

蒋介石把天津军务交付傅作义统辖，在东北解放军入关前没有干涉过。辽沈会战开始，蒋亲去沈阳、葫芦岛指挥时，两度过津，再三叮咛，工事设计和运用要自己掌握，特别注重军机秘密。他痛骂了王耀武失守济南败坏鲁局，以及孙连仲冀中的失败，都是内部参谋作了共军的间谍没有察觉，而完全泄露了机密所致。同时他还说明他的亲临东北、华北面授机宜，调度部队，并不通过国防部第三厅，至多是侍从参军临时传达意旨，都为的是要极端慎重，保持机密。

当傅作义报告实行平、津、塘分区防守布置时，蒋介石认为津、塘两区兵单，不如并到一区，以固守海口为主，派副参谋总长李及兰和"总统府"参军罗泽闿持他的亲笔手缄飞来天津，分致我和各军长，鼓励我们协力坚定固守，抗拒解放军，对各军长叮嘱他们要服从我的指挥。这函是同样投给塘沽区和北平区的军长以上人员的。对于放弃天津，并到塘沽去的意旨是命李、罗作口传，商酌实际办理。李、罗两员经市长杜建时招待，我集合军长到那里共作商议。六个人会商了一夜，认为这个并区保海口的意旨是正确的，但时机已不许可。因军粮城是津塘间的要点，已被有力的解放军截断；津西南据点灰堆陷于孤立，海河南侧通东大沽的路亦被堵塞；海河北路的东局子机场已受到不断的袭击。两军勉强突围只有侧贴河边的一条路，士气是不好的，将要自相阻塞，立见覆灭。鉴于东北大凌河转进的覆辙，两军长都不敢勉强执行。我是关切着北平方面傅作义的处境，和天津尚有的许多军储。若我离开天津很可以卸责，但将更置北平于死地。也感到如果徐、海完蛋，蒋介石为了解救南京的威胁，还要再撤去塘沽部队。当夜我几次以电话向北平请示，傅无表示，以“待考虑考虑”作答。这个不指示等于已指示，我能领会。我当时的决心是一切应为傅负责，实践他没有变更的命令，不嫌兵单，还恃“阵固”，为北平免于孤立，以后好随北平的局面同样转变，也为避免在转移中一下子被消灭，就决定坚守下去，不实行突围。

七　犹作困兽之斗

天津市区是东北和西南偏斜的长方形，南北二十五华里，东西窄处尚不及十华里。经过傅总部指示，缩紧构筑的周沿城防工事线，达九十华里，间隔着海河、永定河、运河，分成河北（金钟河、运河以北）、河东（海河以东）和市区的三个方面。西北和西，亘于南和东南，地面低洼，河渠交错，形为河网与泛滥区；只东及东北方较广坦，来攻者可以展开大的兵力。对此设成三带阵地，虽未完全达成原计划，配以临时野战工事，已经基本是设堡的坚固阵地。以为来攻者若非经很长时间构成攻城工事，步步逼近，付出很大的代价，是不可能攻破的，更不可能以强攻急袭摧毁的。但有个矛盾，实际可用的兵力和三带设备是极不相称的，能就守区作战的仅仅是五个师（还欠一个团）。警备旅是新兵，兵员虽足，不能作战，只可和宪兵、保安队用以监察和维护很复杂的市内治安与交通，防范人民的“异动”，不能担起核心的守备。最负累的是从东北溃散入关的游勇，到处骚动扰乱，为数达到五六万，超过作战部队，既不能受编，又极影响士气，还得派部队予以监视。其他后勤和留守杂部，并各处很多的伤病兵也达万许，傅系眷属三千多家，穿着军服护理的随从，亦近万余。所以津市最后解放时，国民党官兵竟达到十三万之众。

当时天津两军的配备情况如下：

（一）刘云瀚的第八十六军在河东，从民族门亘于津东南的海河岸上，指定一个加强团据守着阵前的东局子营房大据点（是死守，而不是前进阵地），重点在民族门方面。

（二）林伟俦的第六十二军在河北，接民族门以北，北站亘于恒源纱厂至西营门运河地区，同样以一个加强团据守北站前的宜兴埠大据点，军重点保持在西营门方面。

（三）第九十四军的四十三师及新编第一八四师在津西南区，接西营门以南，亘于南开、八里台、尖山一带。河北保安团据守灰堆据点，静海保安团活动于南开前方，警戒泛滥区，均属该师指挥。要该师掌握一个正规团做机动应用，以该方不是受攻方面，尚准备急编游勇成师来接替，腾出该师作机动之用。

（四）顾虑到阵势的弱点，在民族门和西营门要遭受东西的夹击截为两段、瓦解阵线的体系，特指导两军军部接近于该方的第二线上，并控置有力的部队，以做准备。

无奈两军都感到兵力不敷配备，勉强保持了两线的纵深，至于第三线，则预想靠集结到北仓、杨柳青的两个护路旅和在南开、碱河地区的静海保安团，适时撤回作为控置，希望能保有三四个团的力量。

炮兵是准备多处阵地，活动集中火力，由防守副司令秋宗鼎统一指挥。两军各有榴弹炮、山炮各一营，另有第九十二军留守的榴弹炮八门也加入。到处有大楼，得以制高观察，应用集中火力，尚称方便。

弹药、粮食相当充足，照明器材、通信设备也多而方便。平、津、塘间，有无线电话和埋线电话，随时联系。加紧大造地雷，日可得三千颗。因此视为配合泛滥水网（是市长杜建时督同工务局所筹办的），可以坚守三四个月，以观时局的变化。但深晓走投无路，孤点绝无外援。（北平方面即是突围来合，相隔二百四十多里，也将同于东北大凌河廖耀湘的覆亡；塘沽力单，稍支出一部援津，海口立见危殆，当时徐海形势已见分晓，只有塘沽守部被蒋介石撤走，绝无海运来援的可能。）

从来即是要塞孤守，没有不终于陷落的。我们之所以犹作困兽之斗，实因军阀派系观念，认为平津一体，要待傅作义来解决，否则要影响华北的“政治问题”。看到傅召邓宝珊从绥飞平的消息，早已知道邓和解放军有联系，认为傅已在向解放军谋求和平的“政治解决”。当天津战事日趋紧急时，傅总部参谋长李世杰频传傅作义指示：“坚守就有办法”，体会为很有含蓄的命意。我一本军阀混战习惯，以能顽强相拒就是用来讨价出售的本钱，一点没有想到人民的利益，一意在军事上为傅负责到底，很自负地要坚持到粮尽弹竭时再说。曾向受愚蒙的官兵作狂妄的宣传说：“这样坚强的设堡阵地，充足的弹药器材，比起傅作义当年仅仅一师守着涿州城，不知优越到多少倍。涿州的防守三个月，创造战史上的伟绩，我们现在傅总司令的指挥下，也必要坚持胜利。”这样激励军心，要他们拼死恶斗。

也还要两套准备：恶斗是基本的，和谈是为拖缓对方进攻的阴谋。军阀的想法有部队有武器才是本钱，妄想在人民跟前私图出路。处在围城中，当时市参议会议长杨亦周和工业联合会主委李烛尘频来询问局势，仍告以听傅主持，并举邓宝珊到平，看出平方已在谈判中，平津是一体，傅不会置津市于不顾。让他们派天津市银行经理（忘其名，在绥和傅曾有关系）代表飞平（当时市内跑马场开辟了小机场），向傅请愿去，但终未得有明确的回报。

八 外围激战

十二月二十日，外围的激战开始。灰堆据点在一个夜间就经解放军袭占，保安团团长以下全部被俘[①]。布了许多地雷，也没有起一点效用。在杨柳青的两个护路旅，经一日夜激战后，仅有一团撤回市内。在北仓的一个旅经解放军一夜猛袭，溃乱得零散不堪，收容起来还不足一团。静海保安团尚在减河地区对解放军炮兵的占领阵地作了很大的妨害，终于被驱回来。另有个宝坻的“还乡团”，也随护路旅退入市内。对这些地方团队，既要利用它作战，又顾虑它起内变，都把它收枪而重新改编在收容回来的护路旅内（护路旅的干部是傅总部教导团选编的），作临时新编师，置于第三线工事上。在西南区第九十四军那一个师方面，由于灰堆的失落和前方静海保安团不能立脚，也受威胁，不能以重点支持西营门方面即将发生的剧战，就强迫关外流入市内的游勇（多选云南籍的）再急编为一个新师[②]。军械库存尚有余，因而能够急就，不少滇籍军官也受到利用，暂时作为总预备部队。西营门一接火，又把这个师加到它的西翼来缩短第

① 据查，解放军攻克灰堆的日期是一九四九年一月十一日。

② 即第三次重建的第一八四师。

六十二军的阵线，加深它的纵深。

第六十二军军长林伟俦鉴于北仓、灰堆外围据点的孤立，轻易就被解放军摧毁，他为宜兴埠据点之团担心。又以他的基本第一五七师留北平不得归还建制，感到主阵地兵力不够用，以为北站和西营门双方都要受攻，再无能顾到宜兴埠据点，就撤回那个第一五一师派出的加强团，作军的预备部队。他怕原来阵地为解放军所利用，作为进攻北站的根据，令该团撤出时加以破坏。原指的是工事而言，哪知该团长竟然是纵火焚村，给千数家人民造成严重灾难①。我尚无所知，杜建时来告，同为惊愕，电话问了第六十二军，才明究竟。虽然严斥了林伟俦，而未将那个罪恶团长置诸军法以平民愤，我亦负有严重责任。趁解放军尚未进占宜兴埠时，责成第六十二军迅即抢救，市消防队全数出动，收效也不甚多，造成一笔莫大罪债。我曾对杜说："这不同于长沙大火吗？还防守什么！"杜当时还强慰我以"军务为重，急筹善后！"那也就是按照傅作义所宣布的"布设城防阵地拆除民房赔偿办法"，会同杜出了布告，由市府拨款"赔偿救济"。结果军事日日紧张，灾民也乏人顾视，就又等于空文口惠而已。

同林伟俦的处理相反，第八十六军军长刘云瀚认为东局子营房据点的重要而又坚固，遮蔽着接近主阵地的要害，能坚持该点，全线就都可保安全。他特别加强该点的配备，并从主线增加炮火，作强力的支援。这还是他所见特到之处。但这样的设阵配置思想，对着特具攻坚威力的解放军的英勇强战，又属枉然。第八十六军举其精粹力量用在东局子支点上，只经解放军一日夜的猛攻强袭，即被突陷，炮火的日夜支援，也没起作用，一个大团干净灭亡。这使得原来软弱的第八十六军就全部丧胆了。

一九四八年底，外围各据点已经解放军扫荡干净，全阵线处在围困中，如同瞎子般看不出解放军的调度。但从杨柳青、东局子的受猛攻和解放军炮兵重点针对这两方，认出西营门和民族门将受猛攻，而以对西营门的顾虑更大，但还没想到会一下子就被突破。

一九四九年一月上旬，阵线各处都有不断的接触，河北和西营门地区起了激战。在解放军的一虚一实的迷惑作用下，第六十二军竟将空置的有力一团推进于河北地区，恢复第一五一师建制，置于无用之地，而吁请缩紧西营门阵地线的配置。

西营门战斗日紧一日，国民党空军曾有两次，每次两架轰炸机趁夜

---

① 据一九四八年十二月二十五日《华北日报》记载：津北宜兴埠昨晨大火。

从青岛飞来，在西营门、减河间找出目标进行轰炸，掷弹即去，不敢参与地上作战。

西营门初战，曾有解放军一个突击队插入第六十二军阵地网，大约是侦察队的过分勇猛深入以致被击灭，第六十二军那一师防守的部队缴获了解放军“尖刀队”的旗帜，视为“珍重”的战利品，从事宣扬。一时虚骄之气大作，而不知灭亡即在眼前。

十日解放军的攻围部署已经完毕，炮战更趋激烈。解放军战士从一点一点的地堡，逐步灵活地迫近阵前。守军日夜发射雨一般的机关枪火倾倒阵前，以壮孤胆。其实是虚耗弹药，要想制止解放军已不可能。由于西营门不停地激战，东局子被猛攻陷落，已看出受攻的重点，将是在西营门和民族门的东西两方面。解放军的重炮火更多倾注于西营门的西头一带，并有战车活动于运河自来水厂附近地区。当这紧急时期，请求青岛的飞机来助战不见答应（正为应付淮海的危殆，遑顾天津），就将护路旅所改编的新师，推进于西头方面，支援西营门。当西营门激战中，林伟俦恃着新师的准备援应，仍忧虑到河北的孤立突出，将所控制之团（第一五一师有力之团）交给该方师长使用。民族门方面，除了炮战，只见解放军的小部迫近，逐步夺取第八十六军阵前的小支点，在构成地堡做攻击准备。

九　拒绝和平解放的通牒

一月十一日接到解放军送来的“和平放下武器”的通牒，即约杜建时到部会商。开始是各怀鬼胎，以目相视，默然无语。刘云瀚是蒋介石、陈诚的嫡系心腹，对战事虽然怀虑，但默不作声。林伟俦和秋宗鼎又都慑于特务的监察，有所欲言，而又吐吐吞吞，没有一个说应该和可以放下武器的。大家却也愿意谈判，无非为的缓攻，观望而已。

来牒限至十二日晚答复，说明十三日以后就要开始全线进攻。当由秋宗鼎执笔起草答复，大意是：为了津市免于糜烂，可以商谈和平，要解放军派负责人员来商谈，并表示放下武器有为难处。这就等于拒绝来牒。大家认明解放军即要实行总攻，表示坚持据守，等待北平傅作义主持全局的动向。这一段经过，自然立即报给傅作义。得到李世杰参谋长的回报，还是那句：“坚定守住，就有办法。”

蒋介石在各军和军事机关都置有从他的侍从室直接派出的所谓“视

察官”，参与一切军务与军机，时时向蒋直接通电报。对天津就派来视察官程子践，程当时对作战中每夜汇报情况，指导军机，他都要参加。而他的背后，又有所谓“报务员”的执着密码本在监察他。蒋的特务对天津作战是多方面的钳制，这一种特务恐怖，慑伏了部队长官，迷惘不省。

十　不得不放下武器

一月十三日拂晓，全线受到猛攻，西营门一度突破，投入新编师和九辆装甲车（非坦克，是汽车改装的）进行反扑，到晚是堵住了，但没有夺回原主阵地线。到十四日解放军再行攻击更为猛烈，[①] 西营门区成为主力争夺战地，西营门终被突破，几处被插入，扩展到西头市区里来，开始了巷战。

河东民族门方面，在十三日尚无严重的激战，解放军已步步逼近，将第八十六军阵前的层层小据点，一个接一个地不断毁灭。刘云瀚想拒敌于阵地外，却无反击的余力，他的计划又破产了。到了十四日午后，民族门的主阵地，经解放军的一阵猛攻之下就被突破，第八十六军再无力堵击，听任解放军直插到金汤桥，就形成和西营门、西头方面的呼应夹击，截断市区交通，瓦解整个阵线的体系。河北始终无激战，但有力的第一五一师贴在那里，想放弃河北，撤回海河以南，反击插入金汤桥的解放军，指导下去又未能实践。林伟俦这时才派他的参谋从河北出去向解放军接洽“停火”，也同时向我说明，为了缓和危势，调整阵线。第八十六军方面，也经作同样的措施，这是一种梦想而无济的。十四日夜里，巷战愈形激烈，抽不出可应付的部队。又集两军长同杜建时到部作最后的会商。刘云瀚才变易其以前虚骄的习气，而腼腆地报道失陷主线无力反攻，表示了歉意。至此，第三线是不能也无兵力可以站住的了，再打下去是“分区的核心战”，无非顽抗到底，牺牲到底。大家都已认识到解放军战士的英锐威猛，没有攻不开的核心堡，支持时间亦不会太多。提出所谓“核心守备”问题，估计兵员除了两军部和总部的特务营、工兵营，再无可用的兵力。各区被分割开的小部也都无斗志，步步将被瓦解破灭。到此没有外援可望，多坚持，地方多糜烂，而无救于战局。大家观点均同，在无可如

① 据查，解放军发起总攻的时间是一月十四日上午十时。

何的情况下，决定放弃“核心抗拒”计划。如何接受和平？还见不到第六十二军自行派出的参谋的回报，即着由各部前线径自接洽，就地放下武器，实现和平。

当夜林伟俦回河北，到金钢桥就被解放军隔住，予以狙击，林便和刘云瀚一块走了。十五日早七时许，我以无线电话和傅作义详报主阵线突破后，巷战发展、核心战无力继续以及夜里会商经过。傅作义答道：“可以接洽和平吧！”这是天津受围开始后和傅作义亲作交谈的第一次，也是最后的一次。是他在无线电上得到解放军宣布“突入天津市”捷报而震动关心，由傅那面向我急通的无线电话。我和傅通完电话，一个解放军的副营长带着几名战斗员，已站到我的后面了。我就是这样被俘于我的指挥所地下室里面的。

天津战役纪实

林伟俦*

一　战前国民党军活动的情况

一九四五年八月抗日战争胜利后，美国军队即于九月三十日在塘沽登陆，进驻天津、北平、唐山、秦皇岛等地区，接着空运国民党第九十四军到天津和唐山一带。一九四六年九月，又海运第六十二军到秦皇岛登陆，接替第九十四军在天津和唐山的驻区。一九四七年春美军撤走后，又于八月调第九十二军接替第六十二军在天津的驻区。以上国民党军的活动，都是在第十一战区司令长官孙连仲的指挥下进行的。到一九四七年年底，华北"剿总"成立以后，即由"剿总"总司令傅作义指挥。

一九四八年十月，辽沈战役开始以后，傅作义将驻在天津的第九十二军一部调到葫芦岛，另一部调到唐山，增援锦西国民党军，其驻地又由第九十四军接替。

一九四八年十一月，解放军向平绥线的张家口和新保安进攻，傅作义又将驻天津的九十四军两个师西调平绥线，将第八十六军由秦皇岛调驻天津。当张家口和新保安相继解放，傅作义的嫡系部队被歼后，东北野战军和华北野战军迫近平津，傅作义又于十二月十日急将第六十二军的两个师从北平、丰台调到天津。

从此，天津战役前夕守卫天津的国民党军计有：第八十六军三个师，第六十二军两个师，第九十四军一个师，河北省两个保安师，天津市警备旅一个旅；临时增编的有第六十二军第三一七师和第九十四军第三〇五师（人员武器不全），加上宪兵第四团、汽车兵团、警察等，共十三万余人。

---

* 作者当时系国民党天津防守区中将副司令兼第六十二军军长。

二 构筑天津城防碉堡工事的经过

天津市的碉堡工事始于日本侵占天津的时期。日军曾在天津市郊的主要交通要道构筑红砖碉堡，有的高及一丈多，有的低及数尺，大大小小总共有几十个，并在碉堡周围架设一层铁丝网。在一九四五年间，美军接替了日军，加筑一些铁丝网。国民党军接替美军后，更积极修筑碉堡工事。一九四六年间，第九十四军在高碉堡驻有部队，又加筑一些鹿砦的障碍物。第九十四军军长牟廷芳曾拟有修筑天津环城碉堡工事的计划，当时因为美军尚驻在天津未实施。到了一九四七年初美军撤走，第十一战区副司令长官上官云相在天津成立指挥所以后，催促天津警备司令部和天津市政府筹备构筑天津城防碉堡工事。上官云相焦急地说："美军走了，天津地区平坦辽阔，没有坚固碉堡工事能守得住吗？我早年在江西'剿共'时，所得经验教训太多了。"他并指定由天津警备司令部作出计划，天津市政府设法筹款。这年夏间，天津市长杜建时和我（时任第六十二军军长兼天津警备司令）及第十一战区长官部驻天津指挥所高参夏蕃等，根据天津警备司令部所预定的环城碉堡工事线位置图，加以侦察修正后，交由第十一战区副司令长官兼天津指挥所主任上官云相作出最后决定。由于构筑天津环城碉堡工事规模巨大，需款也多，指定向天津市先筹集两百亿元（法币），其中由天津市"四行两局"（中央银行、中国银行、交通银行、农民银行，中央信托局、邮政储金局）共筹一百亿元；天津市银业公会和钱业公会共筹五十亿元；天津市商会筹款五十亿元，统由天津市政府负责主持筹集，交由天津市参议会负责监督管理开支。后来因为两百亿元法币还不够开支，再由天津敌伪产业管理委员会筹款五十亿元，合共两百五十亿元的巨额款项，用来做碉堡工事[①]。当时又为了迅速完成工事，由天津市政府工务局主持，按照各碉堡大小图形和护城河的宽深土方多少，进行投标雇工承包建筑。因此一个月左右的时间就基本上完成了天津环城碉堡工事线，长达八十四华里。挖了一道宽五米、深三米的护城河。

① 关于天津修筑城防线费用款额，据杜建时谈："当时凡是征集来的款项，直接交中国银行入账，最后数目是八百亿元。"

内墙顶到河底高达七米，墙内每隔三十米有一座碉堡。环城围绕一道铁丝网和电网，沿着护城河有大型碉堡三百八十多个，连同市内纵深的碉堡先后完成共一千多个。环绕天津市护城河放进运河河水和海河潮水，经常水深保持两三米左右。沿着环城碉堡工事线只留了八个门为出入交通，其余都围绕了铁丝网。每个大型碉堡都安装了电话，足够一班兵力的驻用。而且在护城河内墙各大型碉堡之间还构筑散兵坑掩蔽部和交通壕及马路，连贯一起，便于使用汽车运送人员、弹药、粮食的补给。原来天津市周围是广阔平坦的水网地带，可以四通八达的，自从构筑环市碉堡工事线以后，形成了天津城防形势。在战事尚未迫近天津市郊的时期，只有在八个门来往交通，每个门都驻有警察和宪兵，检查行人和车辆，入夜闭门。其余地段筑有铁丝网和护城河，不易通行。

但在一九四七年间建筑天津环城碉堡工事时，国民党想不到后来溃败如此之快，也想不到解放军发展如此迅速，更想不到天津市会被围而成为一个孤立据点作战，总以为将来主力作战会在天津外围一百里或几十里的地区，天津市为后方而不是前线，以一个师或两个师必要时一个军防守天津就足够了。所以在一九四七年间开始建筑天津环城碉堡工事就是以一个军九个团的兵力配备位置而进行构筑的。因范围不大，迫近市区街道，许多地方没有划入城防线内。一九四八年底战事紧迫时，在城防线前的房子村庄拆了很多，但如天津北地区的白庙村和南地区的八里台村等居民当时要求划入城防线内，还未获许可。弄到战事紧迫时，因它靠近城防线，又将村庄拆毁。国民党反动派还对人民解放军武器装备炮火力量估计过低，因此所有碉堡大量使用红砖墙建成，只在墙壁内填些水泥砂石土，以为解放军没有大炮攻不破碉堡，这样就可以确保天津市的安全。到了一九四八年间国民党军节节溃败，人民解放军装备渐成优势，炮火力量迅速增强，这是他们最初所未预料到的。因此，天津警备司令陈长捷再向天津市商民筹款几十亿元法币，加筑水泥钢筋碉堡几十个，分布在天津市郊的主要地区。由此可见，国民党军队在天津连年构筑碉堡工事，是企图凭借坚强工事而作顽强抵抗的。

三 傅作义对天津的部署和蒋介石的阴谋

在一九四八年十一月间，傅作义曾经派高参到天津塘沽分派轮船，先分批将原驻在北平、天津的军官家属老小专用轮船南运上海等地，再分批将张家口和北平的嫡系部队军属老小和后方主要人员专用火车送到天津集中。当时住满了天津旅店和部分学校宿舍，由天津警备司令陈长捷拨给米面供应食用。他们还认为天津市为大后方，又靠近海港，较易南逃。

在天津战役开始前夕，原有第九十四军防守天津，因为平绥线新保安第三十五军被解放军包围时，将在天津的第九十四军调出两个师用火车运到平绥线。又将原驻芦台、汉沽和杨村的第六十二军三个师用火车运到平绥线，到达清河镇和丰台后，因为新保安的第三十五军等被围而就地停止待命。当时人民解放军即将进迫平津线，傅作义在一九四八年十二月十日急忙将停在丰台的第六十二军两个师乘原火车调到天津，当天晚上各列火车通过不久，平津铁路线杨村与豆张庄之间大桥（十一道桥）就被炸断，短期间不易修复。这样就迫使第九十四军两个师和清河镇第六十二军一个师赶不及调回天津。这些部队随后在北平随傅作义接受和平起义。

十二月十一日华北“剿总”总司令傅作义在平津交通被切断①、北平形成孤立据点的情况下，欲进不能，欲退不得，处于完全被动的地位。于是依据北平、天津和塘沽的现存残余部队，最后对华北地区作出一个“防守”计划：指定北平为一个防守区，以第四兵团司令李文兼任司令；天津和塘沽为一个防守区，以第十七兵团司令官侯镜如兼任司令，陈长捷兼任副司令。又指定侯镜如兼任塘沽防守司令，第八十七军军长段沄兼任副司令；天津警备司令陈长捷兼任天津防守司令，我和第九十四军军长郑挺锋兼任副司令。北平、天津、塘沽三个防守区有五十余万人，都在华北“剿总”傅作义统一指挥下作垂死挣扎。

到了十二月十六日，在天津外围金钟河以北约六十华里处，第八十六军前哨警戒部队与解放军最初发生了战斗，十七日打成了对峙状态。当夜第八十六军前哨部队撤回天津东北郊飞机场附近，企图守备天津

① 据查，十二月十四日，东北野战军第十纵队攻占杨村、廊坊，切断了平津线。

市郊飞机场保持交通。十八日国防部参谋次长李及兰和总统府参军罗泽闿等人乘飞机到了天津，住在天津市长杜建时家里，携来蒋介石亲笔信件，分别写给傅作义、李文、侯镜如和华北各军长等人，信中具体内容未能详悉，其大意是：东北沦陷，华北垂危，此次战役，关系于党国之存亡，务本精诚团结意志，服从傅总司令指挥统一行动……当时陈长捷，杜建时，刘云瀚和我等同李及兰、罗泽闿见面。李及兰忙于打电话到北平和傅作义讲话，问北平飞机场是否可以降落，因城外机场已被人民解放军所攻占，城内机场尚未修筑完成，准备明天空投蒋介石写给傅作义、李文等的亲笔信。李及兰在电话中未谈别事，只说道："老头子（指蒋介石）有亲笔信和公事给你，收到时回一个电报，空投地点请铺上白布十字的记号。"

李及兰在天津时曾说过："傅先生（指傅作义）为什么还不到天津来呢？"罗泽闿也说过："华北战事败局已成，无法南调部队了……"李及兰又说："老头子有计划要傅总司令到天津来，把华北部队主力集中天津和塘沽，南调部队要多少船，就有多少船，是不成问题的。"

当时陈长捷等听见李及兰的话以后，拿出地图来看。我和第八十六军军长刘云瀚商量后说："现在天津和塘沽的公路、铁路、水路都通行，可以立即行动到塘沽落船，大家分开走公路和铁路。"陈长捷说："天津做了这么多碉堡工事是可以守的，如果现在部队一撤，整个天津就乱了，我们行动还要请示傅先生才能决定。"李及兰叫打电话请侯镜如来天津商量，侯镜如回电话说："目前正在塘沽督促加紧做工事，事情很多，离不开塘沽。"

在当时华北战事面临紧张阶段，蒋介石还写了许多亲笔信急急忙忙派李及兰和罗泽闿乘飞机到北平、天津，其阴谋计划是将华北国民党军南调，加强华中力量，企图作最后挣扎。

四　天津国民党军的兵力部署及企图

在一九四八年十二月十一日，陈长捷根据傅作义对平、津、塘的整个部署，立即召集天津各军长、参谋长和天津市长等开会。他首先指着地图报告了华北一般情况以后，就说："我们要尽一切力量守住天津，因为天津物资丰富，是我们防守的最有利条件。但天津过去所做的城防工事线，范围太小，基础脆弱，没有时间来扩大加强，只能削足适履，已在主要地点加筑几十个洋灰碉堡。其他野战工事由各部队负责构筑，需要材料由本部征用统一发给；需要人力可以统一征用民工，由市政府协同办理。”他接着又说：“根据天津地形，我判断敌人主攻方向必然从天津北面宜兴埠、丁字沽方向而来，那里没有河流，容易使用大兵团接近。现在共同研究如何防守及兵力部署。”

因为陈长捷首先作出主攻方向的判断，其他人们再没有说出什么。第六十二军参谋长莫汉英拿出两张天津地图，提出研究防守方案。第一个方案，将天津市分为两个防守区的计划，以海河划分天津市为南防守区和北防守区，市中心为核心阵地区。第二方案，将天津市分为三个防守区，以新开河至大直沽的海河为东北防守区，再由新开河至南开大学附近为西北防守区，又由南开大学附近至灰堆的海河边为南防守区，不守核心阵地区。接着陈长捷叫防守司令部副参谋长拿出一张天津防守兵力部署位置图，是分三个防守区，与第二方案大致相同。最后陈长捷作出决定，将天津市分为三个防守区，他并指定西北区以第六十二军担任，由我指挥；东北区以第八十六军担任，由刘云瀚指挥；南地区以第九十四军第四十三师担任，由陈长捷兼任指挥；其余部队为总预备队在耀华中学附近。随后谈到关于各部队做工事材料问题，由天津防守司令部统一征用物资分发。关于各部队做工事增加人力问题，由防守司令部会同天津市政府统一分区征用民工分发。关于城防线前拆房子问题，由防守司令部和天津市政府联合出布告限令居民迁移拆毁。关于每天晚上七时在防守司令部开会的问题，陈长捷指定各军部的军长、副军长、参谋长三人，每晚派一人轮流参加；各师部的师长、副师长、参谋长三人，每晚派一人轮流参加；防守司令部各处长和必要人员等参加。还指定各部队将每天做工事和战况在开会时分别报告，同时各部队每天所需要多少材料和需要多少民工等在会中提出数量以便统筹分配。陈长捷还说到，所有必要命令在会中宣布，不另行文，以求迅速。

十二月十二日，天津各军接着开会立即分配各师的防守地区，各师开会立即分配各团的防守地区，各团立即分配各营的防守地区。在最短期间，要求各部队迅速就进入防守区的位置。指定以天津环城碉堡工事线为主阵地线，向主阵地前加筑各营和各连的碉堡群据点，构筑交通壕、铁丝网、鹿砦，并进行扫清射界拆毁房子，由近及远，限令居民迁出，拆下木料做工事掩盖和木桩使用。其他的高粱秆和茅草不需要的用火烧毁，来不及拆的茅草房也用火烧掉，弄得烟火冲天，祸及人民，露宿街头者到处皆是。有的整个村庄拆毁成为废墟，有的拆掉义庄的停棺构筑工事，不仅活人遭受浩劫，死人骸骨也受到灾难，造成人间地狱的悲惨图景。

各军的各级军官经常在防守地区亲自督促加强工事，防守司令部每天每时派出高参到各防守区巡回检查监督。陈长捷也曾亲身到各防守区巡视，他曾到达天津西营门监狱附近的防守区，有一次对第六十二军第六十七师师长李学正说："扫清射界拆房子不够彻底，墙壁未拆，敌人容易利用接近，所做工事不够坚固。在东北地区第八十六军所做工事比较坚固，在南地区第九十四军扫清射界拆平房子也比较彻底……"当天李学正把这种情况报告给我以后，我就命令全军的连长以上分批轮流到东北地区和南地区去参观，要求全军各级军官督促做工事，等于督战一样。因此天津西北防守区第六十二军更积极地多做碉堡群的工事，多做几层铁丝网，多树立木桩，多做纵深的鹿砦。各师、各团、各营的防守区，更疯狂地进行，而越做越多，扫清射界拆房子也越拆越远。在人力不够的情况下，第六十二军每天向防守司令部要求发给征用民工三千人，第八十六军每天也要求发给征用民工三千人，第九十四军第四十三师也每天要求发给征用民工一千五百人。每天晚上开会时提出数量，由防守司令部通知天津市政府转知天津警察局指定各行政区就近征用民工的范围。每军指定分配四个行政区，由警察按照每户每商店每天出一个民工，如果没有人力的商户则出钱雇人代替。由各区长指定各保长领队集合应征民工交给各军，在武装刺刀威迫下挖掘战壕，搬运木材，帮助拆房子等劳役工作。从一九四八年十二月中旬到一九四九年一月上旬的二十多天的时间里，从每天早晨到下午黄昏，民工们整天在强迫劳役中，不给任何代价，干粮和饮水还由各民工自备。征用民工的总数，没有精确的统计，共有十多万人。所拆的房子也没有统计的数字，只在解放后看到一九五〇年《人民日报》报道天津市政府发给郊区受灾居民的重建房子有二千二百多间，实际上还有受灾后自建房子的还不包括在内。

在加强工事期间所征用物资，主要的是木材，先由防守司令部派员兵将天津市木行商店所有木材一律查封，分发各军搬用，数量之多是无法估计的。所需有刺铁丝和无刺铁丝都由防守司令部强迫工厂制造统筹发给。在每晚防守司令部会议中，交换情报和报告施工情形及传达命令以外，又根据各军所要求发用的一切材料数量，应有尽有征用发给，为数甚巨，人民财产遭受的损失是无法估计的。陈长捷还在一次晚上会议中说过："天津物资丰富，要啥有啥，防守天津不成问题。"他曾派员清查仓库，所有枪炮、弹药及器材尽量发给各军使用，并发现美军在一九四七年春间撤走时，留下美制抛射地雷约有几千个（当时没有人会使用，经过召集所有工兵人员研究使用方法后，才发给各军在天津城防阵地前层层埋设），连同兵站发给的自制地雷，数以万计，构成宽达几十米、长达环城四十二公里的地雷区。在主要道路和主要阵地前更多埋设地雷，还在土堤和山坟的反斜面都埋设地雷，以杀伤解放军。美制的抛射空炸地雷触发时，抛出地面约一米多高然后爆炸，杀伤面积较大，当时听说有小狗在地雷区来往，触及抛射地雷，炸死了好几条。

天津战役的国民党军以环城碉堡工事线为主阵地线。城防线前缘有一条宽十米、深三米的护城河，并构筑屋顶型和半屋顶型的铁丝网三道，以及几层鹿砦和木桩。在城防线与护城河之间架设一条电网，分区以电力开关施电。又在城防线前构筑一连一连的碉堡群的据点，贮备大量粮弹和饮水，架设电话通讯网。

在天津战役的初期，我曾经召集全军各师的连长以上的军官讲话说："我们防守地区如果被突破，我们负不起这个责任，会被杀头的。谁的防守阵地没有命令不准随便向前冲锋，也不准向后撤退，我们只要守稳，与阵地共存亡。"又说："我们只要把拼命做工事，等于拼命打仗一样去干，才能达成任务。"第八十六军军长刘云瀚也曾召集所属军官讲话说："我们防守阵地线太长，兵力太少，多加强一分工事，就等于增加一个兵一样。此次防守天津，任务很重，上级要求守住天津，我们打仗时要实行'连坐法'，临阵退缩者杀……"

不仅如此，还不顾人民的死活，在城防线前面构成泛滥地区。在天津西营门监狱附近，将南运河筑一条拦河坝，提高水位蓄水，一方面把护城河水保持提高三米以上深度，另一方面将南运河两侧造成泛滥地区，使水深及膝，低洼地区泛滥广宽延及几百米。后来因南运河流水忽然减少，泛滥计划才未能实施。当时不明原因，随后得知解放军把静海县以南的唐官屯水闸开放，使南运河的水流入碱河出海去了。原拟计划还有，在必要时把天津海河上游的子牙河边自来水蓄水池打开，放水泛滥铁路两侧地区，后因顾虑天津食水关系没有实施。

到了一九四九年一月上旬，天津市郊战事迫近紧张的阶段，在城防线前，有部分碉堡群据点被解放军攻占。当时因环城碉堡主阵地线之后，没有预备阵地线，尤其天津西营门监狱附近的南运河两侧，街巷纵横交错，房屋栉比相连，并无一片空旷的地段。陈长捷顾虑那里城防线如被突破，无法抵抗，显出十分焦急的状态，指定防守司令部派员侦察城防线后的预备阵地，随后派高参指挥总预备队河北省保安师派出一部士兵配合征用民工，在市区南运河两侧拆预备阵地线的房子，又形成一片混乱。西营门监狱附近南运河两侧的预备阵地，长达数里，宽达五十米以上，所拆毁的民房商店没有统计。因市区街巷纵横相连，又是小商和贫民居住地区为多，人民遭受了破家荡产的浩劫。

还有在南地区的市区，将跑马场改建为飞机场，征用民工强迫劳役运土填平，并拆了一些建筑物。自从天津市郊东局子附近飞机场被解放军攻占后，在十二月下旬国民党军飞机只有使用市内临时机场。因大型飞机不能降落，又想在天津市区的北部地区利用大马路改建一个飞机场，后来因马路两侧要拆的商店过多，工程浩大，未能实现。

国民党反动派在天津战役中，不顾人民的死活，不计人民的财产损害，蛮横地强迫征用人民的物资和劳力，一次又一次构筑碉堡工事，一次又一次拆毁人民房子，一次又一次修建市区内飞机场，使天津市一百八十万居民，遭受到历史上空前所未有的重大灾难。

五　天津国民党军被歼的经过

前已述及，天津国民党军在环城碉堡工事线长达八十四华里的周围，分为三个防守区。工商业市区，则由警备旅、宪兵、警察等施行交通管制和灯火管制，日夜检查行人和住户，严密监视人民的活动，同时将天津各部队的炮兵集中起来，归天津警备司令部副司令秋宗鼎统一指挥，一律用汽车牵引，企图集中火力支援作战。预先做好了各地区的炮兵阵地和预备阵地，测好了市郊的目标距离，利用天津市区最高建筑物为观测所地点。在各军进入了防守区以后，随即施行封锁交通，非经防守司令部的许可，不准人马车辆船只出入市区。

一九四八年十二月二十四日深夜，在市郊北地区丁字沽、北仓附近发生了前哨战，到拂晓后就停止了。当时因在黑夜，只见三五成群黑漆一团移动，第六十二军第一五一师一个连碉堡群据点的部队，有如惊弓之鸟，乱放枪和投掷手榴弹，引起内部的惊慌混乱。因当时一切碉堡群和铁丝网的种种工事还未做好，以为人民解放军开始进攻，到了天亮后枪声停止，才安静下来。该师捏报诬蔑解放军驱使老百姓在队前进攻，夸大反动宣传。

十二月二十五日，瞭望哨看见北仓以北的土堤外面，有解放军一队一队地向东北移动转向东行，接着见有大部队伍向塘沽方面前进，天津防守司令部立即通知塘沽防守司令侯镜如要他注意。当时侯镜如也有电讯通知天津，说明塘沽发生激烈战斗，海军兵舰也已参战。塘沽外围据点的新河镇交警总队千余人被歼①，只有塘沽港在海军兵舰炮火掩护下苟延一时。

以后直到一九四九年一月一日这几天里，津塘地区各方面的战事沉寂。天津国民党军根据华北“剿总”的飞机侦察情报，在北平附近的解放军大部队沿平津公路向天津移动，同时塘沽方面电讯也说塘沽附近解放军向天津移动。因此天津各军非常恐慌，估计解放军集中兵力进攻天津渐已迫近，于是更进一步加强工事及加筑碉堡群，各军士兵携带着武器来做工事。在电灯光下，夜以继日架设铁网，疯狂地拆毁房子以扫清射界。陈长捷等认为塘沽工事比不上天津碉堡工事的强固，塘沽守军比不上天津守军的人多，塘沽能守住，天津也能守住。

天津国民党军炮兵观测所曾于一九四八年底瞭望看见市郊有一辆吉普车和一辆大卡车，来往于西南地区，有时停止，有时开动。当时判断是解放军指挥人员侦察地形，立即向天津警备副司令兼炮兵指挥官秋宗鼎报告，接着就命令炮兵开炮轰击。一时尘土四起，只见这些车辆向西开走，没有命中。

一九四九年一月二日拂晓前，市郊的东北地区和西北地区外围各连碉堡群据点发生了战斗，天亮时停止。三日拂晓前又在同一地区继续发生战斗，比较激烈；天亮以后，西北地区的阵地前有一排碉堡据点全被消灭，没有一个人漏网逃脱。同时东北地区有一个连的据点也被歼灭。从此就认为人民解放军已开始进攻天津，防守队极为惶恐，禁止市民放纸炮及敲锣打鼓，停止娱乐场所的营业，厉行交通管制，加派宪兵警察站岗，到处检查行人。入夜后如果没有警备司令部“特别通行证”，就不准人马车辆通行。天津市成了死气沉沉的景象。

一月四日整天市郊枪声沉寂。陈长捷发给各军一个命令：“……如果我战死，由兼防守副司令林伟俦继承。”并规定“各级主官如果战死，

① 一九四九年十二月二十四日《大公报》（天津版）记载，新河“我主动撤离”。另据胡啸华回忆，十二月二十二日晨，新河被解放军攻占，交警第十总队被全歼。

也要预先指定继承人。”

五日拂晓前，在天津南地区的灰堆地方发生了战斗。当时第九十四军第四十三师一个连据点被毁，全连大部被歼，残部逃入市区。六日拂晓前，市郊东北地区和西北地区城防阵地前第二线的碉堡群据点也相继发生了战斗。第八十六军在市郊东局子的一个营据点被解放军围攻时，通讯联络中断。刘云瀚即派兵两营驰援反扑，结果大部均被歼灭，残部逃入市区，次日，东局子被解放军攻占了。那时解放军已迫近环城碉堡主阵地线，而且金钟河两岸的土堤碉堡也被摧毁。当晚防守司令部会议时，刘云瀚反夸大虚报说：“这次东局子战斗非常激烈，我这一团已伤亡过半，敌人遗尸八百。”

七日拂晓，从西门城防线前进城的一个身穿军服的人，说他原是新编第一军的连长，辽沈战役放下武器以后，伪装士兵，混进解放军队伍充弹药兵，趁黑夜战斗中逃进天津市。他说解放军高级司令部驻在杨柳青镇。陈长捷曾经亲自和他谈话，把他送交防守司令部政治部处理安置。因此，从综合情报判断解放军最高指挥部驻在杨柳青镇，当晚指定秋宗鼎要求空军天津联络站请青岛派飞机轰炸杨柳青镇，同时由秋统一指挥炮兵向杨柳青到天津西门大道上所有村庄，在炮兵射程二三十华里以内的地区，进行日夜不停的扰乱射击。随后有人说到天津市区夜间灯火辉煌，司令部就立即实施分区的灯火管制。又因夜间黑暗，恐怕解放军接近城防线不及发现，各军要求征发煤油在阵地前燃点照明。并在环城线的大型碉堡设立探照灯，又在铁丝网上悬挂空罐，一触即有音响。还恐怕城防线被炮火毁坏，为了便于抢救和加强工事起见，由防守司令部征集麻袋几十万条分发各军使用。

八日拂晓前，西北地区的丁字沽西端第六十二军一五一师一个连的碉堡群据点，被解放军围攻，电讯中断，因黑夜城防线内部队不敢出去，只用迫击炮和炮兵射击企图支援；天亮以后，全连被歼过半，残余逃入市区。这样，解放军就攻占了丁字沽西端的附近地区。西营门监狱附近城防线前南运河两侧第六十二军第六十七师一个营据点，是主阵地前的第二线工事，八日晨同时发生战斗。在很短时间里，南运河北岸土堤碉堡工事即被解放军攻占。一个营被歼过半，残余逃过南运河的南岸，企图继续挣扎。天亮以后，枪炮声才停止。

从一月二日以来，天津环城碉堡工事主阵地线前缘第一线的各连排据点，经过人民解放军几小时的攻击就被歼灭，没有一个连的碉堡群据点能抵抗到二十四小时以上。各军到防守司令部开会汇报战况时，有的说解放军用大炮接近直射碉堡，几炮碉堡就被毁了；有的说解放军用长竹竿爆破筒伸到碉堡枪口把碉堡炸毁；有的说解放军挖交通壕的迫近作业直达铁丝网碉堡面前，而见不到人就被炸毁了。他们非常惊慌，束手无策，只作出自己安慰自己的话，说天津是水网低洼地带，挖深两米就可见水，不适宜于坑道作业。他们决定使用大量迫击炮和手榴弹轰击，并将母碉堡伪装起来，在母碉堡的左右挖出两个子碉堡，企图避免解放军炮火直射和爆炸。

九日，四郊城防线主阵地前各营各连的碉堡群据点，相继发生了战斗。这一天经过解放军的扫荡后，守军所谓主阵地前第二线碉堡群大部被摧毁，只有少数的连据点在城防线前面，解放军已接近城防线，有的地方仅及一百多米。守军大部退守环城碉堡工事线，企图继续顽强抵抗。防守司令部政治部派出一些男女政工人员携带扩大播音器，分途到城防线碉堡位置，进行欺骗宣传，叫喊什么："八路军吃得不好，来这里得到优待，有白米吃，有白面吃，有肉吃……"因为距离只有一百多米，被解放军开枪一打，那些男女政工人员就慌忙逃走了。

十日，四郊虽无战事，由于解放军已接近城防线只有一百多米的距离，守军惶恐万分，日夜伏在城防阵地上：有的死气沉沉地呆坐，有的睡在地上不知想什么，有的在自己所在地散兵坑和掩蔽部修理加土，怕被炮弹炸死。

十一日拂晓前，南地区的灰堆附近，发生了激烈战斗。当时守军在惊恐情形下，传说灰堆附近城防碉堡主阵地线被解放军突破。到了天亮以后，才由第九十四军第四十三师王师长亲自查明，灰堆附近解放军曾经冲到城防线，尚未突破。同一天拂晓前，西北地区的丁字沽东端和子牙河南岸自来水蓄水池附近的连据点，以及天津西门外义庄的连据点，相继被解放军攻占，守军残余逃入市区，解放军已接近城防线一百米到几十米的距离，城防线随时有突破的危险，各军惊惶不安，一面加筑预备阵地工事，另一面加强城防工事，加高南运河拦河坝，加深西门泛滥地区，积极分区架设电网。第六十二军新成立的一排战车大小三辆和火焰喷射器也增加到城防碉堡工事线。

又在这日拂晓以后，西郊城防线前发现一个身穿军服的人站在高土堆上叫喊，说是解放军通信员带来信件。那个通信员到达第六十二军军部交出第四野战军司令员林彪亲笔签名写给陈长捷、林伟俦、刘云瀚等三人的一封信，大意是：辽沈战役取得胜利后，百万大军已进关，劝告你们放下武器，不得破坏工商企业……我到刘云瀚处商谈如何回复，随即携带信件往见陈长捷。陈看信后，叫秋宗鼎打电话找来杜建时，五个人共同会商。陈长捷久不出声，大家沉默了许久，谁都说不出内心的实话，谁也不肯带头作出具体主张。我们还在等待北平傅作义整个华北问题的和平解决办法，如果天津首先放下武器，是不是会影响傅作义对整个华北问题的处理呢？我们如果放下武器后，解放军又怎样对待我们呢？是不是我们几个首要分子会被处死呢？大家有这样那样的顾虑，并想到长江以南仍属蒋介石，将来时局还不知如何演变。在当时沉默的情况下，我问陈长捷对于这封信究竟复不复，因为解放军通信员还在军部等候着。陈长捷说："复他一封信吧！"叫秋宗鼎执笔写，由他口述。口述一句写一句，没有任何修改。复信内容大意说：武器是军人第二生命，放下武器是军人耻辱。如果共谋和平，请派代表进城商谈……复信写好后，陈长捷首先签名，其次是我和刘云瀚。然后交由我派员随同解放军通信员出城送去，并带进解放军代表进城商谈。这表明我们顽固地不肯接受劝告而放下武器，还以为天津城防碉堡坚固，解放军一时攻不破。十二日早饭后，我派任科长随同解放军通信员从津北地区向宜兴埠方面山城，但事前没有做好联络，中途遇到解放军哨兵开枪射击，他们伏卧田间水沟许久。任科长带着复信退回市区，解放军通信员取得联络后到宜兴埠去了。十三日天亮，解放军通信员又通过叫喊进城，第六十二军再派任科长携带一些水果随同解放军通信员再出城到宜兴埠，见到解放军首长谈话，交出复信。解放军方面认为没有诚意接受劝告，不再写信，十四日晨仍由原通信员亲送任科长到中途，然后各返回原地。

在十二日拂晓前，除北部地区以外，其余东、西、南地区都发生战斗，大部分在城防主阵地线相距一百米或几十米的地方。当时护城河水虽深有三米左右，已因天寒冰冻，人能通过。守军在城防线外墙斜面高达两三米处泼水，造成冰冻滑坡，企图阻止人马通过。第六十二军第六十七师在西营门监狱附近城防线外约几十米的一个连据点被解放军攻占。因为这个据点在南运河南岸土堤上，地势颇高，又有一个水泥高碉堡，能控制城防线阵地，有居高临下的扫射形势，就使得守军在城防线内来往受到极大困难，部队增援城防线也受到阻击。监狱附近马路交通已被切断，解放军占了有利地形，控制了城防线。第六十七师师长李学正指定防守西营门监狱地区的一个团长，限他派兵恢复南运河南岸土堤的水泥高碉堡，并要该团长亲到城防线去督战指挥。十三日四郊枪炮声沉寂，各瞭望哨看见市郊外围解放军队伍来往调动频繁。十三日晚入黑后，第六十七师派兵一营沿着原有交通壕出城防线，企图抢夺南运河南岸土堤上的水泥高碉堡和该处据点工事。因相距甚近，土堤左右又是地雷区，在交通壕隘路和解放军发生战斗，短兵相接，互相投掷手榴弹，反复争夺，被解放军歼灭过半。

十四日十时，解放军总攻天津开始。环城碉堡工事主阵地线，到处发生激烈战斗，炮声隆隆，较前任何时候更多。尤其东北地区和西营门监狱南运河地区，烟雾朦胧，远不见人，解放军在密集炮火掩护下，冲击前进，手榴弹密密爆炸，火花四射，迫使第六十七师的一个营争夺洋灰高碉堡的残余部队溃退，沿着交通壕争先恐后逃命，互相践踏，壕中死尸累累。残部溃退时，又被自己团长所指挥机关枪扫射。该团长也受重伤后身亡。解放军跟随猛冲前进，突破了西营门监狱附近的城防线，攻占了附近一些碉堡。第六十二军一排战车上前增援，也被密集手榴弹所击退。解放军在南运河两岸首先冲进城防线的由十几人到几十人，到百余人，直至中午左右达到千余人。解放军进城后，占据了西营门监狱附近房屋，掩护后续部队前进，与预备阵地的守军对峙。守军炮兵集中火力轰击西营门监狱南运河两岸土堤大道，企图阻止解放军后续部队增援。但到了黄昏后，市郊外围的解放军源源不绝地进入市区了。

十四日上午，东北地区的金钟河两岸土堤附近的城防线第八十六军防守的东门碉堡，经过激烈战斗，城防线的碉堡和铁丝网全被解放军炮火所摧毁，护城河水深结冰，人可通过，已不成为障碍。解放军冲进了城防线，连续突破缺口多处，进城分成三路前进。刘云瀚派兵一团增援反扑，企图恢复既失阵地，均被解放军击退。解放军跟尾冲击，又突破了第八十六军的预备阵地。

陈长捷从各方面电话得知城防主阵地线东西门相继被突破后，立即派出总预备队保安师到西营门监狱附近增援，指定第六十七师师长李学正指挥，并叫保安师长住在第六十七师师部。保安师部队一触即溃，又缺乏通讯联络，只有一个师长住在六十七师师部，一个兵也联络不到。国民党部队在城破之后都成了惊弓之鸟，闻风逃散了。

这时陈长捷还用无线电话报告北平华北"剿总"总司令傅作义，并得到指示："设法抽兵恢复被突破的地区。"但已无兵可调。市区只有警备旅分散在各主要交通街道碉堡守备，该旅又是新编成的没有重武器，缺乏战斗力。市区各街道所构筑的碉堡，根本上也缺乏兵力驻守，原拟街巷作战的计划，已不可能。固守天津进行顽强抵抗的企图，已经在解放军的强大力量打击下彻底粉碎了。

陈长捷在十四日晚用电话召集我和刘云瀚及天津市长杜建时开会，他说："目前天津局势，无法维持下去，我们准备放下武器。由杜市长找寻李烛尘、杨亦周为代表明早出城商谈。"大家都表示同意，唯恐时间来不及。当晚连续广播多次说："天津部队准备放下武器，明早派代表出城商谈。"解放军前线部队十四日夜间继续前进，守军已接到各部队长的命令停止抵抗，只有未接到通知的小部队的独立据点碉堡，继续抵抗，随即被消灭了。

十五日上午，天津市区各部队驻区插上白旗投降，直至下午二时左右，整个被解除武装。枪声沉寂，各街道交通恢复。一队一队的俘虏，被解放军带出市区。天津防守司令陈长捷、第八十六军军长刘云瀚、天津市长杜建时和我，均被俘虏。当时有一百八十万人口的华北最大的工商业城市天津遂告解放。

抢修城防终徒劳

——天津战役国民党军覆灭经过

杜建时*

一九四六年蒋介石签署停战协定后，密令国民党各战区："严密监视共军的活动，待机进攻。"就在一九四六年六月国民党在豫鄂边区外围集结十个整编师包围中共中原军区。中共中原军区处于劣势地位，为了保存人民革命的武装力量，突破国民党军的封锁，越平汉路西进。从此国民党公开发动了内战。

自一九四六年六月起，到一九四七年二月止，人民解放军已经击退了国民党数百万军队的疯狂进攻，并消灭几十万军队，使战局发生了重大变化，迫使国民党军放弃全面进攻，改为重点进攻。

构筑天津城防工事

国民党国防部长白崇禧于一九四七年二月二十五日来北平，二十七日在北平行辕召开北平、天津、河北、热河四省市"绥靖会议"，召集平、津、冀、热的军政头头出席会议。天津由第十一战区副长官兼天津指挥所主任上官云相和我去北平参加。在会上首由北平行辕主任李宗仁介绍白崇禧来平的任务，次由白崇禧发言。他说：解放军声势日大，冀、平、津地区将有大战。指示各省市做好准备。他强调在平津外围要构筑永久工事，以防不测。我听了这番话，有长江以北将为共产党所有的预感。国民

* 作者当时系国民党天津市市长，北宁路（从北平至沈阳）护路中将司令。

党军官贪财怕死，士兵均无斗志，势已如此，徒唤奈何。当时我想，受蒋介石培养多年，只能顺从其意旨行事，不能有所违背。

会后在回津途中，我与上官云相商量，天津应如何构筑永久工事。上官云相是从北洋军阀投效蒋介石的，已是有职无权的将领，但富有打内战的经验。他说：“构筑永久性的防御工事是有计划的长期工作。警备司令林伟俦经常在外地作战，不知道什么时候就会调走。副司令卢济清是个外行。他们都不能担负这项任务。”他又说：“你是富有军事学识的军人（指我曾充任中央军校分校主任、陆军大学教务长、国防研究院主任等职），且能久住天津，应当挑起这副担子，不然，就会搞不成。”上官云相的话，使我想起，在一九四六年七月间，当时的天津警备司令牟廷芳，以构筑碉堡为名，向市政府要去法币两亿元（当时法币贬值的程度还不太大，两亿元能做不少事情），只在南围堤上修了两个红砖碉堡，不久，他的部队调走了，把钱也带走了。同时我又想起，我就任天津市长去见蒋介石时，他告诉我，在天津主要任务是配合军事。因此，我就想自己干。

回到天津就开始筹划构筑天津永久防御工事。我曾召集北宁路护路副司令谢敬舆、参谋长孟宪尊、市政府专员洪涛、警察局长李汉元、警备司令部参谋处王处长、天津指挥所夏高级参谋，共同商量构筑永久工事问题，他们都提不出适合情况的具体意见。当时在专作反革命策划的“党政军联席会报”上，时常提到共产党从天津购买军用器材，如无线电收发报机、修理军械的五金器材、通信器材、电料及中西药品、布匹等物品，运往解放区。为了防止物资流入解放区，我设想把天津永久防御工事与控制物资结合起来，就决定修建一个环绕天津市区的城防工事。

市府地政局新测量了大比例尺的天津市区地图，我在地图上研究城防线如何划法。天津是五大河汇集之处，地势低洼，北有子牙河、运河，东有海河，西南从八里台、卫津河到南大堤一带是池沼地带。为了利用天津河道多的有利条件，划定南北长二十五华里、东西宽十华里，周围共八十四华里一道蜂腰形的城防线。预计在城防线上构筑高四米、宽二米的一道土墙，墙外面挖一道宽十米、深三米的护城河，由内墙顶到河底高达七米。环绕城墙的护城河，必要时，可在三元村附近将南运河与护城河沟通，使南运河水流入护城河，并在赵各庄、陈塘庄附近，堵塞护城河通入海河，使水向天津西南方广大郊区倾泻，造成一片水淹区。

当我策划此城防线时，犹疑不决的是，东西蜂腰处东在东局子，西在西头监狱，两处相距甚近，唯恐解放军进攻时，重兵指向蜂腰处，容易突入市区内部。本想将西边防线向西推出三华里，因顾虑西头监狱以西的广阔地区内，坟墓密集，如在坟区挖宽十米深三米的护城河，势必要挖掘很多坟墓，唯恐惹起公愤，乃将城防西线仍划在西头监狱附近。城防线就这样决定了。

市府专员洪涛，军事学术较好，我和他研究在城防线上碉堡的类型和配置等技术问题。当时认为解放军的装备差，没有大口径炮，决定构筑碉堡以防御步兵进攻为标准，就在城墙上构筑红砖水泥立式大型碉堡。重点方面每隔三十米设一座碉堡，一般的每隔五十米设一座碉堡。在环城上共设大碉堡一千多个。在重点方面还设有纵深配备的小型碉堡群五百多个。环城围绕一道铁丝网，于重点处通有电流。每隔三四个碉堡装上电话。大型碉堡足够一班兵力驻用。在城防线上内墙里还修了一条马路，将全城防连贯一起，于必要时，可以使用汽车运送人员、弹药、粮食等补给。城防四面只留八个门，设岗把守，以防物资流入解放区。预计所有工程从四月开工，到年底完成。

城防上的防御工事以及城防上的副防设备计划完成后，由洪涛绘制一张天津城防构筑工程计划要图。我携此图赴北平，请北平行辕主任李宗仁、第十一战区司令长官孙连仲审阅。李问："这样大的工程在短期内办得到吗？"我说天津人力物力财力丰富，一定可以如期完成。孙表示赞成并促早日实现。我回津后又将此工程计划径呈蒋介石，并报行政院、国防部备案。最后向上官云相汇报了计划的经过，并和他商量实施办法，决定成立"天津城防构筑委员会"，以上官云相为主任委员，我和第六十二军军长兼天津警备司令林伟俦、临时参议会议长时子周为副主任委员。当时林伟俦在外地打仗，未能参与其事。

在市政府成立了天津城防构筑委员会。先以上官和我的名义函聘天津金融界各经理，工商业各资本家以及买办、富绅，各机关首长，市府各局、处长等为委员。一九四七年三月二十日在市府召开第一次委员会，由我首先发言，宣布成立委员会的意义。我说：内战的形势，共产党声势越来越大，华北可能发生战事，为了保护国家和你们的生命财产安全，应未雨绸缪。天津市周围平坦广阔，解放军随处可以突入。天津市是个水网地区，可以利用水路构筑城防工事，这样既可以保持城内治安，防范物资外流，还可以防止解放军进袭。天津有钱的出钱，有力的出力，共襄此举。有钱的委员们听说向他们要钱，没人说话。随后由我提议，在城防委员会下设：

①构筑委员会，由我任主任，工务局长刘如松为副主任，管理城防构筑业务；

②财务委员会，由时子周任主任，中国银行副经理潘述庵为副主任，管理城防款项的支付；

③监察委员会，由上官云相任主任，林伟俦任副主任，监察城防构筑和款项支付。

会后即开始行动。一面由市政府财政局向天津金融界如“四行两局”（中央银行、中国银行、交通银行、农民银行、中央信托局、邮政储金局），工商企业界如开滦矿务局、中纺公司、东亚毛织公司、仁立毛织公司、华新纺织公司、同仁堂、宝华金店等，买办如雍剑秋等，富绅如徐世章等，陆续募集城防捐。至一九四七年十二月底陆续募得法币共约八百亿元，随募随交财务委员会委托的中国银行储存（城防工程完成时，共用法币六百多亿元，尚余一百多亿元存于中国银行）。一面由市府工务局测量城防线，确定城防工程各种图纸，分段投标召商承包工程。包商直接向财务委员会领取支票，再向中国银行换取现款。工程自一九四七年四月开始，至十二月基本完成。

华北“剿总”在北平成立以后，在一九四八年一月涞水战役中，傅作义部所谓“精锐主力”第三十五军的新编第三十二师首先遭受解放军歼灭性的打击。从此傅作义仅能维持平、津、保、唐和张家口、承德等几个大据点。一九四八年六月，傅作义派其亲信陈长捷来天津任警备司令。陈到津后，即对我说：“我是来准备打仗的。”我曾陪同陈长捷巡视城防。经过细密勘查后，我俩曾认真地讨论过几次，主要讨论的是解放军主力进攻方向问题，我认为解放军主攻方向，在于城防的蜂腰处，西面在西头监狱的和平门，东面在东局子的民权门。但陈长捷则认为解放军的主攻方向在城防西北角、天津西站方面[①]。根据他的判断，要在城防西北角再构筑钢筋水泥小碉堡群，以求巩固。从九月开始在警备司令陈长捷的计划和指导下，做了小型钢筋水泥碉堡十几个。工程尚未完成，解放军包围了天津。

解放战争在天津展开后，解放军以六个纵队[②]进攻天津。由四个纵队在城防蜂腰处进攻，其中用两个纵队从西面和平门突进，用另外两个纵队

---

① 作者注：日本投降后，国民党力量尚未到达天津时，解放军曾从西站方面突入过天津市。

② 据查，解放军总攻天津的兵力是五个纵队二十二个师。

从东面民权门及民族门楔入。两路部队在金汤桥会师，胜利解放了天津。城西北角、西站方面并无重兵进攻，陈长捷补修的碉堡是徒劳了。

平津解放前夕的蒋美勾结

（一）白吉尔来天津

一九四七年，美国派驻国民党政府的代表人物马歇尔、赫尔利、魏德迈等，以及盘踞天津的美国海军陆战队第三军团，在强大的革命力量压力下，相继撤走。但其心不死，于一九四八年春，又来个回光返照，派西太平洋舰队司令海军中将白吉尔率领舰队进驻青岛（青岛是国民党政府允许作为美国海军基地的）。该舰队司令直接受美国海军部指挥并与驻日美军总司令麦克阿瑟确取联系。西太平洋舰队驻扎青岛的主要目的，是观察并相机干涉我国解放战争的。

八月间我在天津接到国民党参谋总长办公厅通报，大意是：已进驻青岛之美国西太平洋舰队，可能以其一部舰队进驻天津，希预为准备。我接到通报后，即转知水上警察分局、海河工程局、新港工程局注意并预为筹备。过了几天接蒋介石直接电令：美国海军中将白吉尔将访问天津，必须热诚接待，如询问天津附近及北宁路共产党的活动情况时，应如实答复。我接得蒋的电令后，就找美国驻天津总领事施迈斯，询问白吉尔是否有来津消息？施迈斯说，他要来天津作礼节性访问，但日期未定，他如来津必然有专电通知。过了几天施迈斯来市政府，携来白吉尔给我的电报，说他将于八月二十六日上午十时访问天津。施迈斯对我说，只请市长和陈长捷司令到飞机场迎接，请勿通知别人，免去一切欢迎仪式，他准备待一天就回去。二十六日上午我偕外事处长到机场迎接，陈长捷、施迈斯和几个领事已在机场等候。十时，白吉尔偕夫人并带着两个参谋走下飞机。他首先对我说："我知道你是美国军事学院毕业的学生。"对我表示关切。他邀我和陈长捷乘飞机同他们一起去看看天津港口和秦皇岛港口。我和陈长捷、施迈斯上了白吉尔的飞机，首先飞到塘沽，在塘沽新港低空飞行。白吉尔的参谋携有大比例尺的、用从空中照像制作的渤海湾地图对照实地进行勘察。当时我问白吉尔，是否有一部分美国海军将驻天津？白吉尔说：塘沽港口沙多水浅，不能供军事使用。随即飞往秦皇岛作同样活动。返回天津已将中午，由市政府招待午餐。下午三时白吉尔中将偕总领事到市政府作礼节性拜会，商谈了天津附近及北宁铁路情况。我告诉他天津市八十里以外，北宁铁路沿线西北方四五十里以外，都是共产党控制地区，北宁铁路线上的北仓、胥各庄、滦县等处均曾受共军夜袭，因有护路队防守，拂晓即撤退。一九四六年十月，张家口被国民党占领后，铁路曾多处被爆炸，平、榆（关）间各次列车均停驶。一九四七年四月北宁路新河站美军陆战队军火补给站被共军攻击，美军被打死五人、伤十六人。一九四六年七月美军由天津乘汽车经平津公路赴北平途中行抵安平附近，受共军"攻击"，伤亡多人。我指着地图说，天津南郊曾有共产党军队几次从胜芳、独流向李七庄、灰堆进攻，几乎打进天津。白吉尔听我汇报之后说：天津是华北重镇，经济集中的城市，是国际间重要海口，你们应当做好准备。我问：天津美国财产侨民很多，在天津处于危急时候，美国是否可以出兵援助？白吉尔沉思了一下，低声说："事情要你们自己努力去做，在你们经过努力还做不到时，美国才可能考虑援助，不能指望美国帮助你们打内战。"以后又谈了北平、天津仰赖美国经济合作总署援助的面粉维持人民生活等等问题。他下午五时离市政府赴美国总领事馆休息。翌日上午回青岛。

白吉尔走后，我即将其在天津活动全部情况，径电蒋介石，蒋复电："应与其保持联系。"尔后我与白吉尔曾有书信往还。我原想赴青岛向白吉尔作礼节性的回访，因天津情况日益紧张未去。

（二）白吉尔派人与傅作义联系

九月间一天晚上，美国总领事施迈斯来见我。他说：从青岛美国西太平洋舰队司令部派来两个武官，一个名叫顾德门，另一个叫×××（名字已忘记），已到天津，要求和我会晤。我约定翌日上午九时在市长"官舍"见面。见面后，我问其来意，他们说：希望了解华北"剿总"傅作义的情况。我问他们：对傅作义的情况已经知道了一些什么？顾德门说：傅是山西阎锡山的部下，后久居绥远，拥有自己长期训练的建制部队，业已成为一个可以独立作战的力量。他继续说：如国民党在东北失败，华北将成为主要战场，美国认为如加强傅作义部队的装备，可能保住津塘国际海口地区。听了顾德门的话，我已经明白，他们有直接援助傅作义的打算。我说：傅作义集团是经傅多年一手扩编的部队，其团结精神与协同作战力量均强。现在解放军尚无海军，守住津、塘、海河三角地带，作为海口的桥头堡，以待形势变化，可无问题。为了为傅作义争取美援，我继续说：

傅作义部队装备很差，并非解放军的对手。随将一九四八年一月在涞水附近一次战斗告诉了他们：傅部最精锐的部队第三十五军与解放军作战，因装备不好，惨遭失败，军长鲁英麟自杀，新编第三十二师师长李铭鼎阵亡，几乎全军覆没。两个美国武官听了，面面相觑，似有惊色。顾德门问：如加强傅部装备是否可以抵抗解放军？我说：加强装备自然增强战斗力。顾德门说：我们想到北平访问傅作义。我问：见他有什么事？他说，我们想访问早已闻名的“华北总司令”，想知道他是否愿意接受我们的援助。“请你问一下是否愿意接待我们？”并说，越快越好，最好是明天就去。

美国人走后，我即用电话与傅作义直接联系，告诉他，西太平洋舰队司令部派来两位武官要到北平见他。他问：“有什么事？”我说：“可能是好意的对我们进行援助。”他说：“请他们明天上午到北平来。”随后我把傅欢迎他们去北平见傅的话告诉了施迈斯。

片刻之后施迈斯又到市政府，要求我明天陪同他们去北平见傅。我考虑了一下，以明天有事不能脱身为辞，拒绝了他们的要求。我不同他们见傅的原因是，天津市政府直辖于国民党行政院，因处于华北范围以内，受华北“剿总”领导。我过去和傅作义毫无渊源，在傅的集团中，我是个外人。傅作义认为我与蒋介石关系较为密切，对我似有戒心，我如陪同前去，唯恐傅对美国人不能畅所欲言。

次日晚上美国总领事邀我晚餐，顾德门等已从北平回来也在那里。我问顾见傅的情况，顾说：傅衣服朴素，说话诚恳，提到美援问题时，傅不肯直接接受美国援助，接受美援应通过国民党中央政府。

我将顾德门等来津及去北平见傅作义的全盘情况电告蒋介石。

九月下旬山东济南解放，十一月初东北解放，华北更为孤立。傅作义指挥的部队应付一个华北野战军，已经感到非常吃力，如果再加上东北野战军，那就更无法应付。傅对此形势必须扩充其部队，计划在三四个月内增兵二十万，拟将护路旅、保安团改编为正规部队，但武器尚无着落。

十一月初傅作义应召赴南京见蒋介石。蒋指示傅要固守津沽海口，扩充实力，以观形势变化。并让傅直接接受美援。

十一月五日国民党《中央日报》载有：美国西太平洋舰队司令白吉尔中将，由青岛抵上海访问。十日白在沪招待记者时声称，美国西太平洋舰队并无放弃青岛基地之意，并称美海军部命令，一千二百五十名海军陆战队由关岛增援青岛，必要时可能派遣海军陆战队来沪保侨的消息。

十一月中旬我去北平见傅作义。见他的目的是再陈述并促其迅速放弃张家口，集中兵力于平、津、唐地区，总司令部应早日移驻天津。傅未作正面答复，反而问我："白吉尔在上海对记者的谈话，你知道吗？他们既有支援上海之意，何以不能支援形势已经紧张的天津？"我说："国民党中央有保守江南、隔江与共产党对峙之意；江北败局已定，美国不会出兵相助。"傅说："你还是和他们联系，请他们来津保侨。"

我回到天津，即写信给白吉尔，转述傅作义提出的意见。白吉尔复信谓："去津保侨事，可以考虑。"我将原信送给傅作义，并电告蒋介石。

据我的外事处长报告，听天津美国商会传说，有一船支援傅作义的武器，现停泊于渤海湾内。我以此事询问美国总领事施迈斯，施迈斯瞪着眼睛摇头说："我不知道。"接着他像是发牢骚地说，到今天傅作义西去绥远还是东守海口尚未决定，把部队摆在绥远、张家口、北平、天津、唐山、山海关，兵力如此分散，处处都有危险。傅作义不把部队集中于天津海口地区，"如美国装备了傅的部队，谁能保证不把这些武器转交给解放军。"

（三）傅作义祈求美军来津参战

十一月底，张家口外围战斗开始，傅作义令其基本的王牌军第三十五军乘汽车驰援。继而北平东方密云县告急，傅唯恐北平直接暴露，遂令第三十五军星夜撤回。十二月上旬该军在撤回途中，被解放军包围于新保安，连同派往支援第三十五军的第一〇四军和第十六军的一部先后被歼灭，十二月下旬，被包围在新保安的第三十五军和困守张家口第十一兵团也被全歼，至此，傅系的主力部队完全被消灭。

傅作义在无可奈何中，又想起美国。十二月中旬傅作义的副秘书长焦实斋打电话给我说：傅让我到青岛找白吉尔，恳求他以保侨和美国财产为名出兵天津。我明明知道势不可为，美军绝对不会在此无望的情况下出兵天津，但为执行傅作义的命令，还是以我的名义写了一封信给白吉尔，要求美国以海军陆战队在天津登陆，派外事处长全绍武乘专机去青岛送信。过了两天，全绍武从青岛径飞北平，把回复傅的信交给傅作义。信上说：顷电美国政府，奉批示："在现在情况下，采取任何行动都是无益的。"全绍武又从北平飞回天津，另带回白吉尔给我私人信，信上说："傅作义迟疑不决，不早日把兵力集中于海口地区，以致处处失利，美国不能投入兵力于必败之地，因为时太晚了。"

一九四九年一月十四日解放军对天津开始总攻击，十五日天津解放。美国原想对“能独立作战”的傅作义部队直接予以援助，希望保住天津海口地区，为其入侵作一桥头阵地的美梦破灭了。

覆灭前的垂死挣扎

（一）蒋介石来平布置机宜

一九四八年九月三十日，蒋介石乘飞机到北平。十月四日，我到北平去见他，他对我说：“明天我到东北，经过天津。”他让我和他的侍卫长俞济时商量行程。俞济时用电话和在塘沽的国民党海军总司令桂永清联系后，决定蒋介石于明日上午八时半从北平飞往天津，我去天津飞机场迎接，乘汽车至塘沽码头，由桂永清在塘沽准备舰艇，驶往葫芦岛。俞济时嘱告我千万守密，不可使任何人知道。我问是否通知陈长捷，俞请示了蒋介石，可以通知陈长捷。我回津后亲自布置去飞机场迎接人员，分派汽车及沿途警戒。五日上午八时电话邀陈长捷到我家中，告蒋今晨从天津经过去东北，遂同往机场迎接，去塘沽码头。在码头上蒋介石对我说：“有话和你讲，等从东北回来再说。”

十月七日，蒋介石乘军舰从东北回来抵达塘沽，我通知天津铁路局备专列火车在塘沽码头迎候蒋介石。我陪同蒋介石去北平。在火车上蒋对我说：“华北将有大战，天津是最重要的地方，你要努力在此工作。必须长期保住天津海口，以待国际变化。”我问：东北情况如何？蒋只“哼、哼”了几声未作答复。我说：傅作义地方观念很深，总以绥远、张家口为后方，要集中兵力确守天津海口，必须放弃西北。蒋说：“很对。你应时常向他建议，促他将重兵集中于天津。华北军事真实情况即时地向我报告。”他让我把陈长捷召来。蒋对陈长捷和我说：“天津很重要，你俩要倾心合作。”对陈说：“你来天津不久，杜市长在天津已经三年多，遇事要和他商量。”陈长捷不识蒋的脾气，滔滔不绝地陈述天津城防与天津新编的警备旅的情况，蒋只是“哼、哼”地表示首肯。最后又叮嘱我两人，工事设计和运用要自己掌握，特别注意军事机密，他痛责王耀武失守济南败坏鲁局及孙连仲冀中的失败，都是内部参谋作了间谍，没有察觉而完全泄露了军机所致。同时他还说明他亲临东北面授军机，调度部队，并不通过国防部第三厅，均由侍从参军传达意旨，都为的是极端慎重保守机密。

说到这里车已行至天津站。陈下车，我随蒋去北平。

蒋介石回到北平，在傅作义总部召开军事会议。出席的有：蒋介石、国民党参谋总长顾祝同、东北“剿总”总司令卫立煌、华北“剿总”总司令傅作义、河北省政府主席楚溪春、热河省政府主席刘多荃、天津市长杜建时、兵团司令官李文和华北“剿总”参谋长李世杰等十几人。蒋介石在会上概略说明东北形势“岌岌可危”，根据东北经验，强调华北作战必须有计划的集中兵力，必须坚守津塘海口，以待国际形势变化。顾祝同概要地讲了内战全盘情况，傅作义在会上一言未发，因而未作出任何决定。

（二）向傅作义建议早日集中兵力争取主动

一九四八年九月二十四日济南解放，十一月二日沈阳解放。傅作义的华北“剿总”更为孤立。东北人民解放军入关，联合华北人民解放军形成绝对优势。对此形势华北“剿总”所辖部队仍然从张家口经北平、天津、唐山到山海关排成千里一字长蛇阵，毫无集中的迹象。在十一月初，我到北平找“剿总”中央系统的副参谋长郑长海（郑曾与我在陆军大学同学同事）了解情况。据郑说：傅作义内部原属察绥系统的倾向西去，保察绥基地，但不能带动所谓“中央军”。蒋介石的意旨想放弃平津，免蹈辽沈覆辙，给傅以华东军政长官，依青岛为后方，企图挽救淮海危局。如傅的部队不能向南转移，则须集中兵力，据守津沽海口，扰乱华北。我问：傅的倾向如何？郑答不知。我又找晋察绥系统的参谋长李世杰探听傅的腹案，西去察绥还是东保津塘？李世杰说：“老总的主意在他心里，他不说谁也不知道。”他又说傅的主力部队都在平绥路上，可能有西保察绥之意，也可能还没有拿定主意。

我携带预先准备的防守津塘作战计划意见书去见傅作义，是想促动他早下决心，放弃察绥，确保津塘。我对傅说，部队南调，因船只不够用，海运宁沪有困难，如沿津浦线南下，以几十万军队连同军属物资通过解放区，通过黄河，势不可能，况淮海会战败局已成，远水不能解近渴。既然如此，就不如西去绥远或固守平津。但西去绥远不仅带不走“中央军”，且无后路。守平、津、唐地区，既可指挥全部华北部队，还可以受到美国支援，而且可以长期守住，以待国际变化。请早下决心，早日将兵力集中于平、津、唐地区，迟则贻误戎机。随着，我将防守平、津、唐地区作战计划意见书交给傅看。计划内容大概分三部：

①放弃千里一字长蛇阵，把兵力集中于平、津、唐地区，在此地区内准备打运动战，以攻为守，能打则打，不能打则走，避免固守点线，不得已时舍平、唐确保津沽海口；

②趁东北解放军未入关以前，抓紧扩军，将保安团队、护路队改编为正式军队，武器、装备、给养可由美国从海上补给；

③“剿总”总部早日移驻天津。

傅作义对我的意见表示同意。这是我和傅相识一年以来最长的一次谈话，也是第一次承他对我表示关切。我们共进晚餐后离去。

回津后即将我向傅的建议全文，派外事处长李大为径送南京蒋介石。蒋亲笔复信：“此案可行，盼与傅总司令多取联系。”又将建议全文送给陈长捷一份，希其支持并盼其向傅作同样的建议。

（三）傅作义决定集中兵力于平、津、唐地区

十一月上旬傅作义被蒋介石召赴南京。傅归来后，国民党中央党部副秘书长兼蒋介石随侍秘书郑彦芬来津，向我传达蒋、傅会谈情况。他说，经蒋对傅谆谆指示，傅终于决定放弃察绥，逐步转移到平、津、唐方面，支撑华北。蒋授权于傅：①可以直接接受美国援助；②华北党政军以及经济全权（包括中央银行的支付权）；③编成渤海舰队，在长山列岛建立海军据点，支援塘沽作战。郑对我传达后，嘱告我：傅总部移住天津后，要与傅和傅的部下精诚合作，及时将军事真实情况报告蒋介石。郑当日乘原机回南京。

傅从南京归来后，曾作东移之行动：

①派其副总司令宋肯堂赴塘沽修建飞机场及防御工事，并指示我予以协助；

②部署中央军第九十四军于杨村，第六十二军于芦台，第八十六军于唐山，第九十二军于塘沽、军粮城，第八十七军（由原青年军第二〇八师扩建）从北平移驻北塘、塘沽；又将两个护路旅配置于天津到廊坊和天津到马厂铁路沿线；占好天津、塘沽、唐山三基点相掎角的形势；

③把张家口的家当和在那里的军官眷属三千多户移到天津安顿，我和陈长捷寻找房屋，并筹办给养；

④傅总部准备从北平西郊移住天津，并派其总务处长来津和我商量总部驻所；我将天津图书馆的大楼给傅作总部，并为其安装指挥系统各项通信设备；

⑤傅作义密令其军需处长将傅的一部分私人钱财，通过美国进口汽车公司美国商人甘成恩购买大量汽车轮胎，在天津付款，在香港交货，将财产转移香港；

⑥傅作义将其家眷刘芸生及其子女送往重庆；

⑦天津张各庄飞机场远离市区，在激战中将无法利用；我为保持天津市对外运输，在市区南面旧跑马场处，指使工务局赶修长一千米、宽二十米临时飞机跑道，自十一月中旬军用飞机和民航飞机均在此起降。

从各种事实来看，傅作义的作战计划确保津塘，已成定案。当时，我认为如此定案，可攻，可守，可走。自十月以来惊心动魄的心情有些稳定下来。但仍顾虑傅作义的基本实力第三十五军、一〇四军、一〇五军仍在北平张家口之间活动，尚无东移迹象。这样就有被解放军华北野战军从南口附近截断的危险。如果傅系部队不能调来，津塘方面完全指望“中央军”，则津塘难以确守。

（四）东北解放军乘胜进入华北

出乎意料的消息继续传来。东北解放军长驱入关，达八十多万人。其中有改编了的原国民党军美械装备的炮兵部队，先趋于张家口，与华北野战军协同进攻张家口。

傅系第十一兵团司令官孙兰峰在张家口被解放军攻击。傅作义派其主力军第三十五军乘四百多辆汽车从丰台向张家口增援。张家口危机解除后，因北平空虚，又调回北平。走到鸡鸣驿、新保安时，受华北解放军和东北解放军联合袭击。第三十五军被包围于新保安，傅令在北平第一〇四军安春山部和第十六军袁朴部增援。十二月十日强大的解放军将傅部第三十五军及第一〇四军、十六军全部包围。傅又把已经部署好的第九十二军、第六十二军调到南口怀来方面。这种头痛医头、脚痛医脚的被动战术，正落入解放军之环围中。不但使第三十五军、一〇四军、一〇五军傅系的基本队伍十万完全覆没，而且使芦台、杨村空虚，塘沽、天津暴露于解放军直接围攻之下。以上情况，我都及时地电告了蒋介石。

当时天津外围只有两个护路旅，天津市区只有一个新编成而尚未完成训练的警备旅，又两营宪兵和一个公安局的保警总队。

十二月十二日深夜，忽然接陈长捷电话说，总部参谋长李世杰来电话说：“据空军情报，有解放军一大纵队，已从宝坻县向天津急进中。”我问：“天津空虚怎么办？”陈答：“李参谋长让我们急抓，现从丰台调第六十二军即乘火车急运天津。”那时，我想宝坻距天津仅百余里，如急行军，明晨可达天津，甚为焦急，急让两个护路旅向天津收缩。十三日天明后，接得护路旅电话，说第六十二军先头部队已到天津站。随后又接第六十二军军长林伟俦电话，当日上午第六十二军全部可到达天津，我才放下心来。没想到第六十二军的一五七师因铁路十一道桥被解放军拆断，被滞留北平。第六十二军仅有两个师到达天津，其中一个师是由地方团队凑成，战斗力薄弱。所谓第六十二军只有第一五一师尚有战斗力。

十二月十五日，第八十六军由军长刘云瀚带进天津，该军是由地方团队新近编成的部队，装备差，战斗力极为薄弱。

傅系主力部队完全覆灭，平津路断，傅作义不会再来天津，天津已成气息奄奄的孤岛，处于绝望的境地。在陈长捷的主持下，把这些残缺部队配备于城防线上。我及时地将天津微弱的防守情况，径电蒋介石。

（五）国民党国防部参谋次长李及兰等来津

十二月十八日，国民党国防部参谋次长李及兰、总统府参军罗泽闿、联勤总部参谋长吴光朝乘专机到达天津。因李、罗、吴三人都是我在陆军大学学习时的同班同学，且多年一起共事，接到我的家中。李及兰给我一封蒋介石的亲笔信，大意是让我和李、罗、吴等商量，将守天津部队撤退塘沽，从海上逃走，以加强华中力量。当时，我认为防守天津是死路一条，与其等死不如突围。天津至塘沽之间，军粮城、灰堆虽有解放军，但兵力不大，如立即行动，可望突围至塘沽，上船逃跑。李、罗表示同意。李说：“给你一个军方名义把他们带走。”但此事必须与陈长捷、林伟俦、刘云瀚商量。我用电话邀请陈、林、刘三人来我家与李、罗、吴会商。林、刘两军都是“中央军”，向我暗示愿立即行动。陈长捷是傅系将领，受傅之命来津负责，他关切着北平方面傅作义的处境，说如防守天津部队撤走，将置北平于死地。当夜陈几次向北平请示，傅无表示，以“待考虑考虑”作答。陈表示决心：“一切应为傅负责。”陈拉我到另一室内，郑重表示：“如你们把部队带走，我只有自杀。”我看陈长捷如此坚决，暗中与李及兰商量，为北平免于孤立，也为避免在转移中被歼灭，就决定坚守下去，不实行突围。十九日天明时，我个人送李及兰等至飞机场（回南京）。临行时，有生离死别之感。

（六）企望北平早日“和谈”以免天津覆没

和平谈判的消息，不断从北平传来，但迄无确切消息。每次电话询问总部参谋长李世杰（我在国民党陆军大学充教务长时，李在那里当讲师，早就熟识），答均含糊其辞：“正在进行”，“再等几天就有希望”，“坚定守住，就有办法”等。林、刘两军长因与总部无熟人，也常向我打听消息。

旧晋军前辈刘后同老先生在旧晋军充当旅长时，傅作义在其部下当排连长。傅作义任天津警备司令时，刘老先生已退休住在天津租界，往来甚密。经人介绍我与刘老先生相识，亦以前辈尊之。刘老先生在傅作义丧失其主力部队时去北平。临行时与我会晤，道及去平目的是劝傅投降解放军，以免平津毁于炮火。到平后住北京饭店，和我常通电话，告知我一些和谈内幕情况，因而我一面在津抗拒解放军，一面企望北平早日“和谈”，以免天津覆没。

（七）纵火焚烧宜兴埠

从十二月二十日起，我们每晚八时在防守司令部陈长捷办公室会商。参加会商的人有陈长捷、秋宗鼎、林伟俦、刘云瀚和我，以及必须参加的高级军官。我们判断解放军的行动，研究防御配备，讨论作战指导和补给等问题。一天晚上讨论第六十二军派出的加强团防守宜兴埠据点问题，大家感到宜兴埠的据点过于突出，易受解放军摧毁破灭，决定将防守宜兴埠的加强团撤回，作为军预备队，并指使该团撤出时，将所构筑的工事加以破坏。哪知该团长于撤退时竟然纵火焚村，给村民造成严重灾难。我接到警察局电话说，第六十二军在宜兴埠纵火焚村，急往见陈长捷，陈闻讯大哭说：“广东部队真野蛮，这不同于长沙大火吗！”我俩共筹善后，遂责成第六十二军抢救，并令消防队全部出动，将火扑灭，并由我和陈出了布告，按所宣布的“布设城防阵地拆除民房赔偿办法”，由市政府拨款赔偿。结果军事日渐紧张，无力顾及灾区，等于一纸空文。当晚在司令部会商，陈长捷责林伟俦律兵不严，要惩办纵火的团长，以平民愤。林伟俦以昨晚会商时，在会上曾作出破坏宜兴埠之决定，陈、林之间发生争执。我从中和解，我说，昨晚决定是破坏工事而非纵火焚村，该团长按律当办，唯在此时严惩该团长于作战不利，应令其戴罪图功。陈、林双方均无意见。纵火焚村危害人民的罪责，竟不了了之。

（八）拒绝和平解放的通牒

一九四八年年底，外围各据点已经被解放军扫荡干净，全城防线处在被包围之中。解放军各以两个纵队集中于西营门和东局子方面。一九四九年一月十日，炮火趋于激烈，解放军战士逐步灵活地迫近阵前，攻击部署已经完毕，即将开始总攻。

十一日拂晓，西郊城防线前，发现一个身穿军服的人，站在高土堆上叫喊，说是解放军通信员带来信件。那个通信员到达第六十二军军部，交出第四野战军司令员林彪亲笔签名写给陈长捷、林伟俦、刘云瀚三人的一封信。大意是：辽沈战役取得胜利后，百万大军已进关，劝告你们放下武器，不得破坏工商业。林伟俦持函先找刘云瀚商量，随即往见陈长捷、秋宗鼎。陈看信后电召我去共同商量，我看信后问大家有何意见，他们四人均沉默无言。由于他们以前彼此都不相识，不能交心[①]。谁都不敢说出内心实话，谁也不肯带头作具体主张。我请陈长捷到另一房间里，问陈如何打算？陈说："我让他们打，谁不打就不行。我让他们降，他们不降我就毫无办法。还是等待北平和平谈判成功，一起行动。"我又请林、刘到另一房间内，问林、刘如何打算。林、刘说："陈是司令，要他说话，我们不能领头。"他俩问我："刚才陈对你如何表示？"我说："陈的意见想等待北平和谈成功，一起行动。"他俩说："那也可以。"我问他们："敌人发动总攻，你们能顶多久！"林说："一个星期可能没问题。"刘说："一个星期怕顶不了。"当时我想，我受蒋介石培养多年，不能反他，我也不便出头，北京已在"和谈"，同意陈长捷的意见，等待北平傅作义主持全局的动向。但是担心解放军总攻后，守不长久。我让陈长捷打电话给傅总部追问北平和谈发展如何？得到参谋长李世杰的回答，还是那句"坚定守住，就有办法"。大家经过简短商量，都同意坚持据守，等待北平的和谈。为了拖延时间，复了一封模棱两可的信。信上说：武器是军

① 作者注：陈长捷与林、刘两军长原不相识。陈长捷是晋系军官，一九四八年六月从西北调来天津充警备司令。林伟俦、刘云瀚是"中央军"。林带第六十二军一九四八年十二月十三日来津，刘带第八十六军一九四八年十二月五日来津作防守部队，陈与林、刘才开始相识。我与林、刘两军长同属中央军。我和林伟俦是老朋友，与刘云瀚是陆军大学的同学，均相交甚厚。因此，我在陈与林、刘之间起着联系作用。

人第二生命，放下武器是军人之耻。如果共谋和平解决，请派代表进城商谈。……复信仍由原送信人带回。就这样拒绝了和平解决的通牒。

（九）做了解放军的俘虏

十四日十时，解放军总攻天津开始。我率亲随数人到中原公司（今百货大楼）楼顶用望远镜观察全盘情况，环城碉堡主阵地线，到处发生激烈战斗，炮声隆隆，较前任何时候都为强烈。尤其东北和西门监狱南运河地区，烟雾朦胧，远不见人，解放军在密集炮火掩护下，冲击前进，手榴弹密集爆炸，火花四射，突破了西门监狱附近的城防，攻占了一些碉堡。第六十二军战车向前增援，也被密集手榴弹所击退。城防已破，危在旦夕。十时许我离开中原公司回市政府，亲笔写打给蒋介石为天津送终的电报，并焚毁与蒋介石来往机密函电。忽然轰的一声，一发炮弹落到市政府大楼楼顶，全楼震荡。挂在我办公室墙上装有蒋介石大幅照片的镜子，乒然落地，摔得粉碎。我呆若木鸡。我亲随人员谢壮图从我身后忽然把我身上带的手枪抢走，卫士们都劝我离开楼上办公室移到地下室。我继续将机密文件烧完，才下楼去。

十四日夜，巷战愈形激烈。我召陈长捷和林、刘两军长到警备司令部地下室作最后会商，共同认为第三线是不能也无力可守。“分区的核心战”再打下去，无非顽抗到底，牺牲到底。解放军战士英锐威猛，没有攻不开的核心堡，支持时间亦不会太多。多坚持地方多糜烂，而无救于大局。在无可如何的情况下，决定放弃“核心抵抗”计划。我让陈长捷电北平总部李参谋长询问和谈消息。回答仍然是那句话：“再坚持两天就有办法。”陈将电话摔在桌上，骂道：“让我们牺牲，作他们讨价还价的资本。”大家商谈了一下，决定我们自己发表一个和平宣言。

我深夜邀请天津工业知名人士李烛尘、参议会议长杨亦周商量，写一放下武器的和平宣言，由杨亦周在电台广播。十五日凌晨杨亦周广播和平宣言时，解放军已进入市区，为时太晚了！

十五日下午天津完全解放。翌日，我与秘书长梁子青同时被俘，当晚被押在“天津市训练团”的一间房内。我知共产党的政策，虽首恶必办，但不杀俘虏。一个多月来的紧张心情，一旦放松，酣睡了一整夜。

第九十四军第四十三师被歼经过

饶启尧*

一九四八年初冬，东北解放军先后全歼东北地区国民党军所有精锐部队，稍事休整，即挥师入关，围迫平、津，使整个华北局势急转直下。

为了迎击东北解放军，华北"剿总"总司令傅作义对部队作了如下部署：傅作义将其自己的后方部队由绥远向天津转移，放弃保定和古北口；收编张家口、怀来、北平、天津、保定地方部队和青壮年，新组五个师（第三〇一、三〇二、三〇三、三〇四、三〇五师）① 分隶于第十三、十六、三十五、九十四及一〇四军，用之驻在平津，一面整训，一面筑工。以李文兵团（第十六、九十四两军）及郭景云的第三十五军，安春山的第一〇四军，刘春方的新编骑兵第四师作机动，掩护平绥线上的转移。于十一月下旬，又将第九十四军主力集结在天津北仓以北地区，摆出了强力保卫天津的态势。东北解放军入关以后，首先展开对郭景云的第三十五军和安春山的第一〇四军的歼灭战。当郭、安两军被围于新保安等地时，华北"剿总"又派袁朴的第十六军，郑挺锋的第九十四军驰援。郑挺锋与该军副军长朱敬民、参谋长饶启尧率军部及第五师、第一二一师车运南口。军部由副军长林伟宏负责，指挥第四十三师、三〇五师留置天津。嗣后，解放军自平绥路南下席卷两翼，北平西北地区立时紧张起来。随后，解放军对北平四郊形成合围。

北平被围后，"剿总"发出坚决固守指示，并仓促作守城部署。

当北平被围后，第九十四军军长郑挺锋急谋脱身之计，力保该军副军长朱敬民升任军长，自己请求另调他职。傅作义终允所请，将郑挺锋调

---

* 作者当时系国民党第九十四军少将参谋长，战役中改任该军第四十三师师长。

① 新建师的番号及配属何军说法不一，有待进一步查核。

为天津防守副司令，朱升军长，同时将留天津之第四十三师师长王治熙调为高参，以饶启尧调任师长。

此时的天津，正在解放军日夜围攻之中，北平的南苑和天津的张贵庄两机场已为解放军占领，平津铁路交通也已中断。为维持交通紧急需要，在北平暂辟东长安街为临时飞机跑道，两引擎飞机尚能勉强着陆，天津则利用市内旧跑马场供小型飞机起落。

郑、饶两人的调令发表后，由“剿总”派机送往天津。一九四九年一月九日清晨，我按郑挺锋前夜电话交代，带随从一人往东长安街接洽座机，始知能冒险起飞者仅小型练习机一架，除驾驶员外，只能空手搭一人。经向郑联系，他说：“你先起飞，我等你乘坐的飞机返航后再前往，总部同意如此。你去，如不能下降，万勿勉强！”我在八时三十分起飞，九时零五分到达。降落时由预先准备好的徒手兵一排，荫蔽等候，待飞机甫一滑落地上，士兵们涌出，冒炮火急将飞机推入掩蔽物后。

天津防守司令陈长捷知我已到，即邀我去参加他每夜主持的军事会报，并要我在会报前先去和他谈谈。见面时我将北平概况向他报告，他也把天津被围后情况告诉了我，并说：“此地工事较北平早有充分准备，目前所缺，唯炮和弹药。”我回答他：“临行前郑副司令告诉过我，北平一〇五榴弹炮弹药仓库还多，总部立即准备空投，唯连炮投下，目前尚有困难。”陈又问我去接第四十三师的意见，我说：“可先以军参谋长身份去协助他们，到师的事请暂勿宣布。”陈表示同意，并说：“我也考虑，现在换师长，可能有些困难。”随即参加他们的会报。此夜，各地区主官均未来，只有副军长或参谋长出席。而陈长捷利用我天津之行，为部队打气，讲了饶某既能飞来，说明守天津是有希望的等语。

参加会报后，得知天津防守部署的概要，全市分为三个防守区，以刘云瀚部第八十六军（附姚葛民第三〇五师），任正东至正北北仓之线防务；林伟俦部第六十二军（缺第一五七师，附第三一七师），任北仓起至全部西正面防务；南正面由第九十四军第四十三师担任防务（附第一八四师——该部系由东北逃出官兵组成，师长为杨朝纶）；炮兵以第九十四军榴弹炮营为主（该营另有炮六门随军指挥所在北平，天津留六门，一门待修，营长车立人在天津），结合刘、林两军山炮，统一使用。预备部队主要由三个地区适当控置，防守司令部仅有由灰堆撤回之某部和“剿总”留守队伍及天津地方部队等归其直接调用。

第二天上午，林伟俦约我到他军部。我到刻许，刘云瀚也来了。我告诉他们北平未发现真面目的攻城战斗，他们都说："很明显，共军的主攻在天津，傅作义顾老家不成，先输光了自己的血本，弄得很糟。"谈时情绪极为沮丧。十日夜间，又见到陈长捷，我将天津报上所见的天津市士绅衔民意去见解放军谈和平解决，问他对此作何看法？陈回答我的大意是：他们代表民意，要求天津不打仗，现在是共军来打我们，他们只有自己去找共军了。然后陈主要谈我去接第四十三师事。因原师长王治熙已得北平通讯处电告，知我来津实情，坚决向陈长捷要求移交，并向陈诉说，饶某在第九十四军历史久，第四十三师团营长大多与他近十年相处，请陈释顾虑，立即命我到职。陈长捷向我提出，如王治熙所讲系事实，希望我速去到职，因王师长心已卸责，更会影响部队。

十一日上午，我先到各团看看。这天下午，由北平先后飞来两架运输机，在市内民园（即今民园体育场）空投了炮弹及手榴弹等。

十二日我去第四十三师师部到职。次日分别与各团独立排长以上人员见面。自我到天津五天以来，两军攻守战一直未停，战斗情况是白昼沉寂入夜激烈，重点经常在东局子和西北的丁字沽一带，海河以西地区仅有较小战斗。此段时间，炮火尚未波及市内，在昼间，市民生活行动一如平时。

十三日夜间，副师长余和去防守司令部参加军事汇报回来向我说："汇报没有说什么名堂，今晚是秋宗鼎主持，陈长捷、林伟俦、刘云瀚来了晃一下就走了。听说解放军林彪司令员有亲笔信给陈长捷，要无条件放下武器，限三日答复。总之，他们鬼鬼祟祟，最好下次你去参加，否则他们干啥也不知道呢！"

十四日晨，我由电话找陈长捷，秋宗鼎接电话说，陈有事外出，有事可和他谈。我说："司令部有什么新指示没有？"秋答道："没有别的，只是这两天来，林、刘两军伤亡比以往多了。"

是日上午十时起，解放军总攻开始，海河东岸枪声渐紧，我师第一二八团阵地也受到炮击。据该团长谢劲风报告："发现共军利用海河掩护，向东局子和我团正面增加兵力。"此时海河已冰封。我闻报后，亲往谢团视察，由电话传来，刘、林两军当面战斗，打得激烈；东局子国民党守军失而复得，得后又失；北洋大学方面守军已退近法政桥；我师与杨师当面，自灰堆以北多系开阔的水草地带，只有零星战斗。傍晚以后，战况又趋缓和。

十四日下午五时以后，解放军攻城炮兵开始向市内目标射击，第四十三师及第一八四师正面同时受到攻击。我师第一二九团方面打得较紧，据该团长马芳诚报告："共军在炮火掩护下，正面向我团阵地猛攻。"杨朝纶也来电话，说他师（一八四师）与马团结合部已在对战中。约半小时左右，听各方均发生剧战，我亲往马团观察，途中两度为炮击所阻，当我到达时，见其团部已被炮火轰击，又悉前沿阵地一处已被攻破，大家有慌乱象。马芳诚见我到来，乃命其副团长集合预备队，准备逆袭。

至夜八时，余和给我电话，告知几次向防守司令部联系，均无主要接话人，交通已被封锁，欲亲去也不能。又说林、刘两军当面战斗愈来愈近市内，司令部附近已受炮击，催我即回师部。我不待马团逆袭结果，即乘车返师部。此时，余和已与秋宗鼎接上了电话，我即跟上与秋联系，他告诉我林、刘两军今夜战斗伤亡很大，我向他谈了本师当面情况。

隔些时候，姚葛民在电话上找我，除问我师情况外，告诉我第三〇五师原被刘云瀚分割，配作地区预备队，今夜也加入了战斗。

午夜时，第九十四军军部副参谋长坚请我去军部一趟，我勉应所请而去，听了几个处的负责人报告，知副军长林伟宏去向不明，他们同感惶惑。我说："大家安静勿疑，如副军长果不回来，有事我会通知你们。"

下夜一时，正假寐中，忽接通讯营长车灵电话，他把收音机线接在总机上，叫我听广播，当即听到天津市广播电台重复地叫喊："林彪将军注意，天津守军同意放下武器，请即命令停止攻击！"我听广播后，心情极感空虚，恼火陈长捷一点也不告诉我们。

约二时许，陈长捷找我说话，先问第四十三师当面情况，接着说："林、刘两军伤亡大极啦！司令部附近连续被炮轰击，你等秋副司令有话向你说。"秋接过电话向我说："现在司令的意思只有停止战斗了。"我问："如何才能停止呢？"他答说："只好插上白旗嘛！"我恼怒他们不事前告诉，便把话顶回去说："插白旗，我没学过。"放了电话，副师长余和，参谋长徐季春一旁听着，立即哭了起来，大家相对无言。过了些时，我向徐季春说："把第一二七团撤回师部附近再说罢。"

在此团后撤中，解放军跟踪而来，战斗即在市内打开了。此时余和说："他们既决心如此，我们也无好办法。"我说："你们要如何办，我也无意见。"徐季春立即叫师部传达班长在驻地耀华中学高楼上插上白旗，同时告知了各团。但正是拂晓前的黑夜，解放军一时不能见到白旗，因此战斗未能停止，师部附近已有炮弹着落。我们在移往地下室的同时，派师部防毒军官出外联络，由他带来解放军一团长和武装数人，我们当即交了自卫手枪。此时师部外还有战斗声，该团长对我说：“你最好收拾好行李，我派人用车送你到上级司令部去。”

我们到学校球场正准备上车，突然飞来炮弹落在球场内爆炸，大家皆往地下伏卧。我趁炮弹爆炸的顷刻，越墙逃入一民家。

天津在一九四九年一月十五日下午三时完全解放。

第三三三师被歼记

宋海潮*

一　独立第三旅的护路任务

一九四八年春季，在人民解放军的猛烈进攻下，傅作义所属部队节节败退，处于被动挨打的窘境中。驻在察哈尔蔚县（今属河北省）的补训新编第三十一师，驻在平绥路天镇（今属山西省）的补训第十七师及驻在绥远凉城县（今属内蒙古自治区）的补训暂编第十一师之一部接连被歼。华北战场的形势正发生着根本性的变化。

为了挽回败局，傅作义于同年夏季将六个补训师合编为两个正规师，即暂编第二师和第三十一师；并成立了五个守备旅（后改名独立旅），由原补训师司令刘景新、宋海潮、李作栋、丁宗宪、蔡玉峰分任各旅旅长。我任独立第三旅旅长，旅部设在塘沽，旅下辖两团：第一团担任北宁路芦台至唐山段的护路任务，团长为赵镜明；第二团担任天津到芦台段的护路任务，团长为韩开元。

在暑期，我参加了傅作义召集的战略会议。会议的中心内容就是改变战略，变“守点连线”控制面为“清剿”控制面。我对傅作义这个战略企图的理解是：不要孤立地死守据点，以免被解放军各个歼灭。换句话说，就是失去一点地盘没有关系，重要的是不损伤部队，尽可能地保存力量。所以，我回到独立第三旅就改变了护路方法。我规定，不死守桥梁和车站，除用较大兵力驻守大桥梁外，其余桥梁和车站的守兵，白天在据点睡觉，夜间到周围的交通要道伏击破坏铁路的人员。由于改变了以往的守法，几个月内，铁路、桥梁和车站没有遭到大的破坏。有时铁轨被破坏，

* 作者当时系国民党天津防守区第三三三师少将师长。

铁路工程队在几个小时内就可以修复。在那时候，铁路一天、两天不通车，已成为司空见惯的事了。

二　独立第三旅扩编成师

一九四八年冬季，东北全部解放，华北的局势就更加紧张起来。傅作义放弃了保定和承德，把兵力集中在张、平、津、塘一带，想要据守平津。为保住塘沽海口，华北“剿总”副总司令宋肯堂亲到塘沽察看地形，组织构筑碉堡工事。我随他侦察了两天阵地。他确定碉堡工事的位置都是三角形的，而且数目很多（他说这比太原构筑碉堡的数目还少得多）。我派韩开元团协助塘沽部队构筑碉堡工事，拆除塘沽的破烂楼房作为构筑材料。

接着，傅作义的总部又令冀、察、绥各省积极抽送壮丁，扩充部队。此时扩编我旅为第三三三师，任我为师长，张淑荣为参谋长。除原有的两团外，又拨来一个团，团长是孙景涛。

我立即着手编组师部和各团。将旅部原有的卫队改为师部卫队连，通信排改为通信连。原第一团改编为第九九七团，仍以赵镜明任团长；原第二团改编为第九九八团，仍以韩开元为团长；新拨来的第三团改编为第九九九团，团长仍为孙景涛。

我师的护路区域，是由芦台至廊坊间（不包括廊坊）。于是我决定，师部仍驻塘沽；第九九七团移住杨村，担任廊坊至天津间的护路任务；第九九八团担任天津至芦台间的护路任务；第九九九团为预备队，驻在天津北郊。

部队的改编、调动尚未就绪，东北人民解放军已经开进关内。

三　三三三师移防杨村

一九四八年十二月十一日，我奉天津警备司令陈长捷之命，乘火车到天津警备司令部开会。出席会议的有第六十二军军长林伟俦，第八十六军军长刘云瀚，警备司令部副参谋长张某（忘其名）等。会上，陈长捷指着天津市的形势图说：“天津防区周围九十余华里，以现有两个军兵力部署，每个据点可以配备一个连的兵力。”“以天津地形看，共军的主攻方向，似要从天津北面而来，因为那里没有河流，大兵力容易接近……”接着，他便让张副参谋长拿出天津兵力防守图。防守图已经标明了三个防守区。陈长捷指定西北防守区由第六十二军担任防守任务，林伟俦军长为指挥；东部防守区由第八十六军负责，刘云瀚军长为指挥；南部防守区由第四十三师负责，陈长捷为指挥。其余的部队为预备队，驻在南开中学和耀华中学附近。第三三三师到杨村布防。陈长捷说，这样的兵力部署“如同蝎子尾巴一样，可以弯回来蜇人”。

会议结束后，我立即用电话向参谋长张淑荣下令，于十二月十二日率领师部和第九九八团向杨村开拔。我就近赶到驻扎在天津北郊的第九九九团，下达开拔的命令（九九七团就驻在杨村，无须通知了）。次日，全师部队便集结在杨村车站附近（包括新归我指挥的“清剿团”王殿臣部和由廊坊退下来的一个团）。

十二月十三日，我在杨村车站附近集合全师讲话。大意是，杨村车站附近驻有五个团，人数近万，兵力雄厚。各团要努力完成据点工事，准备固守杨村车站。讲完，将各团营长以上的军官向全师官兵作了介绍。

由于当时各团官兵还没有新符号，不容易识别，我规定在官兵们的左上口袋儿上面印制四个阿拉伯数字：第一个字代表师，第二个字代表团，第三个字代表营，第四个字代表连。如看到某个官兵的左上口袋儿上印有“3825”，就可以知道此人是第三三三师九九八团二营五连的。按着，各团开始构筑据点工事，与此同时，派出谍报人员侦察解放军的行踪。

十二月十九日下午，我正跟各团长开会时，天津警备司令部参谋处打来电话。某参谋对我说：“给你们的电报正在拍发中，你们为什么不收了呢？”我说：“我还不知道。有什么事情请在电话上说吧！”他说：“因为保密关系，不能在电话上说。”我说：“那么请你把电报码由电话上念过来吧！”于是，我一面令译员抄录、翻译电报，一面找来电台董台长询问中途停收电报的原因。董台长的回答是，电台通信员收发不熟练，中途也就停收了。我没等他说完，就给了他几记响亮的耳光。电报的内容是陈长捷令我师移往韩柳墅（天津西郊）。我立即命令各团长以团为单位，当夜开往韩柳墅。

正在这时，天津拨来的两千新兵坐火车来了。我让参谋长给三个团各拨五百人，立即随各团出发；给师部留下五百人，以便编组师直属部队。当夜（十二月十九日）十二时，师部官兵乘火车出发，到北仓下车，前往韩柳墅。

四　师部被歼灭和我第一次漏网

火车由杨村车站开出后，走了没多远，就遭到了袭击。铁路被截断，火车无法前进。四面八方枪声大作，火车司机跑掉了。据我判断，袭击者一定是附近的民兵，因为白天我们的谍报员曾进行侦察，杨村附近几十里内没发现有解放军的踪迹。我估计天明以后民兵必然要走，然后我们就可以抢修铁路，继续前进了。因此，我命令卫队连下车警戒，等待天明。

拂晓以后，出乎意料的是，我们听见了冲锋号声。接着，解放军从四面八方冲上来了，枪声密集，打得士兵抬不起头。突围已经不可能，我的师部直属部队和拨来的新兵，被解放军火力压制在一隅，无力还击。

解放军的包围圈愈缩愈小，四面的喊杀声不绝于耳。想到自己今天非死必俘，我急得简直像热锅上的蚂蚁。但我急中生智，想出一个侥幸脱逃的办法。此时正面的解放军距离我们有百米左右，我和相随我的幕僚和卫士们都集中在一个凹地内。当解放军距我们只有五六十米时，我从右翼跳出土棱，直向解放军方向跑去，在约距解放军二三十米的地方，我突然扑倒在地，脸朝下，四肢伸直，佯死于阵地。解放军越过我身旁奔向凹地去歼灭敌人，我得以侥幸逃脱。

十二月二十一日上午，我到了韩柳墅，见到第九九八团团长韩开元（这时他代理师长）。他立即用电话报告陈长捷说我回来了。陈长捷问是怎么回来的？韩说，是冲出来的。当日下午，陈长捷又用电话命令我部开进天津市，驻扎在南开中学。于是，部队立即向天津开拔。

一到天津市，我就跑到警备司令部，向陈长捷和他的副司令秋宗鼎报告昨夜师部被歼灭的情况。我说，虽然丢了师部，但各团没有大的损失。然后，我找到张副参谋长，对他说："我的师部没有了，我从火车上跳下来摔伤了腰，暂时请病假休养，师长职务仍由韩团长代理。"他让我给陈长捷写一个请假条备案。从警备司令部出来，我就到留守处休息去了。

五 重新组织师部和我第二次漏网

我虽已请假休息，但对部队的事情仍放心不下。十二月二十三日夜间，我来到南开中学第九九八团团部，召集团长们开会，提出要检查部队纪律。二十四日早晨，又在修械厂向全师官兵讲话。我先讲了师部被截击的经过，然后提出各团要积极整训部队，官兵们要遵守纪律，准备固守天津市。最后宣布，赏给每团金圆券若干。讲完话，我和修械厂负责人洽商好，将打坏的步枪、轻重机关枪送交该厂修理。与此同时，我积极着手另组师部，整训部队。

天津警备司令部又把退到天津郊区的冀东保安队的一部分拨给我师。我把他们一排一班地花编在各团里，将团以上的军官留在师部听用。其中有一个较老的团长，曾当过孙殿英的副军长，据说他打游击很有一套经验。我便问他："如果我们守不住，共军打进来，我们是否可以将部队拉出去打游击？"他说："不行，不行。过去孙殿英当土匪时，走到哪里住到哪里，吃到哪里，没有人管。现在可不行了，老百姓全听共产党的，打游击的人住到哪里，哪里就有人通风报信。共军知道了，马上就来打你。"这番话深深印在了我的脑子里。

一九四八年十二月底，正当我另组师部、整训部队、准备守城战斗的时候，忽然接到天津警备司令部的电话，要我立即到司令部去。到了司令部，张副参谋长先拿出傅作义的电报给我看，内容大意是：第三三三师师长宋海潮准予免职，遗缺由王殿臣代理。接着他又拿出陈长捷的一个命令，任命我为天津警备司令部少将部附。我看完电报和命令后，对张副参谋长说："我回去立时交代。"当时我想，天津已被解放军包围，天津守兵已成了釜中之鱼，在这时免我的职，就等于我想睡觉给我塞个枕头，我还干什么部附？！我于是让张副参谋长向陈长捷表示"婉辞"，俟我病好以后再说，暂时不能接受。

我回到师部，召集各团长开会，简单交代了一下之后，就搬到留守处居住，换穿便衣，当了老百姓。后来又和天津民众外科医院院长李允恪（他是我的同乡）接洽，在他的医院里住了十几天。就这样，在解放天津的战役中，尽管国民党全部守卫部队，包括我的第三三三师都被歼灭，我却又一次侥幸漏网。天津解放后，火车通往丰台时，我趁机坐火车到了北平，投奔傅作义，参加了北平和平解放。

天津战役南线战斗片断

韩开元*

我团原由第九十二军管辖，在塘沽到山海关北戴河一线的滦县、昌黎、唐山、塘沽轮流驻防。傅作义调任华北“剿总”总司令后，把我团编入总部，称总部直属守护兵第六团，守京山线，驻塘沽，仍归第十七兵团司令侯镜如指挥。十一月初奉总部命令，拨归第三三三师，改番号为第九九八团，我仍任该团上校团长。师长由总部派来的少将宋海潮担任。十一月末，我师划归天津防守司令陈长捷指挥，立即命全师开拔驻守杨村车站。开赴杨村前，陈长捷请第三三三师师长、团长吃饭时说：“现在形势很紧张，为了守住天津，我们要确保平津线。”三三三师接受命令后，立即开赴杨村。到杨村车站后，师部派出第九九七团两个营分驻豆张庄、落垡等车站，留一个营和师部驻守杨村车站防御工事内。我团守外围，作为机动部队。不久，落垡大桥被解放军炸毁，平津线被切断，据侦察员报告：共军大部队已进至河西务集结。十二月十九日中午，我团部接陈长捷急电（当时师部新建，无电台），由于译电员吃午饭后外出，不能译出，直到下午三点多钟才找到译电员。急电内容：该师立即从杨村车站撤出，乘火车到北仓下车，迅速开至韩柳墅，修筑工事，固守该村。因为晚了三个多小时，师长宋海潮十分焦急，立即部署分两批撤退。第一批我第九九八团全团乘火车到北仓，用急行军速度进驻韩柳墅；第二批师部待第九九七团的两个营撤回后一同行动。

我团登车后开车已是夜间十一点，到北仓下车后，稍事整顿，立即出发。在行军途中听到西北方向爆炸声十余起，立即判断杨村通往天津的铁路被炸断，截断了师部及第九九七团的退路，未几，听到杨村车站方向

---

* 作者当时系国民党天津防守区第三三三师第九九八团上校团长，代理师长。

枪炮声大作，且愈来愈激烈，无疑是师部被围。当时我和副团长商议后，马上命令部队停止前进，用电话向天津防守司令部联系。陈长捷亲自接我电话，我向他汇报情况，请示是否回援师部。陈说仍按原命令执行，杨村自有部队去救援。我虽知这不过是谎话，（陈长捷当时主要想守天津，绝不会再分兵力去救援毫无希望的师部及第九九七团）可也只能执行命令。第二天上午八点多钟，我团到韩柳墅，被接替的第四十三师一个团撤到市内。我团构筑防御工事，准备固守该村，阻止牵制解放军。

午后约一时，陈长捷派一名乘马副官送来绝密文件，内容是："奉总座傅电谕内开：所属第三三三师师长宋海潮在杨村激战后情况不明，决定该师第九九八团上校团长韩开元代理该师师长，仰即遵照此令。该代理师长韩开元立即率领所部进入天津市内，暂驻马场道待命。并待杨村退回来的失散官兵做好收容工作。"天黑前部队进驻马场道，副官安排部队的住宿，我带警卫员骑马到天津防守司令部向陈长捷请示机宜。陈长捷留我吃晚餐，让参谋作陪。饭后，陈长捷拉开墙上作战地图的布帘，指着地图上标示的天津防守计划，向我介绍："全市划为东北、西北、市南三个防区。以第六十二军守西北区，由该军军长林伟俦负责；以八十六军守东北区，由该军军长刘云瀚负责；由南开大学到灰堆为南区，由第四十三师防守，由该师师长王治熙负责，贵师第九九八团为南区总预备队，归王师长指挥。"陈当时对固守天津似乎很有信心，介绍完战斗部署后，陈还为我鼓气说："天津城外有五米宽、三米深的护城河，环城有铁丝网和电网，沿护城河有大型碉堡三百多个，纵深有碉堡一千多个，可以说是固若金汤，共军绝不会攻破。"

一九四九年元旦，在马场道过了一个阳历年。当时形势是天津粮很多，弹药不足，北平粮不多，但弹药充足，所以阳历年过得还比较丰盛，可士气终究鼓不起来，虽然大家谁也没说出来，但认为天津被攻破不过是早晚问题，就连我这中级军官也感到前途渺茫。

元月初，第四十三师师长王治熙和参谋长邀我共同视察了南线主阵地。南线阵地西由南开大学附近与第六十二军相接，东由灰堆以东与八十六军相连。护城河外架设铁丝网、电网和鹿砦，外面是自然的或拆毁民房造成的开阔地。掩蔽部和碉堡大概有三分之一是钢筋水泥构筑的。官兵当时正忙着加筑主阵地前各营连的碉堡群据点，挖战壕和掩体。王师长向我详细介绍了火力的配备以及第四十三师各团营的位置，以便预备队的补充。

元月二日、三日，市东北郊区发生了前哨战斗。塘沽方向的枪炮声时断时续，时缓时急。从元月五日起，飞机每天从青岛运弹药空投，有时落到城外，为解放军所获。元月七日，东北线和西北线入夜发生战斗，天明即止。元月八日夜，除南线无战事外，其他防区全日都有局部战斗。元月九日到十日，东北区和西北区被解放军猛攻，有数处碉堡被占领，守军被歼灭。同时东局子战斗更为激烈，第八十六军的一个团被歼，该团的团长也被解放军击毙。元月十日和十一日，天津外围据点大部分被解放军占领，攻进敌前沿阵地并接近主阵地。十一日拂晓，解放军猛攻南线，灰堆附近城防碉堡主阵地战斗激烈。西门监狱附近和运河大堤的防御阵地，连日来受到解放军猛烈攻击，防御工事被解放军集中炮火摧毁，守敌伤亡惨重，残敌且战且退，已退到最后防线。

元月十一日，城外人民解放军平津前线指挥部派人送来由司令员林彪签署的给天津防守司令陈长捷的一封劝降信，陈长捷复信，解放军遂于元月十四日向天津城防发起总攻击。

炮声先从南线响起，异常激烈，持久不息，解放军开始在南线佯攻。之后，解放军在猛烈炮火的掩护下，向东西两面阵地发起猛攻，坦克前兵相继突破最后主防御阵地，大量守敌被歼，死尸累累。南运河防线也被突破一个缺口，守敌多次反扑，均被击退。解放军的尖刀连由此缺口冲入后，协同后续部队迅速向左右扩大战果，当夜占领了西大街主要建筑。东北区阵地前外壕水深三米，但已结冰，攻城部队如履平地，亦攻到海河桥边。

我团驻耀华中学附近，（第四十三师的师部设在耀华中学）南线的战斗从早上一直打到夜里两点多钟。战斗中，王师长曾令我一个营上去，接替他一个营因为减员而收缩空下的阵地，另外两个营仍在原地待命。十五日拂晓，市区内枪声断断续续，我用电话和师部联系，电话已不通，向市区看时，总指挥部所在地海光寺也已起火，始命令士兵不再抵抗。

天津解放后，我因顾虑解放军不能宽大自己，便带家眷化装潜往北平。到北平后，我去“剿总”见傅作义，在那里意外地见到了原三三三师师长宋海潮。

我在北平住下来。北平和平解放后，我和傅作义的部队一起起义，接受了解放军的改编。

（吴竹亭　整理）

第三次被全歼的一八四师

刘国举*

第一八四师在战前整补经过

该师原属第六十军，于一九四六年三月由越南（到越对日受降）回国海运到东北参加反人民内战。是年五月，该师师长潘朔端在辽宁海城起义后，国民党军方又另组成第一八四师，驻守梅河口，至一九四七年五月，被解放军全部歼灭。七月又以杨朝纶部（原随潘朔端起义之团长，后又率部叛变）作基干，另组成第一八四师，于一九四八年十月间在锦州战役中再次被全部歼灭。同年十一月间，又在天津收容原第一八四师和第九十三军在锦州战役中被俘释放回来的官兵（多数是滇籍），编组成师，于一九四九年一月参加天津战役，又第三次被全部歼灭。这支部队经过整补歼灭，再整补再歼灭，最后还是逃不出彻底被消灭的结局。

在天津整补中的几点情况：

在锦州战役中被俘后释放的国民党军官兵大批涌到天津。天津防守司令陈长捷把这些人当作散兵游勇，不予收容处理，因而食宿无着，到处流散，扰乱秩序。当我同杨朝纶去收容时，陈长捷下令不准进市区，指定驻在天津南郊灰堆（距市区十五里）。收容人数一天比一天增多，十日之内达到三千多名。由于领粮困难，每日只得吃两餐稀粥，衣被一点也没领到，过着又饥又寒的生活。继而人数增到五千左右，经华北“剿总”总司令傅作义下令编为冀东保安第三总队，归天津防守司令陈长捷指挥。但是，陈长捷对这些散兵游勇很歧视。我们食粮领不足，装备只得到少许，又领不到一支枪一粒子弹。这时，解放军小部队已在天津外围活动，我们

* 作者当时系国民党天津防守区第一八四师少将副师长。

这个部队完全处在又冷又饿又怕的情况下，官兵们纷纷发出怨言："打仗卖命就要，不打仗就不要我们，当俘虏有饭吃，逃回来受饥寒。"

在这种情况下，我和杨朝纶就直接电呈蒋介石，请求恢复第一八四师番号，发给武器装备。奉到蒋复电批准后，就将部队整编成一个建制师，辖第五五〇、五五一、五五二三个步兵团，还有直属特务、工兵、辎重、炮兵各一营，通信兵一连。同时向天津防守司令部领获步枪三百支，子弹三万发，仍驻灰堆整训。

至一九四八年十二月下旬，收容人数达到六千余（大部分是滇籍）。这时，天津、塘沽间联络已被截断，东局子飞机场附近已发生战斗，灰堆附近也被解放军小部队袭扰，官兵们恐慌起来，经再三向陈长捷请求，才准移驻市区南部一个棉纺厂附近整训，并先后领到步枪三千多支，轻重机枪一百五十余挺，迫击炮、小炮四十余门，各种弹药四十余万发，卡车三部，吉普车两部，并拨补兵员一千五百余名，成为半装备的人数有七千余的一个师。

天津地形和工事构筑概况

天津南北长约二十五里，东西宽约十余里，西南为水网地区，夏季可利用为防守障碍，冬季结冰后，则有利于攻击部队的运动。西北地区有一部分起伏地，连接水网地区，亦有利于攻击。

当时市区外围构筑一道护城河，经常放进河水、潮水，保持水深三米左右。河之内堤上设有铁丝网、电网，河外设有鹿砦等障碍物，并构筑许多据点掩护这条河。护城河的内侧连接一道土墙，墙高约四五米，墙上设有铁丝网、电网，每隔三十至五十米筑有一座碉堡，共有三四百个，连同市内碉堡共有千余，纵深碉堡直达核心工事区。核心工事在海光寺以东，墙子河以北，胜利桥（今北安桥）以南地区。土墙外又构筑一线地堡群，都是用沙袋堆成的，形成一个各种轻武器的交叉火网。

这些工事，在第一八四师奉命担任防务后，我带领作战参谋经过三天观察，另派参谋人员和团营部队长分批进行观摩。据我了解，这些工事从一九四七年春就开始构筑，直到天津解放前夕，还在不断地加强，花了不可数计的人力、物力、财力，算是够坚强的了。但经过二十九小时的战斗，天津就全城解放，国民党守军十三万余全部被歼灭。

阵地区分和兵力部署

天津整个阵地概分为西北地区、东北地区、南地区等三个防区。第六十二军军长林伟俦率部担任西北区防务；第八十六军军长刘云瀚率部担任东北区防务；第四十三师、第一八四师附另一个团担任南地区防务。南地区分为两侧，以第四十三师为左地区队，第一八四师另一团为右地区队，其余为总预备队。

各军师炮兵和榴弹炮营由防守副司令秋宗鼎统一指挥，机动使用。

十二月下旬，东北郊东局子广东墓地一带发生战斗，解放军在短时间内即攻占了东局子飞机场。形势紧张之时，陈长捷才把第一八四师这个残缺部队用来担任南地区右翼阵地的防守任务（即南开大学、中央医院一带地区）。

第一线阵地为南开大学南院之西南一带，左自跑马场起，右迄第六十二军的防地止，共配置两个团，以第五五〇团为左地区队，以自唐山退入天津的某团为右地区队，均依据土堤既设工事固守（此时护城河已结冰，部队可通行）。

第二线阵地为南开大学北院及附近地区，以第五五二团担任守备任务。

预备队为第五五一团和师直属部队，位置于中央医院及迪化道（今乌鲁木齐道）、兰州道地区，重点保持于右翼。

师指挥所设于中央医院（即今天津医学院附属医院），展望哨设于该医院第四层楼屋顶，一切部署于十二月二十八日前完成。

战斗经过

第一八四师奉命担任守备任务后，官兵就存在着一个“必败”的思想，因为他们在东北战场与解放军打过仗，被歼过几次，知道解放军作战勇猛、战术巧、火力强，什么工事都抵挡不住。现在东北的百万大军压进关内，兵力数倍于我，天津一攻必破，全军必遭覆没。故在战斗开始后，国民党军就节节败退，数小时之内全师瓦解。

自一九四九年一月三日开始，市郊东北和西北地区，先后发生战斗，一次比一次激烈，南地区则沉寂如常。

五、六两日南地区的灰堆地方发生战斗，第四十三师派守该地的一个部队被歼灭。西北地区也发生激烈战斗，炮火声密集。我师阵地虽保持沉寂，但因连日来主阵地前沿第一线据点都受到解放军的攻击，守兵遭到歼灭，引起了杨朝纶和我的注意，遂下令第一线守兵严密防范，随时加强工事。同时，我与杨朝纶及参谋长罗恒有三人作了分工，杨朝纶坐守指挥所负责纵横间的联系，罗恒有负责械弹给养的请领补充，我负责阵地督导。

七日，国民党天津守军炮兵忽然日夜不停地用猛烈炮火向西北方向二三十里附近的村落射击，但不见解放军的炮兵还击，引起了我们的注意，向防守司令部和炮兵部队联络，得悉有解放军大部队向天津方面移动，从而判断是解放军准备实行总攻。我即到阵地视察，指示第一防线注意火网间隙和夜间射击设备，并令预备队加强巷战工事。

八、九两日，四郊城防线主阵地前沿地区，相继发生规模较大而激烈的战斗，西营门附近的南运河地区尤为激烈。我师第一线右翼阵地土堤突出部高碉堡也一度被解放军猛攻，引起一场激烈战斗，结果虽然暂时保住了高碉堡，但附堡被击毁两个。

十日以后，国民党军炮兵部队在中央医院西南端空场（距第一八四师指挥所约一百米）放列山炮六门，每日薄暮后，向西郊发射一个多小时，但也不能阻止解放军的进攻。

十一日拂晓，灰堆附近发生激烈战斗，天明后解放军已冲到城防线，我师第一线右翼阵地土堤突出部亦发生战斗，一部分地堡被攻破，守兵亦被歼灭。

十二日拂晓前，东、西、南三地区大部分城防主阵地都发生战斗，西营门附近较为激烈。第一八四师第一线右翼阵地土堤突出部高碉堡和一些附堡被解放军攻占，守兵一连大部分被歼。从此第一线阵地受到很大威胁。

十三日，第一八四师阵地无战况。我第一线守兵有时发现市郊外围解放军往来调动，似有部署总攻之模样。入晚，西营门守军第六十二军与解放军发生空前激烈的反复争夺战。国民党军炮兵用交叉火网猛烈射击支援，并有飞机两架凌空助战，经解放军的多次冲击，结果击败了国民党军步、炮、空联合的强烈抗拒，突破了城防线，并击落飞机两架。

当夜一时，西营门战斗沉寂后，我即到本师第一线左翼阵地巡视，忽遇有解放军五六人潜入阵地内侦察工事，被我守兵发现枪击，在铁丝网附近遗尸三具，并在一尸体上搜出一张解放军攻击天津要图，图上标示攻击重点是东西两面，形成夹击，并准备在金汤桥会师。参谋长罗恒有将此图亲送防守司令部参谋处转呈陈长捷参看。陈此时才判定了解放军的主攻方向，但国民党军已被解放军钳制住，无法调整部署，陈只有呆视兴叹！

十四日上午十时，解放军开始发动总攻，以主力东西夹击，战斗非常吃紧，尤以西营门最为激烈，南北部虽有战事，但只是一种助攻形势。第一八四师阵地虽没有受到解放军强烈的攻击，但守兵在精神上受到压力很大。下午三时左右，解放军用重炮向市内目标射击，打坏了防守司令部的指挥通讯系统，各军师间的联络中断，于是便成了各自为战。中央医院附近国民党军炮兵阵地亦中弹两发，炮手们都慌张起来，有的避入掩蔽部内，稍后即转移阵地。

十五日拂晓前，解放军已突破西营门城防线。上午九时左右，攻入核心工事。十二时，第一八四师阵地南开大学北院地区受到侧击，第一、二两线守兵先后放下武器。下午一时左右，师预备队为维护师指挥所，凭借街道工事进行抵抗，师指挥所掩体逐个被毁。至三时，师指挥所被攻占，我与杨朝纶被俘，全部人员放下武器。

天津战役中的东局子战斗

田子永*

天津战役中，我团（第八十六军第二九三师第八七七团）奉命驻守天津市东郊东局子据点。

第八十六军只有两个师，即第二九三师和第二八四师。当时第二八四师刚在秦皇岛把原师长范玉书调升副军长，师长一职便由第二九三师副师长罗先之升任，所属官兵，多数是东北籍的。而第二九三师的第二团（即八七八团）早在五个月前在绥中全团被消灭；第三团（即八七九团）是一九四六年底由原伪满部队改编的，全体官兵都是东北籍人。

国民党军第八十六军军长刘云瀚，军校七期，江西人；第二九三师师长陈膺华，军校八期，湖南人；第二八四师师长罗先之，军校七期，福建人。我原在国民党军第五军及新编第六军服役，后调到第八十六军第二九三师第八七七团的，是所谓的嫡系部队，故被派到东局子这个重要据点进行防守。

东局子的位置和地形：东局子是天津东郊的一个市镇，距离市区约八公里。一九〇〇年庚子之役，八国联军入侵我国时，法国帝国主义的军队曾在此建立兵营，因此有比较好的住宅建筑群。该镇东、北、西三面有挖成的壕沟和筑成的小土堤，东侧小街有一些老式民房，并有一些树木；西侧地形稍有起伏；正北是一千米以上的开阔地。从防御来讲，东局子位置比较隐蔽，不失为良好的阵地。但由于距离市区较远，在当时的战斗中却成为一个孤立、突出的重要据点。

我团采取的防御设施是：在防区的东侧，为了缩小防守范围和扫清射界，在军长刘云瀚的命令下，全部拆除原有的老式民房，同时还强使民

---

* 作者当时系国民党第八十六军第二九三师第八七七团上校团长。

夫焚烧旧屋，捣平废墟，弄得老百姓无家可归，情景很凄惨。为了加强防御工事，士兵则日夜修筑和加固原有的壕沟和土堤，在阵地的前沿埋设很多英制地雷和安置各种障碍物，并将全部电线埋在地下。两侧有部分起伏地形，也构筑坚固工事。刘云瀚几乎每天都要到东局子阵地来视察，督促加强阵地工事。对重武器和连以上的指挥所都设有中等程度的掩蔽部，并利用水塔作观测所，所有射击位置都标有目标、距离等夜间射击设施，预备队均有掩体；团与后方的友军炮兵取得联系，协定某处为炮击的火网。可以说达到了一般阵地的防御程度。

在战斗发生前，解放军曾在我阵地的东西两面的正前方各挖一条战时的交通壕，长达八百米以上，日夜不断地进行挖掘。我方虽早已发现，但枪炮都无法命中，除向上反映外，没有采取任何措施，仅是密切注视而已。有时夜间还派来小部队向我阵地袭击，企图达到扰乱、疲劳的目的。经反击之后，则退返原处。有一次把我方通信排查线的一个通信兵抓去了，事后我们才知道，解放军从这个通信兵的口中得到很多对战斗极关重要的材料。

决定性的战斗是从一九四九年一月六日开始的。当晚十二时，解放军先从我阵地的左翼进攻，进入我团第三营的火力网之后，被我第七连阻击一下，即有意让解放军冲入阵地内，然后即将所有壕口闭塞，使解放军暴露在阵地上面，正无法掩蔽时，由我军炮兵按预定的精确距离点予以轰击，解放军颇有伤亡，不得不在拂晓前全部撤回。

次日七时许，我右翼第二营阵地遭到攻击，进攻正面虽不超过一百五十米，但火力却十分旺盛，一时各种炮火密集齐发，解放军的平射炮命中了我轻重机枪的掩体和炮兵观测所，随即发起冲锋。解放军战士不顾触发地雷和密集火力的射击，连续冲锋达七八次之多。我军在营的预备队使用殆尽时，团的预备队也使用两个连，一直战斗到十一时，解放军的部队冲开了一个缺口，并且到达我团指挥所附近。我见局势已难挽回，遂嘱咐副团长李北斗命令所属部队：停止抵抗，放下武器。

是役从清晨战斗开始时起，团与师的电话就被截断了，以致原与友军预定由各处支援的炮火部队失去了联络，师的主力由于前晚未睡而休息去了，简直不知道东局子在战斗，加上适逢星期天，有的官兵甚至去逛街。是役交战双方伤亡都比较重。我团除左翼的第三营逐步向市内撤退外，其余全部被歼灭。

第十七兵团塘沽漏网记

赖惕安*

战役前的打算

锦州解放后，约在一九四八年十一月上旬，第十七兵团司令官侯镜如率部从葫芦岛撤回津塘地区，仍归傅作义总部指挥。当时，我们曾反复研究战局，主要的看法是：东北解放军入关，只是时间迟早问题，由于国民党军精锐已在淮海被围，时间可能还会提早一些。国民党军在华北不过五十余万，完整的部队不多，目前应付聂荣臻华北解放军已经是捉襟见肘，如果东北再来上五十至八十万军队，兵力上的优劣就非常悬殊。特别是华北国民党军处于分散状态，如不迅速调整，就有被各个击破的危险。当时，傅作义正徘徊于“东”“西”两案之间。蒋介石嫡系部队主张集中兵力于平、津、塘地区，可防可走，傅系部队主张集中兵力于绥远地区，静观大局变化。侯镜如对此很感焦急，要我起过好几次电报稿，分电蒋介石、傅作义分析华北已处于决战前夕，应迅速放弃张家口、唐山等外围据点，将全部兵力固守平、津、塘三角地区，并保持重点于津、塘，依靠塘沽海口，使大军有回旋余地，利用东北解放军未入关前，迅速加强防御工事，争取以逸待劳。傅作义的复电是××电悉，没有下文。蒋介石曾回过一次电报，是“吾弟所见甚是，已饬有关各部办理”。

十一月间，傅作义命侯镜如率第九十二军在塘沽西北及天津以北地区活动，侦明解放军动态。我在和侯镜如及第九十二军军长黄翔一起研究部署时，由于怕遭遇解放军的主力，部队行动很谨慎，一般是白天把部队分成几个纵队向铁路以北作试探性的搜索，在黄昏前两三小时靠近铁路线

---

* 作者当时系国民党第十七兵团作战处上校处长。

宿营，构筑据点工事，准备应付夜袭。侯镜如对傅作义这样的调遣深表不满，他多次对我说："傅长官一向用兵比较灵活，为什么这次把部队游来游去，延误作战准备。目前，应该赶快把部队的防御部署固定下来，尽一切力量加强工事，否则仓皇应战，结局不堪设想。"我们当时也分析傅作义的所谓"扫荡"，主要是侦察解放军华北兵团动态和东北解放军是否入关。在将近一个月的时间内，除了搜索部队偶有接触外，没有正面的战斗，部队所到之处都发现新添了很多急造的公路和通讯线路，公路两旁挖有很多的车辆防空掩体。据探报夜间常有大军经过，不知是什么番号，也不知有多少兵力。我和侯镜如、黄翔几乎每天晚上都拿着红蓝铅笔在地图上标示和研究双方态势，特别是解放军的企图。我们曾判断东北解放军先头部队已经入关，对平、津外围取监视状态，为掩护主力入关做好准备。但究竟将在何时对平、津、塘发动攻势，还缺乏可供判断的资料。在此期间，侯镜如屡电傅作义要求迅速确定防御部署，傅仍未作肯定答复。

大约是十一月底至十二月初，傅作义因张家口外围战斗开始，北平兵力空虚，将第九十二军西调，仅留由三个补充团编成的第三一八师归侯镜如掌握控制塘沽。侯名为兵团司令，实际上能确实掌握的基本部队只有一个第九十二军，军辖第二十一师、第五十六师、第一四二师、第三一八师，其中第三一八师仅有师的空架子，没有多大战斗力。这是侯镜如最伤脑筋的一件事。

塘沽的防御部署及部队情况

十二月初，当张家口正在激战时，即发现有解放军的强大纵队经宝坻西进，判断可能指向天津、塘沽。傅作义下令将平、津、塘分为三个防守区。塘沽防守区由侯镜如任防守司令，第八十七军军长段沄任副司令。为了便于相互支援，傅作义又将天津、塘沽合为津塘区，由侯镜如任司令，陈长捷任副司令。塘沽防守区配置第九十二军、第八十七军、交警第三旅。当时第八十七军及交警第三旅尚在唐山，第九十二军已被西调，实际控制在塘沽的只有一个第三一八师。

在傅作义下达防御命令后，陈长捷在天津召开了一次有军长、师长、参谋长参加的军事会议，侯镜如派我出席。第八十六军军长刘云瀚和第六十二军军长林伟俦都在场。陈长捷说明防御要旨后，大家看了防御计划和工事设施要图，没有提出什么不同的意见，只是担心以五个正规师担任南北二十五华里、东西约十华里的城区防御，既要纵深配备，又要控置机动兵力，将是处处设防，处处薄弱。但当时傅系主力正被围于张家口及新保安等地，在津、塘间的第九十二军及第九十四军又西调北平，不可能再要求增派兵力，林、刘等均硬着头皮把防务接受下来。天津防御部署确定后，傅作义命侯镜如由塘沽移驻天津，统一指挥津、塘战斗。十二月中旬某日，侯镜如已准备率必要幕僚人员及警卫部队赴津，吉普车已摆在门口待发，我们的行李已装上车，恰巧传来军粮城被解放军攻占，津、塘间交通中断的电讯，因此没有成行。此后战况一天天紧迫，侯镜如也觉得留在塘沽，靠个海口，总比在天津保险一些，不再提去天津的事。直到天津解放，陈长捷被俘，当了侯镜如的替身。

大约十二月十日前后，接到傅作义电令，要旨是：（1）第十七兵团即指挥第八十七军、独立第九十五师、第三一八师、交警第三旅、保安第五团、津塘水上保安队，担任塘沽守备；（2）第八十七军、交警第三旅及保安第五团迅即由唐山经芦台开塘沽，归侯镜如指挥。侯镜如用限十分钟到的电令，转给唐山有关单位，同时由我通过无线电话交代第八十七军军长段沄，并转知交警第三旅，撤退时行动要迅速秘密，防敌截击。

段沄等接令后，行动确实迅速，当夜就用急行军西撤。但他们是“人进了棺材还伸手要钱”，大小官员都乘机捞一把，满载而逃，唐山市及沿铁路线的居民受到了最后一次兵劫。

塘沽原来就是乱哄哄的，自东北解放后，便成了“太太集中地”。塘沪间运输船只有限，大家都争着先上船，码头上一片争吵声。还有，在东北解放前后，解放军曾两次释放了大批俘虏，加上部队的散兵游勇，使得天津、塘沽等地的秩序十分混乱。由于唐山守军的西撤，在塘沽这样一个狭小的地区，集中了一个兵团部、一个军部、五个师、一个旅、一个团，和其他后方机关，几乎所有的民房都成了兵营。第八十七军和交警旅都是骄兵悍将，军纪特别坏，人民不堪其扰。侯镜如成立了一个军风纪纠察队，不是这里告被强奸，就是那里告被掳掠，纠察队什么也管不了，只能是官样文章转交有关单位查办，结果是不了了之。

部队集中了，情况又很紧急，究竟怎样确定防御部署呢？侯镜如并不能完全当家，首先要和段沄商量。我和参谋长李荻秋到段沄军部去过两次，他一见面就是叫苦，说部队有损失，又太疲劳，需要休整一下，要求把主要防御任务交给独立第九十五师及交警旅。根据塘沽地形的特点，我们曾有这样的判断：东南两面滨海，登陆处都是盐田，冬季不结冰，接近很困难，特别不易使用大兵力；最危险的方向是塘沽北侧及西北侧地区，也就是解放军可能选择的主攻方向；其次是塘沽西南、海河以南地区，也是侧翼顾虑较大的方面。国民党军队使用部队的惯例，是先把“杂牌”和“没有娘的孩子”当牺牲品。最后研究的结果，是以独立第九十五师和交警第三旅担任塘沽正面守备，并由交警第三旅派出一个团的兵力担任塘沽北侧要点的守备，由保安第五团担任塘沽北侧及东北侧的搜索警戒。第八十七军主力在塘沽、新港间纵深配备，并担任对东及东北方向的守备，另以一个师担任塘沽西南（海河以南）地区的守备，防御解放军由军粮城以南的侧翼进攻。第三一八师控制在新港及其西南地区为机动部队。津塘水上保安队控制在大沽。兵团部驻新港工程局。第八十七军军部驻新港北约二里的一个村庄。

担任塘沽守备的兵力，虽然有五个师、一个旅和一个团的番号，但战斗力是比较薄弱的，特别是士气非常低落。第八十七军是青年军第二〇八师扩编的，国民党称它为“好看不好用”的军队。段沄出身于湖南衡阳“六大家”之一的大地主家庭，最善吹拍。他曾在蒋介石的侍从室工作过，自命为蒋介石的亲信，对侯镜如并不买账，接受战斗任务照例要讨价还价。独立第九十五师是战斗力较强的一个师，但在塔山战斗中受到重大损失，战斗兵员不足五千人。交警第三旅一向是在北宁路担任矿区及交通线守备的，装备还好，但缺乏战斗经验。保安第五团团长楚子英，是冀东滦宁县的县长，部队多半是还乡团拼凑成的，是典型的游杂部队。第三一八师是新成立的师，兵员大半缺额，仅装备有步兵轻武器。侯镜如感到这些破烂部队很难抵抗解放军优势兵力的进攻，因此在向傅作义呈报防御部署时，仍请求迅将第九十二军归还建制，以利加强防御配备。

塘沽从十一月起，由华北“剿总”先遣指挥所督导构筑了一些防御工事，塘沽、新港间到处堆积着枕木及铁丝等材料。但这里没有永久性和半永久性的工事，只构成了据点式的野战工事，主要是步兵轻重火器掩体及障碍物。在部队进入防御配备后，侯镜如带着兵团部的主要幕僚从前沿到纵深检查了一遍，认为防御强度太差，不能抵抗解放军的攻击，曾令各部利用当地材料星夜加强工事设施，并彻底改造地形，基本上根据现有兵器和装备完成了轻重机枪掩体。阵地内部凡能通行的道路都改造成为羊肠小道，障碍物纵横交错，小部队通过都须事先联系，才许开放通路口。这主要是为了在战斗时迟滞进攻部队的行动，同时也防范部队本身的“异动”和混乱。

当时，塘沽守军感到在绝望中聊以自慰的，是海军第三舰队司令马纪壮率主力舰“重庆号”及由美国接收的登陆艇和大小舰艇拖船共数十只，归侯镜如指挥，配合塘沽地区的战斗，既可增强机动火力，又可在必要时掩护逃跑。这是塘沽比天津特有的有利条件。

从被围到逃跑

自一九四八年十二月中旬至一九四九年一月中旬约一个月的时期内，塘沽始终处于被围攻的状态，战斗的特点是紧一阵松一阵。天津解放前后，塘沽战况比较激烈，但仍没有大规模的战斗。由于阵地东南两面濒海，西面和海河斜交，阵地内部盐田及地障较多，部队完全是固定在阵地上挨打。除了因第一线防御阵地部队伤亡较大作过局部调整外，没有任何较大规模的机动。又由于阵地正面及纵深都较小，每有战斗就波及全局，上自兵团司令下至连排长，都像热锅上的蚂蚁一样，担心哪里可能被突破，可能从哪个突破口向纵深发展。现将战斗中较突出的几个问题，分述如下：

（一）对解放军的主攻方向将指向何处的判断：

自十二月中旬津、塘间交通被截断后，海港对天津已经失掉了动脉枢纽的作用。陈长捷负责天津市的守备，主要听命于傅作义，但因战斗指挥系统关系，仍随时和侯镜如保持无线电联系。解放军的主攻方向，是首先指向天津，还是指向塘沽，这是侯镜如经常找我研究的中心问题。我们分析全盘态势，认为塘沽既是要点，又是弱点。解放军先夺取塘沽海口，有利于进一步瓦解平津地区守军斗志，彻底粉碎国民党嫡系部队渡海南撤的幻想。天津地区兵力虽较薄弱，但可凭借既设阵地进行顽强抵抗，解放军先攻天津，须付出一定的代价。因此，我们判断塘沽有可能首先遭受优势兵力的围攻。但从地形判断，塘沽不宜于大兵团作战，且有海军配合，有可能促使解放军先对塘沽取监围态势，而以主力进攻天津。究竟哪一方案的可能性最大，还是很难捉摸，因为主动权完全操在解放军手里。但侯镜如、段沄衷心默祷的是，但愿解放军的矛头不要指向塘沽。

大约是十二月二十日前后，交警第三旅的一个团在北塘被歼灭，战火迫近塘沽，部队进入战斗准备。可能在二十一日，塘沽突然遭受猛烈的炮火袭击，第一线同时发生激烈战斗。不久，发现塘沽北侧公路上像闪电般的火光向西移动，持续了三四个小时，据前方观察所报告，至少过了四百多辆汽车，判明了当夜解放军的攻击，主要是掩护车辆向天津方向输送部队或军用物资。

十二月二十日晚，塘沽守军被迫退守市区。每到战况比较激烈时，独立第九十五师和交警第三旅都由电话告急，请求增援，兵团部大有度日如年之感。当天津外围据点逐渐被摧时，塘沽方面仍然是打打停停，我们判断解放军主力确已指向天津，塘沽方面兵力至多不过两个纵队。但我们担心的是，解放军后续兵力究竟有多大，如果在天津攻势受阻，集中几个纵队转向塘沽并不是没有可能。当时我们的措施是严饬第一线部队固守，并继续加强塘沽至新港的防御工事，企图争取时间，做必要的逃跑准备。

（二）解放军“攻城”与“攻心”同时并举，使塘沽守军中发生了一系列的混乱：

在津塘战况紧张时，解放军的宣传文件和无线电广播，指名要侯镜如、陈长捷向人民投降。特别是无线电广播，寥寥数语，要国民党守军指挥官选择最后的道路，具有很大的震慑作用。侯镜如住在新港工程局，常常在屋子里踱来踱去，情绪非常苦闷。他常对我说，华北大局已经绝望，看来天津不到最后结局，绝不会让塘沽撤退，但是天津完了，马上就要轮到塘沽，时机是非常紧迫的。他有时也唉声叹气地说，第九十二军不在跟前，经常要受段沄他们的气，又有什么办法呢！

塘沽战斗开始后几天，段沄带着三个师长到兵团部见侯镜如。段首先简单说明塘沽战斗已进入紧张阶段，师长们要向司令官请示。侯问大家有何意见？三个师长都是气势凌人，纷纷提出质询。这个说，塘沽已成死岛，我们不能束手待擒，请司令官表示态度。那个说，我们代表官兵意志，请司令官下令撤退。另一个说，如果司令官要坚持战斗，请司令官到前方和我们一起指挥战斗。侯镜如看到来势不妙，拍着桌子说：“我是司令官，我对委座及傅长官负责，你们就得听我的命令。我们的任务是防守，不是后撤。你们集体要挟，究竟是何用意？”最后段沄站起来说：“既然司令官有了指示，我们就回去吧。”段沄等走后，侯镜如很气愤，说：“我这个司令官简直不能干了！”事后经过反复研究，考虑到军心涣散，一旦阵地被突破，大家争先抢船，必然是一团糟，结果哪个也跑不了。不如将现有船只分配给各部队，预先将笨重物体搬上船，并根据部队配置分配渡口；必要时，可以在海军掩护下先撤至海面或长山列岛，候船南运。大家同意了这个意见，又召集段沄、朱致一（独立第九十五师师长）等开了会，确定以团为单位，分配渡口和船只，不仅自己的笨重的东西上了船，连新港码头的通讯器材和一切可以卖钱的东西，也都装了船。大官们感到逃命有方，才逐渐安定下来。兵团部副官处还计划在必要时司令部的重要人员可以安全上船，不致受部队溃退的影响。

我们住在新港工程局，最关心研究海潮涨落的规律，因为在战况危急时，如恰巧碰上退潮，有的渡口就上不了船。因此，对兵团部在各种情况下怎样脱险，都做了周密的准备，只待一声令下，就可上船逃跑。

（三）海军舰队配合作战：

塘沽守军把唯一可以撑持和逃命的希望寄托在海军舰队身上，每当战斗激烈时，都要求海军用火力支援。兵团部和马纪壮的主力舰建立了无线电和报话机等联系，彼此还互派联络参谋。海军舰艇一般是靠近海岸或驶入海河支援步兵战斗，哪里的战况紧急，火力就集中在哪里。到战况缓和时，他们又集中到新港以南海面。马纪壮也常到兵团部一起研究战况和部署火力，但到前方枪炮声很密时，立即回到主力舰，从不肯久留在岸上。我们当时估计，他是怕危急时脱不了身，当了陪客。

侯镜如、段沄等考虑到上海、青岛方面绝不可能事先派轮到塘沽候运，而真正到了危急时，临时派轮，远水救不了近火，因此关键问题在于迅速撤离海岸。于是决定将若干船只连接在一起，先撤停海面，在海军掩护下，形成水上堡垒。这一计划，事先获得了马纪壮的同意。这是塘沽守军能够侥幸漏网的主要原因。

（四）天津解放对塘沽的影响：

一月十五日早晨，无线电台排长匆匆忙忙找我去收听。刚好陈长捷在和傅作义谈话，陈语声很急促，大意是炮火已落到他的附近，周围正在起火，解放军要他赶快接受和谈。我只听到傅作义连声说“救火，救火，”再没有听到其他下文。天津解放后，侯镜如要我拟稿分电蒋介石及傅作义，说明塘沽已无再守的必要，请求迅速下令南撤。当时大家的情绪都很沉重，认为撤退时机非常紧迫，稍涉犹豫，就将有被歼的危险。在天津解放前后的那几天，塘沽方面几乎每晚都有战斗。我们特别担心解放军从塘沽西南侧截断海口，守军就将被一网打尽。但是傅作义没有命令，我们不敢上船，每天真像死囚待决一般难受。当天晚上，段沄又找我和李荻秋（兵团参谋长）到他军部，开口就问司令官得到指示没有。他随即拿出一纸电文，说蒋介石给他复电，嘱其可依傅作义命令相机南撤。段很郑重地说："希望你们建议司令官当机立断，不可坐失时机。"

这几天，解放军的炮火逐渐向南延伸，兵团部及第八十七军军部附近都落了炮弹。大家担心炮火封锁码头渡口，妨碍部队上船，同时又担心码头上的弹药爆炸，同遭池鱼之殃。段沄在炮火密集时，接二连三地打电话给兵团部说："不得了，不得了。今晚不撤，明天就撤不成了。"侯镜如令各部秘密做好撤退准备，但必须候令移动，以免混乱。十七日，北平转发蒋介石撤退的电令，部队如获大赦，撤了电台，立即上船。码头上摆着许多汽车，有的部队指挥官还指挥士兵把汽车推下海，不愿意把它留给人民使用。船离岸不到几分钟，海军向码头炮击，表示他们完成了掩护任务。侯镜如坐在新港工程局的一艘轮船上，正站在船头用望远镜瞭望，保安第五团团长跑到跟前，脸色很沉重，声音有点发抖说："报告司令官：我团留在岸上掩护大军撤退的部队，全都完了。"杂牌军队当牺牲品，冲锋在先，撤退在后，是国民党指挥官使用兵力的标准。

交警第三旅防守塘沽及潜逃经过

胡啸华*

战役前的态势

一九四八年夏，驻守北宁铁路关内段交警支队司令部，下辖四个交警总队，担任护路护矿任务。是年六月，支队司令部及第五、第八两个总队在昌黎被歼，支队司令汤毅生等被俘，仅剩第十总队在林西，第十二总队在赵各庄护守开滦煤矿。同年九月，南京交警总局为了统一指挥这两个总队，特成立了交警第三旅司令部，派杨遇春为旅长，陈畴为参谋长，驻在林西。

一九四八年十一月东北全部解放后，东北解放军即将入关西进。当时滦河以西至塘沽之线由第八十七军驻守。该军主力在唐山，以第二二二师驻古冶，担任滦河至唐山间守备。华北“剿总”总司令傅作义下令缩短防线，集中兵力于北平、天津、塘沽之线，进行重点防守。

交警第三旅原奉令于一九四八年十二月八日拂晓，在第八十七军炸毁滦河大桥的同时即行撤退。随即又奉令停止待命。旋奉傅作义电令在十二月十二日开始撤退。

十二月十二日上午第八十七军先撤出唐山，交警第十二总队的非战斗人员和战斗物资随旅部及第十总队的列车先开塘沽，部队乘最后一列火车撤退。该车驶抵开平时，被人民解放军地方部队狙击，战斗约一小时后终止。是日黄昏车抵唐山以西某地，因铁道被炸改为徒步行军，沿途也遭到地方人民武装的狙击，于十二月十三日夜抵塘沽。至此，塘沽以东的冀东地区全部放弃。

---

* 作者当时系国民党交警第十二总队上校总队附。

交警第三旅到达塘沽后，是否在塘沽防守，或开天津，或调南方，还未得上级的指示。当时大部分主要人员认为华北局势恶化，平、津、塘能否守住成为考虑的焦点。仅剩下的两个总队如果再在华北，总有一天会被歼灭，所以纷纷要求南调。旅长杨遇春曾电请南京交警总局局长周伟龙，要求南调，未获复电。嗣奉第十七兵团司令官侯镜如的命令，分配了防守塘沽的任务。

防守大沽

十二月十四日下午，按照兵团命令，交警第三旅开到大沽，担任海河西岸的塘沽外围守备。以第十二总队分布于大沽市郊，一个大队进驻红楼（在大沽西约八里）；第十总队的位置已记忆不清，大概是在大沽西北之海河西岸。旅部驻大沽市区。

旅长杨遇春自恃能应付共军，一九四八年九月到差后，曾到赵各庄交警第十二总队集合部队讲话说："我们有作战经验，装备又好，只要善于对付，共军是没有什么可怕的。"但时仅两月，华北局势急变，解放军威逼津、塘，就在大沽布防的次日夜间，当红楼国民党守军交警第十二总队第一大队受到地方人民武装袭击时，杨遇春惊慌万分，急忙赶到第十二总队部与余钺研究，他认为大沽仅有交警两个总队是难以防守的，万一共军进攻，就陷于背水作战的危险。当时策定了两个方案：一是各总队不择手段控制船只，万一大沽难守，就东渡至塘沽；二是万一塘沽也同时受攻击，就向天津撤退，以求生存（因各总队的眷属、物资均留守天津）。当时第十二总队长余钺和我，认为退向天津的危险性大，主张第一方案可靠。于是派了平炮队长朱力青率枪兵强掳了"辅平号""新复兴"两只小火轮和民船十余只，作为随时东渡之用，次日把红楼守军撤回大沽。

十二月十八日黄昏，交警第三旅奉令交防，调到塘沽山东路担任防守。

防守塘沽

（一）当时塘沽的情况和守军部署

由于唐山撤守，平津备战紧张，塘沽的秩序极为混乱。由平津南撤的眷属物资，由东北、华北释回的俘虏，各地的散兵游勇，均猬集于此，待船南下。集中塘沽的部队找房子，派民夫，要副食，抓船只，造成家家关门闭户，一片凄凉景象。

塘沽西靠海河，东北为平原，原来没有什么工事。塘沽东南十余里为新港，是伸入渤海湾的三角地带；东北为大片盐池，严冬不冻，难以通行；西有码头停泊大船；海面有舰艇，侯镜如的第十七兵团司令部位置于此，统一指挥塘沽的守军。

塘沽的防守部署是：国民党第八十七军（军长段沄，下辖第二二〇、二二一、二二二三个师）是防守塘沽的主力。以塘沽车站为重点，以一个团进驻北塘（塘沽东北约八里）；以一个师守备塘沽车站外围，左与交警第十二总队衔接，该师拆毁了山东路东端的大片民房，作为扫清射界。交警第三旅以第十总队进驻新河车站以北五里的新河村，东与北塘成为塘沽的两个前进据点。交警第十二总队担任塘沽山东路及西北之西村和东北的铁道阵地防守。总队部及旅部均驻山东路。交警第十二总队战斗力较强，有四个大队、六个直属队，有日式野炮两门，五十毫米机关炮四门，八二迫击炮四门，半数以上是美械装备。

此外，还有独立第九十五师（师长朱致一）一个保安团，一个津沽水上保安队，海军第三舰队，有舰艇数十艘，经常有炮艇开至塘沽向北炮击。

当时由塘沽至天津尚可通火车，交警第十二总队曾星夜派人至天津该部留守处运到大批弹药等作战物资。

十二月十九日夜，军粮城车站解放，津塘之间交通中断，天津、塘沽被分割为两个孤点，在新河车站西北也发现了解放军。塘沽战斗随即开始。

（二）战斗行动和措施

十二月二十日拂晓，交警第十二总队奉令派第一大队（大队长侯广居）会同保安团向新河车站西北出击，企图击退解放军，扩大外围据点，以减轻对新河车站及山东路的威胁。双方接触至上午九时许，保安团被击溃，第一大队败退于山东路，侯广居负伤，解放军占领了新河车站及新河材料厂，与交警第十二总队相距不到二里之遥，形成对峙。

约在十二月二十一日上午，新河材料厂的解放军，在猛烈炮火掩护下，击退西村国民党守军交警第十二总队第二大队的一个中队，沿海河东岸大堤直向山东路包围，先头部队进抵山东路以西，由于东有水塘，西靠海河的地形限制，在第四大队的重机枪及平炮队的机关炮阻击下，进退不得。这时，处事慎重但作战胆小的余钺只顾自己在掩蔽部内躲避炮火，我当时在指挥机关炮，见此情景，即奔告余钺并建议速用电话指挥第二大队向西村出击，从而截断了解放军先头部队一部之退路，俘虏了战士十二人。经总队附何飞峰讯问，得知是东北野战军第九纵队的，随即将俘虏送交旅部。战后在河堤上发现了尸体一具，在其身上搜出有第九纵队发给的英模奖章，当时余钺等判定是解放军的排级干部。

解放军的英勇围击，更使杨遇春与余钺胆寒，旅部及第十二总队部（这时总队长余钺、副总队长吴苍林和我仍在山东路指挥所）即日下午移驻塘沽市区。当晚余钺对吴、胡二人说："共军真厉害，今天仅是一路来攻，如果同时从铁道上分路来围攻，那就不知怎样变化了。"

是晚十时后，驻新河村的第十总队发生了战斗，当时杨遇春在电话中对余钺说："新河村四周均有土筑围墙，又做了工事，孤守一夜不会有问题。"要余钺用两门野炮支援。午夜后，战斗最烈，电话、电台均中断，这时杨遇春与余钺在频繁的电话中着了急，但又苦于夜间情况不明，不敢派兵出动。尽管野炮和海军炮艇不断向新河村四周炮击，均无济于事。拂晓前枪声停止，第十总队全部被歼。至此，调到北宁路的四个交警总队仅剩下了一个第十二总队了。

新河村据点被拔掉后，白天从塘沽可遥见解放军调动频繁，新河车站的解放军利用黑夜向该站东南铁道上的交警第三大队（大队长姜溢三）阵地挖掘坑道，并时有小接触；新河材料厂的解放军昼夜加强工事，交警第十二总队的野炮经常炮击，企图杀伤解放军，但结果相反，交警第十二总队的一门野炮被解放军炮弹击中炸坏。余钺面对这种情势，表现胆战心惊，他曾对吴苍林和我说："第十总队搞掉了，就会搞到我们头上来了，我们必须想尽一切办法保存这点本钱回南京。"于是就采取了以下措施：

1. 为了防止解放军利用坑道接近铁道阵地，经令第四大队（大队长张守谦）组织夜间伏击队，以第十中队长王永生为队长，下辖三个伏击小组，均配备手提冲锋枪和手榴弹，于深夜埋伏在铁道阵地以北约百米以外，担任伏击。约在十二月二十五日深夜与解放军遭遇，当时黑暗阴霾难分敌我，双方混战了一小时许，解放军退回新河车站，伏击队一部分溃散。次日晨，发现战地遗留一具尸体，经过检查，在尸体旁捡获驳壳枪一支，并在尸身上搜出第九纵队发给的奖状一件。当时余钺等判定是一个连级干部。

2. 令各大队切实加强工事，曾在山东路一个材料厂取用枕木数百根，麻袋二千余只，作为构工材料。第二大队（大队长龙孟勋）在山东路构筑了巷战工事；第三大队星夜加强铁道阵地及鹿砦、铁刺等障碍物，并强取民间门板、桌凳，铺设于由山东路至铁道间的泥塘上，作为来回通道的踏板。该大队为了扫清射界，拆毁了新河车站东南之路房约三十间。又在一天下午为阻止解放军挖掘坑道，该大队用六〇炮、重机枪射击，双方战斗了约两小时，在解放军回击下，中队长盛正式右脚炸伤。

3. 战事连续进行，山东路居民行动受限制，挨饿受冻，民怨沸腾。余钺为了防止居民暴动，规定黄昏后实行戒严，对居民进行管制，并命平炮队长朱力青兼纠察队长担任日夜巡逻。

4. 由于交警第十总队被歼，为了防止解放军冒充俘虏被遣回，到山东路来寻找其眷属，借故做侦察或内应工作，余钺在杨遇春的指示下，将第十总队的眷属及留守的非战斗人员，一律强迫登船并开往新港待轮南运。

5. 由于天津被围，军粮副食规定由青岛海运补给，因不能及时运到，影响军心，军需主任杨浩烈在余钺的面允下，在塘沽码头仓库强取了面粉五百袋，并将总队运输队的骡子杀了几头做副食，解决了一时的吃饭问题。

6. 当天津东站发生战斗后，交警第十二总队驻天津留守处主任陈节元电报请示留津人员及物资如何处置，当时余钺说："天津难保了，不能让这些物资给共军。"遂命我拟稿电复陈节元："在必要时，将人员眷属疏散，电台埋藏，弹药被服等焚毁。"次日电讯中断，如何处理不明。

（三）虚报战况，夸大战绩

在山东路的十多天中，只发生一些零星战斗。但在余铖的授意下，战报总是把战况夸大，虚报战绩。这样做，一方面为炫耀第十二总队的战斗力强，免被素无关系的侯镜如轻视；另一方面，表示苦战苦守以换取早日调防。

例如，十二月二十八日晨，据报新河车站及新河材料厂均不见解放军。当时，余铖和我判断，认为解放军可能是佯退，以诱我深入而围歼，或者是调往天津而暂时放弃新河车站。为了摸清情况，余铖遂令我随同第四大队长张守谦率队前往新河车站察看，发现解放军确已撤退。于是余铖令张部白天在车站北端警戒，夜间撤回山东路，同时电话报告杨遇春说："四大队攻克新河车站。"又命我电报南京交警总局局长周伟龙虚报攻克车站经过。旋得周伟龙电示，传令嘉奖，张守谦晋升为上校大队长，另发该大队奖金（金圆券）一万元。但对上虚报攻克车站的战功，骗不了众目睽睽的全总队官兵，所以奖金也就不能单给第四大队了，于是就把这一万元买了猪肉，作为各部队元旦加菜。

虚报战况竟达到了余铖的意图，十二月二十九日侯镜如派了独立第九十五师接防山东路，交警第十二总队移驻新港，担任盐池地带守备。

天津解放，塘沽撤守

一九四九年元旦后，解放军围攻天津日紧，华北败局已定。国民党第十七兵团司令部已由新港移驻于渤海口的江宁轮上，命令的传达用小船来往交通。已明显看出塘沽不是守而是待命撤退，这也正是交警第十二总队唯一的希望。由于防守盐池地带，顾虑较少，余铖的整个心思是计划如何撤逃，因此找了两只驳船，挂在两艘火轮上，等候随时撤离。

一月十五日拂晓天津解放，塘沽也无再守之必要，十六日黄昏开始，塘沽国民党守军全部撤退，交警第三旅第十二总队撤到长山岛转运上海。

第五章

北平和平解放

北平和平解放的经过

王克俊*

傅作义先生在世时，每当与我们谈起北平和平解放的往事时，大家的一句共同语言是：这件事，我们总算做对了，而且愈往后愈觉得做对了。一九七四年四月，当傅先生病重住在医院里时，敬爱的周总理那时自己也有病，仍到医院去看他，说："毛主席叫我看你来啦！"傅先生已经神志不清，周总理又凑近傅的耳边说："你对人民立了大功！"傅先生神会地嘴唇动了动。毛主席和周总理，对傅先生的亲切关怀和高度评价，使在场的傅的家属和部属无不感激涕零。

一 解放前夕傅蒋之间的矛盾与斗争

一九四六年底，蒋介石把"战区"改称"绥署"。李宗仁北平行营下辖保定绥署（原孙连仲第十一战区）和张垣绥署（即傅第十二战区）。一九四七年底蒋撤销保定绥署，人员合并到张垣绥署。此时，李要与蒋支持的孙科竞选副总统，蒋、李矛盾加剧。因此在十一月间，蒋到北平召李、傅等开会，又撤销北平行辕①，成立华北"剿总"，任傅为总司令。傅对此任命是很不愿意的，会后回到张家口曾对我说过："我们不能到北平去。"这是因为傅深知蒋的部队是不会听他的指挥的，而自己的部队却被更牢固地绑到了蒋的战车上。

但是华北"剿总"一确定，像一匹被套上了笼头的马，傅不得已还

* 作者当时系国民党华北"剿总"副秘书长兼政工处少将处长。

① 一九四七年四月七日国民党最高国防委员会决议各地军事委员会委员长行营改称国民政府主席行辕，其组织及职权照旧。

是带了参谋长等少数几个人到北平上任。一九四八年一月，蒋为人民解放军在东北战场空前规模的冬季攻势所震惊，召傅到东北参加军事会议。在此之际，傅的两个军（第三十五军与暂编第三军）被吸引向保定方向南下，结果第三十五军在涞水被围，被歼两个团，死一师长，军长自杀。傅部受到一次严重的惩戒。傅从东北赶回，对此次兴兵南犯，十分生气。

傅到东北开会回来之后，才把自己的总部全部迁到北平。此时傅的战斗序列为：第十六军、第十三军、第六十二军、第六十七军[①]、第九十二军、第九十四军、第三十五军，第一〇四军（原暂三军）、第一〇五军（原暂编第四军）、独立第七师、新编骑兵第四师、整编骑兵第十二旅、骑兵第十三旅，后又扩增第八十七军、青年军第五军、第一〇一军。华北"剿总"作战区域为冀、察、热、绥及晋北。

傅这时处于一个十分矛盾的地位，身处蒋介石集团的高级指挥职位，而内心已极不愿意继续为蒋所役使。这个矛盾终于爆发了：一九四八年二月，傅主持召开华北"剿总"的会议研究军事工作，傅提出有权使用战斗序列的整个部队的问题，但副总司令陈继承反对。陈是"剿总"副总司令兼北平警备总司令，军统特务头子。陈表示中央军的行动必须通过他。有的部队只有他才能使用（例如青年军第二〇八师），而且傅的直属部队的使用他也要过问，态度十分骄横跋扈。傅对陈的权力不予承认，而陈坚持，于是争吵起来，傅无奈只得休会。会后，傅向蒋坚决辞职。傅先生气愤地对他周围的几个亲信人员说："想靠中统、军统两条绳索来捆缚我的手脚，要我充当地主豪门的鹰犬去咬沿门乞讨的苦百姓，我是不干的！"傅三次电蒋辞职，蒋竭力挽留。最后，蒋说："你若能荐举一个如你一样的人才，可以接受辞呈。"傅说："陈继承可以。陈继承已经掌握了军事、人事、警备、舆论等各方面，完全可以胜任有余。"蒋了解矛盾的激化是陈引起的，过了几个月，不得不撤去陈，并允由傅荐举人选代之。傅荐举第三十四集团军副总司令[②]周体仁接替，风波表面上才平息下来。

傅以坚决的态度，迫蒋撤换了陈继承的北平警备总司令之后不久，又撤掉了几个北平市政府内的中统、军统特务，如撤去民政局长军统特务马汉三、社会局长中统特务温崇信等，暂时削弱了中统、军统势力对北平

---

① 据了解，当时华北国民党军战斗序列无第六十七军。

② 第三十四集团军后改称第四兵团。

的控制。

一九四八年五月，傅在北平成立了河北省政府，以扩大自己控制的范围。

六月，蒋命令傅总部把新闻处和民事处合并为政工处，指派张彝鼎为中将处长（张即一九三九年蒋派任第八战区副长官部政治部主任者），傅坚决拒绝。蒋旋又委派赵仲容（赵即陕坝时期在傅部中“挖墙脚”的三青团绥远支团书记）为处长，傅又坚决拒绝。为了防止蒋再指任人选，傅同时电蒋请调王明德（即我，当时任傅先生的副秘书长）为处长，顶住了蒋安插亲信的企图，并把政工处由总部的外面迁到总部内办公。对于傅的这一任命，蒋没复电批准，但也没再委人来了。

七月间，蒋要给傅扩四个军，给了番号。傅先生曾再三研究过其意图所在。联系到一九四七年在张家口，因为接受了扩两个军的命令，结果自己的部队第三十五军和第一〇四军被分别调往河北和东北。鉴于这个教训，傅决定四个军的番号不要，作了如下的处置：除把原保定绥署孙连仲留下的部队一个师和一个旅扩编为第一〇一军，荐举李士林为军长外，其余蒋所给的编制平均分给所属各军，各增一个补充师。这样，既有利于傅协调所指挥的中央各军头头的关系，避免蒋对他生疑，又可防范以后蒋可能抽调他自己的部队的企图，从而使蒋的阴谋没有得逞。

对于过分嚣张反动的蒋嫡系部队，傅则把它调离北平，以减小身边的羁绊，如将蒋青年军第二〇八师调驻唐山市即是一例。陈继承任北平警备总司令时，该师只能由陈使用（以后蒋把第二〇八师扩编为第八十七军）。随着解放战争进入战略反攻阶段，全国反饥饿、反内战、反迫害的声势浩大的反蒋斗争更加高涨，北平学生运动一个高潮接着一个高潮，但是遭到反动势力的血腥镇压。七月发生了“七五”惨案，死学生八人，伤几十人。八月十九日又包围学校，阴谋逮捕进步学生。九月，第二〇八师和所谓“人民服务队”又镇压学生示威游行。这支极其反动的部队，实际上是陈继承被撤后给傅埋下的一颗定时炸弹。在蒋拼凑援锦兵团时，傅趁势将第二〇八师调走。此外又把分散在平郊活动的“人民服务队”全部集中到总部（在傅的总部后面，北平西郊八里庄），派自己多年的政工人员张绍武任总队长，以约束其活动。

九月中旬，国民党政府搞选举，李宗仁要与孙科竞选副总统。蒋为了控制选票，密令重新登记国民党党员，令傅把部队中的国民党党员重新登记，限期上报，由中央审查，重发党证；凡不登记者，则取消党籍。在傅的部队中，只有国民党的党员（因为蒋任命军官必须是国民党党员），但没有国民党的组织，故蒋的这个密令傅便交由政工处令我处理。该怎样处置呢？傅先生对我说："交给你了，你就看着办吧。"我明了傅先生的意图，便借口军务繁忙，拖延时间，应付上面的催促和下面一些人的询问，始终未办。自此，傅部内的国民党党员均自然脱党，不再是国民党党员了。

此外，为了加强自己的内部，傅扩大了干部训练团和河北省的干部训练团，所有上面派来的或招来傅部或河北省工作的人员，均需先在训练团集训，通过审查，才能补充到部内。

但是有些蒋的命令，傅仍照样执行。例如一九四八年四月，蒋命令袭击河间县，傅则如命派了鄂友三骑兵第二师出击。该部沿途残害人民，又犯下了一笔罪行。

一九四八年十月，解放军对锦州发起进攻，蒋介石慌忙飞到北平策划援锦。不出所料，蒋打的如意算盘是调用傅的主力并命傅去指挥援锦之役，因为若能如愿，则可解救东北危局；若失利，则可把其华北嫡系部队拉走。蒋提出要傅把他的干部家属移送福州，以福建作为傅的后方基地；又说而后作战，必要时可先撤至青岛，相机再海运华东南。蒋以此为诱饵，让傅去援锦。但是此举对傅来说则是一次生死攸关的抉择。面对蒋这一阴谋，傅表示先派人做些准备。他派了华北"剿总"的副总司令宋肯堂到天津查看公路、港口情况，又派了杜建时（天津市市长）设法查看援锦的道路，还派一个师（步兵第十七师）和一个骑兵师（新编骑兵第四师）到迁安、丰润、玉田、三河、武清等地转了一圈。（为此林彪迟迟不敢南下北宁路，说傅部已到山海关附近，要求杨成武兵团先进击大同一带作为他南下的前提。但是毛泽东主席洞察秋毫，说傅作义精明得很，不会援锦的。）至于蒋要傅亲自指挥一事，傅则再三辞绝，推说此事关系国家前途大计，自己资浅能鲜，不堪重任，只有委座德高望重，以统帅地位亲自指挥，才能奏效。蒋介石不得已只好亲自指挥并调用蒋自己的嫡系"精锐"兵团，由海路援锦。

蒋介石这次来平，还曾在华北"剿总"总部的小礼堂，召集当时在平的军以上的高级军政人员"训话"。蒋对与会的军长都叫不出姓名，会前要求把到会人员的座位图画好放在他的席前，为此会议推迟了一个多小时。蒋在"训话"中说"戡乱必胜"的关键在于以美苏为主要对立的第三次世界大战必然爆发，美苏必战，苏俄必败，美国必胜，美国胜利就是我们的胜利等等，妄图鼓舞士气。但适得其反，这个讲话又一次使傅先生看到了蒋介石一心投靠美帝国主义的面目，认识到蒋介石不可能是实现中国独立统一的人，而是为了四大家族利益依附于美国的傀儡。蒋走后，傅向我和参谋长李世杰二人问道："你们看这个讲话怎样？"我们二人都认为坏极了，直言道："这是中美勾结的继续与发展，是出卖国家民族利益的继续，身为国家总统，怎能讲出这样的话！"并感叹地说："这个人连属下的军长也不认得。"傅先生痛愤地说："我们就为这样的人，为几个家族而战吗？我们付出了血的代价，才取得抗日战争的胜利，不能前门拒狼，后门引虎！"

拒绝援锦是傅决心脱离蒋集团的第一个大胜利。但事情并没简单地过去，作为条件，蒋命令傅组织部队袭击石家庄中国共产党中央所在地平山西柏坡。傅一面暗自思忖对策，但表面上仍如命派了蒋嫡系第九十四军（军长郑挺锋）配备新编骑兵第四师（师长刘春方）和骑兵第二师（鄂友三部）出发，但各部均由政工处加派专员为监军，以便随时掌握。对于此举，部属也有犹豫。第九十四军在渡唐河时，军长郑挺锋听到了其弟（郑庭笈，第四十九军军长，在辽沈战役中被俘）的广播讲话后，托辞母亲病重，坚决辞职离去。刘春方亦几次来电，以解放区军民防守严密为由，对此举"谏请钧座考虑"。此时此刻，正是蒋援锦"王牌师"在塔山阻击战中伤亡重大，锦州已解放，廖耀湘兵团行将就歼，辽沈战役已近尾声之际，蒋介石为宋美龄、孔令侃因囤积物资、捣乱金融与蒋经国发生冲突之事，竟弃军飞沪调停去了。此时此刻，也正是傅作义先生决断的关键时刻。

二 关键时刻的决定

一九四八年十月三十日夜十二时许，傅先生把他贴身的卫士、勤务都指令远离，对其勤务兵说："你倒好一杯茶，去叫王克俊来，便没事了，不必在屋内候命。"我知有要事，急到他住处。傅让坐下，说咱们谈谈。我问谈什么，傅先生却反问道："你说要谈什么呢？"我心中暗想肯定是到了要作决断的时刻了，便道："是否要谈自张家口以来，咱们屡次谈及但没有谈透，而今需要作出决定的一件事情？"傅说："对。现在左右没有别人，你有什么看法都可直说。"接着傅先生说了很多，说到他一向很要好的朋友现在都主张和平谈判，许多很有才干的进步人士都跑到共产党那里去了，以及最近郑军长辞职等等事情。说到蒋近日急急飞回上海为的是什么“要事”，傅先生感叹地说：“蒋介石不爱江山爱美人，我们不能再盲目地信赖他了。”傅还谈到对战争前途、人心向背的看法，以及抗日战争与解放战争之不同等等。在对话中我们还谈到一九四五年蒋要缩编傅的部队，而近来又慷慨予以扩编；蒋一再要傅以福建为安置干部家属的后方基地，还封官许愿；又从蒋对待张学良和卫立煌的毒辣，说到必须走自己的路（傅与张、卫甚厚）等等。谈话自然集中在一个老问题上：我们的前途何在？究竟谁是真正能使中国独立统一复兴的人？这次谈话的结论是：国民党必败，共产党必胜；拥护毛主席，拥护共产党是大势所趋，人心所向；毛泽东才是国家民族勃兴希望之所在；目下必须当机立断，脱离蒋介石国民党集团，走人民的道路。因之傅先生问道：“现在我们该怎么办？”又问：“刘厚同从天津来了，你跟他谈过没有？”经两人交换意见，最后作出了如下三条决定：

（一）由我次日再去和刘深谈，然后拟一电文交给傅先生。

（二）天明即下令第九十四军与骑师、骑旅撤回。

（三）关于方式和时机，认为需要待解放军围城之后，利用内外力量的配合，才能圆满地实现整部走上人民的道路的目的。

最后，傅先生决然地说：“我是准备冒着三个死来做这件事的：第一，几年来，我不断对部属讲‘戡乱、剿共’的话，而今天秘密地来个一百八十度的转弯，他们的思想若不通，定会打死我；其次，这件事如果做得不好，泄露出去，蒋介石会以叛变罪处死我；再者，共产党也可以按战犯罪处决我。但是，只要民族能独立，国家能和平统一，咱们还希望什么呢？”我答道：“我虽是个军内文人，但还深知‘士为知己者死’。我王克俊有一颗头，绝不畏艰难险阻，定要不辱使命地去完成此事。”傅先生关心地说：“你的行动一定要注意安全。”我回答道：“我相信，无论是军统中统或其他反对此事的人，不会有愿舍其命而为蒋效力的。我会相机行事的，请你放心。”这次谈话就此结束。

这就是傅作义先生在关键时刻的决定。如果说傅受侮于陈而迫蒋去陈之后，是傅先生在各种矛盾的覆盖下，走向人民的准备阶段；自此，则是傅先生在各种矛盾的覆盖下极其秘密地进行的实际行动的开始。

次日，我即找刘厚同先生商谈此事。刘是傅多年契友，特自天津来平。（傅以前在天津任警备司令时，与刘过从甚密。日军入侵华北后，傅给刘留了一部电台及人员。在以后长城抗战、绥远抗战等时期，刘常用这部电台提供日、伪军情或提出参谋意见，此台直到抗战胜利前不久才被敌破坏。后来知道刘的女儿是民主青年同盟的成员，是地下党动员刘来见傅的。）刘与我的意见没有原则分歧，但在具体做法上未获一致。刘主张不管三七二十一，发一个起义通电便行了。我说这是辛亥革命时代的办法，现在的情况比以前复杂得多。我认为这样做不可能达到使北平千年文物古迹不受毁坏，人民生命财产不致涂炭的目的，甚至连傅先生的生命安全也难保障。最后商谈的结果，是先设法通过中共地下党给毛泽东主席发出电报联系。我拟就电文便交给了傅先生。电文不长，内容是表明要求和谈，不愿再打内战，为了国家和平统一，请求派南汉宸先生来谈判，并报告了傅在北平能控制的空、陆军数量。电文郑重表示：过去以蒋介石为中心来挽救国家于危亡，拯人民于水火之中的做法，现在看来是彻底错误的了。今后决定要以毛泽东主席和共产党为中心来达到救国救民的目的。后来知道此电由傅先生的女儿傅冬菊（中共地下党员）通过共产党的地下电台大概在十一月十七日发出了，但未获回音。傅于是又要傅冬菊去约请地下党的负责同志面谈，傅冬菊得到了地下党负责同志同意见面的答复，并约定了见面的时间、地点，但届时没有人如约前来联系。

大概从这时起，傅冬菊便经常来到傅先生身边，她以父女之情使傅先生在各种错综复杂的矛盾缠绕中，解除不少忧虑，获得很多安慰。

自此，直到解放大军围城前，我们一直处于徘徊、焦急、苦恼之中，一直苦于不能直接和共产党、解放军方面沟通。虽然此时也时有被释回来的被俘人员，他们也向总部说明解放军的情况与希望，但是没有带来可以肯定的、负责方面的表示。这个时期通过各种渠道给我的电话也特别多，但多数是无头电话，听说我不在便挂上了。有的电话还指定时间地点要求见面，但却常常扑空见不到人。也有见到面的，但谈的又只是要求找工作之类的小事，摸不清其底细。在傅部早先留下的共产党员，他们只想了解动态而无积极的表现，使我们感到也许是他们的关系已旧了，不能依靠。总之，找不到恰当可靠的能担负重任的人选。

为了寻求联系和作出表示，傅释放了一些所俘的解放军人员，还说服中央军青训队放人。

为了掌握部队状况，与此同时，我请示了傅先生，向凡由傅直接指挥的师旅以上部队派驻政工专员，要求认真了解该部情况，具体说，其任务是：1. 部队中官兵对当前时局的认识；2. 部队中的官兵关系、干部关系；3. 部队官兵对傅以及对总部有什么意见。而真实意图，是要摸清各部队到了关键时刻能否接受傅的决策，可能会出现什么障碍等问题。这是一个不可缺少的准备工作。约经月余，便陆续收到了调查报告，也了解到一些部队中解放军开展的争取工作，我即综合报告了傅先生。

十一月上旬，傅先生到南京参加辽沈战役后蒋召开的高级军事会议。蒋为抓紧傅的力量以期挽救残局，会上正式宣布任命傅为华东南军政长官，并通过何应钦转达要把华北军队经海陆两路全部南撤之意，并说所有军队均归傅指挥，撤退军队的船位已经准备就绪，听候使用。在会上，傅先生完全以一个主战派的角色出现，主张坚守华北，如此等等应付了一番。傅的这个表态，正中蒋介石下怀，蒋当即表示尊重傅的意见。会议结束，傅得以平安返回北平。这次会议使傅先生更清楚地看到蒋的图谋，看到了南京政权已是丧尽军心，丧尽民心，败相毕露，无可挽回，更加坚定了走上人民道路的决心。

三 三次派人出城联系

人民解放军在十二月中旬，紧接着东北辽沈战役胜利结束之后，发扬勇敢战斗、不怕牺牲、不怕疲劳和连续作战的作风，以迅雷不及掩耳之势，由长城各口进军华北，出敌不意地完成了毛主席的对平津诸敌围而不打或隔而不围的战略部署。十二月十三日前后解放大军完成了对北平的包围，将傅部与蒋介石嫡系建制的部队分割于平津两地。

当时城内布防情况大致如下[①]（我因负有上述的特殊使命，对城内详情了解不细）：以鼓楼、天安门为轴线，以东为石觉第十三兵团及其所指挥各部，以西为李文第四兵团，傅的第三十五军的第二六二师（原暂编第十七师）、新编骑兵第四师与一个补训师还有警卫团为总预备队，并兼负保卫傅总部——中南海之责。德胜门一带为傅的赵树桥师（第三〇九师），西直门、复兴门至广安门一带为第一〇一军和傅的孙英年师（第三一一师），安定门外黄寺一带为青年第五军，傅的新编骑兵第四师（刘春方）在永定门先农坛设防。城防及城内治安由郭宗汾（华北“剿总”的

① 北平城防部署兵力配置在围城期间有几次调整，本章各篇文章的忆述不尽一致。

副总司令）为首以及李文、石觉、李世杰（傅的参谋长）、梁述哉（傅的副参谋长）、楚溪春（河北省政府主席兼保安司令）等人负责。

十四日我们派人出城联系。当时傅已与总部联络处处长李腾九的堂弟李炳泉（傅办的《平明日报》记者，中共地下党员）取得联系。我便与傅先生商定，派《平明日报》社长崔载之、李炳泉为代表，配备了一部电台连同报务员、译电员和司机共五人，乘一辆吉普车，由我亲自把他们由广安门送出城外驰往平山，希望能见到毛主席。使命是谈判从张家口起，平、津、塘全线和平解决。不久他们却折回来了，说路上一再阻拦，要他们与平津前线司令部联系。次日我又亲送他们自西直门傅的孙英年师防地出去。他们先到了程子华部的东北野战军第十一纵队[①]，然后转到蓟县平津前线司令部。三四天后，由我到德胜门外接他们回城。（以后几次进出城防，多数走德胜门，在此驻防的赵树桥师长都作了妥善安排。）这次联系的结果是：傅能留下两个军，要求傅把蒋嫡系军师级的头目逮捕起来，宣布起义。听完报告后，傅和我均感到此方案无法实施，因为城内中央军的兵力是傅自己的部队的十几倍。次日，傅先生单独接见了李炳泉，详细询问了解放军负责人的意见，并说明了实施此方案的困难。

第二次出城：十二月二十四日左右，侯少白（傅先生的一位老朋友）荐举张东荪（燕京大学教授）前往谈判。因从未与张有过接触，故傅先生亲自接见张，观察定夺。最后决定由周北峰陪张出城[②]，仍由我经西直门送出。数日后他们从德胜门回来，带回的结果是：给傅留一个加强团作保卫，其余部队改编，但没有如何实施的细节。

不得已，又组织了第三次出城：一月上旬，傅派飞机将其在绥的副总司令邓宝珊接来平[③]，十四日，仍由周北峰陪同，还有刁可成和邓的随从一名又由我亲自经德胜门送出城，骑马到了解放军联络站，然后转到平

① 一九四八年十一月一日中共中央军委决定，全军实行统一的编制、番号。“旅统改称师，纵队统改称军，……”“野战部队番号，由军委统一编排……”。一九四九年一月十五日，中共中央军委命令西北、中原、华东、东北野战军分别编为第一、二、三、四野战军。由于当时正处于紧张的作战环境，各部队正式宣布番号变更，时间上有早有晚。本书文内对解放军部队番号称呼多不统一，仍称原番号者居多，军仍称纵队，以方便区别两军番号。

② 第二次出城是一九四九年一月六日。

③ 据邓宝珊的随员王焕文回忆，邓于一九四八年十二月二十八日由包头飞抵北平。

津前线司令部。十七日，他们发回电报说，除周留下外，邓和其余二人陪同解放军平津前线司令部作战处处长苏静即日进城。我和崔载之到德胜门迎接。苏静同志傍晚时到了，进城后安置住在东交民巷傅的联络处（原日本大使馆）。十九日[①]，傅先生同我、崔载之、阎又文等几人到联络处看望苏静同志。见面后，傅先生即表示十分感谢并向苏静同志表示慰劳。最后傅对我们留下的几个人说，你们一起具体商议一个可行的办法，并指定崔负责联络和照应。当天苏静同志和我们一起即拟出了和平解放北平的实施方案，协议共有十四项，条文如下：

关于和平解决北平问题的协议

为迅速缩短战争，获致人民公议的和平，保全工商业基础与文物古迹，使国家元气不再受损伤，以促成全国彻底和平之早日实现，经双方协议公布下列各项：

（一）自本月二十二日上午十时起双方休战。

（二）过渡期间双方派员成立联合办事机构，处理有关军政事宜。

（三）城内部队兵团以下（含兵团），原建制、原番号，自二十二日开始移驻城外，于到达驻地约一月后，开始实行整编。

（四）城内秩序之维持，除原有警察及看护仓库部队以外，根据需要，暂留必要部队维持治安。

（五）北平行政机构及所有中央地方在平之公营公用企业、银行、仓库、文化机关、学校等，暂维现状，不得损坏遗失，听候前述联合办事机构处理，并保障其办事人员之安全。

（六）河北省政府及所属机构，暂维现状，不得破坏损失，听候前述联合办事机构处理，并保障其办事人员之安全。

（七）金圆券照常使用，听候另订兑换办法。

（八）一切军事工程一律停止。

（九）保护在平领事馆外交官员及外侨人员财产之安全。

（十）邮政电信不停，继续保持对外联系。

（十一）各种新闻报纸，仍可继续出刊，俟后重新登记审查。

（十二）保护文物古迹及各种宗教之自由与安全。

---

① 据苏静回忆，一九四九年一月十八日傅作义会见了他，表示欢迎。十九日苏静同王克俊、崔载之、阎又文等草拟出了和平解放北平的协议。后经报请上级修改后，遂成为正式协议。

（十三）人民各安生乐业，勿相惊扰。

（以上各条刊载于一九四九年一月二十二日《平明日报》）

第十四条未见报，内容是：军统、中统特务分子必须进行登记，坦白从宽，抗拒从严。

当日晚上，我又向苏静同志送交了傅先生草拟的起义电稿。深夜，当我驱车返中南海途经南池子时，竟遇到特务的枪击，幸好冲了过去。

在傅同解放军进行磋商和平解决办法之际，蒋介石有所察觉，四次派人来加紧拉拢傅作义。第一次：约在李炳泉出城未回之际，蒋派其原军令部长徐永昌来平[①] 劝说，大意是要求傅率部分两路南撤，一路自海路由新港撤到青岛，一路由陆路经河北、山东到青岛，而后再候命南撤。傅以实际形势不可能做到为由，予以回绝。第二次：徐永昌去后不久（隔了一两天），蒋又派其国防部次长郑介民来平[②]，除谈了徐永昌所谈的内容外，还表示在平的军统人员可以密切配合南撤，说什么“我的所属人员听傅总司令的指挥就和听蒋委员长的指挥一样”。傅先生亦以形势不可能作答。第三次：不久[③]，蒋又派蒋纬国赍其亲笔信来平。蒋信内容大致是：西安双十二事变上了共产党的当，第二次国共合作是他生平一大教训。现在你因处境又主张与共产党合作，我要借此一劝，特派次子前来面陈，请亲自检察面陈之事项。事后傅先生告诉我，蒋纬国“面陈”的是：只要傅由津海陆两路撤至青岛，则有美军援助南撤；还说什么“千军易得，一将难求”，蒋要任命傅为华东南军政长官。傅亦婉言拒绝。最后一次是美国西太平洋舰队司令白吉尔来平，对傅表示：今后美国要抛开蒋介石完全支持傅，美海军将在沿海援助南撤。傅先生答道：“我们是一个国家，你们要给援助可到南京政府去说。我是个地方负责人，不能直接接受。”白吉尔一再强调今后将抛开蒋要直接支持傅。最后傅先生严正地回答道：我是个中国人。我相信中国人能解决好我们中国自己的事情，无须外人来干涉。白吉尔讨了个没趣，败兴而去。

以上四次美蒋来人都是使用在天坛的临时飞机场降落的。

① 据《华北日报》《大公报》（天津版）记载，徐永昌、蒋纬国、郑介民来平的日期分别是一九四八年十二月十五日、二十三日、一九四九年一月六日至八日。

② 同上。

③ 同上。

四 北平和平解放的前夕

蒋介石无计可施，最后于一月十六日晚，给傅来了一电，大意说：相处多年，彼此知深，你现厄于形势，自有主张，无可奈何。我今只要求一件事，于十七日起派飞机到平运走第十三军少校以上军官和必要的武器，约要一周，望念多年之契好，予以协助；并催傅即复。傅让人拟出“遵照办理”的电稿后，立刻叫我来看蒋的来电与要发的复电。我问准备如何办？傅踱了几个圈，良久未答。于是我由他桌上取了一张便条纸，草拟了一个发给解放军平津前线司令部的电文，说明蒋电的内容，并要求城外解放军部队在有飞机来时以祈年殿来确定目标，炮击天坛临时机场，阻止着陆。傅看后说，为保密起见，还是用你的名义发好。我即把电文上款改成“周北峰兄请转平津前线司令部”，落款改为“弟王明德”。改后傅先生看过笑了笑，手略挥了一下，示意“可发”，我当即交机要室译发。十七日，正是邓宝珊等人陪苏静同志进城的那天，我和崔载之正在德胜门外躺在壕沟中候接的时候，果然飞机来了，接着城外对天坛的炮轰也开始了。我顿觉如释重负。猛烈的炮火使飞机始终未能着陆，如此四五天，终于粉碎了蒋最后企图飞机运走这个嫡系“精锐”兵团及装备的梦想。

自十二月中旬解放大军围城之后，在中国共产党的领导、发动与组织下，城内学生运动更加高涨。各界“和平解决北平问题”“保存北平千年的文物古迹，避免百万人民生命涂炭”的呼声更高。同时中共地下党还发动知名人士出城和解放军接触。这些舆论与运动给傅先生走上人民的道路创造了有利的环境。对于要求出城活动的人士，傅先生都一一接见，并派人安全送出、安全接回。如康同璧（女）、何思源等十余人出城和解放军联系的活动，就是傅派人把他们送到城外解放军的联络站，住了一天，又把他们接回的。因为何思源先生这时参加了进步的活动，特务立即对他进行暗害，在他的住处安放了炸弹，致使何的女儿惨遭炸死，何本人亦负伤。

毛泽东主席在平津战役中采取先打两头，放下中间的英明步骤，在傅的思想中起了很大的作用。战局的发展方向早在毛泽东的深虑稳操之中。人民解放军于十二月十一日歼灭怀来南窜的第一〇四军两个师；

二十二日围歼了新保安之第三十五军军部和两个师；二十四日攻克张家口，全歼第十一兵团第一〇五军和骑步等师（旅）；共计十一个师（旅）。至此傅的直属部队大部均被歼了。傅大半辈子从事军事，对于自己部队的损失，心情很沉重，思想斗争更加激烈。当时跟随傅先生多年的总参议张濯清先生来安慰他，傅先生却若有所思地说："军队的被消灭，我和你们同感沉重。但从全局看，向未来看，这未始不是一种战场上的移交。车到山前必有路，也未始不是我们新的政治生活的开始。"反倒安慰其部属了。这时正是美蒋迭次来威逼利诱的时候，自己主力部队的丧失，在客观上帮助傅更坚定自己的方向，顶住了美蒋的拉拢。一九四九年一月十四日，在天津守军拒绝放下武器之后，人民解放军发动总攻。次日陈长捷来电话告急，说："城中各处战斗激烈，宜兴埠着了火……"傅先生即答复他说"灭火"。接着电话中听见喊道"来了，来了"，便断了。陈长捷被俘。仅二十九个小时的激战，天津守敌全部解决，天津解放。毛泽东主席关于平津战役的作战方针、部署以及一系列的措施，对敌实行战略包围和战役分割，真是摸透了敌人的内部规律。针对各敌的区别，使敌人战、守、逃的幻想皆归破灭而陷于欲战不能、欲守无力、欲逃无路之境，剩下的只有就地被歼或就地和平解决一途。毛泽东主席的军事战略策略与指挥的卓越、非凡，使傅先生及其周围负实际责任的一些人，深感崇敬，莫不折服。至此，内因与条件皆已成熟，瓜熟蒂落，北平就要解放了，而傅先生以及我们这些跟随他多年的部属也找到了自己真正的归宿。

五　历史新篇章的开始

一九四九年一月二十一日上午，傅召集高级将领会议，宣布《北平和平解放实施办法》的条文。与会者有李世杰、梁述哉、张濯清、郭宗汾和蒋的两个兵团司令石觉和李文。傅先生先叫我念十四条条文，然后征求意见。石、李不表态，却狡猾地说："我们说不出什么意见，只是克俊你的部下有意见。"我笑道："我一个文职，何来部下？"两人说："我们部队的政工处长不都属你政工处管的人吗？他们有意见。"他俩以此作梗，以为得计。这时，正好到了开饭时间，傅先生应机说："先吃饭吧，饭后再议。"我乘他们用饭的间隙，立即让人电话分头通知师以上政工处长十五分钟内必须到中南海的勤政殿集合。有关人员如时到齐后，我即宣读了十四条条文，问有何意见。大家绝大多数赞同，但不出所料，只有石、李两兵团的政工处长提出意见，要求能放他们走。我当即作了处理，严肃地答复道："不愿留下要走，可以。但是有一个条件，你要保证你的部队不出事，把工作做好，不伤一人，不放一枪，不毁一物，遵守纪律，圆满实施十四条的规定之后，我保证请傅总司令把你们送走，保证你们的安全。"二人无言。散会之后，我回到傅处，这时各人用饭已毕。傅先生见我进来，问道："是否继续开会？"我对他笑了笑，傅先生便对众人说："好吧，继续开会吧。"石、李还是坚持饭前的话。于是我笑道："没有问题，各处长均赞同。"随即让卫士要石、李部政工处长的电话。石、李两人不知何意，我说："请二位直接问各自的政工处长。"两人表示诧异，我便将他们用饭间的事在会上复述了一遍。傅先生说："好嘛，好嘛。"石、李也就说："既如此，也就不必接电话了。"傅先生再问李、石两人，才答道："同意条文，但也要求能走。"傅先生当即说："可以，可以走，我给你们作保证，但条件一样，要把事情办妥。"于是十四条正式下达到各部，二十二日正式见报。

二十一日，周北峰来电说他将陪同陶铸同志于明日下午从朝阳门进城[①]。第二天下午我去迎接，但候至傍晚没有接到。我回到联络处，得知他们已经到了。当晚，陶铸同志和傅先生又进一步研究了城内部队开出就编的日期、次序、地点和整编计划，同时磋商了双方成立联合办事处的各项细节，以及妥善处理军队改编、军事、后勤、工矿企业、军政机关移交等等事宜。按照这次确定的计划，城内原有部队改于二十六日开出城外各指定地点候编（原订为二十二日）。傅派其第三处长雷立法与平津前线司令部参谋处长苏静于次日协商了具体实施办法下达部队照办。傅的新编骑兵第四师刘春方部首先开出，重建的第一〇四军军长安春山副军长王建业部殿后开出。

二十八日，我陪着傅先生还有原北平市长刘瑶章和卫士一人乘车自复兴门回到北平西郊傅原来的总部。沿途进城的解放大军和民工络绎不绝，路上虽然十分拥挤，但很有秩序，一派热烈欢畅、繁忙紧张的景象。我们的车停停走走，但沿途未碰到任何阻拦和询问。

一月三十一日，解放军开入北平，这个古老的名城从此翻开了它历史的新篇章。至此，平津战役胜利结束。此役除塘沽守敌五万余人由海上

---

① 据查，陶铸进城的日期是一月二十六日。

逃跑外，人民解放军共歼灭和改编了国民党军队五十二万余人，创造了著名的“北平方式”，成为以后和平解放湖南、四川、云南、新疆的范例。

北平和谈纪实

周北峰*

北平——这座历史悠久的古都，历代劳动人民在这里创造了光辉灿烂的文化，她拥有很多珍贵的文物和古迹。在伟大的人民解放战争中，她终于回到了人民的怀抱，获得了新生。在这一历史更迭、时代变迁的重大事件中，我作为傅作义将军的代表，参与了北平和谈的全过程：从蓟县第二次商谈（第一次与解放军平津前线司令部接头是在河北省易县，是崔载之先生去的）到通县的签署协议；从北平联合办事处的成立到和平起义通电的发表，我都亲历其事，现记述如下。

一 和谈之前

我认识傅作义将军是在一九三七年夏季。那时蒋介石邀请各地大学教授和"名流"在江西庐山开茶话会。当时我在山西大学法学院任教授。山西大学被邀请的有校长王禄勋和我两个人。傅希望了解一下庐山茶话会的情况，因为我和他是同乡，会议结束时，傅就电邀我到绥远一行，我欣然应允前往。

我到绥远后不久，傅军在南口与日军接火了，绥远到太原的交通就断绝了，我只好由宁夏乘飞机借道西安返回晋南临汾老家。此时，傅也于太原失守后到了临汾。我们见面后，傅说拟请我代表他到延安与中共中央商谈合作问题。因为傅此时被任命为第七集团军兼第二战区北路军总司令。八路军的一二〇师此时驻在晋西北兴县、岢岚一带，正是在傅的北路

* 作者当时系国民党华北"剿总"土地处少将处长，傅作义的和谈代表。

军防区以内。中共中央派曾山、程子华同志到山西汾阳柳林镇会见过傅作义将军，所以傅请我去延安代表他走一趟。我到延安，拜见了毛泽东主席，本来还要拜见周恩来副主席的，因周去了重庆，未曾会晤。恰于此时，贺龙师长和萧克副师长同在延安，毛泽东主席告诉我说可以和他们两位会谈一下。我就是那个时候与贺龙、萧克同志认识的。我由延安返回傅部，便在北路军总司令部战地政治工作委员会负责，时常与八路军接触。

一九四五年日本投降后，蒋介石委派傅作义将军为长城以北热、察、绥的受降官，所以傅就派我作代表，到绥远的商都和察哈尔的张北，与苏联红军接头。不久，中共与国民党会谈后，成立了三人和谈小组，我又担任傅作义的代表，在集宁、丰镇、张家口与八路军会谈。

多年来，傅与中共的接触，大部分都是我代表他参加的。

一九四八年年底，在北平城里已隐隐约约听到炮声，市内人心惶惶。我由苏开元（傅部少将高参，中共地下工作者，北平解放后任北京市公安局第三处处长）那里了解到张家口到北平一线以及平津的全部军事形势。这些时候，我也很少到"总部"去，每天在永定门外的南苑，搞国民党土地法上的"耕者有其田"和所谓的二五减租。

当北平、天津的战事十分吃紧的时候，有一天半夜，傅的秘书阎又文给我打电话，说傅令我立即到"总部"。并说对我夜间通行已做了安排，派车接我。所以各道警卫、门岗均未阻拦，我一直走进傅的办公室。进屋后，看见傅一个人在房间内踱来踱去，看到我后，双目注视，一言不发。片刻后，问我："你对目前的时局有什么看法？"因我很长时间不到"总部"，有时偶尔碰见傅，傅也不和我谈这一类问题。今天半夜电召，单独接见，开门见山地问我对时局有什么看法，于是我便猜着了几分。我反问傅："是不是打算与解放军接洽？"他听了我的话后，仍不停地在室内绕行，边走边说："李任潮（李济深）派了个代表叫彭泽湘（事后查实，他是冒充代表李济深先生的），建议我'反蒋独立'，举行起义，走所谓第三条路线，独树一帜。民盟也派来一个叫张东荪的代表，是燕京大学教授，他建议我与中共接头。"说到此处，他停了下来。我随即问他："总司令打算怎样？"他沉思了一下说："我觉得李任潮的代表彭某人的意见，不是个好意见，而且我看彭某这个人谈吐间，一片浮夸气，我不打算理睬，也不答复李济深。另外，前些日子胡适偕司徒雷登（美国驻华大使）来北平，曾谈过让我退守山东沿海一带，美国人的意见是要我以青岛为根据地，人员由我们解决，武器装备由美国供给，但军需后勤由美国人监督，还说了些很难听的话。他们太小看中国人了，我不同意，就搁下了。”停了一会儿，他又接着说：“蒋介石是不行了，政治腐败，人心涣散，军事无能，经济崩溃，就是美国人也救不了他了。要是我对蒋介石还有一点希望，也不会拒绝担任华东南军政长官了。我考虑再三，还是与中共接头谈判为好。毛泽东主席领导中国是可以把中国搞好的。数月前，我曾给毛泽东主席发了个电报，请求派南汉宸先生来北平一趟（傅在晋西北时，南偕夫人曾数次到河曲。毛主席于一九三八年夏派到傅部的一个统战小组共八人，由潘纪文同志负责，在我的战地政治工作委员会工作，就是南去与傅商定的），至今未见复电，不料局势发展如此之快。半月前，我已派了崔载之（傅在北平办的《平明日报》社社长）与中共在易县接上了头，并带着一个电台，一个多星期的谈判，仅和他们的刘参谋长亚楼谈了两次话，不着边际，最后说我们没有诚意。我已电令崔将电台留下，立即返平。我又去电说派你去重新商谈，对方已复电同意。你准备一下，明天就同张东荪到蓟县去，怎样？”我问去谈判的主要内容是些什么？应该怎样说？傅简单地讲了他的想法后说：“你去了相机行事吧！”说完又在室内踱来踱去，一言不发。过了一会儿，又说：“你去准备吧！”同时再三嘱咐我一定要十分机密，不要向任何人透露，对家里也只说是要在中南海住几天。

二　蓟县的谈判——草签会谈纪要

一九四九年一月六日（腊月初八）清晨，傅的办公室主任王克俊坐车到我家说：“咱们一起到张东荪家，他就住在李阁老胡同。”到张家后，王克俊对张东荪说：“你那天代表民盟谈的意见，我们考虑了好久，前天傅先生请你吃饭时对你所表示的意见，周北峰先生也赞成，今天你们就可以去了。你昨天派的人我也见了，并请他传话给你说今天就可以出城，你准备了吗？你们现在就可以走！路线及联络的信号已约好，出西直门通过前线的办法也安排好了，就坐我的车走吧！”说完他就走了。这时有一个青年人进来，自我介绍他是崔月犁（解放后任北京市副市长），中共地下工作人员，并说：“周先生，我们知道你，傅先生派你代表他去商谈和平解放北平的事情，解放军平津前线司令表示欢迎。”我说：“我们是否在这里先谈谈？”他说：“不用了，您二位这就走吧！我们也为你们的行动安排好了，出西直门，直奔海淀，在那里有我们的人来接，联络口号是‘找王东’（往东的意思）。”又说：“我已接到党的指示，叫我和你在这里会面，希望你们这次出城，能很好地完成这一工作，路上要小心，多多保重。”这时，崔就让张东荪的儿子取了块白布，缝到棍子上面，告诉我说：“通过火线时就摇晃这个旗子走吧！”

我与张东荪乘车出发，到西直门后，汽车停下受检查。这时过来一个军官，打开车门说：“主任认识我吗？”我说：“面熟得很。”他又说：“我叫卫树槐，在河曲时我在‘军官训练团’受训，那时你是我们的政治主任。现在我是×团团长，奉命在西直门接你们。”又说：“出西直门后，直奔万牲园（即动物园），在前面白石桥拐弯处，有人接你们。请吧！”我们坐车一直向颐和园方向驶去。到了白石桥，一个军官拦住我们的汽车，打开车门看了一下说：“汽车不能向前开了！请下车吧！”并对我说：“这是第二道防线，距前沿战壕只三五百米，你们步行到那里后，有人指给你们穿越火线的路线和办法。我认识您，前面那个军官不认识您，我给您写个条子，您交给那个人，他是个连长。”接着给了我一个纸条。

我们把汽车打发回去，让司机转告王克俊说我们已去了。这样我们这两个夹着皮包戴着皮帽的大学教授打扮的人，持杖步行，在一股死气沉沉的静寂中向前走去。我与张东荪一面前进，一面注视着道旁的情况。走了十几米，后面那个军官喊道：“请走马路中间，千万别走两旁的土路，土路上埋的有地雷。”我俩继续向前，到了前沿战壕。这时从路旁草棚里走出一个人，我将纸条给他，他看后说：“你们过去吧！从昨天到今天这里很安静，没有响枪，你们小心点就是了。听见打枪就卧倒，等那边招手再向前走。”我们又走了约一百米，突然听见有人喊：“站住！”我们顺着声音看到“农研所”门口的石桥上有六七个解放军战士。我们就摇晃着手中的小白旗向他们走去。到了跟前，他们问我们是干什么的？我们说我俩是燕京大学的教授，好久没有回家了，要回家去。一个班长模样的战士像是有点了解我们的情况，就说：“走！”便领我们俩到了他们的指挥所。

这个指挥所设在海淀镇西南角的一个大院内。一位干部和我们谈了话。我们说要“找王东”，并简单地说明了来意。他很热情地招待我们吃了一顿面条，并让我俩在一个屋子里休息一下。看样子，显然是预先接到关于我们情况的通知了。

两个多小时后，来了一辆吉普车，由一位干部陪同我们乘车前进。走了一会儿后，我发现是向颐和园方向前进。我就说："我们是去清河镇的，现在好像是去颐和园。"那个干部笑着说："我们已请示了上级，指示把你们送到西山那里。"半小时后汽车到了一个小村庄，在一个大院的门口停了车。程子华将军站在门口。抗日战争时期我在山西汾阳、离石一带和程子华将军接触过几次，彼此是很熟悉的。他一见到我，就很热情地与我握手，并说："路上辛苦了，累了吧！"我向程将军介绍了张东荪。我们一面寒暄，一面进入给我俩准备的房子里。屋子里生了个大火炉，从寒风凛冽的外面一下步入温暖如春的小屋，觉得十分舒畅。又因为安全地通过了封锁线，所以精神为之一振。饭后，程子华将军就与我们漫谈起来了，从抗日战争一直谈到解放战争，由离石谈到北平。最后程子华将军说："今天本来准备请你们从海淀向东去总部的，但时间晚了，要绕道北山脚下，路不好走。你们在这里休息一夜，明天一早出发，大约下午就能到总部了。"

翌日清晨，我们乘坐一辆大卡车出发，由一位刘参谋带了一个班的武装战士护送我们。

下午四时许，我们到了蓟县。下车后，一位同志过来招呼我们："周先生，你们一路辛苦了！你不认识我了吗？"我说："面熟得很，好像哪里会过，记不准确了。"他笑着说："我叫李炳泉，曾在《平明日报》工作过，现在由我负责招待您与张先生，我已用电话向首长报告你们来了。这里是蓟县城东南的八里庄，总部离这里还有一段路呢！"于是让我们进屋休息。在用饭时，忽然听见门口有汽车停住的声音。一会儿聂荣臻将军健步走进屋中，我们急忙站起，李炳泉同志作了介绍，聂将军很客气地让我们继续用餐。

饭后，我们就谈起来了。聂将军向我们讲述了当时全国战局和平津前线的形势。约半个小时后，聂将军说："很好，你们路上累了，今天就休息吧！明天再谈。"我与张东荪将聂将军送出了大门，握手告别[①]。

在返回我们的住处时，张东荪走在前面先进了屋。这时和我们一道送聂将军的李炳泉同志小声地对我说："聂司令员在东边的那个院子里，请你过去谈一谈。"于是我又返身出去，进了那个院子。

我与聂将军谈了几句闲话后，聂就转了话题说："你的情况我们了

---

① 据查，聂荣臻司令员会见周北峰、张东荪是在一月八日。

解。你这次来很好，一九四六年你在张家口代表傅先生和我们进行三人小组会谈时，那时傅和我们商谈是个骗局，所以我没有和你见面，只是让我们中央军委副总参谋长王世英同志（抗日战争前，曾由张友渔同志介绍和我认识）和你见了几面，后来你就到兴县见贺老总去了。这次你来了，我们很欢迎。你看傅作义这次有诚意吗？”我答道：“我看傅先生已经看清了形势，这次叫我来主要是看解放军对和平解决有什么条件。”聂将军说：“条件很简单嘛！我们要求他停止抵抗。不过，你是单谈北平的问题呢？还是傅统辖的全部部队和地区呢？”我说：“我是谈全面的问题的，包括平、津、塘、绥的一揽子和谈。”聂将军点了点头后又说：“傅先生是否还准备困兽犹斗，用当年守涿州的办法，在北平负隅顽抗？”我说：“这次叫我出城商谈，我看是有诚意的，这是大势所迫，人心所向。只有走这一条路。当然在具体问题上，还可能费些周折。”聂将军又问了问傅最近的情况，我就把第三十五军和第一〇四军在新保安、怀来溃败后的情形以及我所知道的北平情况，大致谈了一下，并说：“傅还有不少顾虑，我们这次前来商谈是希望谈得比较具体点。”聂将军说：“你出城来曾有人与你会过面吗？”我说：“崔月犁同志和我见过面。还有苏开元同志对我也谈过些有关情况。”聂将军说：“好吧！明天我们正式会谈，你也早些休息吧。”

第二天（一月八日）[①] 上午十点钟，林彪、罗荣桓、聂荣臻、刘亚楼等几位将军偕同来到我们的住所，开始正式商谈。林彪首先开言说：“周先生！你昨天与聂司令员谈的，我们都知道了。今天我们谈一下傅先生的打算、要求和具体意见。”我说：“昨天夜间我已与傅先生打了电报，说我们已安抵蓟县，并与聂司令员见了面，约定今天正式商谈。傅复电很简单，只是‘谈后即报’四个字。”林彪说：“那好吧！咱们今天会做初步的会谈。你来是只谈北平问题呢？还是傅先生势力范围内的所有地区都谈呢？”我说：“傅先生的意思是：我们的商谈应以平、津、塘、绥为中心的所有他的统辖区一起谈。”林彪说：“那很好，请你电告傅先生，平、津、塘、绥可以一起谈。不过请再次告诉傅先生，希望他这次要下定决心。我们的意见是：所有军队一律解放军化，所有地方一律解放区化。在接受这样条件的前提下，对傅部的起义人员，一律不咎既往；所有张家口、新保安、怀来战役被俘的军官，一律释放。傅的总部及他的高级干

① 据查，林彪、罗荣桓、聂荣臻与周北峰、张东荪会谈是在一月九日。

部，一律予以适当安排。”接着也谈到了对傅本人的安排问题。说完后，又谈了些别的，时间已中午，便一同进午餐。饭后，林、罗、聂将军等又嘱咐我们多住几天，好好休息，过几天再谈。下午我便将这次会谈情况通过电台向傅作了汇报。

这样，我们就在蓟县东南隅的八里庄住了下来。白天除了在农村散步外，就是在屋里看一些李炳泉同志为我们拿来的书报杂志。夜间与傅先生通电报，复电有时是傅先生来的，有时是王克俊来的。从复电中感到，傅先生对第一次会谈解放军方面只谈了笼统的意见，而且也没有约定第二次会谈的时间，有些焦急。在这几天中，傅每次来电，差不多是一样的意见：希望我们谈得具体些。有一天晚上，林、罗、聂等都来了，开始谈如何改编使傅部所属军队解放军化；地方如何解放区化以及文职机关如何改组和人员的安排；如何使这些人都能于解放后很好地为革命工作等。谈了以上的意见后，林彪问我：“你对所谈的这些有什么意见？傅作义将军还有什么要求？都可以详细地谈一谈。”我说关于军队的改编，我出城前傅草拟了个意见，军队是以团为单位出城整编。对于新保安、张家口、怀来作战被俘的人员一律释放，不作战俘对待。文职人员也都吸收到新的工作单位继续工作。傅还说他一贯主张政治民主，经济平等，言论自由，信仰自由。关于他的军队、行政、文教等人员都予以安排，给予生活出路。还有，他是追随着蒋介石做了些不利于国家、不利于民族的事情。在他的率领下，这些随他工作的人员或多或少都犯有不同程度的错误甚至是罪恶，这一切都由他一个人承担，对于他的所属军政人员的以往罪过，请不要追问了。

林、罗、聂等听我陈述了傅的意见后说：“凡是你刚才所谈的各地作战被俘人员都可以一律释放，并不追究他们以往的责任，用一句成语说就是‘不咎既往’；凡愿继续工作的都可以留下安排适当的工作，不愿工作而要还乡的人员，都可以资遣，并发给资遣费及资遣证明书，令其还乡，并嘱咐地方政府对其还乡后也不予歧视。”还说：“我们对傅不但不做战犯看待，还要在政治上给他一定的地位。”我们会谈时由刘亚楼同志作记录。谈完后，几位司令员和我都到旁的屋子去坐，林彪吩咐刘亚楼同志把所谈的记录整理一下，并说明天再谈。便都走了。

我们送几位司令员走后，李炳泉同志对我说：明天上午林、罗、聂、刘等首长早饭后就来，请不要出去。

翌日上午十时，林、罗、聂、刘等几位将军一起来了，我与张东荪随着一同走进一间布置好的会场，分别坐下后，还是由刘亚楼同志做记录，又开始了会谈。这次会谈主要是有关傅部数十万军队和一些文职人员的安排情况，并将昨天所谈内容重述一下。全部谈完后，又问我与张有什么意见。张东荪说："我没什么意见。"林彪说："请周先生说吧！"我说："傅的希望与要求全都谈了。"于是林彪让刘亚楼同志将会谈的结果，整理一个"纪要"，以便草签。这次会谈较顺利，气氛也比较融洽。

午饭后，稍事休息，刘亚楼同志便将所谈的具体条件及会谈纪要整理好了，让我看后，林、罗、聂等① 在文件上签了字。轮到我们签字时，张东荪说："我不签了。而且我不日便到石家庄去，不回北平了。周先生是傅先生的代表，由他签字就行了。"于是我签了字。签字后，刘亚楼同志说："你们回去吧！路上要小心，我们派人送你们到前沿阵地。过火线后的办法与联络方法，你们用电报详细联络吧！"又再三嘱咐说："文件一定要保存好，以免发生意外，最好缝在衣服里面，千万小心。"我立即与王克俊通电说明会谈已结束了，并要求安排我回城时通过火线的地点及办法。一切就绪后，于下午二时许，解放军派了王参谋陪同我们乘汽车出发，当晚我住在清河镇，汽车将张东荪送回燕京大学。

翌日清晨早饭后，王参谋带了四个战士陪同我继续前进。为了安全起见，我们均步行前往。十时许，我们走到了德胜门北边距土城子（俗称燕王城）约三数里地方，王参谋说："前边就是火线了，不能前进了，请按你们联系好的路线、方向行进！"我说："谢谢诸位同志，请回去吧！"告别后，我一个人沿着公路继续前进。又行了约半里多地，突然响了枪，子弹呼啸着从我头上掠过。我立即卧倒，几分钟后不打枪了。我观察了一下周围的地形，发现在东边有一个茅草房子，门外有两个老人，看样子是老夫妇。我急忙匍匐到草房前，老头说："这里有两天没打枪了，怎么今天又打起枪来了，你是干啥的？怎么一个人跑到这里来了？这里可不能走啊！"我站起来走进茅屋里说："我是燕京大学的教师，好久没有回家了，现在想进城回家看看，麻烦您到前面去跟他们说一声，不要打枪。"那老头似有难色，不愿承诺。经我再三请求，老头应允去了。我在他后约三十米处跟着向前走。我看见老头到了战壕，从壕沟里出来两个兵说了几句话，老头招手叫我过去。我随着走到了战壕前。那两个兵端枪指

① 据苏静同志回忆，当天午后是他将誊清的《会谈纪要》拿来，一式两份，林、罗、聂首先签字，随后由周北峰签字。

着我厉声问道："进城干什么？"我说："进城回家。"那两个兵停了一下，就摆手令老头回去，随后将我带到了一个指挥所。一个排长模样的军官对我进行了盘查。我一听他的口音，就觉得不好。王克俊与我联络时明明说的德胜门是傅的嫡系部队，怎么他们说话却是南方口音，而不是察、绥人的口音？这一定是蒋介石的嫡系。我心里埋怨王克俊把事办糟了。这时我做了最坏的思想准备。果然，他们见问不出来别的，就令我将衣服脱下来，仅留下内衣，对我进行了彻底的搜查。幸好文件是缝在内衣里面的，没有被搜去。否则将出现极为严重的问题，后果不堪设想。

他们见没有搜出什么可疑的东西，就把我带的香烟以及零碎物品都拿走了。然后让我穿好衣服，说："行了，你可以走了！"于是我便向德胜门走去。走到城门口的一个茶馆门前，看见一个军人站在一块大石头上东张西望，他看见我后急忙跳下来说："你是周主任吧？我等了你好半天了。"我问："谁叫你来的？"他说："王克俊主任。"我说："这是青年军的防地，你们不知道吗？怎么不到前边第一线去，而在这里接我！"我与他边说边进了城门，乘上等候在那儿的汽车回家去了。

一到家，我就给王克俊打电话，告诉他我已平安回来了，吃过饭就到总部去。过了一会儿，王来电话说："总司令请你立即来，这里给你准备饭，来这里吃吧！衣服也不用换了，你的车有特别通行证，可一直到总司令办公室。"我乘车去总部，汽车一直开到傅的办公室——居仁堂。不巧得很，我刚下车，正好碰上中统在傅部的特务头子张庆恩出来，彼此打了一下招呼，我就进去了。我从屏风的夹缝中看见在大客厅里正在开军事会议。我听见傅正在大声地布置北平的城防事务。我找到傅的随从副官，叫他通知一下王克俊，说我已来了。不一会儿傅走进办公室，外面的军事会议仍在继续开着。

傅和我谈了几句后，就问："你来电不是说已签了个协定，有文件吗？"我说："不是什么协定，是一个会谈纪要。"我即从内衣中取出文件交给了傅。傅看完后什么话也没说，只是唉声叹气。我说："这个文件是我们谈完后归纳整理的，最后一段附记说所谈各项务必于元月十四日午夜前答复。"傅一言不发，又踱起步来。我只好安慰了他几句。他平静了一些后说："你可电告解放军，你已回到北平。"停了一会儿又说："这个文件，过两天再说。"

这几天内，我内心非常不安。看傅的样子是要拖延时间，也有背城一战的可能。如果是傅先生一时想不开，背城一战，北平这个数百年的故都岂不是同锦州的情况一样了吗？明清两代王朝的文物古迹岂不都要付诸战火？这几天我与崔月犁同志作了数次联系，崔向我说了解放军平津前线司令部和城工部的意见。所以我还是不断到傅的“总部”要求傅于十四日午夜前答复，并安慰傅。此时傅的大女儿傅冬菊（现名傅冬）也知道傅心情沉重，她在傅的身边做了不少工作，还经常买些家乡小吃送给傅。傅这几天见了我总是闷闷不语。我一提到十四日午夜前要作答复的事，傅便用别的话岔开。

几天后，傅对我说：“你可以电告林、罗、聂，就说前次所谈都已研究了，只是限于十四日午夜答复，时间太仓促，不日你将偕邓宝珊将军再去。”傍晚接复电云：“电悉，可请再来。”于是我们又做二次出城的准备工作。

傅将军与解放军接谈事，蒋介石在北平的特务已有所风闻，南京准备派飞机到北平接运军队。有一天我与崔月犁同志约在锦什坊街内油篓胡同傅的前军医处处长杜敬之家里见面时，我将南京要派飞机到北平接运蒋的嫡系青年军和石觉的部队事告知了崔月犁同志。这时北平的南郊、西郊飞机场都不能使用了，傅在天坛修了个临时飞机场。南京来的飞机就在这个机场降落，已经运走了一些蒋介石的嫡系部队。南苑的解放军便向天坛这个飞机场打炮。所以南京的飞机第二次飞来北平降落后便不敢起飞了。傅命我打电报给解放军平津前线司令部，请不要打炮，接到复电大意是，部队不能运走，一些蒋介石的高级将官和特务，不愿意参加起义的可以走。所以蒋介石的嫡系军官和宪兵第三团以及一部分特务便乘这次飞机逃走了[①]。

三　通县的谈判——签署协议

一月十四日上午，傅先生将我与邓宝珊将军请到“总部”，令我俩立即启程再赴解放军平津前线指挥部。我说：“今天就是十四号了，我们对前一次在蓟县商谈纪要上所说的时限该答复了。”傅说：“你们去吧！就说有些条款还需要再商量一下。”我即发电说：“我偕邓宝珊将军今日

① 一九四九年一月十六日，蒋介石来电，拟派机接运蒋嫡系部队军官南逃，解放军获悉后炮击机场等情况，请参看王克俊文。

前往，请指定路线、地点及接头办法。”复电说：“欢迎你与邓将军同来，仍在清河镇接头，我方派王科长等候你们。”

午后一时，我们乘车去德胜门。我们一行四人（邓、我，还有邓的副官王焕文和总部参谋刁可成），过了土城子，到了前沿战壕，护送我们的人便回去了。又走了几步，我们向前望去，好像有几匹马拴在树下，也有人走动，可能是对方的接应人员。越过战壕后步行向前，走了大约二三百米，就有人来招呼我们。接谈后，果然是接我们的。来人向我们介绍了他们是平津前线司令部派来的，其中就有王科长。我们一同骑马到了清河镇，稍事休息，便改乘两辆吉普车前进。哪里是目的地无从知晓，我在车上问：“天黑之前能到吗？”王科长说：“用不着天黑，一个多钟头就到了。”一小时后，我们的汽车停在通县西的一个大院子的门口。林、罗、聂等几位将军便到门口迎接我们。我们相偕进门后，罗政委说：“你们先休息休息，等一会儿再谈。”我们说：“不累。是不是现在就可以谈？”聂司令员说：“周先生，我们前次说得很清楚，十四日午夜是答复的最后期限，现在只剩下几个小时了，我们已下达了进攻天津的攻击令了。这次谈判就不包括天津了。你们有什么意见？”邓向我说：“用你的名义打个电报，将这个情况报告总司令请示。”不久我们就收到傅的复电：“我弟与邓先生相商，斟酌办理。”十五日清晨约四点多钟，李炳泉同志到我们床前说：“天津已经解放了。午夜，我们截获了陈长捷给傅的电话，说天津起火了，傅的参谋长回答‘灭火’以后就再没有声音了。”不一会儿苏静同志也来了，他告诉我们说：“天津战事已进入尾声，国民党部队全部瓦解，城防司令陈长捷被俘。”上午开始了通县谈判，但是已经不包括天津了。参加谈判的有林彪、罗荣桓、聂荣臻、邓宝珊和我，由解放军平津前线司令部的参谋处处长苏静同志做记录①。会议一直开到深夜，主要内容包括傅部军队的改编原则和具体办法（专指北平部分），对傅的华北总部和部队中团级以上的人员安排以及对北平市的文教、卫生等行政单位的接收办法，共整理归纳出具体条款十余条。第二天下午，继续会谈北平和平解放的问题。林彪说：“绥远的问题，党中央指示缓缓再谈。但是如果北平的和平解放能顺利完成，使中国数百年故都的文物能够完整回到人民怀抱，绥远的问题就好谈了。毛主席说：将用一种更和缓的方式，我们叫它做绥远方式。”最后双方签署了北平和平解放的初步协

① 据苏静回忆，这次会谈做记录的是华北军区司令部作战处唐永健处长。

议，并决定次日由邓宝珊先生、刁可成和王焕文偕同苏静同志和解放军平津前线司令部队队列科王科长进城。我仍留通县以备联系。晚饭后，林彪从大衣口袋里掏出一封未封口的信说："请邓先生将这封信交给傅先生。"说完他们便走了（信的原文后来于一九四九年二月一日《人民日报》全文发表了）。我们将信抽出来看了看，由邓先生带回城去。

十六日，苏静同志与王科长偕同邓宝珊先生等一行五人乘车仍经清河镇到北平去了。当天下午邓宝珊将军来电说："已回到北平，途中误入地雷区，望弟返平时务必小心。"

过了三两日，我的老朋友徐冰骤然到我的寓所（通县西城西南的一个地方），相会后，畅叙别情。中午，我留他共进午餐。徐冰告诉我说，他一两天即进北平，并说北平解放后，他将在北平工作。

一月二十一日早饭后，徐冰偕平津前线政治部副主任陶铸同志到了我的寓所，说林、罗、聂三位首长今天中午请我到司令部便餐。陶铸同志说："明天我偕你乘吉普车一同进城，你打电报给城里商约，看我们从哪一条路走比较安全？我要化装，沿途在解放军的驻地由我打招呼，到傅作义军队的驻地由你打招呼。"谈后，我们便相偕乘车去平津前线司令部赴宴。进餐前，陶铸向我介绍了叶剑英总参谋长。我们谈了几句话后，叶对我说："你偕陶铸同志明天就进城去，我们过两天也将进城。"

四　北平和平解放

一月二十二日晨七时许，陶铸同志乘坐一辆吉普车来到我的住所，说："咱们吃了早饭就走吧！你与城内联络好路线及通过卡口的办法了吗？"我说："已联络好了，走朝阳门，中途有人接我们。"陶铸同志说："昨天晚上，傅先生已通过国民党的中央社，将前几天签订的协议条款公布了一部分。请电告傅先生，解放军将派两个纵队[①]，由程子华同志指挥，从复兴门、西直门入城，接管北平的城防，我们已电告了苏静同志。"

于是，我与已经化了装的陶铸同志和一位警卫员、一位司机，乘吉

① 据查，一月三十一日解放军派了一个纵队入城接管城防。

普车出发[①]。在解放区的防区内，由陶铸同志亲自下车联系。前进几十里后，陶铸同志笑着说："我的任务完成了，前边是傅的部队了，由你联络吧！"正说话间，突然前面轰的一声巨响，尘土飞扬，司机把不住方向盘，汽车摇摆起来。我由后座急忙抓住了方向盘，并叫他停车灭火。车停后，发现前面有一群羊，因来了汽车惊散，离开了公路，跑到两边的土路上，踩响了地雷，炸死了几只羊。司机同志看到这种情况便有点紧张。于是我说："我来开这段路吧！"陶铸同志说："好吧！让给周先生开。"于是我们继续前进。

约行了二里多，碰到了两个国民党的兵，我即停车说："我是华北总部的周北峰，王克俊主任没有通知你们我在这个时间坐一辆吉普车入城吗？"他们俩互相看了看，不置可否，就领我们到指挥所，向一个军官报告。看来，这位军官知道这事。他说："一个刁参谋等了一早上，刚才进城吃饭去了，可能一会儿就来。"我说："是刁可成吧？我不等了，我车上都是咱们'总部'的人。"这位军官放我们通过。我驾驶着汽车一直开到华北总部联络处（东交民巷御河桥原日本大使馆），立即给王克俊打电话说我们已经进城。王告诉我傅先生请陶铸同志即到他那里去便饭。我们就又改乘一辆卧车到了中南海的居仁堂（傅的办公室）。我做了介绍后，傅对陶说："很好，部队出城改编的计划已拟好了，程子华将军已接管了北平的城防，苏静处长与王科长也都安排好了。"饭后，又闲谈了一会儿，我们就走了。

当天下午，陶铸同志对我说："按照双方协议的规定，应立即成立'北平联合办事处'，处理北平和平解放的善后工作。中共中央决定：由叶剑英同志为办事处主任，另指定我、徐冰和戎子和同志为委员。傅先生方面的三个委员请你们定了后告诉我。一两天咱们一起到城外看叶总参谋长去。"

傅先生指定我、郭宗汾和另外一人为委员，参加北平联合办事处工作。

一月二十三日，陶铸、徐冰、戎子和和我，到颐和园去看叶总参谋长。叶请我们在听鹂馆吃饭。在席间，叶对傅先生提的三个委员中的另外一人提出了不同的意见，希望能另换一人。同席还有一位叶总参谋长的老朋友李明灏先生。他说他和傅是保定军官学校的同学，要同我们一同进城

① 据查，陶铸等入城的日期是一九四九年一月二十六日。

去看望傅先生，顺便由他向傅提一下调换人选的意思。叶总参谋长表示同意。

饭后，我与李明灏先生同坐一车，一直去见傅。他俩见面寒暄后，李就提出调换人选之事，并说明了原因。傅沉吟了一下，决定改为焦实斋。这个处理北平解放善后工作的联合办事机构——北平联合办事处，于春节期间在颐和园景福阁举行了第一次会议。参加者除叶主任外，解放军方面有陶铸、戎子和、徐冰，傅方有郭宗汾、周北峰、焦实斋。会议开了一天，讨论了军队和机关移交事项。那天中午，叶主任在景福阁设宴招待与会人员。

一九四九年元月三十一日，这个具有历史意义的日子来到了。北平宣告和平解放。二月三日，解放军举行了正式的入城仪式。以叶主任委员为首的北平联合办事处的全体委员，在前门箭楼上欢迎了入城部队和观看了入城式。雄伟庄严的解放军的步、骑、炮等部队，精神抖擞，步列整齐地通过前门向各个主要街道前进。从此，这座历史悠久的古都，焕发了青春。人民奔走相告，欢喜雀跃，震惊中外的平津战役胜利结束了。

五　北平和平解放通电的发表

北平的和平解放，在我国解放战争史上有重大的意义，对全国人民是巨大的鼓舞，对蒋家王朝是沉重的打击。因此要由傅作义将军向全国和全世界发一个通电，决定由王克俊、阎又文、冀朝鼎（当时冀是傅作义的华北总部经济处处长）和我等人组成一个“通电起草委员会”，在西郊傅的新居开始工作。准备了两个多月，通电草稿已拟妥，但始终不能定稿，还有绥远的和平起义也未能最后商定。有一天傅对我说：“我打算亲自去石家庄，拜见毛主席，你可向叶剑英主任委员说一下，是否可以？”我即向叶汇报，叶答应立即请示党中央。此时正是上海的民众和平代表团颜惠庆、江庸几位老先生由上海乘飞机到了北平。三五日后，叶主任委员告诉我：“请告诉傅先生，明天上海民众和平代表团的颜惠庆等人飞石家庄，即请傅先生乘这个飞机去。”于是第二天我送傅、邓宝珊和阎又文到西郊机场，起飞赴石家庄谒见毛主席。第三天下午，飞机又载傅、邓等返回北平。傅回来后，精神焕发，心情欢畅，与赴石家庄前判若两人。之后，我们很快地将北平和平解放的通电定了稿，经陶铸同志和我一起请示了周恩来副主席后，便将通电全文在各大报纸发表了。当时世界和平会议正在布拉格召开，据参加这次会的同志告诉我说，傅先生那个通电作为大会文件在会上发给了与会人员。北平的和平解放至此就全部完成了。

我参与促成和谈的经过

李腾九*

一九四六年八月，傅作义将军命我成立国民党政府第十二战区驻北平办事处，地址在东城史家胡同，由我任处长，共有工作人员二十余人。办事处负责接待傅部来平办事人员及与北平有关单位联络等事宜。此时傅的总部在归绥（今呼和浩特市）。一九四七年，傅的总部迁到张家口，办事处改称为张垣绥署驻平办事处，牌子换了，其他未变。一九四七年十二月，傅先生担任华北"剿总"总司令不久，总部进驻北平，傅部驻平办事处又改为华北总部联络处，处址迁到御河桥原日本大使馆，仍由我任处长。联络处的任务，主要是替傅先生招待高级人员或会见普通客人，并替傅出席城内非军事性的比较重要的会议。联络处名义上为傅总部的一个单位，但在工作上与总部其他单位没有横的关系，而直接受傅先生领导，对傅负责，实际上是个独立单位。联络处于一九四九年一月三十一日北平和平解放后解散。二月一日，按照事先的协议，由解放军为一方，傅部为一方，在这里成立了联合办事处，办理傅作义所部的改编及北平国民党所属各机关、厂矿、学校、企业等的移交工作。办事处主任委员为叶剑英，副主任委员为郭宗汾，解放军方面的委员为陶铸、徐冰、戎子和，傅作义方面的委员为周北峰、焦实斋。叶剑英、陶铸等同志都曾在此办公。

傅先生的华北总部设在西郊一个大楼内。总部编制我现在已记不完全。只记得总司令傅作义，副总司令郭宗汾、宋肯堂（已逃往台湾），这两人是每日上班的，其他挂名的有邓宝珊、刘多荃、冯钦哉等人；总参议张濯清；参谋长李世杰，副参谋长梁述哉、郑长海（号晓岚，已去台湾）；秘书长郑道儒（已去台湾），副秘书长焦实斋；第一处（管理军事

* 作者当时系国民党华北"剿总"联络处少将处长。

行政和人事）处长王子襄，第二处（均是军统派来的特务）处长史泓（已去台湾），第三处（参谋处）处长雷立法（已去世），副官处长温永栋，军需处长潘瑞徵，军法处长刘鋆[①]（已去世），军械处长姜文华，军医处长杜敬之，政工处长王克俊（兼），经济处长冀朝鼎，联络处长是我。华北总部是一九四七年十一月成立的，原在北平西郊，一九四八年十一月解放军即将围城之际迁入城内中南海，傅先生当时在居仁堂办公。一九四九年一月三十一日，中国人民解放军部队开进北平，华北总部宣告结束。

一九四六年秋，我奉傅先生之命，担任傅部驻北平办事处处长。我的堂弟李炳泉（解放后任新华社外事部主任兼全国记协书记）得知我回到北平，特地到东城史家胡同傅部驻平办事处来看我。那时他在北平《益世报》任外勤记者。每次傅作义先生来北平，各报记者多来访问，炳泉也毫不例外地来参加。傅先生一般均在傅部驻平办事处接见来访记者，发表谈话，大抵由我主持和照料。每逢这种时候，我和炳泉总会见面的。炳泉在抗日战争时期，是昆明西南联大的学生，他的才华和学识，我是了解的。他听说傅作义先生在北平正筹办一份报纸——《平明日报》，希望我介绍他去。主持筹办《平明日报》的负责人，也就是以后担任社长的崔载之（解放后任水利部办公厅副主任），是我多年的老同事；而且报纸筹办期间的经费及与各方面接洽事宜，都由我所在的傅部驻平办事处协助办理。我当即向崔介绍了炳泉。二人相见，谈得很融洽。这时崔也正在物色有办报经验的人，认为炳泉正是他需要的助手。就这样，炳泉进入《平明日报》并当上了采访部主任。

实际上，炳泉是共产党员，是受党的指示从事地下工作的。他利用我们是亲戚关系，通过我的介绍进入《平明日报》当上了记者。这样，他就有了较好的掩护职业和合法身份，可借工作之便，深入搜集党所需要的情况。但是当时我并不知道他是共产党员。他有时到我家去，谈些国民党倒行逆施、不得人心、必然灭亡，共产党顺乎民心、迟早会取得胜利这类有关时局的话。但我从未怀疑他是中共的地下工作者，因为当时一般有识之士和思想进步的青年，都持这种看法。我对国民党内部的腐败堕落的情形，耳闻目睹，亦甚憎恶。而且认为炳泉与我的关系，可以畅所欲言，无须避讳。事实上，炳泉这些言论，都是在潜移默化地做我的思想工作。《平明日报》社长崔载之的感觉是很敏锐的，他和炳泉共事不久，就感到

---

① 据刘春方回忆，当时军法处长是张庆恩，刘鋆是副处长。

炳泉思想“左”倾，很可能是有目的来的。他曾征询我的看法，我说：“炳泉眼光锐利，思想进步，是不错的，但绝不会有其他问题。”崔笑着说：“他如果是，也不会告诉你。”不过，崔这个人政治上比较开明，特别是他对炳泉的工作比较满意，因而有时还给予炳泉种种方便，并且竭力注意炳泉的安全，同时也免得给自己找麻烦。这都是解放后彼此闲谈时我才知道的，当时我确实不清楚炳泉在从事地下工作。

崔载之主办的《平明日报》，是傅作义先生的喉舌，是当时北平大型报纸之一。在抗日战争时期，傅部在绥远西部的陕坝，就办了一份《奋斗日报》，也是由崔负责。《平明日报》在北平出版时，基本成员多半仍是原《奋斗日报》的一些人，如杨格非、萧离、萧凤和张心友等。这些人都是抗战初期与崔载之同时参加傅部的一些进步青年。他们有的参加过“民先”，有的受过国民党的迫害，对国民党都有不同看法。我同这些人过去也曾在一起工作过，彼此非常熟悉。这些人对炳泉敏锐的思想、犀利的文字、精辟的见解和勤奋的工作态度，均深为钦佩，所以在一起合作得很好，炳泉也因此受到《平明日报》的重视。《平明日报》在当时情况下办得比较稳健，色彩也不可能鲜明，但是比起国民党报纸造谣欺骗的反动宣传要正派得多。报纸有时在字里行间能说些真话，或对现实有所抨击，总的表现在当时可以说属于中间派。这当然为国民党特务所忌，但他们知道该报系傅先生所办，也就无可奈何，不敢横加刁难。《平明日报》为了避免麻烦，也能注意分寸，处理圆滑，所以直至北平解放，安然无恙。《平明日报》于解放后，在《关于和平解放北平问题的协议》中曾规定可以继续出刊，但傅先生认为已不必要，即命社长崔载之、总编辑兼总经理杨格非等人，将该报自动解散，报社人员由人民政府分配到各单位工作。

在《平明日报》工作期间，李炳泉以记者身份出入国民党政府机关，能较方便地获得一些军政要闻，及时了解北平地下党急需的若干情报。他作为党的地下工作者，勇敢机智，战斗在龙潭虎穴，在敌我矛盾极为尖锐复杂的情况下，取得了出色的成绩，特别为了和平解放北平，不避艰险，同傅部进行谈判，在和谈中自始至终不懈地工作着，为北平和平解放这一具有重大历史意义的事件作出了贡献。

炳泉向我正式透露他是共产党员，还是在辽沈战役已成尾声、平津战役即将拉开序幕之际。大约在一九四八年十一月底的一天，当我听到东北解放军可能入关的消息，我感到局势严重，华北难保，覆巢之下焉有完卵？我个人命运如何，也茫然不知。所以心情烦闷不安，乃去东城酒兹府大草厂甲十六号李炳泉家。那时炳泉及其胞兄炳璜（解放后在铁道学院工作）均在家。我把自己的看法同他俩谈了之后，炳泉即向我详细分析了当前局势，并安慰我说："会有办法的。"他说："事在人为，傅先生如能认清形势，还是有希望的。"我当时不清楚希望在哪里，有什么高明办法，不过我对炳泉的分析还是佩服的。以后接连数日，他向我详细分析了形势。他说，东北、华北两大解放军主力就要会师，北平行将被围，兵临城下，怎么办？还是以和平解决最为上策。傅先生如果仍不自量力，幻想支撑危局，甚至企图负隅顽抗、孤注一掷，不仅这座古城将毁于战火，兵民死伤无数，而且傅先生本人也将身败名裂，成为人民的罪人。炳泉以曾泽生将军为例，再三向我阐明党对和平起义的政策以及起义人员的光明前景。他说："总之，北平非战即和，以和为上。"他建议我向傅讲明形势，动员他和平解决北平问题。我对炳泉的话深为赞同，当即表示一定找机会向傅先生进言，务期必成。炳泉看我态度坚决，才告诉我，他是奉中共北平地下党的指示和我谈话的。他说中共方面希望以和平方式解放北平，让我相机动员傅先生抛弃幻想，同意和平谈判。此后我才知道，炳泉就是策动傅先生起义的北平地下党的一个代表。我当时也兴奋异常，一扫不安的情绪，增加了向傅先生进言的勇气。

那时，辽沈战役刚刚结束，傅先生去南京参加军事会议后，飞回北平。我感到傅先生当时的表现，并不颓丧，甚至有些兴奋。我猜测在南京军事会议上，蒋介石为了给傅先生撑腰打气，可能又许下了一堆欺骗性的诺言。同时，傅先生也估计东北共军在辽沈战役后，将有一段休整间隙，乘此时尚可从容进行军事部署。但出乎意料的是，东北解放军进军神速，傅先生的部署方案尚未就绪，东北解放军即分两路进关，长驱直入，并与华北解放军会师。平、津、张、塘等军事要地，相继被分割包围，噩耗频传，情况紧迫，天津、张家口相继吃紧。傅先生为确保通往绥远的退路，决定派所谓主力之主力、精锐之精锐的第三十五军，由军长郭景云率领西援张家口；北平被围，又命该军自张家口回援北平，中途竟被阻于平绥线之新保安地区。北平合围之势，行将完成。此时傅先生感到形势严重，日益焦虑不安。我认为这是向傅进言之机，便乘傅先生独自思量之时，悄然入见。我问傅："今后方针大计，究竟如何？"傅反问："你说如何？"我说："势已至此，只有和、战二字，不能战，只有谈和。"傅问："如何和法？"我即直截了当地说出李炳泉以中共北平地下党代表身份，衔命来谈，希望通过我与总司令秘密会见。傅听后询问我的看法，我将炳泉关于形势分析和中共政策，简要陈述一番，并说明今日之守北平，与当年守涿州、守太原、守绥西迥然不同，战无希望，以和为佳。我说，不论谈的结果如何，至少可以了解对方意图。我与傅此次谈话，极为机密，连傅身边的大女儿傅冬也不知道（傅冬同志已是共产党员，这时我当然不知道，更不知道傅冬原来也已奉党之命参与促成北平和平解放之事）。

我与傅先生系保定军校先后同学。我毕业后，一直追随傅先生左右，担任幕僚，共事数十年，甘苦与共，对于傅先生的思想言行，有所了解。傅先生每遇重大问题，大抵是喜怒不形于色，使人莫测高深；并常独自绕室漫步，反复思索，不喜别人打扰。我毅然与傅先生进行这次谈话，事前也不是毫无顾虑。虽然当时力主议和的，并不乏人，但均因倡言和谈，事关重大，有的观望傅先生动静，怕冒犯虎威；有的欲言又止，怕事机不密，不仅偾事，而且对己不利。当时在华北战场上炮火连天，硝烟弥漫，而在傅先生总部里，却显得既混乱又凝滞。我在与傅密谈时，也是一面陈述，一面观察傅的神色。正如傅先生平时的样子，他除了偶尔问上一两句之外，一直靠在沙发上眯着眼听着，面部没有表情。当我谈到李炳泉以中共北平地下党代表的身份希望面晤时，他睁眼看了看我，接着又眯起眼睛听我继续往下谈。当我谈完时，他再睁开眼睛说了句：“这要妥善研究。你可继续联系，无论如何要注意李炳泉的安全，必要时可住到你那里。”说完，他站了起来，我即辞出。据说我走后，他一直在室内踱来踱去，看样子思想上有不少矛盾。

我回家向炳泉叙述了同傅谈话的情形，炳泉认为傅先生犹豫不决，仍有顾虑，这是可以预料的，像这样至关紧要的事，不可能一蹴而就，傅先生肯定要有一番思考的。炳泉并嘱我相机继续向傅做工作。

在此期间，先后向傅建议和谈者，据我所知有刘后同先生和马占山将军等人，均系傅故交挚友，不属于傅先生手下部属。他们所谈内容，大抵皆为国民党蒋介石败局已定，华北大厦将倾，北平已在解放军合围之下，城下之盟势不可免，以主动求和最识时务，否则千年古都毁于战火，傅将成为千古罪人；和平解决是大势所趋，人心所向，不能失此良机，等等。实际这些意见，傅先生早已了然于胸，对蒋介石也早已失望。我们当时也看出傅先生与南京方面和蒋系人物虚与委蛇的态度（如特务头子郑介民来平时，傅故作战争姿态，便是一例）。傅先生此时内心着重考虑的是中共方面有关和谈的具体条件，也就是说如何真正达到所谓“光荣的起义”。

大约是一九四八年十二月十二日左右，傅找我去问李炳泉的最近情况。我说炳泉希望与总司令面谈，他作为正式的中共北平地下党代表，可以述明中共的政策和具体要求，我方也可以派代表随同炳泉到解放区去，与中共方面有关领导直接会谈，当时傅找来王克俊，命其做好准备并加强保密措施，同时命我把李炳泉接到总部傅的办公室，直接会谈。一见面，炳泉即开门见山地说他是受中共北平地下党的派遣来见傅先生，欢迎傅先生作出决断，进行和平谈判。傅问炳泉：能否由崔载之代表我同你到解放区去见中共方面的领导？炳泉回答可以。傅当即决定由崔载之作为傅方代表，携带一部电台，由李炳泉陪同出城联系。并命王克俊挑选可靠通讯人员做好出城安排。关于与城外解放军方面联系，则由炳泉通过北平地下党负责办理（在这里附带说一下，崔载之代表傅先生出城谈判，是我建议的，这可能是局外人不知道的）。

在炳泉出城前夕，我又到炳泉家中，同他说：“我们现在要出城谈和了。在和谈期间，希望双方都不要进攻，以免发生无谓冲突。而且不论哪方面有伤亡，死的都是中国人，现在既然谈和了，再有伤亡就不划算了，那样也影响和谈。”炳泉表示同意，事后我向傅作了汇报。

为了严格保密和确保安全，傅先生曾命我称病住院，与各方隔绝，专门与崔、李所携电台联络。炳泉临行前，介绍地下党员刘时平与我见面，告我可暂通过刘与地下党联系。

大约十二月十四日的清晨，我和炳泉约好在南河沿南口等待崔载之和汽车。车来后，炳泉上车，与崔载之所携电台及通讯人员出广安门，通过傅部防区出城。

崔、李出城后，一天晚上，广安门附近突然枪声大作，传闻双方发生冲突，我即找到刘时平，请他设法联系，请对方停止进攻，以免伤亡，刘当时唯唯。去后他是否进行联络，结果如何，均不得而知，我与刘的联系竟从此中断。经过了解，方知刘被军统特务逮捕，关押在北新桥附近的炮局监狱内。但此时已风传华北“剿总”某处长正与解放军联系和谈。这将不利于我，更不利和谈的进行。我便秘密迁到东城礼士胡同眼科医院，杜绝外人，有事直接请示傅先生或与王克俊联系。

崔、李出城后，安全进入解放区。原拟去平山县中共中央所在地，后经炳泉联系结果，转到蓟县孟家楼解放军平津前线司令部[1]，会见了参谋长刘亚楼同志。崔载之事前并未受有傅先生的具体指示，主要是表示傅先生愿意和谈，再就是了解中共方面的态度和要求，然后向傅转达，再请示进一步做法。讨论数次，没有结果。在此期间，傅的主力第三十五军在新保安全军覆没，军长郭景云战死。接着张家口亦被解放，第一〇五军军长袁庆荣被俘，部队被歼。形势急转直下，傅先生心情沉重。崔载之来电请示，傅令我回电，命崔即日回城[2]，第一次和谈即到此为止。

炳泉陪同崔载之回城后，见了傅先生，转达了解放军平津前线司令部的意见，只住了一夜，就返回解放区。

一九四八年十二月下旬，傅先生心情十分沉痛，认识到除和谈外别无良策，任何幻想均无意义。但傅先生对起义后全军官兵的前途和生命财产的保障，以及如何应付蒋介石嫡系部队和特务，以免引起事端，造成不可收拾的局面等等，仍然顾虑重重。这时，炳泉来电，大意说傅先生如诚意和谈，中共中央毛泽东主席表示欢迎，傅先生和所属文武人员的安全完全可以得到保障，希望能派正式代表进行商谈。我向傅先生作了汇报。傅与有关人士进行了审慎研究，认为这是极为关键的时机。关于派出的代表，傅先生经过再三考虑，认为周北峰先生最为适当。周系法国都鲁士大学政经学硕士，博学多识，曾任山西大学教授，早年在山西即与傅先生相稔。抗日战争初期，周曾代表傅先生至延安晋见毛泽东主席及中共中央有关领导，后在傅部负责战地工作委员会工作。傅部驻晋西北河曲时，周经常代表傅与贺龙将军领导的第一二〇师接触。抗战胜利后，周在“三人小组”代表傅在察绥与中共代表会谈。他既是傅可信赖的老友，又与共方关系密切，担任和谈代表，至为允当。另外，燕京大学教授张东荪以民主人士名义，愿参加和谈。傅认为有这样一个人物前往，也许能起些推动或缓冲作用，便同意由周、张二人出城进行第二次和谈，由周北峰为傅先生正式代表。王克俊为他们办好出城安排。

一九四九年一月六日，周北峰、张东荪二人从西直门出城，翌日到达蓟县解放军平津前线司令部。这时李炳泉亦已到达蓟县，由他负责接待。炳泉介绍周、张二人与林彪司令员、罗荣桓政委、聂荣臻司令员、刘

① 据查，崔载之、李炳泉出城后，十二月十五日遇东北野战军第十一纵队，被留于该纵队司令部，十七日被护送到解放军平津前线司令部所在地蓟县孟家楼附近的八里庄村。

② 据查，十二月二十六日，崔载之返回北平。

亚楼参谋长会见。经过几次商谈，对傅所属部队及文职人员的安全和前途的安置，以及释放傅部被俘人员等具体问题，均比较顺利地得到解决，达成了初步的《会谈纪要》。周北峰代表傅先生在文件上签了字。至此，第二次和谈终于取得积极的成果。

一月十一日，周北峰自蓟县平安回到城内。傅先生看过《会谈纪要》，并听北峰汇报了会谈经过和对方限一月十四日午夜前答复的要求，仍然心事重重，认为《会谈纪要》中有些具体问题还不够明确。一月十四日，即《会谈纪要》最后答复期限，傅先生特请邓宝珊将军和周北峰先生到中南海居仁堂傅的办公室商谈，表示决心起义，请邓、周二人为全权代表，再次出城与解放军谈判，一切问题相机办理，务期于成。随即发电给李炳泉，回电表示欢迎前往。当天下午邓、周出城，到达通县，进行第三次——也就是最后一次和谈，仍由李炳泉负责接待。

第二天（一月十五日）正式会谈前，天津解放，李炳泉将这一情况及时通知了邓、周。当天由林彪、罗荣桓、聂荣臻与邓、周正式会谈。一开始，林、罗、聂即声明此次商谈已不包括天津，同时转达党中央指示，绥远问题可留在以后解决，现在主要谈北平解放问题。经过讨论研究，最后达成《北平和平解放初步协议》十四条，一月十七日，邓宝珊将军与解放军平津前线司令部参谋处长苏静同志，带着《协议》回城。北峰、炳泉仍留通县负责与城内联络。

傅先生看了《协议》，深为中共中央毛泽东主席的宽容所感动，非常欣慰，立即电告炳泉转达，表示完全同意，坚决按《协议》执行。

一月二十日，傅先生正式宣布北平和平解放。北平各报刊登了《协议》。傅部新编骑兵第四师师长刘春方首先率部出城（在围城时，骑四师是傅的直属主力，刘春方是傅先生一手提拔的少壮派师长，刘作战勇猛，具有政治头脑，是积极主和派，这时率先出城接受改编，亦有示范作用）。其他部队包括蒋系部队，也陆续到达指定地点接受解放军改编。是日上午[①]，周北峰陪同陶铸同志由通县进城，与傅先生会见。叶剑英将军偕戎子和同志亦相继入城，即住于原来我所在的傅部联络处（东交民巷原日本大使馆）。在这里我受到叶剑英、陶铸、戎子和等领导同志的亲切接见。

一九四九年一月三十一日，英武雄壮的解放军浩浩荡荡地列队入

① 据查，陶铸等进城日期是一月二十六日。

城，市民欢呼雀跃，夹道欢迎。北平这座历史悠久的古城，终于完整地回到人民手中。

具有重大历史意义的北平和平解放，是中共中央和毛泽东主席英明伟大的战略的辉煌胜利，是党的威力巨大的统战政策的丰硕成果。傅先生本人具有朴素的爱国主义的思想基础，这种主观因素，也是不容忽视的。当然这也与刘仁同志领导的北平地下党的艰苦斗争和机智勇敢的工作分不开。据我所知，党内同志如王汉斌、崔月犁、李炳泉、傅冬菊、仓孝和等，都做了许多工作。党外人士除参加过和谈的邓宝珊、周北峰、崔载之等人外，刘后同、马占山、何思源诸先生力主和谈，对傅先生也有一定影响。在傅先生方面：张濯清、王克俊、郭宗汾、李世杰、阎又文、刘春方、焦实斋等人，也为和谈付出了很多精力。我个人之所以倾向和谈并在最初向傅先生积极进言，主要是由于堂弟李炳泉的频频动员。另外，抗日时期和我在一起同事的崔载之、杨格非、凡塞、萧离、萧凤等同志，平日对我思想启发也有影响。

（凡 塞 桑绍英整理）

曲折的和谈之路

杜任之*

一 我与傅作义将军的关系和我留在北平的经过

一九三三年，我从欧洲留学回国，利用公费留学关系回太原策动抗日。当时我的公开身份是太原绥靖公署秘书、山西大学讲师。傅作义将军当时是绥远省政府主席。一九三四年春天，他因事到太原见阎锡山，我得悉后以公开身份与同乡关系去会见了他，并与他畅谈了国内外形势，他很感兴趣。此后，他几次由绥远到太原，都主动找我谈话。一九三四年我与周北峰同志在太原组织“中外语文学会”（介绍国际左派报刊上的政治、经济、军事论著）时，即聘请傅作义将军担任名誉副会长。不久，我与周北峰推荐该学会干事阎又文（我们的学生、傅的同乡）给傅担任文书。一九三六年冬，傅作义将军领导的绥东抗日军兴，我在太原发起支援抗日的捐献运动，曾汇寄捐款二万元，进行积极支援；接着又组织文工队到绥东前线进行慰问演出。七七事变后，傅作义将军奉命转守太原，我曾自告奋勇协助他保卫太原，他非常欢迎。当时我即向他推荐留日学医回国的杜敬之（我的胞弟）给他担任军医。旋因我于太谷交卸县长职务后转赴太原，途中太原陷落，我在太原附近清源县收留了一批散兵游勇转往临汾，当年十二月在临汾与傅见了面。他说他要打回绥远去，要我给他介绍政工人员，我通过共产党的组织给他推荐了两个“抗大”学生，随他经晋西北转往绥远。翌年我相继给他推荐了七八名山西民族革命大学的干部和学生去为他做行政和文教工作。一九四〇年傅作义将军到山西吉县会见当时的第二战区司令长官阎锡山，我乘机对他说：“第二战区实际只能管晋西南

* 作者当时系华北文法学院教授，政治系主任。

十多县，你处绥远前线不能依靠第二战区，应独立自主，壮大力量，坚持抗战。”他说：“我也感到在这里无能为力，而且对咱们南路人[①]还存有成见。”于是他带着沉重心情离开了。

解放战争期间，一九四七年傅作义将军进驻天镇和张家口，曾通电全国声明，如共产党能胜利，甘愿为其执鞭。我见报后，即写信给阎又文说：该电措词狂妄。我认为执鞭之说将来可能实现，且看战局演变吧。不久傅作义将军因事到了太原，我得悉后曾去看他。谈到国内战争形势时，他以胜利者的口吻说：“延安已被打下了。”言外之意是国共双方优劣之势已见，战局越来越不利于共产党了。我说：“这是暂时的，可从此国民党也就陷入被动了。”他不大以为然地说：“那以后再看了。”

一九四八年七月初，我一因在太原有被捕危险，二因考虑到与傅作义将军有关系，便于进行革命活动，即借故匆匆乘机由太原飞到北平。我到平后，住在胞弟杜敬之家里，他当时是傅部的参事兼惠民医院院长。我要杜敬之和阎又文（这时阎任傅总部办公室副主任兼政工处副处长）一同去找傅作义为我约定会见时间，遂在西郊华北“剿总”总部与傅见了面。我首先告诉他：“我是因共产党嫌疑有被捕危险才来的，你这里能不能让我安全住下去？要能，我就留下；要不能，我就走。”傅说：“这里是我的势力范围，阎（指阎锡山）不能加害你。再者，像你们做大学教授的，就是‘国府’要抓，也得先同我打招呼。你住敬之家就很安全。”我接着对他说：“我可以留在北平，我打算教书。”他表示同意。

我得到傅作义将军的保证之后，就去访问了国外留学时的同学、当时华北学院院长王捷三。我说明来北平的原因后，他说：“你来正好，在这里担任教授兼政治系主任。”我当即答应。后来我通过民主同盟北平负责人吴晗教授和关世雄同志找到地下党负责人崔月犁同志。之后我就在北平以杜敬之家为掩蔽部与城工部建立了联系，在文化教育界开始了工作，特别是秘密进行和平解放北平的活动，杜敬之从来同情我的革命活动并积极支持我。

① 南路人在此泛指晋南人，傅作义是晋南荣河县（今临猗县）人。

二 和平解放北平的酝酿阶段

一九四八年九月间济南解放后，我看到全国解放战争形势发展很快，中共的“农村包围城市”的伟大战略方针已经全面进入夺取城市阶段。我认为，傅作义将军身居华北“剿总”重要地位，其态度如何对北平的和平解放及整个战局是有很大影响的。为了策动傅作义将军与中共谈判，和平解放北平，我当即电话通知阎又文派车接我到西郊会见了傅作义将军。这次见面仍是先从国内外形势谈起，我首先对他说：“蒋介石的美苏战争幻想该破灭了，宋美龄亲自到美国求援，美国朝野上下都以冷眼相待。人民解放军打下济南后已全面开始了夺取城市的阶段。济南的解放，吴化文与解放军合作起了很大的作用。你对战争发展前途如何看法？”傅说：“共军智勇双全，用大踏步进退的运动战，集中优势兵力，在山东是取得了很大胜利。的确，吴化文的投降在济南战役中是起了作用的，那是共产党对吴化文做了策反工作。但济南一城一地的得失，还不能决定战局；东北各大城市，除四平外都在国民党军手里，华北除石家庄外，大城市也都在国民党军手里，我现在就控制着战局。”我听了后认为，傅作义将军对战争发展形势还很不理解，无从对他提出与中共和谈问题，即起身告别。他送我出门时，我对他说：“秋后再见。”阎又文送我上车时问我：“你对傅说‘秋后再见’是个双关语吧？”我说：“是的。人民解放军在东北战场如秋风扫落叶一样，连续夺取几个大城市的时候，可能就到秋后了，你再派车来接我，我再同他谈谈形势和他的出路问题。到那个时候他就可以接受与中共和谈了。”阎又文同意我这看法和意见。

九月初，杜敬之告诉我，蒋介石坐飞机视察东北回到北平了，现住西山，要召开军事会议。我听到后，即打电话把阎又文叫到杜敬之家，我对他说：“傅可以效法张学良来一个‘北平事变’，强迫蒋介石通电全国停止内战，这是一个可以与‘西安事变’媲美的伟大历史事件。”阎又文说：“张学良是虎子，胆大包天。傅没那么大的胆量；况且北平有蒋介石嫡系军队几十万，比傅的实力大得多，傅还难以控制。看形势的发展变化，以后再策动他和谈吧。”当十月中旬锦州解放后，阎又文到我住处对我说：“锦州被攻克，东北战局急转直下，傅有些苦闷和忧郁，但忙于军政要务，还准备去南京开会，没时间接见你和你长谈。关于与中共和谈问题，你可做好准备，等傅有工夫与你长谈时，我即派车来接你。”次日，我即找到关世雄同志，我对他说：“锦州解放，人民解放军节节胜利，国民党在各个战场都打了败仗。面对这一形势，傅作义有些苦闷和忧郁，我看他有可能与中共和谈了。我与傅有同乡、朋友关系，我准备策动傅与中共和谈，争取和平解放北平。请你向城工部反映这个情况，并请指示我如何进行。”关世雄同志说：“策动傅作义与我们和谈，和平解放北平，这是具有战略意义的大好事，你可积极进行，我即向城工部反映，让崔月犁同志亲自来和你谈。”

过了些日子，杜敬之对我说：“你老等着和傅谈不行，不如你先找找刘后同老先生。刘是辛亥革命的老前辈，担任过甘肃军政部长兼总招讨使，现在是傅的高级政治顾问，与傅关系很深，一九二八年，傅单枪匹马在奉军撤退时能够出任天津警备司令，蒋阎战争阎锡山逃大连后，傅能够出任绥远主席，后来傅脱离阎锡山转向蒋介石，都是刘后同给出谋划策的。”他又说：“刘后同历来都是傅的出谋划策人，傅对他是推心置腹、言听计从的。你可先同他谈谈，请他转告傅。我前几天已和刘谈过你的情况了，他已知道你的为人、略历和与傅的关系。”杜敬之并告诉我：“刘后同现住台基厂前日本大使馆、现在是傅部的联络处，即高级招待所。”杜敬之得我同意后，当即电话与刘后同打了招呼，说我要去看他，有事同他商议。我随即去联络处会见了刘后同老先生。他接待我非常热情，辞色上对我也很尊重。我同他先漫谈了一下全国军政形势和可能的发展变化，当即含蓄地提出，在这个形势下傅是否可另做他图？刘老先生说：“国共军政形势发展到今天，我早已料到了。今年二月间，宜生（傅的别号）把我从天津接来北平商谈军政大事，我就对他说，政治是军事的根本，未有政治不修明而军事能得胜利的。南京政府政治腐败，军政官吏贪污腐化，蒋介石所作所为不合人民群众心理，违反历史潮流，必然失败。现在又在各个战场遭到失败，恐怕南京政府维持不到一年半载了。”

我觉得刘老先生对政治问题很敏感，也有一定眼光，因之问他对锦州失陷有何看法？刘后同说：“看来国民党军事江河日下，是在意料之中的，整个东北要落在共军之手的。”我即向他说：“你既然看清了形势，按你和宜生的关系，是否可以劝宜生另做他图？直截了当地说，就是可否劝他与中共和谈，和平解放北平？识时务者为英雄。这样，宜生本人也不失为一个英雄嘛！”刘后同说：“前一个多月，共产党的刘仁同志派人来见我，要我劝说宜生效法吴化文帮助解放济南的方式解放北平。我对他说，吴化文是投降将军，傅作义是杀头将军，他是宁肯杀头不肯投降的。那个人再没说什么就走了。你是了解宜生的，你看他能向共军投降吗？”我说：“与中共谈判和平解放北平绝不是投降，就国共对峙的战局来说，也可以说是起义。”刘后同说：“我认为按照中共组织联合政府的主张，可用辛亥革命方式，由宜生通电全国，主张和平，同时先在华北实行和平，然后促成全国和平，重新召开全国政治协商会议，组织联合政府。”我说：“首先和平解放北平，将影响全国，对国家对人民对宜生本人都大有好处，这是一个伟大的壮举。我现在看不到宜生本人，希望你以我们两个人的名义与宜生深切地谈谈这个问题。”刘说：“如果与中共和平谈判，先在华北组织联合政府，通电全国推动全国和平，我很愿意与宜生谈谈，我想他也能够接受。”我考虑，要紧的是先和谈，和谈一开，会有发展变化，刘既答应找傅先行和谈，我不便驳他组织联合政府的意见，就和他告别了。接着去找关世雄同志，请他向地下党汇报。

紧接着我从杜敬之处得到消息，说蒋介石在锦州吃紧时飞到沈阳视察，转到北平督促傅作义将军策应锦州战争，与傅商谈后决定由傅派一个军和一个骑兵师偷袭石家庄和中共中央所在地。为的是：一方面牵制解放军攻打锦州，另一方面妄图取得胜利，挽回国民党军事失败的政治影响。我听到这个消息后，又立即去找刘后同，对他说：“宜生此举甚为愚蠢，一则不可能袭击成功；纵然能取得某些胜利，他的军队也必然要在中途遭到共军歼灭，不可能再回来。更主要的是此举必然要加深与中共的恶感，杜绝和谈之路，请你立即告诉宜生快电令部队停止前进，迅速撤回。”刘后同当即拿起电话向傅作义将军说明利害和我们的意见。过了几天，杜敬之告诉我，刘春方（傅部骑兵师长）师已完整地撤回北平了，而国民党的那一军人马与共军遭遇，损伤很大。

这以后，我又去看刘后同，问他与傅商谈过和谈的事了没有，谈的情况如何？刘说，与傅谈过了，他有意与中共和谈，但为了调和双方意见与将来执行和平协议，他认为需要有民主党派参加谈判。我说：“这好办，我可以找民主同盟中央在北平的负责人张东荪参加谈判。”第二天我即找到张东荪，告诉他战争形势的发展以及傅作义有意与中共和谈和平解放北平的情况，向他提出：“你是否可以代表民盟作为第三者参加和谈？”张东荪听了，喜出望外，表示很愿意参加双方和谈，促成和平解放北平；但也与刘后同有一个相同愿望，即在和平解放北平后，组织华北联合政府。我当时认为重要的是在于能开始和谈，只要和谈开始，事情是会朝着有利于革命方面发展变化的，所以也没有再和他谈和平解放北平以后的问题，遂即用电话与刘后同打招呼，介绍他去与刘后同见面。

当锦州解放后，我曾在刘后同处遇见了北平市企业公司经理冯杰宸。刘介绍说，冯是他的同乡和知己，也热心和平解放北平工作。我随即与冯杰宸谈了一些情况。从刘后同处出来后我告诉冯，要他经常到刘处了解刘和傅的思想动态与军政情况，随时向我反映，共同促成和平解放北平这件大事。冯杰宸答应了，以后即不时与我联系，做些工作。

十月三十日夜间，我在杜敬之家听到解放区电台宣布沈阳解放。次日早晨我即去找刘后同，对他说："东北已全部解放，形势发展很快，北平、天津难保。为了保存北平文化古城和天津这个工业城市，也为了宜生的前途，你应以我们两人的名义立即敦促宜生与中共开始和谈。张东荪代表民盟参加，中共方面的代表由我给你介绍。请你告诉宜生，我是为大局，也是为他个人前途着想的。"刘说："宜生总是怀疑中共能否信守谈判协定。"我当即告诉刘后同："你请宜生放心，中共执行政策是认真的，说话是算数的，我可以用自己的政治身份和老朋友的关系向他保证。"刘说："这样，宜生可以放心与中共和谈了。"

三　疏通谈判渠道的经过

我介绍张东荪与刘后同会见之后，有了中间人，刘后同放心了，他答应转告傅作义。我告诉他："中共方面接头的人由我联系，将来以我的朋友关系介绍与你见面。"

崔月犁得到关世雄的招呼后，是与关世雄一起在杜敬之家里与我见面的。崔月犁同志一见面就对我说："关世雄同志对我讲了，你策动傅作义与我们谈判和平解放北平，这是一件大好事。从前我们也派人找刘后同做过试探，由于时机不成熟，未能进行下去。现在形势发展已大不相同，傅作义如能认清形势，当可下决心与我们和谈。关于这件事你近日进行得如何？"我向崔月犁同志汇报了这些天我活动的详细情况，并介绍了刘后同与傅作义将军的关系及态度。崔月犁同志问："刘后同对和谈如何主张？"我说："他认为与中共和谈之后，应通电全国倡导和平，召开政协会议，组织华北联合政府。"崔说："这是和谈以后的问题，只要傅能下决心和谈，和谈一开，事情就会演变。你主动策动和谈很好，要继续积极活动。至于他们（指傅作义与刘后同）提出要有个民主党派作为第三者参加的问题，你已找过张东荪了，我很同意。为了郑重起见，我再去与他正式接谈一下，请他代表民盟参加谈判。”我对崔月犁同志说：“刘后同与傅作义谈了与我们和谈后，就等着和我们的代表见面了。我已答应他，由我与你联系，派负责人与他见面。我现在可以介绍你与刘后同见面直接谈谈。”崔月犁同志说：“我先去找张东荪，你继续活动，了解情况，我回头来。”我又告诉崔：“为了上课方便，为了便于接近学生和教授们，也为了避免特务跟踪，我有时在华北学院住。”他说：“你若不在家时，就在门上用粉笔画个圈，我就去华北学院找你。”

第二天崔月犁同志与张东荪谈话后就到华北学院找我。我马上给刘后同打电话把崔月犁同志作为我的朋友李献农介绍给他。第三天我再去见刘后同时，刘就告诉我：“李同志已来过了，我们谈得很好。”

崔月犁同志与刘后同见面后，即把准备和谈情况用地下电台向城外总部作了汇报。但正在此时，傅作义将军被蒋介石电召，到南京开军事会议去了，谈判只好暂时停顿。

十一月六日，傅作义将军从南京飞回北平后，向他的主要将领们谈了南京会议的情况。据傅的骑兵第四师师长刘春方对杜敬之说，在南京会议上，蒋介石认为东北失守，华北危急，平津难保，要傅作义由海陆两路率部南下，担任东南战区司令长官，企图据守江南半壁河山。可是傅则另有打算：他的根据地在绥远，他的军事实力还完整无缺，而且他已有与中共和谈的心思，所以在南京会议上，巧妙地同蒋介石唱反调，向蒋介石大肆吹嘘，说整个华北尚有大军六十多万，自己又有守城经验，能战能守，华北大好河山岂能放弃？蒋介石听后有些犹豫了，张治中又主张放弃华北撤到江南，傅作义则始终坚持要据守华北。结果蒋介石还是依了傅作义，因为他还有依靠傅作义固守平津的幻想。

人民解放军由于洞察蒋介石有从平津撤军南逃的企图，所以在胜利结束辽沈战役后，稍事休整即分几路入关，与华北人民解放军联合对平津形成了大包围。傅作义将军的“剿总”在西郊受到威胁，随即移到城内中南海。这时我与崔月犁同志先后去找刘后同，让他敦促傅作义将军抓紧与中共和谈。我对刘直截了当地说：“如果再迁延下去，不开始和谈，数十万解放大军一进攻，北平指日可下，宜生不投降也得当俘虏。”刘老先生笑着说：“宜生性情刚直，宁可自杀，也不做俘虏。”我说：“他可以不做俘虏，也可以不投降，更不需要自杀，只要当机立断，开始和谈，就有光明前途。”

十二月中旬，我在杜敬之处了解到，傅作义已派他的机关报《平明日报》社长崔载之、记者李炳泉同志带电台出城，与解放军前线司令部作了联系。

四 和平解放北平的曲折与斗争

在谈判暂时停顿的时候，城工部领导两千多地下党员，联系两万多进步群众开展了广泛深入的和平解放北平运动。一面造成和平解放北平的声势，影响傅作义将军及所属部队；一面严密组织了防火、防特、护厂、护校工作。

这时，我在华北学院和北大等院校参与这个运动。为了进一步策动傅作义将军进行和谈，还打电话让阎又文建议傅作义将军召开大学教授座谈会，以听取文化教育界对时局的意见。在这个座谈会上，不少教授以救国拯民的热忱，慷慨陈词，也提出了和平解放北平的迫切愿望，以保存文化古都，避免广大军民遭受战祸，要求傅作义将军与中共进行和谈。

但这以后，由于整个军事政治形势的发展变化，接连出现了新问题，和平解放北平的谈判又经历了一段错综复杂的曲折斗争。突出的情况和问题是：

（一）在平津陷入解放军包围、华北形势危急的时候，蒋介石为了保持他在平津的军事实力，派了与傅作义将军有关系的他的前军令部长徐永昌飞到北平，要傅作义将军从塘沽和青岛分路撤退。但傅认为塘沽已为解放军包围，南撤海路已断；同时，山东全部解放，陆路南撤也不可能，婉词把徐永昌顶走了。

（二）蒋介石侦知傅作义有与中共和谈的迹象，派军统头目郑介民飞到北平进行特务活动，破坏傅作义将军与中共进行的和平谈判。郑介民竟当面质问傅作义将军：“你们与中共和谈吗？”傅坚定地回答说：“没有此事，那是谣言！”郑说：“有此传说，总座（指蒋介石）着我调查。”郑介民对蒋介石嫡系部队做了反对与中共和谈的布置后，没几天就走了。可是国民党军统特务对奔走和平的人士进一步实行了跟踪，并施用了恐怖手段。如同情和平解放北平的前北平市长何思源的家里，就被特务安放了定时炸弹，炸死了他的女儿，何亦受了伤。

（三）当时傅作义将军以华北“剿总”总司令统率的六十多万军队中，蒋介石的嫡系军队计有第十六军、第九十二军、第九十四军、第一〇一军①、第十三军、第六十二军、第八十七军、青年第五军② 等八个军之多。傅自己的部队在北平地区则只有第三十五军、第一〇四军两个军和一个骑兵师。傅作义将军一因他的部队与蒋介石嫡系部队相比是少数，二因特务密布，他对蒋介石嫡系部队能否令行禁止，也还没有把握，所以顾虑重重，踌躇难决。

十一月底，人民解放军包围了张家口，一举切断了平绥线。傅作义将军派他的嫡系部队三个师，由第三十五军军长郭景云带领前往解围，不久，第三十五军在新保安陷入人民解放军包围，傅又派他的嫡系部队第一〇四军军长安春山带领两个师再去增援，不几日，即被追歼。到二十二日新保安被围的郭景云部被解放军歼灭。

我于杜敬之处听到这个消息后，立时去找刘后同，刘同意以我与他的名义敦促傅作义将军立即恢复和谈，他当即赶赴中南海会见了傅作义，向傅做了策动。刘从中南海回来告诉我：他到后，宜生正焦急万状，坐立不安，在家里踱来踱去，一见到他进门，就唉声叹气地说：“这一下我的政治生命算完了！”刘对傅说：“你旧的政治生命完了，可以开始新的政治生命。现在应该认清形势，下定决心，坚定地走和平谈判的道路。”刘又对傅说：“蒋介石日暮途穷，自顾不暇，大局已不可挽回。他要你率部南下，是企图利用你挽救他的危亡。可你如南下，也只能使北方子弟兵与他同归于尽。况且现在平津陷入重围，南下已出不去；同时，张家口为共军占领，平绥路又被切断，要回绥远也不可能。时至今日，万不可三心二意，胡思乱想了；还是顺应人心，当机立断，抓紧和谈为是。现在咱们与中共和谈的资本虽已远不如过去了，但和议一成，北平免遭战火破坏，城内军民的生命财产得以保全，是深得人心的。共方信守协议，咱们还是有光明出路的。再说，这也是唯一的出路了，时不我待，不能一误再误了。”刘后同接着对我说：“宜生性情刚直，且向来自信心、自尊心都强，这次精锐部队在新保安被共军吃掉，我看他面有惭色，思想过度紧张，怕发生什么问题。我相机为他开解，说：和平谈判就有光明前途，切

---

① 傅作义已将第一〇一军以傅系将领掌握。

② 据了解，当时在北平的蒋系青年军番号是第三十一军第二〇五师。

不要自我毁灭。我接着又嘱咐王克俊密切注意，克俊随即把他的警卫员的短枪撤掉了。”

我听到刘后同说的情况，同时想到傅还有自卫手枪，也还有出问题的条件，当即找城工部做了反映。城工部随派傅冬菊（傅作义将军的女儿、共产党员）住到中南海，密切注意傅的行动，并随时与党取得联系。

一天，我在刘后同处与刘正谈得紧张的时候，傅作义将军突然来了。他首先与我握手说：“早该听从你的意见。”我说：“现在尚不算晚。”他说：“民主同盟是最大的民主党派，在社会上有名望有威信，有民盟代表张东荪参加谈判很好。听说你已和他接洽好了，那我不日就同他会面。但不知共产党是否能守信用？谈判后能否认真履行和平协定？”我说：“共产党光明磊落，一向遵守协定，说话是算数的，你完全可以放心。共产党绝不像蒋介石，破坏国共‘双十协定’，破坏‘重庆政协会议决议’。现在机不可失，要当机立断，开始进行和谈。”傅作义将军说：“与张东荪和中共代表会面后，我即派代表出城到解放军平津前线司令部去谈判。”

我由联络处与傅作义、刘后同分手后，随又找到张东荪。张说，他早已见过刘后同了，刘请他做中间人参加谈判。我当即告诉他积极准备谈判，等候傅作义派车来接。

之后，我回到华北学院，正好崔月犁同志来找我。我把进行情况告诉了他。他让我打电话告知刘后同：他去找刘后同直接谈。我打了电话后，他就去刘后同处；临走时他找来了驻华北学院的晋察冀解放区来北平搞学运工作的魏焉同志，让我随时与魏取得联系，相互交换情况。

后两天，傅作义将军正式约民盟代表张东荪和中共代表在平绥铁路局长苏伯安家里会面，研究出城谈判的内容和时间。这以后傅回到他的总部，即告诉他的亲信、办公室主任兼政工处长王克俊秘密地具体安排出城谈判的事宜。

后来据说，周北峰与张东荪在城外与平津前线司令部谈判中，前线司令部指出：和平解放北平，要改编华北“剿总”的全部军队，实行统一指挥，“打倒蒋介石，解放全中国”；至于召开政协会议，组织联合政府，是以后的问题。傅作义将军因为他对平津蒋介石嫡系军队没有把握，认为改编军队有很大困难，不好办；双方在这个问题上未能谈妥，谈判代表就回城了。为了进一步谈判，刘后同曾建议傅派他的一个副总司令与周北峰出城直接与中共谈判。傅说：“让冯钦哉坐飞机去绥远接邓宝珊来再说。”

就在这个时候，蒋介石来电了[1]，要傅作义空运走石觉和李文的部队。傅此时虽已决心和谈，但因还未谈妥，不便正面抗命，即秘密通过李炳泉的电台通知解放军向城内天坛机场发炮来阻止。这时城工部也布置地下工作同志观察了炮弹射击点的差距，从秘密电台通知城外解放军做了校正。这样，就阻止了蒋介石嫡系部队的南逃。

这时我考虑到，傅作义将军和谈的态度进了一步。蒋介石嫡系部队虽已无法南逃，但不等于可以俯首听命。为了防患于未然，必须进一步加强对他们的控制：（一）我又请刘后同转告傅作义将军注意在掌握蒋介石嫡系部队头目的思想行动上做工作。后来刘后同告诉我：傅让他的政工处长王克俊以师为单位向蒋介石嫡系部队派了政工专员，暗中监督各部队头目的思想行动和对傅的态度，以及官兵关系。（二）我接着又找到冯杰宸，叫他利用社会关系探听第四兵团司令官李文和第九兵团司令官石觉等头目对于和谈的态度与言行。冯杰宸不避艰险，利用关系，了解到李文、石觉等对和谈有反感。我立即以电话告知阎又文转达傅作义将军，请他密切注意防范。后来阎又文告诉我：傅已密令他的亲信军长安春山与骑兵师长刘春方两部队严加监视和戒备了。

这时，我在张东荪处听到：有个自称是李济深代表的彭某，托人劝告傅作义将军，还是发和平通电，促成全国和平好；不可答应改编军队的条件。我对城工部汇报这一情况时，城工部也听到了这个消息，遂做了必要的联系和安排，对彭某进行了监视和孤立，防止他与傅的接触。后来听说，李济深在解放区声明，否认彭某是他的代表。

邓宝珊到了北平，了解到傅作义决定和谈的真实思想后对傅说：“蒋介石对他在平津的几十万嫡系部队，能直接发号施令，我们不能掉以轻心。”傅说他已经密切注意到这个问题了。这是我在王捷三（邓宝珊的老朋友）家里见到邓宝珊时听邓说的情况。这时我进一步了解到傅的态度，当即鼓励邓勇敢地担当起这项和谈的光荣使命。崔月犁同志也到王捷三家见到了邓宝珊，并与邓研究了由邓代表傅作义将军出城谈判的具体问题。

在这期间，我让冯杰宸利用其关系，及时联络北平市工业会理事长

---

① 据了解，蒋介石的这一内容的来电日期是一九四九年一月十七日。当时傅作义的代表邓宝珊将军同解放军的谈判，已达成初步协议。

傅华亭代表工商界，河北省高等法院院长邓哲熙代表法律界，到联络处敦促刘后同，以他两人为工商界、法律界代表的名义向傅呼吁和平。我接着又趁这个机会请刘后同建议傅作义将军，勒令释放了一些被特务抓去的教职员和学生，其中有师范大学体育系主任徐英超同志和华北学院的几个教职员和学生，以取得城内进步群众对和平解放北平的支持。

此时，北平市参议会和市政府的负责人，也都公开出面向傅作义将军呼吁和平。

在继续谈判和平的同时，我又告诉冯杰宸把和平解放北平的工作做到傅作义将军的嫡系部队。冯杰宸与第三十五军[①] 副军长兼师长丁宗宪是旧相识，他即向丁宗宪谈了和平解放北平的伟大意义、必要性和现实情况，丁宗宪表示赞成和拥护，他俩遂即一同去见刘后同，表示了这个愿望和坚决的态度。冯杰宸把这一情况告诉了我，我就让刘后同提示傅作义将军：他的部下多愿和平，不愿战争，逼傅接受和平条件。同时，我又要冯杰宸与丁宗宪密切联系，策动丁宗宪，如果和谈破裂，战火一起，由丁宗宪率部于所驻德胜门到安定门一带单独起义，与解放军里应外合，迅速结束战斗，迎接解放军进城，以立大功。冯杰宸为此曾约会丁宗宪到前门外山东饭店吃饭，与丁宗宪结了兄弟之盟，以示共同信守。这时我又告诉阎又文，让他提醒傅作义将军，如必欲孤注一掷，死守北平，所部并不十分可靠，其结果将众叛亲离，必然导致失败。同时，我也向城工部反映了丁宗宪的情况与态度，以便解放军于必要时与丁联系。

一九四八年十二月，在淮海战役进入决战、国民党败局已定的时刻，蒋介石于一九四九年一月一日发出了“和平文告”，妄图借和平以停战，保存其军事实力。刘后同闻悉后追悔地向我说：“如果宜生前两个月发表和平通电，那影响该有多大。现在蒋介石抢了先，我真为宜生惋惜。”我说：“蒋介石的和平通电是阴谋，是企图保存实力，不值一文，中共也不会理他。中共昨晚广播的《将革命进行到底》一文就表明了态度。宜生却不然，现在他虽然陷入重围，四面楚歌，但如果接受改编军队的条件，使和谈能够成议，对于解放全国还是具有实际意义和深远影响的，中共和全国人民还是欢迎的。时机还赶得上，而且和议一成，就挽救了数十万军民的生命，保存了文化古都的完整，对国家对人民就是一大功绩。现在形势发展很快，我们要及时提醒宜生立即行动，千万不能徘徊迁

① 此军系新保安战后重建的第三十五军。

延了。”刘后同听了，心情转趋振奋。这时城工部也派来代表要刘后同说服傅作义将军接受和平条件，并说：“解放军围而不打，就是给他留有余地的。”但这时傅作义将军对中共广播的战犯名单中有他的名字，产生懊丧情绪，思想陷入混乱，以致和谈仍不能立即进展。

在此以前，冯杰宸告诉我：刘后同老先生因傅作义将军对和谈长时间犹豫不决，感到厌倦，打算返回天津去。我听到时立即让冯杰宸及时劝挽，并鼓励刘老先生把和平事业进行到底。冯杰宸为此还自己出钱为刘老先生购置了寒衣，并在生活上多方照顾老先生。

我得悉傅作义将军有懊丧情绪后，立即找到刘后同，请他告诉傅作义将军：“不要心灰意冷，立功可以赎罪，共产党的政策是认真的，说话是算数的。只要接受和平条件，和平解放北平，对国家、对人民就是很大的贡献和功劳，是会得到中共的宽待的，否则一再拖延，解放军围城已久，不能一忍再忍，一旦城破，岂不罪上加罪！”紧接着我就向城工部反映了傅作义将军的思想情绪和上述情况。城工部得悉后又立即派人向刘后同讲了类似的道理，并提出了保证，要他解除傅作义将军的顾虑。

五　和平解放北平的伟大胜利

经过上述多方面的曲折过程，傅作义将军终于让邓宝珊和周北峰由王克俊从德胜门送出城到解放军控制区域，与解放军前线司令部谈判和平协议的具体事项。在邓宝珊与周北峰到达等候谈判时，人民解放军已下达了对天津发起猛攻的命令，并很快歼灭了天津守敌。天津解放后，解放军前线司令部负责人说：“天津已下，傅作义将军应该坚定下来了。可以给他留一个加强警卫团，其余被包围的军队调往城外指定地点后，到一定时期全部改编为人民解放军，解放军进城，这就叫和平解放北平，傅作义将军带领部队起义。”这些情况是邓宝珊回城向傅作义将军汇报后，在南池子王捷三家里告诉我的。

邓宝珊与解放军前线司令部参谋处长苏静同志一同于一月十八日回到城内。傅作义将军听了汇报谈判经过情况，接受了和平改编军队与其他条件。一月十九日，由傅部政工处副处长阎又文同志与苏静同志拟定了和平协议的十四条。傅作义将军与刘后同商议，刘表示完全同意。

一月二十一日，东北人民解放军政治部副主任陶铸同志代表北平市军管会主任兼市长叶剑英同志，华北人民政府财政部长戎子和同志代表华北人民政府，北平市副市长徐冰同志代表中共北平市委书记彭真同志，一同会见了傅作义将军，商定了双方设置处理军政事宜的联合机构问题。这是戎子和、徐冰等同志回到联络处与我相遇时告诉我的。傅作义将军方面参加联合机构的是他的副总司令郭宗汾、少将处长周北峰和副秘书长焦实斋。联合机构就设在联络处。这时，刘后同老先生即移居于傅作义将军的公馆。由于他为和平解放北平奔走，终于获得成功，双方和社会人士都称颂他为“和平老人”。不久，他就带着“和平老人”的这一光荣称号回到天津家中去了。

一月二十二日清晨，阎又文同志电话告诉我，他将于当日下午六时在中山公园水榭代表傅作义将军举行记者招待会，宣布和平协议。我下午六时到达中山公园水榭后，中外记者已到达五六十人，等候傅的总部发言人公布和平协议。我从签到簿上看到，美国新闻处、南京行政院新闻局也都来人参加。六时半，阎又文同志作为傅部发言人正式宣布了“傅总司令文告”——“和平协议”。

关于军事部分，双方商定，城内军队除由傅作义将军保留一个加强警卫团而外，其余于一月二十二日开始出城，到三十日全部撤到指定地点。被围困的几十万军队要撤到城外指定地点去，可能发生许多问题，因此在宣布和平协议之前，傅作义将军采取了预防措施，妥善安排。其中，重要的是一面指示其政工处长王克俊对蒋介石嫡系部队将领，趁开会之际，进行说服工作。因蒋介石曾电令其嫡系部队将领带其骨干军官飞往南京，但形势已不可能，于是“网开一面”，向他们说明，在和平协定公布之日，其不愿留北平的，允许一律以飞机送走。这样，也减少了整编军队时的阻力。另一方面，对城内部队各级军官做思想工作，说明和平解放北平，城内军队必须出城，以便人民解放军进城。在这一点上，傅部政工处长王克俊也耐心地做了许多工作。其次，特别要防止出城军队与解放军发生误会和冲突，否则一打起来，连锁反应，那就不可收拾，就破坏了和平协议，达不到和平解放北平的目的。于是傅作义将军亲自对他的嫡系部队作了详细的指示。他首先告诉他的模范部队骑兵师师长刘春方于一月二十二日带头向城外开出。刘春方很好地带了头，起了模范作用。然后各部队即按照序列向指定地点开出。最后，一月三十日，傅作义将军也带上他的警卫团，回到西郊他的“剿总”旧址。同日，中国人民解放军总参谋长兼北平市军管会主任叶剑英同志即会见了傅作义将军。由于人民解放军一月三十一日前即做好了进城的一切准备，城工部自和平协议公布后也在城内从各方面做了准备，如进城部队的驻地，解放区来的机关、团体进城后的驻地等，并挑选一批可靠人员参加协助接管各学校、机关、工厂等事宜。一月三十一日，这一天在满街满巷人民群众敲锣打鼓载歌载舞的欢迎下，人民解放军以坦克为先导，浩浩荡荡地开进北平城。从城外来的各机关、团体、经济部门等，也都井然有序地进驻到城工部事先指定的地点。接管公营企业公司、银行时，由于城内有关人员事前接受共产党的指示，设法保护了财产，准备好了财产清册与人员名单，军管会所派军代表率领的接管组，得以顺利而完整地进行接管。

至此，北平获得了和平解放。

北平和平解放，国民党军队全部整编为人民解放军后，傅作义将军移住他前所购置的钓鱼台公馆。当他应召飞往石家庄拜见毛泽东主席飞回北平后，令阎又文乘车接我到钓鱼台他的住所一同吃饭，他非常兴奋地向我畅谈了他在和平解放北平的前前后后，特别是到石家庄拜见毛主席时自己表示："半生戎马，除抗日外，罪恶不小。"毛主席说："和平解放北平，功劳很大。"并问他今后愿为人民做何项工作。他表示愿在农田水利方面为人民服务。毛主席当即说将来可担任水利部长。临别时，傅热烈地握住我的手说："我相信你的话——共产党的政策是认真的，说话是算数的，我才有了今日，我是理得而心安了。"

傅（作义）邓（宝珊）马（占山）会谈

王之相*

一九四八年冬，我当时是华北文法学院俄国语文学系教授。许多进步人士和共产党的地下工作人员常来我家谈论时局，使我了解到共产党的方针政策是争取北平的和平解放，并且正在从多方面进行工作，开展和平运动，借以保护人民的安全和故都文物的完整。我拥护共产党的号召，并愿尽个人力量，进行和平解放运动。

这时正在寒假中，我的闲暇时间较多，可以在家会客，也可以外出访友。我想起多年同我办理中俄交涉事务的老友蔡运升。他住在马占山家中（地安门内油漆作一号）。他对我说过，马占山是他的好朋友。马在西北的时候，与傅作义、邓宝珊结拜为弟兄。马是黑龙江省嫩江桥战役的抗日英雄，是我素所钦敬的人物。经过蔡的介绍，我认识了马占山。现在我决定前往马占山住宅了解情况，进行和平工作。谈话时，我首先说，共产党的争取北平和平解放的政策是为了维护国家的人力物力，避免不必要的牺牲，这是一项重大的决策，我非常感动。然后说，不论何人，只要转变立场，走向革命，都能受到中国共产党的欢迎，前途是光明的。马占山将军可以借助友谊关系，劝告傅作义将军放下武器，接受和平，北平人民将感念不忘。

马、蔡二人知道我的来意以后，都很高兴。马将军说："对于当前局势和北平命运问题，大家都很苦闷。正想到你家里，同你谈谈。我这几天身体不舒服，当年行军经过蒙古草地受到的风湿病发作了，腰背疼痛，今天勉强起来坐坐，不然我同品三（蔡运升字）早到你家去了。你来得好，说得对。咱们以后再谈。"

---

* 作者当时系华北文法学院俄国语文学系教授。

两天以后，蔡运升到我家来。他说，马将军身体还是不好，不能前来，很觉抱歉，让我先来谈谈。又说，马和傅作义将军已经见过面了。他们谈得很好，认识到和平解放北平，是大势所趋，人心所向。傅将军说，八路军和共产党方面也希望和平解决北平问题，已经有人转达了这种意见。南京政府却正在要求加强部署，坚持防守，等待中央支援。问题复杂，形势紧迫。傅又对马说："您是旁观者清，今天抱病前来，我很感动。咱们好好谈谈。"他俩商谈后，共同决定发电报到兰州把邓宝珊请到北平，共商大计。蔡对我说："邓宝珊是现任省级大员，局外人士，又是傅、马的大哥，很受信任。看来，傅在听取邓的意见之后，就能作出最后决定。走和平解放道路会有什么阻碍，傅会走相反的道路吗？"当时估计，阻碍是有的，变化是可能的。首先是傅将军对本人和部下安全与前途的顾虑，其次是受蒋系和反动派的宣传与欺骗。这两种阻碍结合起来，就有可能使他误入歧途。我觉得必须尽力说明中国共产党的政策是欢迎起义，优待起义人员。将来对于起义人员无论官长和部下，必能给予妥善安排，有东北和辽沈战役中的实例在前，这是不容怀疑的。两个例子：一个是白世昌，国民党员，日本投降后被派往东北"接收"，任命为辽北省教育厅长，住在四平街。在解放军攻占四平街时被俘，送往佳木斯，安置在俘虏营。后来问他是否愿意参加革命，他说老母家属都在北平，必须回家。解放军就依照他的志愿，发给路费，让他回到北平，家庭团聚。他现仍在北平，非常感激共产党的宽待政策。再一个例子是长春解放时，对起义人员曾泽生和他的部队，都收编为解放军。我们认为必须由马占山将军恳切说明，使傅作义将军解除顾虑。我们又谈到关于蒋介石歧视和消灭杂牌军的问题。蔡说，这种事实很多，这是蒋介石惯用的手段。又说，马将军说过，日本投降后，他的部队由西北返回东北。到沈阳后，蒋方当局始终不予安置，到了冬季，甚至有些人冻饿死亡，真是惨不忍言。他非常愤慨。马来到北平，是为了投奔傅将军。傅将军知道他的遭遇和处境，也知蒋介石对于军队只重嫡系、排斥杂牌的手段。傅将军说过，他在新保安的部队已经垮了，垮了就算垮了，解放军来得这样快，迅雷不及掩耳，这个部队当然无法补充；即使不是这样，非属嫡系，也是很难补充的。蔡深信不疑地说，蒋介石对待嫡系军队还有黄埔与非黄埔之分，杂牌军更不用说了。马、傅二将军作为军人，比我们知道得清楚，他们一定考虑到了，这是不成问题的。

此后，过了不到一个星期，已经是一九四九年一月上旬了。蔡运升又到我家来，通知我于当天（大约是一月八日或九日）晚七时后到马占山住宅会见邓宝珊。我晚间到了马宅，马占山先介绍我和邓宝珊相见。他说："邓将军已经和傅将军谈过两次了，谈得很痛快，问题都谈到了，也说到你们的意见和希望。现在请邓将军谈谈。"邓宝珊谈话的大意如下：

由于形势紧迫，问题复杂，我们和傅将军进行了两次深入的会谈。我们估计了形势，分析了问题。和平解放北平是大势所趋，人心所向。为了保护市民的生命财产和故都的文化古物，必须和平解放北平，避免不可估计的损失和空前的浩劫。中国共产党和人民解放军，也正是因此希望北平能够得到和平解放。傅将军说，抗日战争打了八年，国内战争又打了三年，元气大伤，再打内战，怎么得了。只是当前的处境，面临的问题，不能不审慎考虑。说到顾虑是有的，傅将军认为，自己现在和过去都是反动的，都是与解放军和共产党为敌的。今日响应和平解放北平的号召，可以受到宽容和优待，这是战时政策。将来正式成立政府，这种战时政策，会不会成为一时权宜之计，另有新政策，还要追究旧日的罪责，例如作为战犯或反革命分子而加以惩办?

邓宝珊说：还有一个问题，有人向傅将军建议，作为和平解放北平的条件，要提出成立"华北政务委员会"，即由中国共产党和各界人士，以及志愿参加的国民党人士组成一个联合委员会，保留傅作义的现有部队和中国人民解放军共同维持治安。据说这是为了"缓和国内战争，防止国际战争"的暂时办法，将来如何，要看局势而定，如能达到国共合作，就成立统一的联合政府。这位建议的人分析说，中国人民解放军已经完全占领了东北各省，又占领了华北各省，这样就将严重危及南京蒋介石政府的存在，从而危及美国利益，根据美蒋条约的权利和利益，必将进行武装干涉，这是有各国共同武装干涉俄国十月革命的先例的。邓宝珊接着说，我们认为附有这样条件，就不是和平解放，中国人民解放军是不会答应的，我们不考虑这个方案。

邓宝珊还要我谈谈美苏到底能不能打起来的问题。我说：资本主义发展到帝国主义阶段，更加唯利是图，引起战争的因素是夺取原料和市场，争夺殖民地。因政治问题引起的纠纷，降到了次要地位。历史上的三十年宗教战争[①]和神圣同盟[②]不会再发生了。根据美蒋条约，美国在华的权利和利益都是纸上谈兵，不是现实的权益，为维护这种利益而发动战争，是不合算的。美国垄断资本家不做这种赔钱的买卖。说到一九一九年各国出兵西伯利亚干涉俄国革命的先例，美国等国曾出兵到伊尔库茨克，结果都撤退了。这是一个干涉外国革命的失败的先例，还有什么宣传价值。解放军号召和平解放，就是不愿打内战的表示。傅将军的队伍起义以后，自然会得到适当安置和编入人民解放军，成为人民的军队，参加革命和建设工作。

邓宝珊说："王教授谈得很好，我们的谈话应当保密，不可外传，其他各方面的谈话也是这样，都不外传，不然会引起麻烦，必须注意。我家一部分人住在北平，我来北平是以探望家属为理由，也不能公开活动。"

过了两天，蔡运升来我家说："已经内部决定和平解放北平。马将军叫我先告诉你，让你放心。马将军问过，附条件的方案和美苏必将发生战争问题，是谁提出和建议的。傅将军只说是燕京大学的一位教授，不肯说出姓名。据说，由于燕京大学是美国教会办的，校长司徒雷登在南京任美国大使，燕京大学同美蒋关系密切；人们普遍以为他们的消息可靠。在蒋政权危急存亡的关头，美国武装干涉中国革命是有可能的。因此，虽然明知附条件的方案人民解放军决不能接受，但对美国武装干涉和引起美苏战争的说法，还是对傅作义有影响。你说垄断资本家如发动战争，政治原因降到次等地位，宗教战争和神圣同盟不会再出现了，而为经济利益发动战争，美帝国主义也要打算盘，不会做赔钱的买卖，很有说服力。这两天他们三人（傅、邓、马）连续会谈，已经决定响应和平号召，实行起义。北平现有的南京党政军人员，以及退入北平的残余部队，日内可以完全退出。马将军说，傅邓二人还要见见你，明晚七时，有汽车来接你我一同前往邓宅会见，让你在家等候。"

次日晚间，我和蔡运升同车前往邓宝珊住宅（南锣鼓巷黑芝麻胡同）。我们到达时，傅作义和邓马二人已在那里。马占山介绍我们同傅作义相见后，傅说："王教授和蔡交涉员都是办理外交事务很有经验的，我

---

① 宗教战争是一六一八年至一六四八年在欧洲以德意志为主要战场的国际性战争。所谓新旧教之争，只是借口，实际上皇帝要加强权力，新旧教诸侯要扩充领地，几个大国则乘机进行侵略。

② 神圣同盟是拿破仑帝国崩溃后，俄、普、奥三国君主在巴黎结成的有欧洲绝大多数君主国家加入的反革命同盟。

们都很钦佩。你们忧国忧民，关心时局，提供许多宝贵意见。现在已经决定和平解放北平，大家见面谈谈，请你们放心。”我回答说：“傅将军早已看到‘抗日战争打了八年，国内战争又打了三年，再打下去，怎么得了。’现在响应和平，停止内战，这是爱国爱民的重大贡献，我们和北平市民，十分感激。”然后谈到美蒋关系的前途，我重复上述美国不会出兵的一些话，着重谈到蒋介石的金圆券政策是竭泽而渔，饱入私囊，通货膨胀，物价高涨，国民经济已经破产，今后美国对蒋介石的经济援助亦将无能为力，从而加速蒋在政治上和军事上的破产，那是必然的。蒋只有自取灭亡的前途。不久，傅作义将军首先离去，我们谈了一阵，也随后散去。

中国人民解放军于一九四九年一月三十一日正式进入北平市，纪律严明，深受欢迎。凄凉苦闷的城市立刻变为活跃欢乐的地方。人民热烈拥护共产党。

北平和平解放，是毛泽东主席和中国共产党的统一战线政策的巨大胜利，今日回忆，使人感奋不已。

马占山与傅作义的交往

于鹤龄*

北平和平解放前夕，马占山住在北平，和傅作义不断有往来。

原东北挺进军（总司令马占山）的新编骑兵第五师师长慕新亚（曾代理过总司令），当时被傅作义改编任第一〇四军第二六九师师长。一天，他来地安门油漆作一号马占山住处，向马汇报如上情况，请示如何应变。马占山说："南下咱们不去，我由东北把这些人带到西北，辗转打了十年，还丢到大西北一些。现在抗战已经胜利，好不容易打得日本鬼子投降了，能回到北平，携家带眷人数不少啦！眼看就可以回到老家，与离别多年的骨肉团聚一堂，你再把他们带到江南，再去打共产党，因为你不是黄埔系，就连你也难保原职，更不用说那些跟我们多年的下级军官啦！或者不等到了江南，你也就成了光杆师长了！"慕新亚同意马占山的意见。为了应付突变，马占山告诉了栾乐山①、刘化南（第二七二师师长）两个师长，叫他们到时候听慕新亚的指挥、坚持不走。栾、刘两个师长是由伪军改编的，这两个人在东北时期是马占山的旧部。日本投降之后，各自改编为一个师，归傅指挥。他们为了能保持现职，不被淘汰，愿意借马占山支持他们。这样办，他们当然同意。在北平和平解放前夕，马占山系统共约有一个军的实力待机应变。

北平解放前大约三周多的样子，马占山告诉我说："我去看傅宜生，你不要外出。"又说："我借着这个机会同傅宜生聊聊北平、天津两城的防守问题，看他都有哪些办法。"事后马占山告诉我，他见到傅以后对傅说："东北完啦！平津你打算怎么办？"傅说："打吧！还能把我怎

* 作者当时系马占山的机要秘书（曾兼国民党黑龙江省政府秘书及东北挺进军电务组中校组长）。

① 栾乐山是北平解放前不久重建的第二七一师师长。

么样？”马说：“我看你要不把林彪的部队挡在滦河以东、古北口以外，一旦接近平津，你就非抓瞎不可。”傅说：“大哥，叫你说我简直没有办法了！”马说：“有办法也好，没办法也好，我俩都是六十岁的人啦，还能活几个六十岁？我看去他的吧！蒋介石消灭异己、壮大嫡系，永久也不会改变。不要因为你傅宜生一个人，而把千年古都，一二百万的人民生命财产、文物古玩一齐砸烂，做一个历史的罪人。我出个主意，你把宝珊接来（指邓宝珊），你现在是自己的刀削不了自己的把，叫宝珊帮你分担一点，他的主意多。看怎样的办法好？”马占山向傅提出邓宝珊的原因，要追溯一下他们三个人之间的历史关系。

一九三〇年蒋、阎、冯中原大战时，蒋派吴铁城等到东北拉拢张学良，阎派傅作义游说张学良。傅在沈阳结识了马占山。傅与万福麟关系密切，而马占山是万福麟的老部下。西安事变时，傅曾受阎锡山之命，乘飞机去西安见张学良，中途因飞机发生故障而未果。这些都说明傅与东北军的关系非同一般。抗战初期，日军进攻太原，阎令当时第三十五军军长傅作义死守，要傅与太原城共存亡。这一仗傅部损失很惨，傅仅与少数人逃出太原。到了河曲县，收集残部不到三千人。在河曲傅与邓宝珊、何柱国、马占山谈到守城战役经过，甚为悲痛，并说百川（阎锡山号百川）有意牺牲自己。后来邓、何、马三人联名电蒋，请委傅以重任。蒋为了离间阎、傅，复电叫傅扩充部队，并委傅任第三十五军军长[①]，开往后套。傅由此起家，逐步扩大。

邓宝珊将军与国民党元老于右任关系较厚，他们都是陕南人士：于是三原人，邓是天水人。邓很早就当过国民党甘肃省省长、绥远省主席。在北洋政府时代，邓曾任岳维峻、胡景翼部的参谋长。论资历，邓还是傅的前辈。邓、马、傅三人还拜过把子。一九四〇年，马占山在甘泉打猎受伤，去延安治疗后，到榆林邓宝珊家养伤，住了一个多月。邓对马照顾无微不至。马就住在邓的窑洞里（便于防空）。窑洞门上横眉是于右任题写的“桃林山庄”四字。傅作义对邓也非常倚重。邓与延安的关系，傅是很清楚的。邓的女儿时常来往于榆林到延安的路上。抗日战争末期，他们都在一个战区，傅是第十二战区长官[②]，马是副长官，邓是晋陕绥边区总司

① 一九三七年十一月防守太原前，傅作义已受任第二战区第七集团军总司令兼第三十五军军长，撤离太原后，任第二战区北路军总司令兼第三十五军军长，并将第三十五军由两个旅扩编为两个师一个旅。

② 一九四五年六月，傅作义升任第十二战区司令长官。

令。所以无论公谊私交，傅、马、邓三人之间的关系非同一般。

由于傅、邓、马有如上关系，当时傅作义虽已派人出城与人民解放军接洽谈和，但总像是偷偷摸摸，唯恐消息走漏，影响三军士气。加上所派的人地位不够，代表性不强，对方不免虑有缓兵，谈判进行不力。所以当马提出接邓宝珊的建议，傅便欣然同意，当天派飞机把邓宝珊接来。邓到北平时，傅、马都到机场迎接。当晚马以给邓洗尘为名，在马的住处研究对策。以后邓、马同傅作义谈了不止一次，每次都谈得非常彻底。邓说："当前形势，既紧迫又复杂。"他们三人翻来覆去谈到历史教训和蒋家王朝的没落、贪污卖国、丧尽民心，决心响应和平解放的号召，走起义的道路，并且也谈了些部队的安排。大约在邓到北平两天后，邓曾出城去与解放军方面联系，所乘的车子在两军交界线边被阻击，只好折回北平。不久，邓又由周北峰陪同，代表傅作义将军完成了北平和平解放谈判的历史任务。

大约在一月中旬的一个下午，在黑芝麻胡同二号邓的住处，有马、邓、傅，还有王之相教授，除了谈一些彼此恭维的话外，傅说："现在已决定和平解放北平了，请各位放心。"继之也谈了些蒋的必然垮台的主要原因，如经济破产、官僚贪污、人心向背等问题。不久傅作义先离开走了，其余几位待了一会儿，也就同时离去了。意思也是为了减小目标，防止国民党特务黑手。邓也一再声明："我北平有半个家（指的是他女儿的住处），对任何人都不能说我来北平了。"

蒋介石为阻止北平的和平解放，进行了一系列的破坏活动。他知道傅、邓、马的关系，他更知道邓与中共的关系。何思源被炸伤前，郑介民曾来北平活动。有一天，一位姓宋的特务拿着蒋介石的电报来到马的住处，电文是："马总司令秀芳兄，希即来京，共商国是。"宋并说："飞机停在南苑机场，希望马将军即刻成行。"意思是想把马骗到南京，诱而杀之。但是马这时早已藏在画家陈半丁家。我回答宋说："不知马的去向。"把电报留下了。

过了几天，又有原在东北挺进军政治部做过干事的男女两人来到马的住处，男的姓郭，女的姓冯，由于他俩是挺进军的旧人，门卫皆熟，未予干涉。他们把吉普车停在二门外，下车后就直奔马占山的里院，进入马的卧室，意在先文后武把马架走（因马体重不足百斤）。但是也扑了个空。从这之后北平的和平解放即将实现，也不允许这些人横行了。

我做对了的一件事

何思源*

一九四八年冬、一九四九年春我为和平解放北平而奔走，是我前半生被共产党和人民肯定为“做对了”[①]的一件事，特忆述其简要经过如下。

一

一九四六年冬，我由国民党山东省政府主席调任北平市市长，到北平不久，就知道市长干不长，不是我干不长，而是蒋家天下不会长了。蒋介石发动的内战，在东北和关内各处一败再败，各地人民的愤恨一天扩大一天，而蒋家官员，各顾自己，有钱的赶紧把钱存进外国银行，把眷属尽快地送往美国或香港。这是蒋介石的反动统治已濒临瓦解崩溃的征象。这时我思想上起了重要变化。我觉悟到以前已经走了绝路，这条路我不能再走下去了。我也无权再带着子女走死路，他们是小孩子，应有他们的新生命、新世界。因此，在当北平市长的二十个月里，例如处理学生示威游行问题、人民生活问题等等，我和蒋介石的特务发生了矛盾。一九四八年四月，在景山东街，我挨了蒋介石特务的第一枪，幸而没有打中。六月，蒋介石就下令撤了我的职。七月一日我向新任市长刘瑶章交代清楚以后，移

* 作者于一九四六年十一月至一九四八年六月任国民党北平市市长。

① 据新华社陕北一九四九年二月一日电：“一月十八日北平人民的十一个代表出城和人民解放军公开接洽。……代表们中的一个是前北平市长何思源，他是过去山东国民党省政府的主席，坚决反对过人民解放军，当北平市长时也是坚决压迫人民的。他是国民党CC系北方派的干员之一。不管他过去做得怎么坏，这一次总算做对了。”

居锡拉胡同十二号。

七月五日下午，我在家听见外面枪声很急，有人跑来告诉我，才知道发生了震惊全国的蒋介石军警开枪打死、打伤东北学生三十多人的“七五”大惨案。那时，傅作义任国民党华北“剿总”总司令。我同傅先生原已有些交往，这时更慢慢地接近了。我被撤职的那天，傅向我表明此事与他无关，还有一点惋惜的意思。“七五”事件发生，他又找我去谈话。一见面，我就直率地对他说：“傅先生，你看蒋先生的统治，腐烂到何等地步！光天化日之下，陈继承竟敢越过你，调兵开动机枪屠杀无辜青年学生！”傅说：“你早离职了几天，不然你可以帮我的忙。”我乘机对傅说：“傅先生是奋发有为、励精图治的，领导自己的部下努力向前。但你是枝叶，所依附的根已经腐烂了，所以你无论如何努力，也无法生长，开花，结果。局势变化太大，不如乘此机会脱离腐根。”我说：“抗日战争期间，我在山东乡下打游击，对全局情况不甚明了。到了北平，接触到许多现象，就知道跟蒋先生走下去是绝路。”

为“七五”惨案事，东北士绅邀同各地反蒋人士向傅作义大吵大闹，傅作义既花钱，又赔罪，而主要凶手陈继承却没事，就被调走了。我怕蒋家特务向我开第二枪，乘机溜到青岛去躲避。蒋介石来北平，我不敢回北平，但天天留心战局。

一九四八年十月上旬，蒋介石返回南京。我于十一月六日回到北平，七日就去城外见傅作义。原来，他看军事紧急，已住到城外一个村庄里，并在那里修了一座军事堡垒。我一到，他从房里迎出来，一边走着一边说：“军事真糟。”坐定以后，我着急地对傅说：“傅先生为什么还不跟那边（指中共）接头？迟了不利啊！”我们谈了很多。傅有顾虑，也有许多想法，幻想美国可能出兵干涉，李宗仁可能有希望代蒋（我看傅与李似有默契）。他说：如果改与中共“合作”，他虽然有几十万人，但用他个人的名义也不行，更不能用“剿总”名义与中共合作。他的意思是想在北平先组织一个“华北××委员会”，请顾孟余为主任，他任常委或副主任，专管军事。傅要我去南京一趟，看看李宗仁还有什么办法，并找找顾孟余。当时我听说傅已派人去请邓宝珊，另外天津还有一个姓刘的来帮助他对付中共[①]。我想，大概他是在各方面进行活动。

① 姓刘的，即刘后同。请参阅本书杜任之文。

二

我也想去南京看看，于是十一月上旬我飞到南京。我在南京住在李宗仁处，几乎每天晚上都和李谈。李有时乐观，有时悲观。蒋介石把李宗仁看成“小孩子”，想法子骗他。有时对李说他“可退职”“休息”“告假”；有时甚至说“可以让给你”（指李宗仁）；有时又说“现在还不能”。事实上，蒋、李矛盾很大，竞选副总统时，蒋对李就怀恨在心。

我和李的副参谋长徐某也常闲谈。徐说：第七军驻防芜湖以东，芜湖到南京不过一两个钟头路程。第七军的人怕蒋介石杀害李，因此徐常来往于芜湖、南京之间。徐对我说：“李先生当选副总统时，你在北平怀仁堂为李举行酒会，并燃放鞭炮，蒋介石很恨你。”

事到如今，蒋政权内部仍是钩心斗角，四分五裂。蒋介石还是妄图靠杀人来“稳住”他的天下。

在南京，我看到蒋介石集团内部的分崩离析，更坚定了我为争取和平解放北平而奔走的决心。我没有找顾孟余，因为我认为找顾一举是毫无意义的。从南京回来的时候，形势发展异常迅速。解放军胜利结束辽沈战役后，大军迅速进关，把傅作义的军队分割包围于张家口、新保安、塘沽、天津、北平等地。有些围而不打，有些隔而不围，截断了傅军南逃、西撤的通路。

从南京回到北平后，我去见傅作义，向他汇报了在南京与李宗仁谈话的情况。我说，李宗仁的嫡系部队驻扎在芜湖，南京仍在蒋介石的实力控制下；蒋介石暂时还不会下台，李宗仁也一时代理不了总统。我分析当时三方面的主张：中共提出的大都是政治问题、根本问题，例如如何不剥削人民，不压迫人民。蒋介石提的是枪炮、子弹、美国出兵等等，尽是那些中国人最讨厌的问题。李宗仁所提的“民主”问题，实际是玩弄花样，徒尚空谈，例如取消戒严、取消特种刑庭、停止特务活动、释放民主人士、释放张学良等等。李派人物在内部天天讨论这些问题，认为用这些名词玩花样，就可以获得和平。那时，华中“剿总”总司令白崇禧也利用当时对蒋介石极为不利的形势，向蒋提出“和平解决”的主张，逼蒋下台。河南的张轸打电报要蒋立刻改弦更张，“寻取途径，恢复和平”。我认为这些都是桂系催逼蒋介石下台的手段，都没有触及根本问题。我对傅说："现在南京四分五裂，已经管不了我们，你应该当机立断，彻底'换根'，早早和平解决。不要搞南京那些政客、党棍的那一套。"当时，傅作义的思想还在动摇不定中。

一九四八年十二月二十三日，人民解放军在新保安围歼了傅作义的部队第三十五军，二十四日解放了张家口。到一九四九年初，人民解放军已分别紧密地包围了天津和北平。北平城外西边，解放军指挥部已设在海淀，前沿战线从动物园北小河沟向西围绕紫竹院；城南解放军靠近永定门护城河。

这时候，傅作义请来的邓宝珊已同周北峰与中共方面进行接触。周北峰于解放军开始包围北平时，已出城接洽，听说谈判忽松忽紧。我回到北平后，天津形势紧急。天津市参议会两次派代表谈判，都被国民党军破坏，毫无结果。那时天津市长杜建时恐惧特甚，几次给我打电话，并且托人来问我北平方面的情况，应该怎么办？其实，天津、北平的和平解决条件是一样的，并且原已跟解放军说明同时解决。由于傅一度又松懈下来，为此，解放军方面曾提出过责问。天津国民党军负隅顽抗，于一九四九年一月十五日被解放军攻破，解除了武装。一月十四日，毛泽东主席宣布了八项和平条件。

被围在城圈里的北平人民，生活困难。石景山、门头沟、清河镇等都解放了，解放军已经控制了北平城内的煤源、电源、水源，但为了照顾人民生活，石景山仍然供电，自来水还在畅流，门头沟也还运煤。我觉得，城内人民与城外军队是一个心，都希望北平能早日和平解放。

事到如今，傅作义已无可奈何。我认为无论以和平方式也罢，或用武力也罢，北平总是要解放的，但是为了避免损失，还是和平解放为上。这种信念更驱使我积极奔走。

三

大概是一九四九年一月十六日晚，我去见傅作义，向他说明各方面的绝望情形：北平现在处于绝对孤立，国民党的兵也不愿打仗了，北平的解放已成了人心所向，大势所趋，北平人民无论城内、城外已经团结起来。我对傅作义说："你若下令强迫军队再做毫无出路的抵抗，那是很危险的。”

谈话时，北平市参议会议长许惠东也在座。傅作义向我们说，决定召集华北七省市参议会，讨论北平问题，定于明天中午聚餐商议。傅对我说：“何先生可以市民的名义（北平市参议会曾通过议案，授予我‘北平荣誉市民’的称号），由许议长陪同先访问各军长、兵团司令，如石觉、李文、黄翔等，以及青年军二〇五师、装甲兵团、宪兵团等，征询他们的意见；总部副总司令郭宗汾、军长安春山、参谋长等，我另派人通知。请许议长负责通知北平、天津、河北、察哈尔、绥远、山西、热河等七省市参议会议长或代表和北平市刘瑶章市长出席，商妥办法后，推派代表出城向解放军前线指挥部正式表示。”

十七日一早，我和许惠东，还有另外两个人（现已记不清姓名）遍访各军军长、兵团司令，向他们详细说明情况，要求他们顾念北平二百万人民的痛苦，几千年的文化古迹；并说明，我们都是中国人，大家应该和平共处，以求国家的兴盛。那天上午，这些军长、师长、兵团司令等都在家，向他们都说明了。他们都说：“什么都不知道，无意见。”其实他们什么都知道，但什么都不肯说，心中有底。傅作义历来办事仔细，他的部下都各办自己负责的事，彼此互不串通。邓宝珊和周北峰去城外谈判的事，大家都知道，但谁也不愿多嘴。

十七日中午，华北七省市参议会代表和北平市各界人士，在新华门对面旧参议会集会。到会的有蒋系各军官长、傅作义总部的将级军官、七省市参议会议长和代表、北平市工商、教育界的代表和北平市长刘瑶章，共五桌，约五十人，还有许多记者。几个参议会议长、参议员讲话，一致要求和平解决。接着推选我、吕复、康同璧等十一人为和平代表，并决议以大会名义通电南京与中共两方。当时军人都在座，都一言不发，也无人表示反对。这样好像与傅作义无多大关系。

许多参议员帮着拟电稿。我留心观察，在场的军统、中统特务也不少。通电拟稿时，许多人围着看，拟一段就有人抄一段往外跑。这里没有秘密，我们也不要秘密，但大家都注意通电要求些什么？

当时，我讲了几句话。我说：我在南京看到白崇禧统治下的湖北省参议会、河南省张轸的通电，说什么“如战祸继续蔓延，不立谋改弦更张之道，则国将不国，民将不民”，要求蒋介石“循政治解决之常轨，寻取途径，恢复和谈”，等等，这是政客故伎，目的在打击蒋介石，抬高李宗仁。我们不要这样，我们简单直说。我提了三个意思：（一）要求将北平改为北京。北京人最讨厌叫北平而不称北京，这个要求是最符民心的；（二）要求在北京设中央政府；（三）北京人民喜欢中央政府有统一全权。要求按中共毛主席的八条进行改革。其他如干部留用、军队改编等等，那是中央政府、国家主席应当操心的事。我认为这才是“真正的民意”，国家统一，靠民心统一。

我讲完以上三条，大家都同意。军人们在推出代表之后，就都告辞走了。我对市参议会议长许惠东说：你留在这里，看着把电文写好两份，一份发给南京蒋介石政府，一份发给中共毛主席，并通知解放军平津前线司令部，说我们定于一月十八日出城向解放军正式请求。

当天下午四时，我由参议会回家。刚一进门就遇见中共方面常来接头的张实同志和另一位同志（我已记不清他的姓名）。他们两位对我说：中共北平市委的负责同志派他二人前来提醒我要提高警惕，并说：“你今晚要防备，有危险。”我感谢这两位同志对我的关怀，但我并未充分注意，只是打开后门，多个出路而已。张同志等走后，我告诉爱人和子女，北平问题就要和平解决，我们要准备庆祝。谁知十八日凌晨三时，蒋介石派特务安置在我家屋顶的两颗定时炸弹，轰然两声，接连爆炸。我一家六口，一死五伤。我的次女何鲁美，是女一中学生，当场毙命。我爱人何宜文（原籍法国）受伤最重，在协和医院急救，从头部开出炸弹片四块，神经受伤，始终未痊愈。我负伤后，就被送到东交民巷北平医院地下室，因为怕在家里还埋伏有带枪的特务。医生检查后，发现我虽流血不少，但伤势不重，主要是因为没有被弹片炸伤，大部分是砖瓦木石塌下砸伤。这是因为里间屋顶炸弹先响，我和两个儿子在外间屋，赶紧起来扑向里屋去救人，刚起身走了几步，安放在外间屋顶正对我床头的那颗炸弹才响。如果外间屋顶炸弹先响，里间屋顶那颗后响，那么我算着至少要死四人，伤二人。定时炸弹爆炸迟早不一，救了我的命。

据在昆明起义的原国民党国防部保密局云南站站长沈醉发表的文章说：一九四八年冬，蒋介石就叫毛人凤派人去北平暗杀奔走局部和平、投降共产党的何思源。毛人凤找了主持这项业务的第二处处长叶翔之、特种技术研究室主任刘绍复和沈醉，一共四个人研究过两次。原来准备等我出门时，在我的住宅附近用手枪暗杀，但是考虑到那样做凶手逃走不容易，以后才决定用定时炸弹放在我的住宅上面，凶手可以从容逃走。毛人凤特地叫叶翔之率领四名特务坐飞机赶到北平，事先并通知了当时还留在北平的特务协助进行。据在北平起义的原军统北平站长徐宗尧回忆说：何思源从南京秘密飞回北平，蒋介石闻讯，十分恼火，责成毛人凤电令北平站徐的前任站长王蒲臣，必须置何于死地。王命该站主任秘书指使北平站豢养的有名飞贼段云鹏等前往何宅屋顶安放定时炸弹。沈醉说："没有炸死何思源，而误杀其女儿何鲁美，蒋介石非常生气，指责了毛人凤一顿。毛人凤便埋怨叶翔之没有照他的意思在路上狙击，而为了考虑凶手的安全，误了大事。毛人凤认为牺牲个把特务换一个何思源总是值得的。"

共产党事前派人教我警惕、防备，我未能充分注意，致遭暗算。我对共产党派来张实等二同志提醒我，至今铭感在心。解放几年后，组织上曾来我家查询当时我被炸情况，为的是了解当年派去警告我的两位同志到过我家没有？由此可见中共办事认真负责的精神。

可是，当时南京国民党中央社却无耻地造谣说：这是"中共攻城，打中和平使者"。以致使有的朋友受骗，纷纷来信、来电向我慰问。

四

一九四九年一月十八日，我正在北平医院治疗。上午，昨天推选的和平代表前来医院探望，我感谢他们的关怀。我对他们说：我的伤势不重，不需要休养。蒋介石的两枚炸弹，没有吓倒我，反而给我加劲不小，这会使全国各界更认清了蒋介石的面目。我说，我们必须赶快出城，请解放军加紧前进。

我没有顾得去看家里死伤的人。我让其余十位代表坐车到西直门电车厂前等我，我和张实同志一同走。张同志扮成护士搀扶着我。我们到西直门时，那里已经有许多买卖人、军人和过路行人等着，他们听说我今天要从这里出城，一见汽车里坐着一个裹着绷带的人，就都围上来说话，打招呼。我们坐车从那里前进到动物园，沿着围墙，再折向北驶向通往颐和园的大路。但是因为两边工事太高太大，又有较深的小河隔着，车子通不过，只得折回，沿着紫竹院向西南走，到了两军对垒的前沿，穿过"无人"地带时，其他代表不敢走了，因为路北边枪声甚密。他们留在战壕里等候。我和张实同志往前走，快要达到解放军阵地时，忽见一人从地沟里跳出，赶到我跟前抓住我的手说："你是何思源么？我是解放军连长。我等你多时了。"我谢了他，并问："为什么枪还打得如此紧呢？"他说："你看，东北边敌人还在运动军队。"

从西直门电车厂起，一路上我不断下车，和沿路军民特别是小贩等谈话。在战壕内外，接触到更多的国民党军士兵。我包扎着绷带，容易被人认出。最使我感动的是人人鼓励我，都来围着看我一眼，争着向我表示赞成。他们大都大拇指一伸，说“做得好！”战壕里的国民党军士兵也有多人说：“祝你成功！”虽然我家里刚刚死了人，我还负着伤，北平人的这种心意和国民党军兵士的这种表示，给了我莫大的安慰。我走过的那块“无人地”，其实是两军交通大道，战壕不深，鹿角不多，随手拉开就可通过。我们十来人有一辆小公共汽车，本来可坐车过去，但我怕有误会，所以我和张同志在前面走。果然，当我遇见解放军连长时，我就看见后边不远外并排放着四门战炮。我们越过战壕，向西北走，走过蓝靛厂，碰到很多送菜、送粮的大车，人们又说又笑，和一家人一样。

我们蒙解放军接待，双方并进行了畅谈。解放军和我们接谈的有十几位，以第四十一军[①]莫文骅同志为主，也许有别的或更高一级的负责人参加，但不认识，他们也没有介绍。莫文骅说：“你们不要受傅作义的欺骗，傅不可靠，每次都有变化。对于你们的要求，傅作义如何说的？你们来时，傅说了些什么？两方协议细节，傅作义为何至今不签字？”莫文骅说这话是在一月十八日下午三时许。

我用肯定的语气说：“我们出城前问了傅作义，见了解放军，应当怎样说明你的态度？傅作义毫不迟疑地回答：‘你们就说傅作义服从人民’。”莫文骅说：“我们限定他应该从一月十七日到一月二十一日签字，现在是十八日下午了，为何还不签字？怎么，又有变化？”我笑一笑说：“我认为事到如今，傅不会有变化，他不会骗我们。”我说时显得有些着急，莫反而安慰我说：“你放心，北平城里我们也有人做工作。如果实行攻城，本军将予敢于顽抗者以最沉重的打击。”

当晚，解放军设宴招待我们。我们在这里住了一夜，又谈了很久。解放军代表对我们详细解释了宽大处理政策，我们甚为满意。在谈判时，我曾要求晋见毛主席，解放军有一位代表回答说：“主席不在这里，住的很远，不好去。”又有一位说：“主席总要答复你们的。”

一月二十日下午，我们回到城里，向大家汇报出城洽谈的情况。

在这以前，一月十六日人民解放军平津前线司令部曾将一件公函当面交给傅作义将军的谈判代表邓宝珊和周北峰。邓宝珊将军偕同解放军平

---

① 即东北野战军第四纵队。

津前线司令部代表入城联络，傅作义将军即决心接受人民解放军的指示，愿令所部出城听候改编为人民解放军。二十一日傅作义将军将协议诸点经国民党中央社公告，正式宣告北平和平解放。

傅部于二十二日开始履行协议，至一月三十一日傅部主力移动完毕，人民解放军正式入城接管北平。

傅作义将军在二十一日夜里广播、二十二日见报的公告中说的“获致人民公议的和平”，就是指的我们的奔走活动而言，我们是反映了人民的意愿。

（尚传道　整理）

我任北平市长的七个月

刘瑶章*

从一九四八年七月一日至一九四九年一月三十一日，我任北平市市长，正值北平和平解放的前夕。在这七个月中遇到的比较重大的问题，傅作义都支持我，照顾我。

傅的起义，北平的和平解放，不但影响到北平，影响到华北，也影响到全国。

在主客观矛盾重重中我当了市长

抗日战争胜利以后，北平市长先是熊斌，次是何思源，最后是我。这个职位怎么轮到我，我开始也不大了解，真是咄咄怪事！

约在一九四八年六月二十七日左右，一天早晨起床后，突然在报上发现，我被内定为北平市市长的消息。我为之一愣！有些朋友打电话来问我，我也不知道怎样回答好。我稍微冷静地想一想，觉得干不得，而且干不了。鸭子怎么能上架呢？我决定先去找傅作义，探询真相。

我对傅说明来意后，他说："这是真的。你要准备大胆去干。"我说："我毫无经验，怎能干得了？"他坚决地对我说："在这样紧急关头，我从西北来到北平，主持华北军事，也并不是我的本意。可是形势逼人，终于不能不来抵挡一阵。怎么你这个本地人（我当时任河北省临时参议会议长）反而不肯干呢？"从傅谈话的语气中，我推想，我的名字可能是他提出来的，至少是他已同意的。这个问题，事后他才明确地告诉我，

* 作者当时系国民党北平市市长。

南京行政院曾经电请他考虑市长人选，他推荐了两个人，其中一个是我。

我早先并不认识傅，更谈不上什么历史关系。我知道他的名字，是一九二八年他任天津警备司令。后来抗战期间，我在重庆听过他在“纪念周”上一次报告，并在报上看到过他在百灵庙抗日胜利的消息。直到他任华北“剿总”总司令来北平以后，我才开始和他有了接触。第一次见面时，我批评了孙连仲用人不当。第二次是傅约我参加“剿总”纪念周时，我指出李宗仁应把北平行辕和东北行辕关于秦皇岛的管理问题划分清楚。我还代表河北省临时参议会为华北举办“自卫特捐”去到南京请愿。另外，我曾几次以河北省临时参议会名义去河北省未解放各县视察，每次回来，都向傅报告请示。这一系列问题据说给他留下一点印象。

同时，在傅劝我干的当儿，我接到行政院秘书长郑彦棻代表蒋经国打来的电报，让我积极去干，不要踌躇。不言而喻，这和我参加蒋经国的所谓“反贪污运动”有关。蒋经国发起所谓“反贪污运动”的原意，就是假借这个来拉拢一部分人，作为他在华北运用的筹码。这一点，傅事后对我说，他一点也不知道。

经过傅作义，其次是蒋经国、郑彦棻的劝促和我的热衷做官，我终于答应就任北平市长的职务。傅接着表示，一定多方面支持我，要我无须顾虑。可是，我马上发现眼前就有两个难题：（一）当时我的政治环境错综复杂，有不少不利条件：一是北平市参议会议长许惠东和北平市党部主任委员吴铸人，我对他们，他们对我，相互较少交往，各有成见，他们对我任市长，虽未公开反对，反应却很冷淡，甚至多少带有歧视之意。二是我过去对警备总司令陈继承“敬而远之”，更少接触。这个人气焰逼人，对我任市长也无什么好感。总之，和这几个人都不好打交道，很难处。（二）因为我根本没有一个“班底”，从秘书长到局长、处长，一时很难拼凑起一个比较满意的班子来。虽然傅表示完全由我选配，可是逐鹿者杂然并陈，比较理想的人又不大愿意来，在这个过程中就先伤了一些人。最后组成的班子，难免同床异梦，各有打算，因而不可能得心应手，密切合作。

北平市政府的班子，经过七拼八凑，结果是这样：秘书长高文伯，民政处长程厚之，财政局长翟维淇（郭汝圻继），工务局长谭炳训，教育局长王季高（秦丰川继），警察局长杨清植、副局长白世维，社会局长温崇信，公用局长王任民，卫生局长韩云峰，地政局长张道纯，人事处长张叙青，外事处长梁乙真，会计长王鸿儒，统计处长萧振凯，新闻处长田文奎，地方行政干部训练团主任刘瑶章兼，教育长张叙青兼；自卫总队长刘瑶章兼，总队附刁克勤；市银行行长齐崧（宋力泉继）。

我在七月一日仓猝就任市长。当天上午招待新闻记者，发表一篇谈话，主要内容，归结到一点，就是“配合军事，配合戡乱”（见七月二日北平各报）。这是此后一切工作的中心，也正是傅作义要求我的。根据这个原则，我努力以赴，遇有比较重大问题，就向傅汇报请示，可以说，唯傅的马首是瞻。

在就职的第一天，我就得罪了陈继承。事情是这样：我不懂新官上任要先拜客，当天对警备总司令部、北平市参议会、北平市党部，我都没去一趟。陈继承按捺不住了，下午气势汹汹地来找我，名义是“道喜”，实质是示威。同陈的矛盾，突出地表现在警察局长人选这个问题上。前任北平市警察局长汤永咸当时已经辞职离平，由副局长白世维代理。谁来继任呢？我脑子里没有人。我认识到这个职位很重要，特意请示傅。傅想来想去，提到乔家才（听说是军统），我马上打电报给南京推荐。不料警察总署根本不理这个茬儿，径直派了杨清植。事后，我才知道，警察局主要是听警备总司令部指挥的，因而关于警察局长人选，陈认为我一定会先找他商量，同时，他希望他那个稽查处长倪超凡继任警察局长。其实，杨、乔、倪都是军统，警察总署可能认为用不着外人插嘴。这样一来，不仅加深了我和陈的矛盾，也多少增加了傅和陈的矛盾，并影响到四天以后的“七五”事件更加复杂化。

“七五”事件当头一棒

“七五”事件不是偶然的，也不是简单的。它多方暴露了国民党政府（包括北平警备总司令部、青年军第二〇八师、北平市参议会、北平市党部和北平市政府以及教育部派驻北平机构和华北“剿总”等）各方面对来平的东北学生不同的态度和交织的矛盾。无论在事件发生以前和发生以后，东北学生始终没有得到妥善的安置，读书问题更谈不到很好地解决。

由于东北解放战争的发展，东北地区的学生纷纷入关，大部分集中北平。北平市政府和教育部派驻北平机构（陈克孚负责）安插不了，请示教育部，教育部也拿不出有效办法来。这是七月一日以前的情形。正好北平市参议会开会，通过了丁履进参议员一个提案（主要内容是让学生去受

“军训”），所以七月五日早晨便发生了东北学生向北平市参议会请愿要见议长许惠东的风波。学生们找不到许，就蜂拥到李宗仁那里。李当选副总统，刚从南京回来，无能为力。我报告傅，傅让我找陈继承，陈说“管不了”。傅直接电陈，让他处理学生包围许宅的事情。这时，许也怒气冲冲地找陈。陈认为警察不中用，要调第二〇八师进城。傅劝阻无效，第二〇八师已有一部分入城，接着傍晚时分便发生了东交民巷（许住宅附近）惨案。关于东北学生问题，北平市参议会议长许惠东和北平市党部主任委员吴铸人，对教育部长朱家骅，都有他们各自的不满，而许和吴相互间，在某些问题上，又明争暗斗很厉害。当时有一种传言，说吴有助长学生反许的嫌疑。陈继承本不愿意管，但由于傅打电话，许惠东找到他头上，又不能不管，最后一意孤行，不可收拾。

惨案发生后，我晕头转向，不知所措。当天晚间，警备总司令部举行记者招待会。陈拟就底稿（大体上根据警察局和第二〇八师的材料），主要归结到一点，就是说学生带枪行凶，让我宣读。当夜警备总司令部和警察局还搜查了学生的住处。

此后，教育部先后派次长杭立武、司长贺师俊来，接着行政院派秦德纯来，监察院派谷凤翔来，调查惨案真相。调查报告的内容不清楚。同时，傅电行政院，要求迅速解决东北学生吃住和上学问题。最后听说，南京认为第二〇八师某团某营开的枪，调第二〇八师入城陈有责任。陈为此对傅大发脾气。这就是傅电行政院自请处分的原因。实际上，谁也没有受处分。

九月间，举办“流亡学生训导班”，教育部派陈克孚，“剿总”派秦丰川，市政府派王季高负责，实际由陈克孚主持。

在北平和平解放以前这段时期中，东北学生问题始终波潮起伏，没有得到真正的解决。

“八一九”事件接踵而来

一波未平，一波又起，正是一九四八年下半年的光景。原北大教育系主任陈雪屏，是蒋经国发起的所谓“反贪污运动”在北平最早参加的三个人（陈雪屏、石志仁、刘瑶章）中的一个。一九四七年下半年，他被蒋经国调往南京任中央青年部部长。一九四八年上半年，他一度来平，据说是为了总统选举问题，代表蒋介石征求胡适（北大校长）的意见。这次突然于八月十日来平，携带“清匪除奸”密令，向平津有关各方面传达并布置工作。

陈雪屏下飞机后，径直到北平警备总司令部找陈继承。陈继承马上打电话约集有关单位负责人，例如华北“剿总”（傅派人参加），市党部吴铸人、张民治，市政府刘瑶章，警察局长杨清植，北大校长胡适，清华校长梅贻琦，师大校长袁敦礼等开会。警备总司令部秘书长邓继禹，稽查处长倪超凡也参加。陈雪屏先宣读“密令”（附名单），说明来意，要求各院校当局协助，交出名单中的学生，必要时再请警备总司令部和警察局协助。接着由陈继承宣布，会后由陈雪屏分别和有关院校当局具体商量。

紧急会议的次日，陈继承在他家里设宴欢迎陈雪屏，同时和有关方面进一步交换意见。听说陈雪屏和各院校当局都找过傅。以后，傅在“剿总”招待所招待陈雪屏，在陈来平一星期左右时间，看情形准备已差不多，陈就在第二天飞回南京去。

陈雪屏离平后，报上先登出“密令”中指出的学生名单，让学生自动投案，接着在八月十九日分头逮捕学生。当晚警备总司令部举行记者招待会，说明逮捕学生理由，为国民党政府辩饰，我也参加了。

被传讯和逮捕的学生，部分送“特刑庭”“法办”。据说，“密令”中的学生名单，系由中统、军统派到各院校的特务分子告发的。从此，各大专院校师生人人自危，校园内充满了恐怖气氛。

约在一九四八年下半年，北平市成立了所谓“清匪除奸”委员会，陈继承任主任委员，我和市党部主任委员吴铸人任副主任委员，邓继禹（警备总司令部派）任秘书长。以后，警备总司令部定时举行“特种汇报会”，华北“剿总”不定期举行“党政军联席会议”，我都分别参加。各机关还分别组成“除奸小组”。从此特务到处插手，兴风作浪。

金圆券坑了人民，肥了蒋家

华北经敌伪统治十来年，早已经济枯竭，民生凋敝。抗日战争胜利后，蒋介石规定联合准备银行纸币掉换中央银行法币办法，劳动人民有苦无处诉。一九四八年八月，行政院又发行金圆券，一方面吸收大量金条、银元（“大头”）和美钞，一方面规定法币三百万元才能兑换金圆券一元。戏法一变，无数的金、银和美钞用飞机抢运到南京，塞满了四大家族的私囊。为了加快推行金圆券，行政院还派副院长（院长翁文灏）张厉生飞平主持。张到平后，先到华北“剿总”向傅说明来意，然后和中央银行分行俞丹榴，中国银行分行常文熙，交通银行分行郑大勇和农民银行分行负责人具体商量。结果，由于“官官相护”，对真正“大户”触动有限，对中等以下的大多数人，犹如敲骨吸髓，特别是以劳动为生的小商小贩，简直陷于吃不上饭的境地，市场上也呈现空虚、动荡、混乱、恐慌的情况：一是一般商店货架空空，许多商品“有行无市”；二是许多货物，特别是日用必需品早晚市价不同，甚至一日数涨；三是商人认为货物卖出后，就不能再买进来，一味囤积；四是实物的交换价值扶摇直上，流通纸币江河日下，于是，有的工资合成实物，如几匹布、几袋面，有的以实物换实物，如粮食、布匹、煤炭等都有了比价。影响所及，社会上贪污盗窃之风加剧，公私不分。据说，蒋介石看到银行前人群拥挤，曾问人：这是干什么的？人答是用金银兑换金圆券的。实际上是为了兑换黄金而挤兑。由此可见一斑。

张厉生飞返南京不久，行政院长翁文灏也来北平，是不是和金圆券问题有关，我不清楚。我见了他，曾向他提出辞市长职的要求。他说，我正在辞行政院长，我不能答应你辞，你要等我辞职后再说。弄得我摸不着头脑。

当时管理“平价粉”的委员会，设在市社会局，名曰“民食调配委员会”，实际上由市社会局长温崇信负责。管理煤炭的，还有个“煤炭管理委员会”，由“剿总”秘书长郑道儒兼任主任委员。我在中纺公司兼一个理事名义，每月车马费折合成“五幅”布发给，这种情形一直延续到北平和平解放为止。

蒋介石扬头而来，铩羽而去

由于东北解放战争的胜利形势发展特快，蒋介石手忙脚乱，几次撤换行辕主任、司令长官和地区的指挥官。然而无济于事，许多城市加速地解放。蒋介石在南京坐不住了，十月份飞抵北平坐镇，企图就近指挥来“挽回颓势”。

在这以前，蒋曾经要调傅的部队出关，支援东北，傅心里不愿意，又无法拒绝，反复研究，终于以部分队伍应调出关。但是杯水车薪，不久就退回关内，傅很不高兴。之后，蒋又想飞往沈阳，亲自指挥，可是沈阳已陷于解放军包围之中，他不敢降落。这次他来北平，一方面依靠傅的几十万军队，一方面仰仗平津周围他的嫡系军队，好像把握不小，神气十足。他几次飞往沈阳。有一次，在蒋飞沈之前，傅通知我到机场相送，不久又通知我去接。傅告诉我，蒋只能飞临上空，沈阳、锦州都不乐观。蒋越来越表现出坐卧不安、进退维谷的样子。不过他又假装镇静，自欺欺人。一天早晨，工务局长谭炳训（曾任庐山管理局长，江西公路处长，和蒋经国以及蒋的侍从过从甚密）突然打电话给我，说蒋要到卢沟桥去，让我作陪。由于当时广安门内外马路狭窄，坎坷不平，特别是早晨卖菜的进城，粪车出城，汽车不能速行，蒋表现出十分不自在、不耐烦的样子，我也无可奈何。到了卢沟桥上，当地警察赶走行人，禁止来往，蒋在桥头站了一会儿，向周围瞭望了一下，脸色阴沉沉地就回城了。以后不久的一个晚上，他在后圆恩寺住所又约请了傅作义、楚溪春、我和谭炳训以及江长川（维斯理教会）等人，为他和宋美龄结婚举行纪念，并放映了他和宋在庐山的影片。这更可以说明蒋的百无聊赖。

由于我参加蒋经国的所谓“反贪污运动”，和郑彦棻来往不少（给蒋经国的函电都通过郑）。这次郑随蒋介石来，却没有一句话谈到所谓“反贪污运动”。我有一次在北平市政府西花厅请他和在平的所谓“反贪污运动”成员吃过一次饭。在席上，大家很少提时局问题，只是郑彦棻轻描淡写地说了一句“最近老头子心绪不大好”。

辽沈解放战争眼看告一段落，华北局势一天天紧张起来，蒋介石的来平正是个转折点。

从“戡乱建国”到“协军自卫”

约在一九四七年底，行政院曾经通令各省市成立“戡乱建国委员会”。那时我任河北省临时参议会议长，临参会就是“戡乱建国委员会”的重要组成部分。由于当时国民党统治区的粮和兵都征不起来，人民群众越来越多地支援解放军，这个会成立的中心目的在于大力帮助省市政府动员人民当兵、纳粮、反共。到了一九四八年七月，我任市长后，知道华北五省两市已经把这个会改组为“清匪除奸委员会”。它通过各机关、学校、团体的“除奸小组”，搜集情报，指挥行动。

北平市，在我以前，已有“自卫总队”，由市长兼任总队长，总队附刁克勤负实际教练责任。东、西、南、北四郊分区编队。我不时巡回视察。从华北党政军联席会议在十月间决定组织华北民众组训大队后，北平市政府就派人参加大队训练，然后在城郊开始“组训民众”。我去前门内和天桥附近看过。每天早晨商店和居民都要派人参加。组训内容是宣传防共自卫知识和一般军事动作。这是配合“清匪除奸”的，实际参加的人越来越少。

一九四七年后半年，我和许惠东（北平市参议会议长）、时子周（天津市临时参议会议长），还有李烛尘（天津工业界代表）、姬奠川（天津商界代表）为华北举办“自卫捐”和“工商贷款”问题，去南京向行政院请愿。归来后，在华北“剿总”领导下成立了两个委员会：一个是“‘自卫捐’保管委员会”（我是委员之一），一个是“武器管理委员会”（周玳任主任委员）。这主要是以“自卫捐”的收入充经费，以东郊原日伪时期的农机厂为武器修配厂，来适应“防共自卫”的需要。

同时，在市政府下设置北平市地方行政干部训练团，主要调训区、乡、保、甲人员，由我兼团主任，市政府人事处长张叙青兼教育长，负实际责任，地点在西郊动物园畅观楼。它的主要目的也是为“防共自卫”培养骨干，它从设立到撤销，不到三个月。

另外，蒋经国在河北省唐山一带，曾组织所谓宣传大队，派李中舒（新城县人）为大队长。它的活动详情不清楚，看来也在配合军事。

和“防共自卫”相辅相成的，“剿总”曾成立“政治经济革新队”和“土改工作队”（先举办了“土改训练班”）。所谓土地改革的实验，在南苑附近进行过，结果不详。我记得，有一次美国善后救济总署署长赉朴汉（“剿总”秘书长郑道儒陪同并翻译）来，我还以南苑为例，大谈“土改”，要求他多调拨一些救济物资来。还有一个美国人，据说是来推销农业机械的，我也以南苑“土改”为例，希望他设法运一批农机来，交南苑农民试用。总之，意在以假乱真，和解放区的土改相对立。

在临近和平解放的时刻（约在十二月底一月初），华北“剿总”组织“协军自卫工作团”，派河北省主席楚溪春任团长，“剿总”参谋长李世杰、警备总司令部周体仁[①]和我任副团长，并派“剿总”处长张庆恩

① 北平警备总司令陈继承调离后，由周体仁接任。

（中统）实际主持。省市政府和警备部都派人参加工作（先在怀仁堂短期训练）。大约是一月八日的半夜，全城分十个区同时清查户口。接着，检查全城粮店和“大户”的存粮，登记封存。在清查户口时，逮捕一些人，由各区审讯后分别拘留或释放。被拘留的人，在傅作义于一九四九年一月二十一日宣布和平解放条件后，一律恢复自由，工作团同时解散，临时调集参加工作的人员仍回原单位工作。张庆恩不知去向。

傅作义起义，接受和平改编

北平围城之前，华北“剿总”已成立“战时工作委员会”，并由省、市政府分别组织战时工作队，担任运输、救护等工作。围城前后，“剿总”又成立“应变委员会”，通知省、市实行战时体制，缩减机构，精减人员。由于当时兵荒马乱，人心不安，我考虑以暂缓实行为妥，曾向傅作义陈述意见，傅未加可否，因而搁置起来。看情形，可能那时傅已提出或准备提出和平解放的要求。差不多同时，市政府急电行政院，要求在预算外拨款应变，行政院没有批复。

接着，“剿总”为了配合军事，紧急通知市政府，进行以下工作：（一）为了扫清射界，要拆除附郭某些民房或其他建筑物。拆除开始后，我曾出城视察，一些被拆户拦车喊叫，要求赔偿。（二）为了便于固守，要打通城墙内侧的环行马路。（三）傅的部队已有部分撤入城内。有的占用民房，引起纠纷，要妥当安排，避免扩大。（四）先赶修东单南面、城墙以北机场，因跑道嫌短，起飞不安全，只用了几次就放弃。其次赶修天坛南端、城墙以北机场，使用的次数较多，但距城外特近，受城外炮火威胁。以上工作，当时好像急如星火，可是事后了解，主要在表演固守北平的姿态给蒋介石看，也企图以此混淆解放军的耳目。当然，最后一项有利于达官贵人逃命，也是题中应有之义。

远在北平围城之前，达官要人们已开始陆续离平，搭机离平都需要得到“剿总”批准。我记忆中，离平最早的一个是胡适。他搭乘的飞机是由华北“剿总”代订的。胡过去曾到华北“剿总”做过关于国内外形势的报告。听说他的结论是共产党必败。他还兼任过官厅水库工程款物保管委员会主任委员（我是兼任委员之一）。这些款物都是善后救济总署拨给的，实际由冀热平津救济分署负责保管（童冠贤任分署署长，顾德铭、杨亦周副之）。据说，这些款物曾经动用一部分修筑有关水库工程的一段公路，意图不明。

这时离平南下的铁路早已不通，部分蒋嫡系军队撤往南京，也是靠飞机运输。达官贵人们逃命，大多利用天坛机场。市府中上层人物，除财政局长翟维淇、工务局长谭炳训早已离平外，会计长王鸿儒、教育局长王季高、警察局长杨清植等，也纷纷在这时候离平。当时传说傅和楚溪春家属都已离平（事后听说傅家属去重庆，楚家属去台湾）。我的家属（一个老伴、两个女孩）也在十二月中旬飞沪转台（后来，老伴死在台湾，两个女儿转往美国）。地下党员李庆深（中学同学）听到我的家属离平消息后，特地来家告诉我："安心，不要走。"

辽沈战役结束后，解放军兼程入关，出乎傅作义的预料。十二月下旬，新保安一役，切断平绥交通，接着张家口解放，对傅重回西北的念头泼了冷水。淮海战役于一九四九年一月十日胜利结束，天津又于一月十五日解放。这样，不但北平陷于孤立，南下也成泡影，战守两难，傅比一般人都要清楚。问题焦点集中在部队改编问题上。对于他自己多少年来费尽心血培植起来的几十万部队，一旦改编，不能不介然于怀，是可以理解的。在这个问题上，他有一段时间，在自己的头脑中，思想斗争很厉害。我到中南海总部，看见他在屋里踱来踱去，反复沉思，有难以作出最后决定的样子。但是，大势所趋，人心所向，除了接受和平改编以外，别无二途。

傅在解放后，亲自对我说，美国人曾派人找过他，说愿意提供军火援助，支持对解放军作战。傅婉转地答复美国人，说这个问题最好先征求南京的同意。可见他深知蒋的为人。蒋还让傅把他的全部军队海运东南，仍请傅指挥作战，并表示，东南一带的军队都可交傅指挥。谁都了解，海运困难很大，蒋的嫡系军队也不会听傅调遣，问题的实质，是把傅的军队骗到东南去，一口吞掉。傅当然不肯上他的钩。在紧张的当儿，蒋还曾派徐永昌等乘飞机北来，劝傅南下。蒋的内心里，是唯恐傅接受和平改编。

傅激于爱国家、爱民族的热情，毅然决然地以维护北平二百万人民的生命财产和几百年来的故都文物为重，先后派人秘密出城求和，也经过了一段曲折过程，不是偶然的。据我所知，先是崔载之，后是周北峰，最后是邓宝珊。和谈的内容和过程，我知道得很少，只是邓对我闪闪烁烁地谈过一点。从邓的谈话看来，邓好像很乐观，而且他让我安心，说有什么重要消息，会随时告诉我。但是傅作义从未向我提过一个字。我想，这可能因为：一是傅一向谨慎，办事机密；二是根据当时情况，和谈问题不便公开，公开了反而增加困难；三是我和傅没有长久的历史关系，相知不够深；四是和谈内容，首先是军事，特别是军队改编问题，事实上只能由傅个人考虑。关于这个问题，李世杰和王克俊可能所知较多。从当时社会上一般情况来看，和平的空气相当浓厚，无论是“剿总”内部或以外的人，向傅进言的确是不少，虽然出发点不尽相同，但对和谈进行都起了一定的促进作用。例如，北平市参议会，曾有人去过海淀（据说解放军某部驻在那里），我曾去参议会打听消息。在武汉的白崇禧，派李荷来平，通过楚溪春了解北平和谈情况，但白另有打算。我和石志仁商定，联名电邀在台的杨扶青北来，促进和谈（杨和周总理熟识），但缓不济急。这说明傅的起义，正符合大家的心愿。

北平的和平解放影响全国

大约是一九四九年一月二十一日，傅作义召集北平市政府、河北省政府和中央驻平的有关人员，在中南海开会，宣布和谈结果，并嘱咐大家努力保护公共财物和档案文书，安心工作，准备接管，将来都会有妥善安排工作的机会。

第二天，在市府“朝会”上，我传达了傅的报告，并提出市府人员有关交接的注意事项。在“朝会”以后，就听说有人，特别是潜伏的特务分子有反感。此后，我在市府时较少，在中南海“剿总”时较多，这是为了便于联系处理问题。市府日常事务，由秘书长高文伯应付。

这时，城内存粮和存煤越来越少，水和电的供应时断时续；青菜，由于城门警察勒索，菜农不敢进城，谣言四起，人心惶惶。经向行政院吁请空投粮食接济，结果，一次空投到北海，一次空投到新街口，砸坏民房。“协军自卫工作团”查封粮店和“大户”存粮，反而激起粮商进一步地逃避和隐藏。

向来青黄不接之时，正是多事之秋。在市政府，为了“马干差价”问题，又招来一场风波。事情是这样的：“剿总”为了解决“马干差价”问题，送来一部分现洋，让转送北平市参议会转发郊区农民。市财政局、民政局等部分职员闻讯，赶到市政府要求把这批现洋发放他们的欠薪，逼着秘书长高文伯找来北平市参议会议长许惠东。许来后，解释无效，这部分职员硬把现洋分后扬长而去，都未出收据。第二天，到市政府来索薪的人更多，其中可能包括若干已经分到现洋的人。我不敢出面，他们威胁高文伯还要现洋，因已无现洋，他们改要金圆券，因金圆券不够，他们强迫高同往中央银行北平分行，找到经理俞丹榴，立逼开库，抢去若干金圆券瓜分。第三天到市政府来的人更多，也更复杂，各局长也辨认不清。这时高住入医院。他们蜂拥到社会局面粉仓库。要把库存“平价粉”均分，幸被已入城的解放军拦住。他们想冲进中南海找我，也被阻。有些人折回我住在南长街的家里，其中恐也混杂了一些不明来历的人，把我家里的东西毁坏抢掠一空。

我在中南海住了两夜，于一九四九年一月二十九日或三十日，换上军衣随傅作义乘吉普车出复兴门，到西郊原“剿总”旧址暂住。解放军于三十一日入城。

过了两天，军管会正式入城办公，即将于二月四日接管北平市政府，同时，关于总的接管的联系和进行，由叶剑英、陶铸、戎子和、徐冰、郭宗汾、周北峰、焦实斋组成七人小组主持办理。我大约于二月三日迁往军管会招待所，先派民政局长程厚之去颐和园汇报准备交接情况。在招待所期间，我曾同叶、戎晤谈，向叶汇报市政府“马干差价”风波经过，向戎汇报北平市内有关经济机构（包括中央和地方）名称、地址和负责人。二月底，我移住法勤中学，会见了由解放区来的几个朋友。不久，听说华北大学政治研究所开办，我即分函叶和傅，请介绍参加学习，一直到十二月水利部成立为止。

由五棵松移住招待所后，看到报载傅起义通电。实际上，一月二十一日以后，傅的部队已开始接受改编。傅曾向这些部队讲了话。二月下旬傅去河北平山县西柏坡谒见毛主席。以后，傅和我一次谈话中，说他过去阅读毛主席的《论持久战》，深受感动。我想，在傅为部队改编问题的思想斗争中，他一定受到了毛主席这个教导的很大帮助。

北平和平解放，当然最直接受益的是北平市全体人民，出死入生，开辟了新天地，同时，影响所及，整个华北马上也变了样，而且加速了绥远、湖南、西康、云南等省一个接一个起义，因而大大促成了除台湾省以外的全国解放。这一方面证明了傅接受和平改编确实有功，同时更主要的是证明了共产党的统一战线的伟大胜利。

退守北平接受和平改编前后

安春山*

兵临城郊的一次军事会议

一九四八年十二月中旬，傅的总部迁回城内后，在北平中南海居仁堂内召集了军和独立师长及兵团司令和总部副参谋长郑长海、梁述哉和各处长参加的军事会议。傅先致辞，略谓：解放军先头已到西山，我在城外的部队，大都已撤回北平城内及近郊，几十万大军入城，应有一个适当部署和作战方针，盼望各兵团司令，各兵种军师长，各抒已见，尽所欲言，集思广益，想出好办法来，打好这场保卫战争。蒋介石的嫡系部队石觉兵团司令官首先发言，他说："我们首先是在傅长官的统一领导下鼓舞士气，各尽所能，打好这场保卫北平文化故都的大会战，我们的决心是要破釜沉舟地打好打胜这一仗；只有打好打胜这一仗，我们才有出路，否则，就没有我们的前途。"他还说什么"对不起党国，对不起委员长"等话。

其次是蒋的又一嫡系部队李文兵团司令官发言，他说同意石司令官的发言，"我们要在傅司令长官的领导指挥下精诚团结，拼命打好这场保卫战，我们才有出路，否则党国前途、个人前途都是不堪设想的"。

第三个发言的是我。我说："我过去和两位兵团司令是同样主张，军人带上军队就是打仗的，打仗就要打胜仗，打好仗；但我经过这几年打仗的经验，认为今天我们所处的形势，用军事打仗的办法已肯定不能解决任何问题。从日本投降，就开始打仗，已经三年，打的结果怎样？八路军越打越强大，我们则是越打越缩小，这就是三年打的结果，再打的前途怎样？我的军队，已经打完了，没有谈打的资格，再打全靠各位了。要打必

* 作者当时系国民党第一〇四军中将军长。

须出去打（我知他们的军队已是惊弓之鸟），北平不能打仗，因为北平不是涿州。涿州有三分之一的空地，可以承受炮击；北平人口太密，死伤的人民太多了，人民就不愿打。单靠军队打，人民反对打，就不行。”说到这里，傅认为我说的话是反话，即喊“休会”。休会后傅叫我单独谈话。我从居仁堂的会场走出时，看见郑长海、梁述哉二位副参谋长和几位处长，已先我走出会场，坐在炉边议论。梁述哉说：“身子已经掉入井内了，耳朵怎能挂得住？军事打仗是已不能挽回趋势了，但谁敢这样说呢？”我放心了些，认为还有同情我的人。傅叫我进入他的办公室，劈头就问：“你今天的发言是否代表共产党来向我们劝降？”我说：“不是！绝对不是。我是从客观事实出发，为我们今天该怎么办才能好些设想，为国家，为人民，为军队，更为你我设想，说出我的心里话，供你决策参考。”

接着傅先生提出以下的一系列问题：

——打仗不能解决问题，岂不是要我们向共产党投降？

——这样做我们是不是对国民党和蒋介石背叛？

——我们过去虽和共产党有过一段历史交道，但在日本人投降后，又打了几年仗，共产党要我们这些人吗？共产党对你我，对我们的部下杀不杀？用不用？信不信？

总之，当时他考虑的，一个是他本人的名节问题，一个是他和部下的安全和出路问题。我就这些问题扼要地向他陈述了自己的看法。傅说：“今天咱们谈的是内心话，你相信我，我也相信你。你今天对我说实话是对的。但你今天说话的场合太冒险，如果李文、石觉他们向我当场提出安春山叛变，你叫我怎么处理？在那样的会议场合，当然得把你交军法处会审。军法处长是张庆恩，他能放过你吗？有话为什么不先给我说？今天的会议是讨论作战，你的发言太文不对题了。今天的会还要开下去，你要承认说错了，重新表示拥护主战，你明白吗？向共产党求和，就是通敌，在目前说是犯罪，是有危险的！今天晚上咱们两个再详细研究。先结束这个会议。”复会后，傅说：“我完全同意李文和石觉两位司令的决心和方针。军队以战为主，打好仗就有了我们的一切，打败了仗就丢掉我们的一切。我们要团结起来，决心打好这一仗。”又说：“方才安春山军长，由于怀来战败，有点泄气，说泄气话，文不对题，我感到他说的不对，在休会中我对他作了严厉的教训，他已认错；不过他跟我多年，他的军队这次损失很大，进城后我们业已调拨军旅为他补齐，他还是能打的。”傅问：

"安军长你怎么样？还有什么意见？"我说："我接受傅长官对我的申斥，我坚决拥护李、石两位司令的发言，只有打胜这一仗，我们才有出路。我准备接受艰苦和重要的任务，决不泄气。"

傅说："好了，今天这个会就开到这里，关于军队部署，由参谋处拟定，以命令下达。散会。"

反复考虑初谈求和

我吃了晚饭，六点钟就乘车赶到居仁堂，傅正等着我。见面就座后，卫士段青文给我们送来茶，就离去。傅开头还是问："你是不是接受了共产党的和谈任务？"我说："我真是没有。我跟你有二十年，未曾离开过你一步，任何地方的受训我都没去过。我的志愿就是跟一个人，就是你，对你跟到底；做一件事，当军人，打倒帝国主义，打倒军阀，打倒日本，算作成功；你还不相信我吗？你成功就是我的成功，你失败就是我的失败。我们过去、现在、今后，都是同生死共患难共荣辱到底的。你还怀疑我吗？今天蒋政权肯定完蛋了，我们不应当跟他一起完，要研究咱们如何转败为胜。我们读古人书，知道'否极泰来'，'罪之魁者可以为功之首'，今天要看我们是不是读懂这句书，如何运用它了。"

傅提出几个问题同我进行磋商：

——仗能不能再打下去？首先肯定仗是不能再打下去了，因为最主要的是兵不愿再打了。不能打，能不能走呢？肯定走也是死路。不能战，不能走，摆在面前唯一的活路是求和。

——求和是不是投降？投降是不是背叛？

——我们在前年绥包战役时向解放军求和还可以，今天我们跟人家打了几年仗，人家要不要我们？杀不杀？要下了，用不用？重用不重用？

对于这些问题，我说了自己的看法。傅先生最后说："当前形势只有求和是生路。走和平的路，也符合北平几百万老百姓的愿望，是替人民办好事，但是要冒风险，不会也不能全像你想的那样，一切如意。我考虑过：可能有人骂我们是降将；可能有人骂我们是国民党的叛徒；可能有人认为我们是叛变而打死我们；也有可能定我们为战犯，把我们关起来。所有这些风险我们都要准备承担。"这次谈话表明傅先生对于求和已初下决心。

记得在我临出来以前，傅还郑重地对我说："你要知道，今天我们求和就是阵前通敌，失密即有杀身之患。这可要绝对保密。我们今天力量太小了，中央有两个兵团在我们附近，求和的事不能让他们知道，他们知道就要对我们讨逆。因此事情要绝对秘密进行，不是你说的由我领衔打个通电就行，还必须计算到在进行中万一失密怎么办？你能担负起中央下令对我们讨逆的风险吗？和解放军尚未谈好，发生了内外夹击，怎么办？这个问题，必须有严密的部署。"傅与我谈话以后，又曾分别找刘春方、王建业师长谈话，征询他们的意见。他们向傅说的意见与我大体相同。

在人民解放军已在东北战场上取得了全面胜利、对平津包围形势已成的条件下，在中国共产党争取和平解放北平政策的影响下，再加上他本人的历史条件，傅将军向他的亲信的部下初次说出了他的求和念头和他的种种顾虑和考虑。

严密部署确保和谈安全

我们研究了做怎样的军事部署，才能确保和谈安全。

傅说："你这个军直属部队，大部损失才补充起来；二五〇师、二六九师损失太重，调拨几个训练有素的保安旅，原配属你的装甲兵团也编到二六九师作为一个正式团；还拨给你赵树桥三〇九师，代替已丢在张家口的张惠源二五八师。军的各师完整了。再以孙英年和王步云的三一一师，丁宗宪和刘一平的三〇八师都归你指挥，再给你增加一个野炮团。还有第二六二师及新编骑兵第四师暂归总部，在中南海担任警卫，我们这点力量基本上都归你指挥了。你考虑能否完成既要打仗，又要掩护进行秘密和谈，还要担负和谈万一失密后，可能发生的'中央军'打我们，内外作战，那时节，北平的文化故都就被打烂了！这里有'中央军'两个兵团，城内还有'中央'的宪兵团，到那时他们不听我们的怎么办？"

傅又说："虽然试求和谈，但还应严密地备战。"我觉得我的判断如果不是错误的话，那么以我们现有力量，去打硬仗，是有点不够充分，但部署得当，则确保和谈进行的安全，确保北平文明故都的不乱，不毁，人民群众不受灾难，我们这点力量还是足够应付的。"

傅问我怎么部署的意见。我拟把第三〇九、二六九两个师，放在阜成门、西直门、德胜门的城外阵地上。这是因为解放军主力在西山，我担任第一线。把“中央军”的各兵团、军师放在北城、南城、西南城及东城的外边依城阵地上，依城野战，为了保护他们兵团及军师司令部的安全，让他们各带警卫营，住在联系和指挥他们部队近便的城内，这个部署他们是欢迎的。我把王建业二五〇师放在东城，孙英年三一一师放在西城，丁宗宪三〇八师放在南城，野炮团控置在故宫制高点景山上，城内部署的三个师作为总预备队，归我统一指挥，专门防止内部变乱；有事先控制各门，同时攻击他们的司令部，我想他们是不敢轻举妄动的。傅听了我拟的军队部署，认为可以。我又说：“我们和解放军和谈的人，可以由我们的防线内出入，西直门、德胜门都可以，西直门是赵树桥，德胜门是慕新亚的马毅英八〇五团，其余两团在城内。我的军部在阜成门内的顺承王府（今为全国政协机关办公地点），必要时移到景山上。这样就可以保护和谈行动安全，秘密进行。”

傅又说：“和谈派谁去？我过去曾派过崔载之出去，和人家联系过，没有得什么结果，因为没有和有关负责人接上头，得回来的只是骂我执行了蒋介石的‘戡乱’政策，对人民犯下了滔天罪行等等。还说解放军的领导将把我定为战犯。好多问题没解决，因此也就停止了联系。这次要找见中共高级的负责领导谈，谈出一个所以然，要求解决我们思想上考虑的那些问题。我想派周北峰去接谈。要他去找见高级负责人谈。”

傅问：“你再想想，究竟还能否打胜？”我说：“我认为肯定是不能打了。再打下去，前途是不堪设想啊！”

傅又说：“我从来没有任何野心，我认为自己没有救国的能力，我们也没有救国的广大人才和群众。只要有人能救国，成功何必自我！”

和谈失密发生干扰

一九四八年的十二月下旬，和谈进行得很迟缓。总部内早有很多大小特务，监视傅先生的行动。我自己司令部内也不干净。虽然我和傅长官约定绝对以伪装行动保密，但是仍发生过干扰。约在十二月底，连续几天起了大雾，城内外对面看不见人。有一天早晨，城内忽然发生向四外城墙上乱打机关枪的事件。据报在东城的某胡同内，也发生过枪声。我即令各师预备队严查迅速扑灭。据第二五〇师王建业报告，是东城一庙内国民党的中央军校第二分校的军官学生，把机枪架在庙内的大树上向外打枪，企图挑起城内混乱。我即令该师派队剿除，全部缴械，将该官兵等俘虏，送总部法办。但该校校长陈继承不知何时早已逃亡，我又令该师去查缴宪兵第十九团的枪，到那里见营房已空，足证我们的和谈行动有人通风。但城内恢复了安定，没有再乱起来。

关于军队纪律问题，先从我的部队整饬起。我颁布了一条民主纪律的命令：（一）官管兵，兵亦管官，不论任何人，只要违法乱纪，搞烟、赌、赃，奸污妇女，擅取民财，破坏社会治安和故都文物古迹的，一律严拿法办；（二）凡各级领导，对所属官兵违法乱纪，熟视无睹者，与违法者同罪，兵对官的犯罪，看见不管，与违法者连坐；（三）兵对官只要看见其上级违法乱纪，证据确凿，应即予以逮捕，送军部法办，并给士兵适当奖励，包括升级；（四）伪造情况诬告者反坐。命令发布后，西直门某连长从进城运面粉的民用汽车上，擅借检查为名，取下面粉五袋，经该连官兵把该连长扭送军部，我即依法惩办，以后城内部队基本没有违法乱纪的，维护了和谈期间城内社会治安。

国民党中央军校的借雾放枪和宪兵团营房已空这两件事合并发生，就是和谈失密的明证。我令我的城内外部队，加强戒备，严密注视意外事件的发生。正好这几天，解放军向城内天坛放了两炮，城内军民没有伤亡。我认为我们既然与解放军已开始和谈，已谈了好几次，无论如何他们不能向我们攻城，为什么发炮呢？这是因为我们在天坛和东单修了简易机场，以接受在围城后的空投补给。解放军炮击天坛，可能是对这些地方降落飞机的警告。

和谈危机

我内心对和谈进行太迟缓感到不耐烦，给傅写了几句话，交给傅的政工处长王克俊转交。内容是：和谈必须抓紧进行，否则夜长梦多，前景可虑。王克俊看了后说：“再不要逼迫头儿了，头儿已经够苦恼了。”十二月二十二日，华北解放军全歼围困在新保安的三十五军（欠第二六二师）及其所属一〇一师、二六七师及守护团一部。二十三日，华北解放军又解放了华北战略据点张家口，全歼第十一兵团部、第一〇五军军部及所属二一〇师、二五一师、二五九师、三一〇师以及第一〇四军的二五八师和整编骑五旅，整编骑十一旅，计五个步兵师、两个骑兵旅，还有察哈尔保安司令部和它所属的四团、五团全部，共五万四千人，毙伤三千六百多人，被俘将级军官十三名。惨败的原因，我认为是：（1）在蒋介石长期企图改造傅部成为其嫡系的阴谋指导下，挑拨离间，人事不和。孙兰峰是傅的老人（傅守涿州时，孙就当营长），名义上是兵团司令，但直接指挥的只是几个骑兵旅；在张家口吃紧时，傅亲临布置，令孙代察哈尔省主席（原为傅兼），叫袁庆荣统一指挥军事。袁是陆大学生（蒋介石兼陆大校长），在战役紧张进行中，独断专行，孙兰峰对军事行动根本不了解。（2）最根本的，傅何不早些在十一月下旬，即通电呼吁停战或起义呢？思想矛盾，疑神疑鬼，当断不断，反受其乱，总是舍不得，结果是全都舍了。

一九四八年十二月下旬，蒋介石派他的特务头子郑介民携其亲笔信来平[①]，信略云："宜生弟：仰以全局为重，即放弃华北，率北方各军全部经济南撤向青岛，中央已商由美国海军舰队[②]白吉尔司令，率海军接运部队撤回南京，由弟接任江南军政长官，集中力量确保江南，勿再延误为盼。"傅即打电话叫我去商量。我正在熟睡中，听说有要事相商，立即起床乘车前往居仁堂傅的办公室谒见。傅把郑介民的来意给我说明，并问：蒋令放弃华北，将所有北方部队都经济南撤至青岛，再由美国海军舰队接运到江南，如何撤法？能否撤走？途中的战斗由空军掩护，补给也由空投担任，你看能否完成南撤任务？

我说："不行！"并陈述了几点看法：

（一）济南已于九月失守，蒋介石调兵遣将，力图克复，终遭惨败。目前平津铁路不通，津浦路节节被切断，平汉路保定被占，解放军早已占了高碑店车站。北平附近的道路已不通。由济南到青岛，能够畅通无阻吗？由北平到青岛将是一场扫荡华北，打通半个中国的大战，如果我们有这么大的能力，那又何必退守江南？

（二）北方官兵南撤，背井离乡，骨肉分散，前途渺茫，谁也不愿离开。部队走，他们散，兵法上说：这是"散地"，必然发生官兵大量逃亡。

（三）黄河是行军路上的天险。前有黄河，后有追兵，人民武装必然控制渡河工具，这样就把我们置之死地。然而我们在后方并没有给解放

① 据当年《华北日报》记载，一九四九年一月六日郑介民飞平晤傅作义。

② 指美国海军西太平洋舰队。

军以致命打击的生力军。兵法说："置之死地而后生。"我们置之死地没有生，必然全军覆灭。

（四）放弃华北，集中兵力确保江南，是美帝国主义企图把中国一分为二，扶植蒋介石在它的保护下当儿皇帝，是违反中华民族共同愿望的事。美蒋这种打算必败。

傅同意这些意见，他决定派飞机去包头接邓宝珊来北平协助谈判。

在邓宝珊到北平的当晚，傅以给邓宝珊洗尘为名，在马占山家研究了怎样办。不几天，邓出城同解放军首长接上了头，初步协议：双方军队停战，解放军进城接防，国民党军队开往城外指定地区整训，候令改编等项原则。傅同意后，过了几天，解放军平津前线政治部陶铸副主任进城，与傅作义将军见面，直接会谈，傅作为战犯可以豁免，部队改编为人民解放军可以宽大，给傅交了底。傅在思想上的矛盾完全得到解决。这样，几经曲折，傅作义将军终于选择了和平解放北平的光明道路。

接受和平条件

傅为了给人民办好事，以赎他错误地执行蒋介石所谓"戡乱"政策的罪行，接受了邓宝珊代表带回的中国人民解放军平津前线司令部给傅将军的公函（公函全文，当时报纸已经刊登，从略）。傅作义将军决心接受人民解放军的指示，愿令其所属部队出城，改编为人民解放军，一月十九日，北平各界人民代表、民主人士何思源、康同璧等出城与海淀人民解放军第四十一军[①] 接洽联系。此后数日，又经数度接洽，解决关于双方过渡交接问题。傅作义将军于二十一日在中南海居仁堂会议厅，召集了第四兵团司令李文、第九兵团司令石觉及各军师长以上干部与其总部正副参谋长、各处处长等，宣布了协议的要点。随后，傅通过广播电台，正式宣布北平和平解放。傅部即于二十二日开始履行协议。人民解放军程子华将军的部队第四十一军一月三十一日开始入城，接收第一〇四军城内外防务。其他部队开始开赴城外指定地点，进行整训，准备按解放军制度改编为人民解放军。

在宣布和平解放协议时，所有军师干部均无异议，可知人心所向，

① 即东北野战军第四纵队。

大势所趋，完全符合广大官兵的心愿。只有蒋的嫡系第四兵团司令李文及第九兵团司令石觉两人提出意见。他们异口同声地说："我们二人对这个和平协定完全拥护，我们的部属也服从执行。就是我们两个因为是蒋委员长的学生，有着特殊关系，不能留在这里执行，请总司令容许我们各带必要的几个师长，飞回南京。"傅当即答复："可以容许，但不得影响部队服从协议的执行。你们要带谁走？连同你们两位离职后代理人都是谁？请你们当场指定，不要影响部队的安定。"他们即当场指定了所有的代理人，并写了姓名交傅总司令。这是傅为完整地执行协议，不使部队失去指挥而采取的措施。

由于我所指挥的部队及所属的各师团都分别担任城内治安责任，所有文物古迹，如故宫、博物馆、图书馆等以及城内阵地设施，都要逐一交代。尤其是埋在地下的地雷炸弹位置，要指点明白，帮助撤销，保证不伤害人，不留后患。二十一日宣布协议后，我派副军长邓世通在东交民巷前日本大使馆，欢迎陶铸和罗瑞卿政委及人民解放军第四十一军李处长等，接洽解放军进城接收城防的手续：（1）由第一线阵地开始逐步到达城内，以连为单位进行交接，以友军态度进行换防；（2）其他各军二十三日早开始出城，开赴指定地点。第一〇四军为交接防务，维持治安，到三十一日才完全开赴城外，指定地点是，北自良乡，南至琉璃河之间平汉铁路的两侧村庄，军部在窦店。

宣布接受改编方案

一月三十一日，人民解放军举行了胜利和平解放北平的入城式。北平工农及各界人民群众，都欢天喜地夹道欢迎。由叶剑英任主任委员，由郭宗汾任副主任委员，成立了北平联合办事处，办理接收北平市国民党各机关、团体及河北省政府、保安司令部及华北"剿总"各处局的工作。

二月六日，解放军大部入城，原国民党军已完全开赴指定地点。安置就绪后，解放军平津前线司令部及北平军管委员会领导人在御河桥二号礼堂设宴邀请原国民党军师长以上军官与解放军领导人举行了一次盛大联欢晚会①。

---

① 据查，这次宴会和晚会是一九四九年二月十四日举行的。

参加的人解放军方面有：叶剑英、林彪、罗荣桓、聂荣臻、薄一波、杨成武、杨得志等数十人；原国民党军方面有：傅作义、邓宝珊、郭宗汾、李世杰、郑长海、梁述哉、周北峰、朱大纯、刘春方、安春山、赵树桥、王建业、慕新亚、邓世通、孙英年等及原“中央军”各军师长以上军官黄翔等数十人。

首先由叶剑英总参谋长致辞，大意说：我们原为两军对阵、各为其主的敌人，但今天却能欢聚一堂，这是人民胜利的奇迹。傅作义先生指挥的部队，愿意接受人民解放军的办法，改编为人民解放军，并欢迎解放军入城和平接收，保护了北平几百万人民生命财产和工商各业的安全，使文化故都文物不遭破坏。这是为中国人民办了一件大好事，并为今后国民党军队投靠人民树立了榜样，是我们和全国人民都欢迎的。这是你们从黑暗走向光明的开始，也就是你们的胜利。请为人民的胜利，为我们共同的胜利而祝贺！

傅作义先生也讲了话，大意是：北平和平解放，是毛主席、中国共产党制定的为解放中国各族人民的伟大政治和军事路线的胜利结果。我对这条伟大路线的正确认识是经历了长时间的内心矛盾和痛苦斗争过程的，我深切地感激各位对我的教育和帮助。

会后进行宴会和晚会，由解放军文工团演出《白毛女》，我和黄翔坐在一起，看了《白毛女》，使我激动得流泪不止。

尔后为讨论军队改编办法，军管会又召集军长以上干部开了几次小会，其中关于第三十五军和第一〇四军两个军的保留与否，傅先生召集我做过商量。我们共同认为不必要保持这个建制部队：第一，为了迅速整军南下，使部队便于团结一致，统一指挥，最好还是合二为一打乱建制，不留原来新旧界线，指挥者能不分彼此，一视同仁，被指挥的官兵能不怀戒心，听从指挥，有利于作战。第二，我们和“中央军”，同是参加北平和平解放的，应受同等待遇，不分彼此，为什么我们的部队就保留原建制？对“中央”部队就不保留原建制？这样，就会影响革命团结。我们完全服从革命需要，这就有利于革命，谁都没闲话。第三，我们是把国家军队交给国家的主人——人民，成为人民的解放军，这是还军权于人民，这是名正言顺的事。我们不是军阀，不把军队视为私有。我们不干军队了干什么都可以。这样，就由傅先生作出决定，转告叶总长，不要保留傅部这两个军了。

二月二十一日北平军管委员会宣布对北平原国民党军改编方案：

北平周围听候改编的原国民党军队，从开赴城外起即结束其原有的指挥系统，正式隶属于人民解放军平津前线司令部指挥和补给。这一新的关系，是于当天在受编部队师级以上军官会议中正式宣布的。此次会议是由人民解放军平津前线司令部、政治部主持，林彪司令员、聂荣臻司令员、罗荣桓政委、刘亚楼参谋长、政治部主任谭政、副主任陶铸，傅作义将军的代表郭宗汾及受编部队师级以上军官全体出席。

会议首先由陶铸副主任致辞，宣布改编方案。这一方案曾由联合办事处和傅作义将军几次交换意见，大家认为合理，并已在国民党军兵团一级军官会议中宣布，均无异议。此项方案规定：

（一）原属华北“剿总”的第九、第四两个兵团部和八个军部的三级指挥机构，应全结束，其所有工作人员和直属部队，分别编入人民解放军平津前线司令部与各兵团部及各军部，其所属的二十五个师，则改编为人民解放军独立师，各特种部队则与解放军的特种部队合编。

（二）国民党部队中的政工人员，愿留解放军工作的，须经过训练，再行录用。

（三）原国民党部队各级军官凡接受解放军分配工作的，其本人和家属，均按解放军各级干部和家属享受同样待遇。

（四）原国民党部队军官中愿意学习深造的，按其工作职位与程度，分班组织学习。学习期间其待遇与在职干部相同。

（五）国民党军官中愿意回家的，按以下规定处理：甲、回家军官一律按原薪发给三个月薪；乙、由平津前线司令部发给车票，在解放区沿途供给食宿（包括其家属在内）；丙、除不许携带武器及公用资财外，一切私人财物均可全部带走；丁、回家的国民党军官，可按其工作职务与需要，酌许带一二名护兵同行；戊、凡在解放区居住的国民党军官，回家后可分得应有的一份土地；如其本人是地主家庭，则其土地财产，已分与未分，均按土地法大纲第八条之规定处理。至其本人，只要今后遵守民主政府一切法令，其过去对于农民的行为如何一概不加追究；己、回家的国民党军，一律发给“参加北平和平解放证明书”，以后愿来解放军工作，仍然受到欢迎。

陶铸副主任在这里特加说明：采取以上措施，是因为参加此次北平和平解放的国民党军官们，有功于国家和人民，并且给全国树立了一个和平解放的榜样，所以解放军和人民愿意奖励和优待。

继即由罗荣桓政委就改编问题予以指示：首先向到会接受改编的军

官们表示欢迎之意，并指出，此次改编的目的，是要使北平原有的国民党部队，在编制上成为人民解放军，实质上成为为了人民利益、解放人民，属于人民的军队，这就是必须在政治性质上和思想作风上，都来个彻底的转变。他从阶级本质上，从军队内部和外部的关系上，说明人民解放军的性质。又指出：旧的指挥机构的结束，新的指挥关系的建立，将便于军队的革新，便于全体官兵的进步。至于人员的去留，只要是愿意进步，愿意参加革命，拥护中共一切政策的人，我们一概允其参加工作。蒋介石的军事力量业已基本打垮，解放全中国的时间就要到来，解放军已是一支不可抗拒的力量，全国统一的局面很快就可实现，全国人民的力量将要向伟大的建国事业上转变。我们的光明前途就在眼前。大家有了这一次的大转变，祖国的伟大建设事业大有英雄用武之地。大家要认识这一个巨大的转变！这次的改编，不仅是军队的改编，不只是改旗易帜，换个番号，而是一个政治的改变，是从蒋介石所指挥的军队，为大地主与大资产阶级服务的军队，改变为为人民服务的军队。这是一个立场上的根本改变。首先要学习人民解放军的一套政治制度，是启发战士的自觉，讲真理，讲民主。彻底粉碎国民党军队那一套政治制度，为少数人服务，为少数人控制，靠特务监视，靠欺骗蒙蔽的做法。

罗政委又指示：不要怕发扬部队中的民主，而是要看自己有没有要求进步的决心。他宣布，为了实现改编，人民解放军将派出政治干部到各受编部队，以提高官兵觉悟，使部队进步，使官兵关系、军民关系焕然一新。

最后，刘亚楼参谋长宣布关于改编部队的指挥关系、补给关系，一律按解放军的规定同样待遇。当即颁发各独立师的新番号。改编会议在愉快的气氛中结束。

当晚，解放军平津前线司令部政治部设宴招待与会军官，并由前线司令部文工团演出《杨勇立功》等节目。到会军官欣赏了反映解放军生活作风的各种演唱，大家深感兴趣，备致赞扬，直到深夜才尽欢而散。

（尚传道　整理）

从康庄突围到北平接受和平改编

黄剑夫*

一九四八年十月以后，东北战局急转直下，人民解放军相继解放锦州、沈阳，华北形势顿呈紧张状态。为了集中兵力应付事变，国民党军队先后又放弃保定和承德，第十六军曾到徐水以南掩护第一〇一军（原新编第二军）由保定撤至涿州附近，第十六军也集结在高碑店附近。这时第二十二师师长冯龙升任本军副军长，调我继任第二十二师师长。这时华北国民党军分别集结在张家口、北平、天津三个地区，准备应付即将到来的重大事变。

康庄突围经过

一九四八年十二月上旬，张垣战事吃紧，傅作义派其第三十五军前往增援，被解放军包围于新保安附近。傅又派第一〇四军前往增援，又被解放军包围于怀来附近。傅又派第十六军前往增援，全军按第二十二师、军部、一〇九师、九十四师序列由火车输送。十二月六日上午八时，第二十二师到达康庄车站下车，第一〇四军军长安春山早在车站等着，和我一见面就说："前面战事很顺利，解放军已开始撤退，为了及时打击敌人，请你派四个步兵营归我指挥。"我说："袁军长就在后面一列车上，即可到达，我请示军长后即照办。"安恐袁军长不答应他的要求，又用铁路上电话请傅作义令第十六军派四个步兵营归他指挥。袁军长一到康庄车站即接到傅的电话命令，于是由第二十二师派出第六十四团和第六十五团

---

* 作者当时系国民党第四兵团第十六军第二十二师少将师长。

之一营，留下马匹，立即用汽车向怀来输送。到当天中午，第十六军除第九十四师留八达岭外，都到康庄车站下车。这时延庆方面已发现敌情，显然第十六军又将陷入包围。部队即占领康庄及其北侧一个小村庄，康庄交由第一〇九师防守。时已过午，解放军搜索部队已在康庄西侧与第一〇九师警戒部队接触，由延庆方面向康庄东北侧迫近的解放军，已到达离康庄一千公尺左右地带构筑工事[①]。在这种情况下，两个师要互换阵地，重新部署，不但容易惹起混乱，为敌所乘，而且也影响了构筑工事的时间。我将这些利害向军长陈述。当时他坐在床上，听我说完后，即向床上一躺，用被把头一蒙，不理我。我只好暂时回到师部。停了片时，我又到军部向他说："不是我不服从命令，这一变动，关系全军安危，不能不请军长慎重考虑！"他终于同意不互换阵地了，叫赶紧构筑工事。到达黄昏时候接到傅作义的电令，内容大要说："据空军侦察，共军已完成对康庄的包围，第十六军应以勇敢行动突围出来，回到八达岭附近集结，掩护北平。"同时又接到第四兵团司令官李文的电令，嘱突围要慎重，如认为突围已不可能，可加强工事固守。两个命令的要求相反，军长立即召集团长以上的军官到军部开会，将两个命令要旨宣布后，要大家发表意见。我首先发言主张突围，理由是：突围容易实现，解放军目前包围我军的兵力还不十分强大，阻止我军突围的工事还不够坚强，康庄离八达岭不远，乘夜突围，成功的把握是很大的；而固守的困难则不少，粮弹没有储备，来不及构筑坚固的工事，不可能希望友军来解围。大家都同意了我的意见。下一步是分配退却道路的问题。我又建议第二十二师沿铁道以南长城山麓的道路转进，军部和第一〇九师沿铁路及其近旁的公路转进。理由是：估计长城山麓必然有解放军埋伏部队，阻止我军转进。第二十二师已残缺了四个营，可将车辆部队随军部行动，各部以轻装绕至山腰行进，解放军埋伏部队发觉，也可以居高临下之势进行战斗。第一〇九师部队完整，师炮兵是野炮，需在公路上通行。军炮兵营、辎重营都不能离开公路，在铁路两侧派出有力侧卫，是可以防止袭击的。万一遭到阻截，也可用强大火力开辟前进道路。军长坚决不同意我的意见，一定要第二十二师沿着铁路行动，军部和第一〇九师沿着山麓行动。我只好服从命令。会毕，各部即开始突围准备。到夜间十二时左右，各部分头撤离康庄[②]。第十六军被迫夜

① 据查，东北野战军第四纵队于一九四八年十二月九日晨逼近康庄，并与国民党军第十六军第二十二师一部遭遇，发生战斗。

② 据了解，第十六军从康庄突围的时间是十二月九日夜。

间突围，这还是初次，所以难免混乱。行军序列没有完全按照命令行事，准备好了的先走，动作慢的就落在后面。不过由于在敌前行动，音响和光亮的管制还是执行得比较好，所以部队撤离了康庄，包围的解放军并没有发觉。我率领第二十二师沿着铁路转进，除两侧派出侧卫外，预期可能遭到袭击的地点，都预先派出了掩护部队，沿途并未遭到解放军的阻击，竟安全到达了八达岭。在八达岭北侧地区，我师和解放军部队走在一起，彼此不相问答。我看见他们都戴着皮帽子，我佯作不知，各走各的路，他们并没有发觉我们是敌人。等到我的后尾部队快到八达岭的时候，军部和第一〇九师转进的部队被解放军发现了，立即遭到猛烈袭击，一时照明弹飞舞空中，照得大地通明，军部和第一〇九师且战且走，遭到很大损失，炮兵、辎重和重武器都丢光了，第一〇九师师部官佐也有部分被俘。残余部队十七日①天明都陆续到达了八达岭、青龙桥与第九十四师会合，主力总算突出了包围。紧接着撤到南口，第九十四师增援已到达南口附近，由于解放军压力过大，南口不能立脚，继续向北平撤退。北平空军不断轰炸和扫射追击的解放军，企图迟滞其前进。入夜，第二十二师撤到海淀附近，第九十四师撤到清华园附近，军部和第一〇九师撤到西直门外。军长要我指挥第九十四师和第二十二师阻止解放军前进。解放军先头部队跟踪追到万寿山附近，可能出于保护古代建筑的考虑，他们没有继续进逼，因此没有发生剧烈战斗。

固守北平与和平解放

十八日上午，全军退入城内与第九十二军、第九十四军，以及第九兵团所属第十三军、第三十一军等部队固守北平。第十六军担任防守城西南隅、第二十二师担任永定门至右安门的防守任务②，第九十四师担任右安门至西便门的防守任务，第一〇九师作预备队。各部占领防御阵地后，积极沿城墙和关厢民房构筑工事，利用城墙，把抗战时期在城脚下挖的防空洞打穿出去开设枪眼。以后总部还在城内东单和天坛开辟了飞机降落

---

① 时间记忆有误。据查，第十六军突围后被追歼的时间是十二月十日凌晨，战至上午八时许结束。第十六军指挥所、第一〇九师等大部被歼。

② 第十六军、第九十二军防区划分待查。

场。各部进入防守阵地后，傅作义在总部召集师长以上军官会议，他说："部队靠拢来了就好了，北平有坚固的城垣可资防守，粮弹补给可用空运。解放军如来攻城，正面吸引着它，城内部队从左右两面出去包围其两翼，可加以歼灭。如能在城下消灭解放军几个纵队，问题就好解决了。"以此来向大家打气，但在座的军官们都明白当前局势是很不乐观的。总部参谋长李世杰，副参谋长梁述哉都面色惨白，掩饰不了他们内心的惶恐。解放军围城部队逐渐增多，根据总部通报有十多个纵队。但除在南苑机场及西郊有小接触外，没有猛烈进攻，特别是没有用大炮攻城，似在采取围困的办法，以避免破坏。二十多万军队驻在城内，时日稍久，人马给养逐渐感到困难，粮食尚能维持，菜蔬已不能充分供应，特别是鲜菜不易买到。马草缺乏，骡马部队只好到城外拆居民屋顶和菜园的秫秆作马料。居民生活更逐步感受威胁，对战事大为不满，提出"要求国民党军队离开北平城区去作战"的口号。城中名流学者也有人向傅作义建议和平解放北平，听说有位学者曾向他说，北平是几百年的文物古都，不毁于中日战争而毁于内战，如果我来写这段历史，我将怎样写法；如果你能采取措施保全古都文物，我又将是如何写法。

这时全国形势，东北已完全解放，华北、华中大部解放，平津成了人民海洋中的孤岛，而淮海战役失败的征兆，越来越明显，傅作义不能不有动于衷。有人说他深夜一人在总部走动不息，独自苦思。现实的问题是困守危城，逃既不能，守也难保，除决心全军战死外，只有走和平解放一条路。但是，守城的部队都是蒋介石的嫡系部队，傅的基本部队第三十五军、第一〇四军已在平绥线上被消灭了，他要搞和平解放运动，不能不慎重从事，先摸一下蒋系高级军官的思想情况，所以在这个时期他又个别传见了师长以上的军官。他曾问我："还能不能够打出去？"我说："现在看来有些困难了，如果部队刚撤回北平就不停顿地向天津转移，情况可能会好些。"最后我表示服从命令。傅作义平日指挥作战，处理问题，颇为蒋系高级军官所信服。围城后，蒋介石每次公开给各级指挥官的函电，也叫听傅总司令的指挥。这是北平能够顺利地和平解放的原因之一。

淮海战役结束，傅作义眼看国民党大势已去，同时也受了中国共产党和毛泽东主席的感召，已决心归向人民。但他的做法，没有公开和国民党政府决裂，只是要国民党政府拿出办法来；如果没有办法，那就只有向解放军谈判和平解放北平。这时国民党精锐部队损失殆尽，国民党政府正策划利用和平谈判的欺骗手段，争取时间卷土重来，自然不好拒绝傅作义的主张，同时也实在拿不出什么有效的办法来解救北平的危急。国民党军高级将领见势已至此，只好服从傅的决定。在这些时候，国防部次长郑介民曾来北平，在总部约见师长以上的军官。他作了简短的讲话。大意说，校长非常关怀大家，现在处境虽然艰苦，希望在傅总司令指挥下，效忠党国，恪尽军人天职。并带来蒋介石给师长以上军官的信，内容无非是时局艰危，为党国尽忠，不成功，便成仁等语。实际上军心早已涣散，已没有好多抱"成仁"决心的人了。这时在人民群众中酝酿和平解放的空气也越来越浓厚。一九四九年元旦，解放军将石景山电厂发的电送入城内（围城时即截断），全城大放光明。同时报上又刊载蒋介石在元旦提出虚伪的和平号召，颇使市民兴奋！

一月十五日人民解放军解放了天津，北平守军更受震动，感到日暮途穷，陷于绝境。有办法的人都想逃出危城，胡适在北平刚被围时，就由蒋介石派来飞机接走了。以后城内机场修好，重要人物和他们的眷属都陆续逃走。第十六军副军长冯龙，第九十四师师长周士瀛都秘密搭飞机逃走了。北平围城如何解决的秘幕，已到揭晓的时候了。

一月二十一日清晨，军部转来总部命令，要各级指挥官就战斗指挥位置，并说新编骑兵第四师即将出城。当日九时许，新编骑兵第四师又回到城内。十时许，军长召集师长到军部宣布和平解放的协议，协议内容主要有以下几项：（一）部队原番号、原人事暂不变，在一星期内移驻北平城外；（二）官兵应遵守群众纪律；（三）各级部队设政治委员；（四）军官愿继续工作的留队工作，愿学习的保送学习，愿回家的保障其生命财产的安全；（五）有破坏行为的应受严厉处分。当时蒋军官兵虽然解除了目前战死的威胁，但对解放军还是抱着疑惧的心理。李文、袁朴等都痛哭流涕。各部并开始作移驻城外的准备。城内部队有些是新成立的番号，兵员不足，有些是地方团队退进城的。总部把这些部队一起编入原来的几个军内以充实员额。还有一团宪兵，怕解放军清算他们，总部把他们分散编入步兵师内，大约每师编一连在内。

第二天下午，李文来电话要我到他家里去，我去后，他向我说：袁朴脾气不好，下面对他很多意见，我准备调他到兵团司令部帮忙。第十六军军长一职，周士瀛、严映皋继任都不恰当，我考虑你在第十六军比较孚众望，你来接任他的职务最好。我听了大吃一惊！暗想部队已解散了，这时忽然要我当军长，绝不是好事。我当即表示拒绝，说自己能力资望都不够。他劝说一阵并要我再加考虑。我回到师部和参谋处高主任商议此事，高说："我劝师长算了，何必再去跳火坑？听说他们都要走，留你在这儿顶着。"我听了非常生气，这时傅作义给我升军长的命令已送来了，我把它掷在一边。袁朴来劝说，也遭到我严词拒绝。最后他们看我实在不承认，才叫我把师长的职务移交给梁诗传（原第二十二师团长）。于是第四兵团司令官李文和第十六军原来的军师长都逃走了，以刘××任军长，王克斌任副军长，梁诗传任第二十二师师长，李君南任第九十四师师长，张鹏翱任第一〇九师师长负责率领部队移驻城外。

我当时所以拒绝率领十六军到解放军方面来，一方面认为李文等把我扔掉，不满意他们对我的这种歧视；一方面由于长期受反动教育的毒害，思想上一时转不过弯来，失掉了这个自新的机会。名画家徐悲鸿先生这时画了一匹马送我，上面题着"此去天涯将焉托，伤心胜利也徒然"的诗句来启发我，但也没有把我的顽固思想感悟过来。

我当天回到私人住处接到总部电话，要我翌日晨携带简单行李到东单机场等候上飞机。我按时登机，看见第九兵团司令官石觉和第十三军的军师长也在机上。第十三军还有几十名携带轻机枪的士兵也在机上。飞机起飞，我的心情很沉重！总觉得把官兵丢了自己个人逃走，感到很歉然！殊不知他们已经走上光明前途，自己却回到黑暗地狱。后来党和人民再一次的拯救，才使我最终脱离了反动派，光荣地站到人民队伍中来。

第九十二军在北平和平起义经过

黄 翔*

一九四八年九月，我在北平陆军第六训练处的工作，十月十日奉命到唐山接替第九十二军军长职务。十月十一日，就接到华北“剿总”的命令，着即日出发到塘沽集中，船运至葫芦岛登陆，归第十七兵团司令官侯镜如指挥，以解锦州之围。十月十五日，第九十二军的主力还没有集结完毕，就得知锦州已经解放，守军全部被歼。第九十二军也随之奉命中止出关了。

调防北平前后

国民党军东北的主力部队被歼灭之后，华北的形势也就更加紧迫了。原来从华北调出关外的部队如林伟俦的第六十二军和朱致一的独立第九十五师以及第九十二军的第二十一师和第十七兵团部，都陆续撤回关内。在这之前，第九十二军曾奉命做防守天津的一切准备工作，并在天津警备司令陈长捷的主持和天津市市长杜建时的参加下，我们开了一次关于天津防守工作的会议。第九十二军准备承担天津市北区的防守任务，我并做了一天的地形侦察。当时感到这种无险可守的城市防御，其结果还不是和锦州一样，所以对于战争的前途，越来越感到悲观失望。在防御工作会议上决定：为了加紧对天津防御工程的构筑，以及扫清射界，还准予征集数以万计的民工，协助部队进行构筑工事，并准备拆毁近郊妨碍射击的一部分民房。

* 作者当时系国民党第九十二军中将军长。

可是，一切还未开始，第九十二军又接到华北“剿总”的命令，调到冀东宝坻县东南地区担任搜索。根据当时“剿总”的意图，主要为了维护平津铁路线的安全，同时也为了搜索解放军的情况。这时第十七兵团司令部和第九十二军的第二十一师也已从葫芦岛撤回来了，所以第九十二军的搜索任务，是在第十七兵团部的统一计划下进行的。我们搜索了三四天，实际上又同一九四七年我在山东鲁西地区任第五军第九十六师师长时所进行的武装游行没有两样，不仅没有发现一个解放军，连老百姓也躲避了，十室九空，所看到的只是几条新修的通向天津和北平的临时公路，公路两侧都挖了一条条供行军时防空用的交通壕。一些村庄的围墙上写了许多“打到北平去，活捉傅作义！”的大标语。我想，决定我们命运的时刻恐怕就要来临了。

一天晚上，我到驻在杨村附近的第十七兵团司令部去见侯镜如司令官，向他说出了我的想法。我说：“现在应该是我们决定自己出路的时候了。我们应该就在天津塘沽地区待下来，保住海上通路，以便进退有据，否则就要遭到廖耀湘的同一下场。”侯说，他也早有这样的考虑，他同意这样的打算，但具体行动，还得再看看形势的发展，也就是要看东北解放军的行动而定。因为当时大家都认为东北解放军在辽沈战役之后，可能还得休整一个时期，不会马上入关；要入关可能要到春暖之后，也就是三四月间，所以我们还多少存在一种侥幸心理。不仅我们是这样想，而且蒋介石还在利用这种侥幸心理来进行欺骗勾当。

大概是在十月中旬的某一天，蒋介石从沈阳又飞到北平，匆忙地在北平西郊华北“剿总”总部召集各部队师长以上的官员讲话。我也是从天津急忙赶来参加的。他讲话的主要内容有三点：（一）华北决定新编若干个师，武装完全由美国供应；（二）共产党最怕发生第三次世界大战，第三次大战明年就要爆发，那时我们就可大大好转，大家要有必胜的信心；（三）共产党最怕我们的币制改革、财政巩固，现在我们实行了金圆券，经济形势越来越好。

我听了之后，并没有受到鼓舞，相反，只是感到他好像是在哄小孩子，因而产生了许多疑问：一是新成立的师，新兵从哪儿来？二是金圆券实行以后，物价还在继续猛涨，挤兑黄金的风潮也日趋紧迫，哪有一点好转的希望呢？至于第三次世界大战，究竟打不打得起来，谁也不敢断定。那天听了他的讲话的人，我感到没有不是面色阴沉沉的。我在当日晚上又回到了天津。

十二月初，因傅作义所属的第三十五军在新保安被围，原驻北平的第十六军又被调到怀来[①]，企图解第三十五军之围。北平一时感到空虚，第九十二军于是又急调北平。经过几天的时间，第九十二军各师在天津和杨村两处，陆续车运至北平以南丰台、黄村两车站下车，到北平城南地区集合待命，受李文的指挥。这时，我先将第九十二军军部驻扎在大红门。第二天我到北平城内去见李文，正遇到第十六军军长袁朴哭丧着脸和李文谈话。这时我才知道傅作义的第三十五军在新保安已突围失败，困守待援。第十六军也在康庄附近受到重创；同时也得知，东北的解放军主力正在继续进关，向冀东地区挺进，平津铁路已被截断，情况越来越紧迫，华北的国民党军队已完全陷入了被动挨打的局面。就在这时，华北"剿总"仓促地决定了固守北平和天津的部署。那时集结在北平的主力基本上是蒋介石的嫡系：第十三、十六、九十二、九十四等军和第三十一军的第二〇五师，再就是傅作义的第一〇一军的残部和一个骑兵师。北平防御的兵力配备是：北城自德胜门至安定门间为第十六军和第三十一军之第二〇五师；西城自西直门至广安门间为第九十四军；东城自东直门经朝阳门至广渠门间为第十三军加第一〇一军之一部；南城自右安门经永定门至左安门间包含南苑机场，为第九十二军，归第九兵团石觉指挥。第九十二军各师的配备是：右安门包含永定门为第一四二师，永定门（不含）至左安门间为第五十六师，第二十一师暂时担任南苑机场至大红门间的守备，防御战斗开始后，撤至城内正阳门附近地区作军的预备队。傅作义的一个骑兵师因在城郊失去活动余地，只得退入城内，作为傅作义的警卫部队[②]。

各部队进入各自防区之后，就开始在城墙外设防，以外围为第一线，以城郭为第二线。为了清扫射界还拆除了城厢的许多民房。这一清扫工作，以第十三军的防区，即东直门至朝阳门地区搞得最彻底，把城墙脚以外二三百公尺以内的民房，几乎都铲平了。为此，李文和石觉还召集所属各军的团长以上军官，到第十三军的防区去参观，以便大家照此办理。但我们九十二军并没有完全依照他们的意图行事，因为我对战争的前途，既没有信心，也没有决心，认为这只是徒劳而已。

---

① 第十六军调到康庄，第一〇四军调到怀来。

② 战役期间，北平城区兵力配置几经调整，各文内有关忆述不尽相同。

准备起义

十二月十二日以后，丰台、通县等外围据点相继失守，平津铁路也从此中断，北平完全处于被包围之中。我们第九十二军原来打算再回到天津，保住塘沽海口，这时希望已经破灭，成了笼中鸟、瓮中鳖。我感到非常焦急，也悔恨当时不该到北平来自投罗网。凑巧，这时原在第九十二军的一位地下党员李介人（以前我不知道他是地下党员）陪同第二十一师师长张伯权，到王府井梯子胡同我的家中来见我。李介人问我："现在北平已被包围，形势这样危急，军长有什么打算没有？"我说："除了准备当俘虏或者战死以外，还有什么打算呢？还有什么出路呢？"我反问他们："你们有什么打算？"这时李介人就说明了他的来意，并说是否可以走起义的道路。当时我猜测可能是侯镜如的意见，因为侯镜如早已对我有过暗示[①]，所以当时我就很兴奋地直截了当地对他们表示：能走起义的道路，这是一条生路，我完全同意。

接着，我和李介人、张伯权共同商定，选派第二十一师的中校参谋宋铨夏（宋是军校学生、湖北同乡，比较可靠）随同李介人出城同解放军接洽。大约两天之后，他们回来见我说，他们在马驹桥见到了东北野战军第三纵队的负责人，得到他的热情赞扬，并嘱咐我军以后的行动另候指示；同时口头协定从即日起，彼此停止交火。当时，我的心里有一种"山重水复疑无路，柳暗花明又一村"的惊喜的感觉。在这段时间里，还有我在陆军大学第十期的一位张锡田同学，也来到我的家中，策动我起义。当时我不知道他的来头，而且我们正在接洽起义，唯恐事情败露，所以当时我没有明确地答复他，我只是说："让我多考虑一下再说。"

在我们和解放军接洽起义之后没有几天，第二十一师所守备的南苑

① 据侯镜如谈，一九四八年八月，中共北平地下组织即与侯联系。平津战役期间，中共北平地下组织派人与第九十二军联系酝酿起义的同时也派人到塘沽同侯取得了联系。他赞成第九十二军相机举义的决心。但他苦于当时塘沽守军主力第八十七军，独立第九十五师等部均为忠蒋嫡系，不易控制，第九十二军又远在北平，侯能直接控制的仅一个新兵师（第三一八师），力量单薄，难以举义，表示南撤后相机行动。后于一九四九年十月第三一八师按侯的意图在福州宣布起义。

飞机场，一天夜间，遭到解放军的袭击而失守，这一北平依靠南京的唯一补给线路被截断了。傅作义对我大为不满，严令第九十二军必须即日收复机场。因为我们第九十二军与解放军协定不再交火，我当时感到很为难，但又不能不执行傅作义的命令，只好照样下命令给第二十一师师长张伯权负责反攻。张伯权当天派一个团去执行反击任务，实际上那个团只派出一个连去佯攻了一下。当晚，傅作义得知第九十二军还没有收复飞机场，更为震怒，说："他们哪里是在打仗，简直是在表演！"听说傅作义决定要趁此机会（这是傅的副参谋长郑长海在电话中告诉我的）把我撤换，让第十七兵团副司令刘春岭（原第九十二军副军长），从塘沽前来北平接替军长，由于侯镜如不同意傅作义的处置，未予照办。同时随着形势日益紧张，撤我之议就此中止。这时只好决定在城内天坛和东单的一个空场开辟了两个简易临时机场。另外，为开辟天坛机场，还毁掉了一大片古柏，但不到几天，机场就受到解放军炮火的威胁，飞机还是不敢停留太久，只偶尔作突击式降落而已。

在北平被围初期，蒋介石为了鼓舞士气，曾两次派参谋次长李及兰坐飞机到北平来。第一次是传递蒋介石给守城军长以上的一封信，因为临时机场尚未修好，不能降落，只好将信件空投下来，再油印转给各军长。信的内容：首先是说北平的重要性，最后要大家"固守待援"，做到不成功便成仁，以完成革命大业，云云。当时我想：好家伙，什么不成功便成仁，完成什么革命大业，简直是废话，现在谁还听你这一套？我接着把一页油印纸片，揉成一团，送进了火炉。当然，我之所以这样，是因为我已经有了新的出路。大概是一月中旬，李及兰第二次飞到北平，又来传达蒋介石的意旨。他在东单临时机场降落之后，就马上召集几个黄埔同学军长以上的人，告诉我们说：大家要安心，到必要时，准备用飞机把我们接出去。并说在必要时美国可以帮助我们使用细菌武器。这回，李及兰再也没有提到蒋介石上次信中所说的，要我们"不成功便成仁"的话了。

自十二月底至一月初这段时间里，北平城郊的情况比较沉寂，但据通报，解放军一部兵力已经东调，正在做进攻天津的准备，同时从侧面得知傅作义也在秘密地进行和谈。有一天傅作义通知我到中南海去见他。去的时候，我心里非常不安，深恐我起义的意图被他知道，对我有不利的处置。可是见面时，我看到他的态度还很和蔼，问我对战事的前途有什么看法。这时，我就放了心，对他说："北平能不能守下去，主要是一个补给问题。现在城内几十万军队，光靠飞机投送粮食（那时北海湖面结冰，是一个投掷场地），是不能解决补给问题的；还有弹药武器，就更不能依靠飞机来投送了。城内虽然正在赶修临时机场，但很容易受到炮火威胁，也不太可靠。”我的这番话主要意思就是表示：北平是难以长期固守的。最后我说：“我完全听从总司令的命令。”当时，傅作义虽然没有向我表明他的意图，但我已感到他并没有死守北平的打算，所以我接着说：“总司令要我们怎样就怎样吧！”他当时只是点了点头说：“我们今天就谈到这里，以后有事再谈吧！”当时我还不了解傅作义本人真正的意图究竟怎样，所以我还是把出路寄托在第九十二军单独起义方面。但是好久没有得到解放军方面进一步的指示，而自己对于起义的行动，也毫无把握，所以感到十分焦急。

宣布和平协议的前后

到一九四九年一月中旬，随着天津攻防战的展开，傅作义同共产党和谈的消息也随之传遍北平全城。几周来黑暗的城市，由于石景山电厂又开始送电，电灯又亮起来了，好像预示着北平的光明也将要到来了。一月二十一日下午，我又被召到中南海华北“剿总”总部。我一进会议室，就看到李文、石觉两人以及其他各军军长都在座，大家面色阴沉，相对无言。少顷，“剿总”参谋长李世杰出现在我们的眼前，他开始简单地叙述了目前的形势以及国共近来和谈的大概经过，随即宣读了和谈的协议。

这一协定的宣布，免除了北平文化古都的一场浩劫，减少了百万生命的无谓牺牲；对我个人来说，也免遭覆亡的命运，这种愉快而轻松的心情，当时确实是难以言表的。但同一事实，同一时间，同一地点，感到如丧考妣的也大有人在，如李文、袁朴等人，在协定宣读之后，都痛哭流涕，尤其是那位第十六军军长袁朴连续地嚎叫着：“对不起领袖呀！对不起领袖呀！”这就表明这些人，还不甘心于自己的失败，对蒋家王朝还未丢掉幻想。

在宣布和平协定的第二天晚上，我已经睡觉了，忽然接到石觉的电话，要我马上到他兵团部去。我到时李文也在座，石觉告诉我说：“奉领袖的指示：为了保存一部分战斗力，要各师连夜选拔连以上优秀军官五十人，携带轻机关枪五十挺，于明晨六时前在东单机场集合，乘飞机到南京去。”我一时感到很突然，因为那时第九十二军除第一四二师留在永定门担任警戒外，其他各师和军直属部队，均已奉北平军管会的命令，移驻北平东北顺义县附近地区，听候改编。我自己也根本没有再回蒋管区的打算，所以我当时就以部队主力不在城内，加上城外都是解放军，夜间行动困难很多，临时抽调，时间上来不及为理由，请他们允许我晚一天再走，就这样石觉也只好同意了。石觉、李文两人以及第十三、第十六、第九十四各军和第三十一军二〇五师的团长以上的军官，在第二天早晨，坐了两架飞机逃到南京去了，但第九十二军的军官却没有一人去步他们的后尘。

一九四九年二月中旬，原在北平的国民党部队都在北平远郊区各县地区，陆续改编为人民解放军，分别并入解放军各军师编制之内。第九十二军所部以师为单位，分别并入杨成武的第二十兵团所属各军之内，军直属部队同样分别并入解放军直属单位。据当时负责改编的陶铸同志亲自告诉我，准备把我调升为解放军二十兵团的副司令员。由于我当时思想上有很多顾虑，同时也不愿再过部队的艰苦生活。我就借部队改编的机会，离开了第九十二军，从那天起也就结束了我在国民党二十二年的军人生活。

第九十二军全军在共产党的英明政策感召下，在北平和平解放的过程中，全部起义和平改编为解放军。但第九十二军还有一个新编的第三一八师，原驻塘沽，以便接收从南方运来的新兵和武器装备。天津和北平相继解放以后，他们随同第十七兵团撤退，海运至上海，以后又撤到福州。到一九四九年秋，由于侯镜如的指示，也在福州起义了。从此，第九十二军的全部都归顺了人民，走上了光明的道路。

第一五七师参加北平和平解放的经过

何宝松*

第一五七师，属第六十二军建制。第六十二军原在天津一带担任守备任务。一九四八年十二月初，因为张家口被解放军包围吃紧，华北“剿总”总司令傅作义命令第六十二军前往解救。第一五七师作为先行部队于十二月五日由天津乘车出发，次日早上到达北平北面平绥线的清河镇车站下车，向昌平方面布防。过了几天，我接到第六十二军军长林伟俦由丰台发来的电令，着第一五七师准备乘车回防天津。原因是张家口被围的傅系一个军已被完全击溃[①]，平绥线部队可能撤回北平附近。同时，天津守备司令陈长捷，鉴于天津兵力薄弱，一再要求傅作义同意将第六十二军调回天津。当第一五七师遵照命令全部上了车厢等待火车头的时候，“剿总”派了一位参谋传达傅作义将军的命令，说杨村附近铁路被破坏，要第一五七师留驻北平，归“剿总”直接指挥。这是第一五七师脱离第六十二军建制，留在北平的原因及经过。

当时毛泽东主席对平津战役的战略部署，采取了“围而不打”和“隔而不围”的办法，在粉碎了国民党部队妄图集结在天津、塘沽由海路南逃的迷梦之后，又把天津和北平切断，再把塘沽和天津切断。使华北“剿总”辖区部队各个据点陷于孤立，既不能集中，又不能首尾相顾，完全陷入被动，处于坐以待毙的状态。北平是“剿总”所在地，是傅的大本营和神经中枢，更显得士气消沉，人心浮动。在这种形势之下，胜败谁属，已成定局，这时傅作义将军和他的心腹将领不能不从实际出发去考虑

---

* 作者当时系国民党第六十二军第一五七师少将师长。

① 一九四八年十二月上旬，傅系第一〇五军、第三十五军分别被包围在张家口和新保安。而接应第三十五军突围的第一〇四军（欠一个师）于十二月十一日在怀来以南山区大部被歼。

问题，从而促进政治上的觉醒，这是北平和平解放的基本因素。

第一五七师留驻北平以后，于一九四八年十二月中旬在清河镇一带构筑工事，向昌平方面设防，并派出所属第四七一团进驻沙河车站附近，占据前进阵地。当时平绥线的张家口、新保安、怀来等地的守军已被解放军分割包围，或受歼，或溃散，节节败退，使北平日益吃紧。因此，“剿总”又命令我把第四七一团撤退至清河以南的黄寺附近。师部和第四六九团、第四七〇团则转移至阜成门外驻守，归第十六军指挥（军长是袁朴，湖南人），担任复兴门北侧至阜成门及西直门南侧的守备。由护城河延伸至三里河一带，构筑纵深的防御工事。第四七〇团驻于阜成门外至西直门南侧，师部驻于阜成门外的民房中。到了十二月二十日左右，又把驻黄寺附近的第四七一团调回阜成门外作为师的预备队。到了年底，第一五七师的防守重点又转移在阜成门南北两端，利用城墙设防，并积极加筑工事。师部移驻于西单辟才胡同，预备队第四七一团也移驻于阜成门内大街一带。由此可以看出，在短短的时间内，解放军迅速地压缩了对北平的包围圈，加剧了北平的危急形势。

第一五七师虽然临时拨归第十六军指挥，因为脱离了原军建制，有独立性质，所以“剿总”还是当做独立师来看待。傅作义将军每次召集军长以上人员的会议，我虽然是师长，但也被召参加。每次会议的地点都是在怀仁堂。

北平在解放军的重重包围之下，大家都感到已经是“孤城落日”了。一次，傅作义将军在会议上讲话，反复强调遵守军纪。他说：“北平是历史古城，一草一木都与中华文物有关。胜败乃兵家常事，各部队应切实遵守纪律，爱护文物。如果任意毁坏，则将成为千古罪人。”我觉得傅作义将军作风淳朴，对部属态度诚恳，有古名将风度。他的话发人深省，加强了我对历史负责的观念，使我经常深入前线的防守部队中去检查纪律情况。本来，为了扫清射界准备拆除护城河外一带的房屋。我时刻牢记着傅作义将军的讲话，同时又念及这一带的居民都是贫苦大众，结果没有下令拆除。另外，我还想到我的部队绝大部分是广东人，广东人嗜吃狗肉，为了避免伤害居民的牲畜，我曾下令严禁屠狗。现在回忆起来，当时没有造成更大的罪过，这算是我一生中的一点幸慰。后来在起义之后，原师部驻地的居民选派几位老大爷，来向我表示谢意和慰问，使我又惭愧又感动。

一月二十一日，傅作义将军召集军级以上将领开会，我也参加了会议，共计二十多人。在开会前傅作义将军对与会人员先作了简短的个别谈话。大意说粮弹有限，外无救援，凭借孤城，实难固守。如果打下去，故都必遭毁灭。为此，已与共方初步谈妥，我们宣布起义，部队一律改为解放军，受一视同仁的待遇。我当即表示拥护总司令的正义行动。个别谈话完毕之后，正式会议开始，由傅作义将军宣布自己的倡议。当场有一部分蒋的嫡系将领：第四兵团司令官李文、第十六军军长袁朴、第九兵团司令官石觉、第三十一军军长廖慷、第九十四军原军长郑挺锋、总统府中将督察陈某等人表示反对，有些人还痛哭流涕，企图阻挠。但是傅作义将军坚决地作出最后回答："好吧！那就分道扬镳，我准备飞机，给你们离开吧！"结果他们和不少师以上的将领，都乘机南逃了。通过这次历史性的会议，傅作义将军宣布起义，受到共产党和人民的欢迎。

在这里我得回转说明一下，当傅作义将军和我个别谈话，示以起义人事，我为什么能立即表示拥护呢？因为我早已感到杂牌军一贯受到歧视、排挤，引起我对蒋氏王朝的反感。同时，我的师部驻在城内辟才胡同的时候，在岗哨附近，夜间经常发现共产党的宣传品，阐明共产党的政策和当前形势，特别是有些宣传品是针对杂牌军而发的，我思想上受了一定程度的影响。曾经和副师长及心腹幕僚互相探讨。当时听说叶剑英在西山指挥，打算派人去与叶剑英联系，正好没过多久傅作义将军就揭竿而起了。因为我事先有了一点政治觉醒的思想基础，所以当傅作义将军和我个别谈话倡议起义的时候，就立即引起我内心的共鸣。

起义之后，国民党部队均先后开出郊区，第一五七师于一月三十日开赴平津线上的黄村镇车站，距离北平不过三四十里。随即改编为中国人民解放军第四野战军独立第二十四师，所辖第四六九、四七〇、四七一团，按序改为第一、二、三团，除政工人员之外，其余官佐照旧供职。

一九四九年二月中旬，北平军事管制委员会主任叶剑英，以及第四野战军司令员林彪、政委罗荣桓、政治部副主任陶铸、华北军区司令员聂荣臻等军事领导人，宴请起义将领约六十人。在宴席中，叶剑英主任对我们作了讲话。他说："和蒋介石先生的私人关系方面来说，我可能不会比大家浅，但是在国家民族的大节大义上，我们却不能跟着他走。今天，大家采取起义的行动，是完全正确的，而且又是极其光荣的。"大家听了他的讲话，都深受感动，觉得十分亲切，得到很大的启发。

第二七三师在北平和平解放前后

郑海楼*

北平和平解放时，我担任第二七三师师长职务。第二七三师隶属第一〇一军（这个部队的前身系新编第二军，简称新二军），原系第十一战区保安部队，一九四七年八月间在通县由保安第三师改编为新编第三十三师。其编成系以第十一战区保安第四师一个团和保定警备司令部直辖独立团与第十一战区长官部卫队团合编而成。一九四七年十一月，由通县移防保定。一九四八年十一月北撤至涿县，改变番号为第一〇一军第二七三师，旋撤守北平广安门外。一九四九年一月三十一日北平和平解放，第二七三师于一月二十三日奉命首先开驻平南黄村接受人民解放军改编，是年二月二十二日改编为人民解放军独立第四十二师，委我为师长。旋由黄村开往霸县并编于人民解放军第四十六军詹才芳部，我赴石家庄军政大学学习。

本文主要记述该部由保撤出、直至北平和平解放一段经过。

一 撤出保定

一九四八年秋，东北各省解放前夜，华北国民党军事当局，为了应付东北解放军入关作战，不得不将华北国民党军重点集中，挣扎求存。是年十一月命令驻守保定的新编第二军（军长李士林，欠新编第三十一师）除留新编第三十二师（师长刘化南）仍守保定外，李士林率新编第三十三师（师长郑海楼）移防涿县，指定出发日期为十一月七日。

---

* 作者当时系国民党第一〇一军第二七三师少将师长。

第一〇一军接到上项命令后，当即转令第二七三师第二七二师在三日之内完成交接出发各项准备。当时两师驻保概况是：第二七二师驻守南关，担任东关与飞机场各要点守备；第二七三师担任城防及西、北两关各要点驻守。两师接交防务事宜，只由两师互派参谋接交兵力配备要图就算了事，军部与第二七三师在准备移防过程中，不仅情况极为混乱，而且机密完全自泄。例如：（一）移防命令，一经宣布，各个眷属争先恐后拍卖家具什物。（二）国民党各级部队以及个人，很少不和地方拉公私关系的，一听移防，忙着互办结束手续。（三）部队移防运输力不足，就利用政府向乡间征雇车骡，以致部队尚未行动，早已满城风雨，无所谓机密了。因此我对移防任务的完成，信心不足。

十一月六日午后，距离出发限期仅剩一夜，忽报徐水、保定间的漕河东西两侧伏有人民解放军四个旅准备截击。我当即询问军部，是否得到同样情报，万一属实，如何处置？军部答复，已将上项情况电报华北"剿总"，稍待或有复电云云。不久我就接到一份命令，满以为必是"剿总"的新指示，拆阅竟是第四兵团司令李文重转十一月七日开拔的"剿总"原令，大失所望。等到午夜二时左右，"剿总"复电始到，大意是：已派第十六军第一〇九师及第九十四军第一二一师前往徐水、定兴附近担任掩护，出发日期改为十一月九日。

十一月九日出发以前，保定并无任何情况，但城内秩序已然大乱。单就国民党各机关来说，就有农民银行、电报（话）局、邮政局各主要负责人相偕逃出保定。华北"剿总"唯恐留下的第二七二刘化南师心情不安，特派第三处副处长任兆同向刘师长解说并作安慰。当第二七三师通过漕河后，只听东面第一〇九师掩护部队有断断续续的机枪声，并无较大情况。于是我偕同本军副军长刘本厚就在行军道旁和第一〇九师周士瀛师长略谈情况。部队过完周师长恳切要求："如共军上来，你可别走哇！"我说："那当然。"由于以后共军没有上来，当晚宿营于徐水白塔铺。十日在拒马河南边的一个村庄宿营，夜间枪声突起，经侦察始知是民兵扰乱。次日部队出发，又在行军途中踏响了几个地雷，炸伤骡马数匹。十一月十一日军部与第二七三师到达涿县时，方知留在保定的第二七二师，就在我们出发次日（十一月十日）被解放军重重包围了！后复由第四兵团司令李文率第十六军和第二七三师（欠一个团）前往保定接援，第二七二师才得退出保定①。十一月十八日第二七三师停止于涿县，军部离开涿县同第二七二师进驻良乡，保定城从此归还人民怀抱。

二 再由涿县继续北撤

十一月十八日，我带着两个团回到涿县。涿县是一九二七年傅作义坚守过的名城，我当时在是非不明顽固反动的思想支配下，曾准备死守该城进行顽抗。当时队伍的部署是：以第一团（团长刘舜元）担任城防及涿县火车站守备；以第二团（团长郑希成）守备东关、北关；以第三团（团长蔡继忠）守备南关、西关。并在原有工事的基础上，增筑碉堡，添设各种附属防御，计划挖掘地下交通壕，使城内外重要守点，暗中沟通。

约在十一月下旬，有一名曾被解放军俘虏的士兵逃到涿县，他说有好多共军都从涿县以南入山，径往西北方向去了。我问他部队从何处而来？共走几天到达此地，他也一一相告。我将上项情况报告华北"剿总"后，"剿总"非常重视，傅作义曾亲自站在电话机旁，叫他第三处处长雷立法详细问我，并要我作出判断。我不明全面情况，当然作不出正确判断，只有搪塞应付地说那些解放军也许是奔向平绥铁路方面，不然就是要从北平西山出来威胁北平。

记得这一情况发生不久，张家口方面紧张起来。十二月五日，傅系第三十五军由张家口回撤北平时，被解放军截围在新保安。傅派第一〇四军主力驰援，亦未能解围（后被歼灭）。自此第二七三师又奉命退出涿县，到长辛店南岗洼一带待命。在南岗洼大约仅仅停留一日，又随军部退至卢沟桥。军部命二七三师派兵一团担任石景山煤矿区警卫，我派第一团前往（该团到石景山后归"剿总"直接指挥）。

十二月十三日，在"剿总"总部已移到北平城内时，我由卢沟桥到石景山视察第一团驻地情况，回北平时已夜阑更深。翌晨出复兴门回转卢沟桥师部，走到西郊华北"剿总"旧址以西，闻远方有枪声，又走了一段，直到子弹射到自己的车轮附近时，才调车转回飞驶。未走多远，又听南侧方向（由卢沟桥至广安门间），突然枪炮齐鸣。当时我不明情况，还拟绕道回去，后又被迫改变计划，打算先到总部问明再走。不想回到复兴

① 据查，国民党军最后撤出保定的时间是十一月二十二日。

门时，城门已关，城里城外拥挤多人，争出争进乱成一团。经交涉，始放我进来。刚走到中南海总部大门时，恰好遇到本军参谋长李得勋来"剿总"报告，据说十一日军部曾接到两次命令，第一次着我师随同军部移到北平西郊，着第二七二师移到外馆。至夜十二时，接电话改为第二七三师移丰台，第二七二师随军部到广安门外财神庙附近待命。不期今（十四日）早，第一〇一军由卢沟桥出发，行抵中途与南进的东北解放军某纵队遭遇，突然发生战斗。我一听这些，当即与李分手，奔到广安门外，旋奉军部指示，第二七三师速撤广安门，待将部队撤至广安门外时，已暮色苍茫，万家灯火，大街小巷呈现一片惊慌混乱情景。

三 困守北平

第一〇一军退到广安门外后，已是暮色沉沉，更由于解放军出其不意兵临城下，华北"剿总"纵然胸有成竹，但整个守城部署，并未安排下来，于是军部暂令第二七二师与第二七三师以广安门马路为界，马路以北（含马路）属第二七二师，马路以南沿关厢边缘由第二七三师布置警戒，并构筑简单工事。翌日军部挪至广安门内，从此北平的国民党军就被解放军团团包围了。

记得北平被围以后，华北"剿总"始将守城部署确定下来。第二七三师几经调动又回到广安门外最初布防的地区（广安门外关厢马路以南）。当时我对第二七三师的部署是：右自广安门马路边缘起，左至外城西南城角止，第二团在左，第三团在右，占领阵地、构筑工事。广安门外，地下水水位浅，有的地方挖掘一米，就出水结冰，加上街心巷口，受房屋马路限制，部队做工比较困难，最后还是由"剿总"筹发麻袋，改由麻袋装土，才普遍构成多种临时性掩体与散兵沟壕，认为重要处，则作了一些洋灰矮硐。

解放军包围北平以后，广安门外，白天无战斗，只是夜里，解放军有时向第二七三师阵地佯攻，有时向第二七二师前方如莲花池一带作侦察性攻击，有时对两师阵地同时进击，也有时利用白天施行炮轰，炮弹落在城外的伤亡很少，落在城里的由于人烟稠密，略有伤亡。有一天傅作义召集各军师长以上军官在中南海开会讲话，主要精神是鼓励士气，在言语间流露出来，只要打一个胜仗，似乎就有办法，但这种自欺欺人的说教，信者已然寥寥。没过几天，命令中央军某部（忘记番号）出右安门……命令第二七三师同骑兵第四师附重炮团归我指挥，就地出击，最后目标是指向丰台。结果，战斗一日，毫无所得，而骑四师还未用上，又各自缩回原地了。

前边曾说，第二七三师到达卢沟桥时，派第一团前往石景山担任煤矿区警卫，后守北平发电厂。北平被围后，解放军首先对它进行扫荡，它连电告急，迄“剿总”以下均无办法。最后因发电厂外围碉堡间有丢失，厂内高楼亦被解放军占领，恢复未成，阵亡营长一员，军部命它突围，中途被歼，幸免归来者，只团长刘舜元和一些零星官兵，总计不足一营人，以后由“剿总”补充两营人，重新编成第一团，团长改由第三团副团长王德安充任。

北平各部队，仓促守城，事前很少有人做好积草、储煤各项准备。士气低沉，人可假装镇静，唯马无草、炊无煤，事实不能掩盖。所以每天总有一大批人员、车辆、驮骡等拥出广安门拉煤找草。恰巧煤厂又在莲花池阵地后面，被解放军发觉后，每见多人拥挤抢煤，则开炮射击。这些人便似群鸟惊弓，四散狂奔，以致竟有时将广安门整个堵塞达一两个小时不能出入。穷途末日的景象，不一而足。

十二月下旬，傅系第三十五军军部和所属两个师在新保安被歼。据守张家口的第一〇五军（暂编第四军）军部和五个师两个骑兵旅以及地方部队，突围未成，又被解放军全部消灭。这种不利消息接踵而来，不只影响着北平各部队悲观失望以致产生孤城必破自谋善后的形形色色想法，就是傅作义本人，也寝食不安。自辽沈战役以后，傅作义为了应付解放战局急转直下的形势，原拟将所部集中在绥远、张家口、北平、天津等处，列出可战可守可走的态势，以便相机行事。不期战役刚一开始，所谓精锐的第三十五军及第一〇四军和据守张家口的第一〇五军相继解除武装，傅才觉得大势已去，没有什么挣扎的条件了。所以解放军新保安和张家口战役的胜利，便促成和决定了后来北平的和平解放。

一九四九年一月十五日，天津解放，塘沽的国民党军乘轮南逃，只落北平奄奄一息，一切都成泡影。继续顽抗，不但是死路一条，且徒给军民造成无谓伤亡，故都文化亦难免不遭破坏，于是傅作义在大势所趋，强兵压境，在共产党的英明政策的争取下，接受了人民解放军的八项和平条件，达成北平和平解放的协议。

石觉自北平逃跑的前后

汪君勃*

石觉的反动本钱并不多，在一九四八年七月以前，他的第十三军仅辖有两个师，即第四师和八十九师；军部直属部队有几个营，即特务营、辎重营（有载重卡车四十余辆）、工兵营、炮兵营（有一〇五炮十二门）和通讯连等，全军总计不足一万三千人，战斗力并不太强。除石觉恃为手中的“王牌”第四师外，其中第八十九师是在一九四七年东北作战全师遭到覆没以后，以第八十九师的空头番号于一九四七年五月在热河平泉重新拼凑整编的。当时第八十九师师长为刘建章，第四师师长为骆振韶。

一九四八年五月以前，即在人民解放战争东北战役尚未全面展开时，石觉曾经狂妄地欲以上述的兵力，梦想长期控制热河，以策应东北国民党军的作战，并企图以热河作为他保存实力、扩充实力的根据地。“有十三军在，就有热河在；热河存在，大家就有发展前途。”这是石觉在一次团长以上的会议上所作的狂言。正是基于这个目的，当时石觉就以他的嫡系部队第四师和军部直属部队以承德为核心驻守承德附近地区；以第八十九师的三个团分布在各距承德百余里以外的三个外围据点上：师长率师部直属部队和第二六七团驻守承德以东的平泉，第二六五团驻守承德以北的隆化，第二六六团驻守承德以西的古北口。

可是石觉这个美梦不长，在一九四八年五月二十五日人民解放军一次英勇的隆化攻坚战斗中，石觉的如意算盘遭到了彻底的破产。当时防守隆化的第八十九师第二六五团整个被解放军消灭，团长汤池当场被击毙，隆化获得解放。人民解放军董存瑞的英雄事迹即出现在这一光辉的战斗中。

---

* 作者当时系国民党第九兵团第十三军第八十九师少将副师长。

石觉遭受了隆化这次沉重打击之后，深深感到手臂伸得太长，兵力过于分散，乃不得不缩小防守地区。一九四八年七月下旬即放弃平泉，把第八十九师的主力撤到承德、滦平一带集结。

一九四八年十月底东北战场国民党军队遭到全军覆没，人民解放军取得辽沈战役的辉煌胜利之后，石觉越发感到形势不妙，日益恐惧东北解放大军入关。而承德突出口外，他担心自己势孤力薄，终不能保，极欲扩充实力，以策后图。此际，石觉即以第十三军军长兼热河省保安司令名义秉承国民党中央的意图，由原来的两个师扩充为五个师，即除原有的第四师、第八十九师外，扩编了暂编第六十三师（后来改为二九七师）、第二九九师、暂编第一五五师。石觉这时还没有任何兵团司令的头衔，他就以热河省保安司令的头衔把几个保安团和一些地方团队扩编成为新的师。暂编第一五五师完全是由热河省保安司令部所属的三个保安团改编的。这时第四师师长仍为骆振韶，第八十九师师长为胡冠天（刘建章早于三个月前调离第十三军归还东北新编第六军），暂编第六十三师师长为欧孝全，第二九九师师长为巫剑峰，暂编第一五五师师长先由八十九师副师长汪君勃代理，后来该师撤至密云，始由石觉的老部下新从东北打垮的国民党某师副师长被俘逃出后的杨齐正式接替师长。

一九四八年十一月十日国民党中央始发表石觉为第九兵团司令官，此际东北全境已告解放，东北整个战役已结束，石觉就在如此紧张的情况下以惶恐不安的心情在承德草草就职。当时他所统辖的仍为上述五个师，只是第六十三师改变为二九七师的番号。

东北解放大军分两路入关的消息，如惊雷一般震撼了华北国民党部队的军心，也粉碎了石觉“有十三军在，就有热河在”的迷梦。是守是逃，时间不允许犹豫，就在一次紧急会议上，石觉决定了“放弃热河”这样一条“走为上策”的“妙计”。有人提及眷属安排问题，石觉以十分不悦的语调回答道：“时机紧迫，只有迅速把部队安全撤退，保存力量，才有一切；没有了部队，什么老婆孩子，房子金子，都是空的。”这里充分表露了石觉当时惶恐不安的狼狈心情，同时也暴露了他的虚伪面孔，谁不知道石司令官在澳门有着自己的房子和老婆呢！

石觉自得知东北人民解放大军向关内进军的先头部队已越过热东凌源县的情报以后，感到极度惶恐。当晚（一九四八年十一月二十日夜）十二时许仅以电话告知各师长：“明晨各部队听由骆军长（振韶）部署行动，各师要加强警戒，派出小部队进行警戒和侦察活动。”匆忙间连个会议也未来得及开。石觉本人则只携带亲信卫士一人独自驾驶了一辆吉普车于二十一日凌晨四时左右自承德先行狼狈逃跑。大约一小时后又有装载石觉行李细软和武装警卫人员的卡车两辆由承德向古北口飞驰而去，这是石觉临逃窜时匆匆安排的。

实际上石觉自热河逃跑并非事前没有一点打算的，从其对于手中所属各师的行动部署看，就可一目了然。在他逃跑的前一两天，已命令他的嫡系部队第四师兼程前进，开到古北口以南的石匣[①]至密云线上，而他的次嫡系部队第八十九师胡冠天部又接踵开往密云。石觉逃跑之际，承德附近驻有第十三军军部直属部队和第二九九师、暂编第一五五师。第二九七师欧孝全部以古北口为基点驻于滦平—拉海梁—古北口—石匣线上，担任交通掩护，这是石觉逃跑的唯一路线。而拉海梁是石觉在这一线上最为顾虑的一个点，因为这个点过去曾经遭到我人民武装游击队的袭击。石觉性情狡猾，十一月二十一日清晨他逃跑途经滦平时不愿在第二九七师的第八九〇团熊中岳那里停留吃早饭，是为了迅速逃过拉海梁，越过古北口。在他看来，只要窜进长城以内，就会安全。根据他的经验，只要电话线路没断，交通就能畅通无阻。当时滦平—拉海梁—古北口的线路是畅通的，因此，石觉就开着小车飞奔古北口。

石觉于十一月二十二日逃到密云，二十三日逃到通州。十二月五日密云第一五五师被解放军消灭，石觉乃逃进北平城内的圆恩寺住宅。

尽管石觉狡猾机灵，自热河飞快逃到北平，但在十二月五日密云战斗中却损失了第一五五师一个师，当时该师师长杨齐仅以身免，由密云逃到北平。如是，石觉手中只剩下四个师，即第四师、第八十九师、第二九七师和第二九九师。石觉当时就以第九兵团司令官名义统辖这几个师，防守东直门到朝阳门一带，企图孤注一掷，作最后的绝望挣扎。他曾经率领团长以上人员登临崇文门、朝阳门、东直门城楼视察防御工事。照他说“北平目下还有二十余万兵力，如能协力同心，还能决一死战，天津战事如能得手，时机尚可有望。”他这种执迷不悟的幻梦，终于在天津解放之后，遭到破灭。

自傅系第三十五军被歼，第一〇四军遭到溃败之后，平张、平津两线全被切断，北平已成为孤城，而解放军又兵临城下，将北平围得水泄不通，此际所有企望负隅顽抗的华北国民党军，大有插翅难飞、坐以待毙之

① 今石匣地名已无，原地已成密云水库库区。

感。

石觉原想伺机循天津水路率领嫡系部队乘船逃跑，他绝不愿追随傅作义逃往绥远，向西北寻求出路。今既两路皆绝，石觉乃不得不寻求空中逃跑的途径。他在天津宣告解放之后，曾筹划空运部队逃跑，数电南京告急求援，派机空运。此际，石觉的全副精力几乎倾注在这一空逃的勾当上，而第九兵团的防务和日常事务，悉交由兵团副司令官骆振韶代行，有人要会见司令官（石觉），总是被挡驾，嘱转向骆副司令官“请示可矣”。尽管石觉谋划空逃是在暗中进行，对非亲信保持绝对秘密，但这一秘密早就被他的机要参谋泄露了。石觉空逃计划的中心目的，只是企图把他的嫡系部队第四师全部和其他各师的亲信骨干军官带走，看来这不算什么奢望，但瞬息万变日益紧张的形势，终于迫使石觉这一点希望也不能如愿以偿。

当时解放军虽然压境，但为保护故都文物和人民的生命财产，并未发动猛烈攻势，而是力求和平解决北平战事。然而为防止敌人空逃，曾对天坛机场加以炮火封锁。解放军这一行动，果然起到积极的效果，后来天坛机场无论起飞降落都不济事了，石觉终于不得不从东单小型机场仓皇乘机逃跑了。

傅作义将军是在一九四九年一月二十一日夜通过广播正式宣告接受和平谈判条款率部起义的。这一行动，受到北平国民党大多数官兵的拥护和全城居民的热烈欢迎，只有石觉、李文等少数人是心怀不满而又无可奈何。在一月二十二日被迫召开的两兵团团以上军官大会上，石觉就以哀叹的语调和嫉恨的感情言不由衷地仅仅说了这么两句话：“傅总司令投了八路军，我们从此也当了八路。”言下表情极不自然。

因为东单小型机场的限制，石觉没有能够把他的嫡系部队第四师全部带走，结果只空运走了第四师第十二团王化仁部两个步兵营和军部辎重营以及骆振韶等团以上军官十余人。

中國紀

平津战役

第六章

绥远起义

绥远九一九起义

董其武*

起义的前因

一九四九年一月二十一日，北平正式和平解放。之后，我于九月十九日在绥远率部举行了光荣的起义。起义的胜利，主要是中国共产党的英明领导和傅作义先生不断引导我走人民道路的结果。

我在绥远经常收听新华社的广播，从中知道国民党军队处处溃败，解放军节节胜利的情况。尤其是一九四八年十一月初，听到整个东北解放的消息，预感到解放军势必源源入关，华北局势已到了危急存亡的关头。十二月中旬，傅部第三十五军在新保安被包围。第三十五军是傅先生亲自培养、训练的一支主力部队。如果这支军队被歼灭，不但对傅的精神上是个极大的打击，而且直接影响整个华北局势。结果，这支部队于十二月下旬被解放军歼灭了。接着解放军又解放了张家口，傅部第十一兵团和第一〇五军也全部被歼。同时，由东北入关的解放军大兵团和华北解放军大兵团分别分割包围了平、津、塘。

北平被围以后，为傅先生设想，我有几种考虑。一是打。怎么打？北平城不适宜防御，很难守住。依城野战呢？而傅先生的基本力量已经损失很大，部队人数虽然不少，得力的部队不多。更其要考虑的，北平是祖国文化古都，一打势必造成很大破坏，要落千古骂名，傅先生绝不干。二是走。怎么走？有两种可能：一是部队分路突围南下，一是部队西撤。到必要时刻，傅先生本人行动再作定夺。不过我想，这时候傅先生对蒋介石

---

* 作者当时系国民党绥远省政府主席、省保安中将司令和华北"剿总"归绥指挥所主任。

已失去信心，是没有理由替蒋介石殉葬的。三是和。投向共产党。我想傅先生走这条道路的可能性很大。因为，在以往我们的几次谈话中，已可看出傅先生的心思。不过，究竟傅先生走哪条路，我无时不在密切注视着。因为就我和傅先生说，就绥远部队说，北平的结局直接关系到绥远的前途和命运。所以，不管形势如何变，有一件事是肯定的，就是：傅先生走什么路，我就走什么路。

北平和平飞平谒傅

一月二十一日夜，我在归绥从广播里听到傅先生与中共达成和平协议，宣布北平和平解放。我虽然早料到有这么一天，但是仍觉得有些突然，又惊又喜，既兴奋又不安。在北平围城期间，我曾两次向北平通话，都不是傅先生亲自接的，一次是王克俊，一次是阎又文。他们告诉我，傅先生很忙，心情不太好，让我听候安排，注意掌握部队。此外，便再没有说什么。这期间我表面镇静，内心却有些惶惶然。这时很想知道北平和平解放的详情，随即向北平傅作义先生处打电话，要求派飞机来接我去北平看看。我二十二日到北平后，直接到中南海居仁堂见傅先生。傅一见我就说："在这么忙乱的时候，你干什么来啦？"我说："正是这会儿才要来看看您……"

傅说："你来得正好，我把北平和平解放的情况给你谈谈。"傅略微沉吟了一下，就安详地说："去年十一月初，辽沈战役一结束，我去南京参加政府召开的军事会议。那时淮海战役也即将开始。蒋先生想抓紧我部力量以挽救残局。他先让何应钦，后是亲自告我，要求将华北部队南撤，并要我任东南军政长官，所有的军队完全归我指挥。我就当时的处境经过深思熟虑，认为，华北的部队绝不能南撤，审时度势，咱们这部分到南方去不会有什么好结果。但对蒋的话也不能采取断然拒绝的态度。当即向蒋婉转的表示：（一）华北局势不像一般人看的那样悲观绝望；（二）对扭转华北的危局还有办法；（三）南撤方案，非万不得已时不宜实行。因为，坚守华北是全局，退守东南是偏安，历史教训值得考虑！我的这些话打动了蒋。他当即表示尊重我的意见。我回到北平后，虽然在公开场合一再说：要遵照蒋的命令，力挽华北局势。但是内心却认定南京政府已经丧尽军心，丧尽民心，绝不能靠这个政府来统一国家，复兴民族。如果我们再参加内战，就无以对国家，无以对民族。不久，我就让大女儿冬菊通过和中共中央已经接通的关系，给毛主席去了电报，请派南汉宸或其他代表来平商谈和平事宜。”

傅说：“北平和平解放我是拼着三个死：一个是，和共产党打了几年的仗，不谅解的人可能要打死我；二是，特务可能要随时杀害我；三是，咱们内部不了解情况的人也可能要打死我。我拼着三个死，决心走和平的道路。”傅接着又说：“我也不是不能走。蒋先后派了蒋纬国、郑介民、徐永昌等来平，软硬兼施地劝我大军南撤。蒋纬国还带来了蒋的亲笔信，说什么‘千军易得，一将难求’等语，我都拒不接受。同时美国海军西太平洋舰队司令白吉尔等也先后飞来北平，劝我直接接受美援。他保证美国海军全力支持我们。我当即义正词严地说：‘我们中国的事情，中国人能办得了。’”傅加重了语气又说：“现在局势的转变，是大势所趋，人心所向，是历史的发展，是人民的要求，是任何力量也扭转不了的。我们要跟上历史的潮流，走人民的道路。”

傅又说：“你回去告诉咱们的干部，在抗日战争时期，我把大家的家属送到兰州、宁夏去是可以的嘛。现在呢，不要看目前解放的地方还小，很快全国都要解放了，家属再送到哪里也都不是好办法。除非你有钱，把家属送到外国去，否则没有你立足之地。”

“走人民的道路”这句话，傅不止一次地讲过。这次是以更加郑重的语气重复地讲的。此刻我从他的实际行动中真正理解了这句话的含义，并得到明确启示。这时，我马上急切地询问：“既然如此，北平和平解放的条文怎么没有提到绥远呢？”傅说：“绥远问题等我见到毛主席之后再定吧。”我眼巴巴地盯着他说：“我多年一直随您做事，对您是言听计从。您怎样走，我就怎样走。可是，绥远情况相当复杂，不可拖延，应尽早安排。”傅先生点头表示同意。他又说：“这样重大的事情，不是光几句话就成的，要认真做好准备工作。要给大家讲明道理，认清利害关系，为了人民的幸福，为了全体官兵的前途，为了我们每个人的前途，必须走人民的道路。”就这样，经过我和傅先生这一次长谈，绥远的去向——坚决随傅先生走人民的道路，就定下来了。对我来说，剩下来的只是通过什么方式达到目的问题了。

初期酝酿

走人民的道路的决心已定，奋斗目标已明。我一回到绥远，暗中就开始为起义做准备工作。我首先考虑到，由于北平的和平解放，南京政府一定会对绥远部队不放心，要进行干预，并会指使特务进行捣乱破坏。绥远内部的情况也不一。绥远各族人民和部队士兵是欢迎和平的。下级干部虽绝大多数都是反对内战，倾向和平的；但由于多年来国民党的反共宣传和严厉查禁、封锁进步书刊，有许多干部对共产党不了解，有怀疑。在中上层有对立和恐惧心理，特别是国民党顽固分子，会对和平进行阻挠和破坏。如果准备工作做不好，时机不成熟，就贸然提出和平问题，反会受到挫折，因而偾事。针对以上考虑，我的做法主要是安定部队情绪，然后进行思想说服工作，使思想认识趋于一致，一步步地引导到和平道路上来。

首先，我与旅长以上干部谈了话，传达了与傅先生晤谈的情况。着重说明了辽沈、淮海、平津三大战役后全国形势的发展。说明了国民党大势已去，无可挽回。北平和平是大势所趋，人心所向。希望大家要放开眼界，观察全国形势的发展，安定部队，团结一致，不要听信谣言。并提出绥远应向何处去的问题，征询了他们的意见。我又与省政府厅、局长以上干部，省议会议长张钦、高等法院院长于存灏、土默特旗总管荣祥、东四旗代表胡凤山、回族代表吴桐等分别谈了话。

为了更好地了解当时一般中下级军政干部的思想情况，我针对当时的形势，提出了一个时势讨论提纲，发给各部队、机关讨论。提纲内容包括：（一）当前国内外形势如何？共产党军队能否渡过长江？（二）三次世界大战能否发生？（三）对北平起义的看法如何？（四）在当前形势下，绥远应该怎么办？目的是，通过讨论研究，以统一思想，稳定情绪。从讨论结果看，大多数认为：国民党大势已去，共产党的部队可能很快渡过长江；第三次世界大战是谣言，是幻想，不可能爆发；北平和平是大势所趋，傅先生做对了，绥远也应随着北平的榜样，走和平道路。这样，显然大多数人都能开始认清形势，赞成和平。但不少人有顾虑，存幻想。也有少数人坚持顽固立场，反对走和平道路。

春节过后，我到部队和地方巡视，讲了话，还和一些军政干部和士兵作了个别谈话，开了一些小型会议。具体了解到一般的思想是倾向和平，部队的情绪基本稳定，但在中上层干部中确实顾虑不少。主要是：怕不信，怕不用，怕算旧账，怕身家安全没有保障等等。还有极少数人对北平起义不谅解，有抵触，甚至存在幻想，别有企图。根据掌握和了解到如上的思想情况，我认为走向和平还有不少的阻力，需大力认真地对存在顾虑的人进行说服教育工作，并尽力遏制那些捣乱分子的破坏和平的活动。我意识到这是一场特殊的战斗。

签订《绥远和平协议》

我从北平回绥远不久，旧历年来临。除夕前，绥东人民解放军的前线部队同绥远前线部队，在归绥以东六十里的陶卜齐车站地区发生冲突。绥远局势顿呈紧张。我立即电告傅作义先生，经傅和华北局联系，转达了毛泽东主席的“双方部队停止战斗，绥远问题和平解决”的指示。人民解放军绥东前线部队于一九四九年一月三十一日停止向绥远军队的进攻，二月十一日又将主力部队撤至卓资山一线。于是绥远局势便趋平静。

在前线发生军事冲突之时，归绥市面上一片混乱，人心惶惶。这时，国民党绥远省省党部主任委员兼省政府建设厅长潘秀仁、副主任委员兼省政府财政厅长张遐民，竟然要求我将军政机关立即西撤。他们说，后套粮多，后方补给容易。不然一旦敌人切断绥包，我们就无法后撤了。潘、张的用意是以后撤为辞，妄图阻挠我们走和平道路。我拒绝了他们的要求，坚持留在归绥市。他们几个就逃到后套去了。

二月二十二日，傅作义先生偕邓宝珊先生到河北省平山县西柏坡村晋见毛主席。毛主席、周恩来副主席同傅先生进行了重要和恳切的谈话。当傅先生问毛主席绥远问题怎么办时，毛主席说：“绥远问题，用‘绥远方式’解决。”傅又问：什么叫“绥远方式”？毛主席又说：“有了北平的和平解放，绥远就不用兵了。先划个停战协定线，让董其武主席慢慢做好他的内部工作。另外派个联络组，把铁轨接通了，贸易起来，在他认为适宜的时候举行起义。”

关于“绥远方式”，毛主席又在中共七届二中全会报告里，作过详细阐述。他说：“今后解决这一百多万国民党军队的方式，不外天津、北平、绥远三种。……绥远方式，是有意地保存一部分国民党军队，让它原封不动，或者大体上不动，就是说向这一部分军队作暂时的让步，以利于争取这部分军队在政治上站在我们方面，或者保持中立，以便我们集中力量首先解决国民党残余力量中的主要部分，在一个相当的时间之后（例如在几个月，半年，或者一年之后），再去按照人民解放军制度将这部分军队改编为人民解放军。”历史已经证明这种方式是英明、正确的。

根据毛主席指示的“绥远方式”，平津前线司令部各首长于三月间在北京饭店宴请傅先生时，经贺龙将军提出商定了谈判绥远和平解放的双方代表：解放军方面派李井泉、潘纪文二同志；绥远方面傅先生派周北峰、阎又文二人。三月二十二日，双方代表在北京饭店开始进行第一次商谈。先就划定绥蒙姚喆部队与绥远部队停火线问题进行商谈。周、阎来电，让我提了划定停火线的意见，往返几次才定下划线问题。尔后，就恢复平绥铁路交通、通邮通电、双方贸易往来、双方货币兑换、华北局指派联络办事处进驻归绥等问题又进行了反复商谈。对这些问题，绥远方面代表于四月一日，提出了《绥远问题协议草案》。草案的具体内容是：

一、绥远问题以暂维现状为原则，所有董其武所属军、政各部门由思想改造过程，逐渐成为联合政府组成之一部分。

二、绥远境内双方部队，停止任何大小冲突，划定界线，和平相处。

三、划界：自四子王旗西十五华里之线，正北至国界，向南经乌兰花北二十华里，折东经乌兰花东二十华里，东南经兴盛隆，陶卜齐西十五华里，羊群、窑子迤南经东南沟门，和林东二十华里，和林南二十华里，西南经上下窑子，大红城北，一间房子，沿托、清县界至黄河岸。线上均不驻军。

1. 线划定后，陶卜齐车站解放军只驻少数部队保护车站，其余双方部队尽量往回集结。

2. 东西沟门如现为解放军所占，线划定后，只驻少数不带武器之行政人员。

3. 解放军拟在喇嘛湾设贸易机构（此意见暂作保留，俟与绥远省政府商酌后再确定）。

四、交通：由路局统一管理为原则，对原有人员原则上暂不更动，并将绥省军政及公用运输，在改造思想之过渡期间，为避免纠纷起见，暂维现状，分段管理，统一行车（但车辆不得少于现有数），逐渐建成统一管理之目的。

五、贸易：

1. 人民自由贸易，双方均不征出入口税，不能因划界而增加人民负担。

2. 公营贸易，华北人民政府在归绥，绥远省府在北平，各设一贸易机构，以下列两种方式经营贸易业务：

甲、双方贸易机构，订立合同，办理贸易。

乙、与私商直接贸易，但须当地主管贸易机构办理登记。

六、金融：

1. 金圆券与人民币在绥境得自由流通。

2. 人民银行在绥远设一办事处，受联络组监督指导，办理稳定金融及流转，其业务为：

甲、公营贸易之出纳。

乙、与绥远省银行参考市价，协定人民币与金圆券之比价，挂牌公告。

丙、协助绥远省银行办理对平津之汇兑。

3. 人民银行对绥远省政府依照适当比价，收兑若干金圆券（以低于市价为原则，数额另定）。

4. 华北人民政府向绥省贸易机构定购货物，以人民币预付价款。

七、绥远部队服装，由华北人民政府设法协助解决。

八、绥远省府为加强干部学习，迅速改造思想，指定书店办理书报购销。

九、特务人员由董其武负责解散其组织，停止其活动，并令其离绥。

十、绥省府应即整饬部队，扩大春耕，增加生产。

十一、华北人民政府在归绥派遣联络组，与绥远省政府所指派之联络组，随时商洽解决各项问题。

十二、本协议系初步协定，为将来实施之基础。俟傅作义将军派员赴绥联络沟通后，再正式签订实施之。

华北人民政府也提出了具体的协议方案。双方又经过数次协商，拟定了《关于绥远划界交通金融贸易派遣驻归绥联络机构等具体问题的协议》草案。此时因贺龙、李井泉同志离京去前方，中央让华北局书记薄一波同志直接负责，华北局并指定张友渔、李哲仁同志参加谈判。傅先生也让王克俊参加了谈判。

四月下旬，傅先生派原第一〇四军军长安春山、原傅的随从参谋刘庸笙携带双方拟定的和平协议草案和双方军队驻地临时分界图来绥，让我审阅。并向我传达傅先生如下的一段话："要体会毛主席留待绥远起义的宽大政策，团结一致，实行完整的起义，勿使部队分裂，致使人民遭受损失。"傅先生的话，使我觉得共产党对绥远的政策实在是伟大英明。我便及时召集军政和地方代表人物，讨论了协议草案，传达了傅先生的意见。讨论中，大部分人赞成，有的人不表态，极个别人怒气冲冲，几乎动武。面对这种情况，我认定：有分歧是自然现象，但绝不动摇我走人民道路和接受和平协议的决心。此时，我一方面做个别人的工作，一方面派原绥远省干部训练团教育长康保安代表我赴北平，向傅先生报告对草案的修改意见，并履行签字手续。康到北平后，经双方协商，同意我们的修改意见，并在傅先生的指导下，于六月八日在西交民巷银行俱乐部，双方代表举行了签字仪式。华北人民政府副主席蓝公武主持了签字仪式，并代表华北人民政府在协议上签字。康保安在上面盖了我的图章[①]。

绥远问题的和平协议签字后，毛主席在中南海丰泽园接见了傅作义先生。接见时在座的有周恩来副主席、朱德总司令、聂荣臻司令员、薄一波政委、陶铸同志。被接见的还有邓宝珊、周北峰、阎又文等。毛主席说："你们商谈的条款我已看了，就按那样执行吧。不过，不要登报，因为你们没有写明有了北平和平解放，才有绥远和平解放。不然别处都要求'绥远方式'，我们就不好办了……"

毛主席批准了《绥远和平协议》，于六月八日正式生效。协议原文是：

依据三月二十三日北京饭店会谈暂维现状，以便改造思想准备将来作进一步改革工作之基本精神，关于绥远划界、交通、金融、贸易及派遣驻归绥联络机构等具体问题，经双方协

---

① 据了解，《绥远和平协议》签字的日期，是一九四九年五月二十八日。地点在华北人民政府二楼会议室，签字的是双方的谈判代表：张友渔、潘纪文；王克俊、周北峰、阎又文。华北人民政府蓝公武副主席主持签字仪式。出席签字仪式的还有华北人民政府杨秀峰副主席、傅作义先生，以及董其武派来了解情况的代表康保安。

议如下：

A、关于划界问题：

一、双方同意以陶卜齐与白塔间之古立板乌素为中点，向北、向南划定界线，停止一切冲突，并尽可能撤退沿线驻军，和平相处。其界线为：自古立板乌素向北经庄子上，保二合少与奎素之东北，经小小泉、三道沟、水坝子、天桥子、巨成滩、沙拉木兔、五鸡（东）、后哈卜齐、北克莎、留椇牛、羊坡子、东西巨子（西）、北路（西）、至东营以北；西向经鸡登、官府、白旗以南，至哈里善兔与羔沙兔之间；由古立板乌素向南，经南地、新营村以东、经五色忽洞、水林沟、舍必崖（西），西向经二道营、前水泉（北）、马群沟（北），至斗成窑、黄家、一间房子，至乌不浪，西向经八楞沟、米粮沟（北）、子兔（南）、杨喜梁（北），南向经小乌拉西盖（东），黄家水泉（西），迤北经小石（北）至黄河岸。

二、界线经过之村庄，自古立板乌素以南者（包括古立板乌素）归华北人民政府管辖，以北者由董其武将军管辖。

三、为防止土匪利用所划界线滋扰人民，今后发现土匪时，双方协同剿除之。

四、所划界线以西曾经进行社会改革地区，应保护群众一切既得利益，严禁一切报复行为。

B、关于交通问题：

一、双方同意包头至白塔段之平绥铁路，应由中国人民革命军事委员会铁道部统一管理。

二、旧有职工原则上暂不更动。

三、购票以人民币为计算标准（包头至白塔段银元与银圆券得按牌价折收，路局所收银元与银圆券，得按牌价在董其武将军管辖区域使用）。

四、对董其武将军所属军政之公用运输，在改造思想之过渡时期，予以特殊之优待及便利，其详细办法由中国人民革命军事委员会铁道部与董其武将军依此原则另行商定。

五、在中国人民革命军事委员会铁道部统一管理之下，设平绥铁路西段管理处，其组织办法由中国人民革命军事委员会铁道部规定之。

C、关于贸易问题：

一、双方同意根据自由贸易原则，互相进行贸易，不得阻碍留难，并不得在边界征收出入口税，但所有双方公私商人，均不得携带违禁品并不得有违法行为。

二、公营贸易：华北人民政府在归绥，董其武方面在北平，各设一贸易机构（双方所设贸易机构得派员至包头、天津依法进行贸易），以下列两种方式经营贸易业务：

甲、双方贸易机构，订立合同，办理贸易。

乙、双方得与私商直接贸易。但须向当地主管贸易机关办理登记。

D、关于金融问题：

一、银元、金圆券与人民币在董其武将军所管辖区域内均得自由流通。

二、中国人民银行在归绥设一办事处，办理下列业务：

甲、归绥与华北区间之商业汇兑。

乙、代贸易机关办理出纳手续。

丙、根据市场自然价格，与归绥之绥远省银行协商决定人民币与银元、金圆券之比价，并挂牌公告。

三、为帮助董其武将军克服金融财政上之困难，依据实际情况，酌量收兑若干金圆券（比价数额另定），并得以人民币预定货物。

E、派遣驻归绥联络机构问题：

华北人民政府在归绥设立联络处，与董其武将军及其所指定之人员，协商解决一切临时发生之具体问题，并负责领导中国人民银行与贸易总公司驻归绥办事处，并得与当地军政人员联络感情。

依据上述各款由华北人民政府及中国人民革命军事委员会铁道部派驻董其武将军所管辖区域之人员，与董其武将军派驻北平贸易机构之人员，双方相互负责保证其安全。

F、其他：

一、解放区书报得在董其武将军所管辖区域内自由流通，目前除由董其武将军自行大批购运以供军政干部学习、进行思想改造外，并在归绥约定书报代办所，以便人民自由订购。

二、董其武将军应即自行整饬军队，并停止一切扩军措施，使劳动力尽量转入生产。

三、董其武对特务分子，应即自行解散其组织，停止其活动，并令其离绥。

……其他本协议未涉及之问题，另行协商解决之。

《协议》签字之后，傅先生于六月十四日派原华北"剿总"政工处长王克俊、宣传科长李竭忠，携带《协议》文件来绥协助我执行协议。六月二十四日，我先召集高级行政人员会议，宣布关于和平解决绥远问题的各项协议。七月八日，我又分别向各部队长宣布《协议》内容，并进行了必要的说服工作。

走向和平的过程

《协议》签订前后，有一部分人存在错误思想，个别人坚持反动立场，在时机不成熟的情况下，我不能轻易地公开表态。致使一些比较倾向和平的人，也对当时政治情势感到莫明究竟，有的对我竟产生误会。如有的人说："董主席的葫芦里头到底装的什么药，倒出来让大家看看就对了嘛！"甚至还有人说："董主席是脚踏两只船。"

四月一日，傅作义先生在北平发出通电，声明政治立场。这对绥远军民、干部和各界人士的思想认识产生了重大的影响。不久，《绥远和平协议》正式签订，曙光在望了。我为了《协议》的顺利执行，以达到完整的起义，使所有部属都走上光明的道路，不至于掉队落伍。于是，我便借傅先生和平通电的东风，借干部和绥远各界对傅先生的信仰，有计划有步骤地开展各项革新活动。以提高认识，统一思想，迎接绥远起义的早日到来。其具体措施如下。

一、组织革新运动委员会。我在省府邀请了各方面有代表性的人物举行座谈会。会上我先作了形势分析，要大家认清形势，明确方向。检讨国民党的失败，主要是没有实行新三民主义，特别是民生主义。因而在政治经济上贪污腐败，脱离人民，错误地执行戡乱政策。我们要接受教训，开展革新运动，革除旧弊，振刷新机，实行经济民主，政治平等，以适应形势，走向新生。我讲罢，大家热烈发言，争论激烈，除少数人坚持不同意见外，绝大多数人认识到开展革新运动是走向新生的必要途径。经过几天的座谈讨论后，成立了绥远省革新运动委员会。推举张钦、于存灏、刘万春、张国林、常佩三、张国宝、张立范、佟树蕃、赵国鼎、赵励师、张登鳌、卢健飞、康保安、李忠孚、梁子材等二十多人为委员，推举我为主任委员。委员会下设：时代认识、政治经济、文化教育、土地房产四个组。其主要任务是从思想上重新认识时代，政治上重新确定方针任务，制定革新工作计划草案。

二、改组省级机构。为统一事权，节省经费，解除了建设厅厅长潘秀仁、财政厅厅长张遐民、社会局局长杜品三等的职务。他们都是国民党反动派在绥远省的当权者。他们分别任过国民党绥远省党部主任委员，副主任委员、杜还是CC特务。他们旧年除夕前分别逃亡后方，并指使其在绥远的党羽破坏和平解放。同时，我还把省政府厅、局、处二十几个单位裁并为四厅二处，编余人员经甄别后，充实了县、乡基层工作。

三、改革人事制度。任用私人，党同伐异，互相拉拢，发展个人势力，为政治腐化贪污的主要根源。为革除这种腐败制度，决定成立人事委员会。将全省干部统一任用，统一考核，统一训练，以杜塞任用私人、贪污腐化之路。

四、成立革新学院。为了统一思想认识和行动，培训干部，我把原绥远省干部训练团改组为革新学院，我任院长，并选任愿接受和平起义的人员为各级教育骨干，分期分批训练省、县科长级以上干部。革新学院的课程主要是新三民主义、《论联合政府》、当前国内外形势和革新运动委员会的革新草案等。用上大课、讲小课、大组讨论、小组讨论等方式来进行学习，达到转变思想，统一认识的目的。学习的结果表明，参加学习的绝大多数人思想认识上都有很大的转变，为和平起义创造了有利条件。但仍有少数顽固分子反对学习。有人说：“这样训练，就把人们都训练成共产党了。”

五、教育、使用东归干部（指张家口、新保安、北平解放后回到绥远的傅部干部）。北平和平解放后，一部分起义干部回到绥远，这些东归干部绝大多数都是跟傅先生多年的可信赖的人。他们到绥后，我先后都同他们谈了话。为了发挥这些人应有的积极作用，我分别把这部分人安置到部队中去，以代替那些对和平抱怀疑态度和思想不稳定的人。替换下来的人调往革新学院学习。这样以利于巩固部队，安定部队，以利于和平。

六、设立督训处。在东归干部中选择了职务较高的三十余人成立了督训处。由原骑兵第五旅旅长卫景林任处长。利用这些干部与部队中各级干部的同学、同事关系，帮助督训部队，整顿部队，加强纪律。同时，他们之间可以说说知心话，帮助一些干部认清走和平道路对干部有好处，对官兵有好处，对地方、人民和个人都有极大好处的道理。劝他们不要受特务分子的引诱和煽动，坚定跟着傅先生和我走和平道路的决心。

另外，我还指示卫景林去找一个愿意立功赎罪的姓贺的特务分子做工作，尽可能地掌握特务的名单和活动情况。后来，把掌握到的百余名特务分子集中到革新学院，单编一个队，任命原第三十五军的鲁乐山团长当队长。这样，不仅控制了特务的一部分力量，而且使特务之间互相猜疑，起到了分化瓦解的作用。大大地打击了特务的嚣张气焰。

七、改进报纸宣传。《奋斗日报》是绥远省政府的机关报。为了发动舆论，转变大家的思想认识，配合革新运动，在《奋斗日报》被砸之后，我特派苗平章到报社工作，和原工作人员一起宣传和平革新，刊登解放区胜利消息，介绍一些进步文章，抨击反动腐朽的政治。对改变思想认识起到了促进作用。

八、召开军队高干会议。在革新运动开始后，绥远和平已逐渐明朗化。我为进一步统一部队思想认识，召集了军、师、旅级高干会议。我在会上作了形势报告，要求大家坚定地树立走和平道路的信念。同时，布置了在部队中开展人员、马匹、装备实力情况的调查统计工作，为起义做准备工作。经过这次会议，高级军事干部的思想基本得到统一。

在当时错综复杂的情况下，虽然有些改革措施还带有一定的妥协性和改良主义色彩，但大力推展实施的结果，确实使绥远这旧的政治腐朽现象，基本上得到清除。这便削弱了少数反起义上层的控制，增强了起义的群众基础。从而使绥远军政各界走人民道路的思想认识渐趋于统一，保证了起义的顺利成功。

同特务和反和平势力作斗争

绥远起义的全过程，充满了尖锐、复杂的矛盾和斗争。这种矛盾和斗争突出地表现在与国民党南京政府方面制造的种种障碍和施展的种种阴谋上。我和广大具有高度爱国热情的官兵和各界爱国人士，同他们进行了尖锐激烈斗争。

一、停发军费迫令部队西撤。北平和平后，绥远即开始酝酿和平。这时，国民党特务分子就把这情况密告南京政府。为阻挠和平，三月初，南京政府命令我率驻绥部队西撤。我既决心要走和平道路，当然就绝不再执行南京政府的命令。但表面上还需应付。于是我用两条理由做了回绝：第一，绥远目前形势还算稳定，暂时不应西撤。第二，驻绥部队的下层官兵大多数是当地人，轻易西撤可能多有逃跑。南京政府一看我不服从调动，马上改变了手法。就派国民党中央立法委员绥远籍的祁子厚和我的小同乡严子言二人乘飞机来绥，要接我去南京与蒋介石见面。我不软不硬地对他们说："当下时局表面稳定，但危机四伏，我一离开，局势难以控制，可能出现意外，如果必要，可酌请他人代表，目前不便轻易离开。"拒绝了祁、严的劝说。

南京政府两次碰壁后，便使出"撒手锏"，停发了绥远军政经费和一切补给。当时驻绥远部队包括邓宝珊将军的第二十二军在内，将近十万人。加上绥远又是一个贫瘠的小省，财政向即短绌，生活上确实立即陷入困境。我多次文电申请和派人交涉，南京政府认为他们的"撒手锏"很见成效，不是不予理睬，便是故意推托，唯一的答复："让董主席来。"某些不明真相的人，听到此话后说："董主席真糊涂，去上南京一趟，问题不就都解决了吗？"其实，我何尝糊涂。我既决心与南京政府彻底决裂，还有什么必要再到南京去呢？何况他们让我到南京去，是居心叵测的，是设下陷阱的。并不是我一到南京，经费就可到手，他们当然有条件，就是阻止和平。而且我一离开绥远，形成群龙无首，那些反对和平的恶势力，便会猖獗起来，这是必然的。那些希望我去南京的人里，有些思想简单或者说是糊涂，有些则是乘机捣乱，加紧兴风作浪，以激起那些不明真相的人反对我，实际上也便是反对和平的进程。对南京政府施展的这个"绝招"，我只好想法子同军政各界节衣缩食，共度时艰。钱不够用，只能给军官、士兵和工勤人员每人每月发五块和两块现洋的生活费，家属吃粮由政府供给。夏季无单衣，就改冬装为夏装。这当然要付出不少精力去做大量的思想工作，坚定他们的信心。南京政府和他们在本地的鹰犬们只能是心劳日拙。我们始终没有被他们强加的困难所压倒。

六月十六日，广州国民党政府来电报要我赴广州参加省主席会议。再次施展调虎离山的诡计，企图骗我离开绥远。并派在兰州催发补给的第三十二兵站分监部分监马良弼，乘西北军政副长官郭寄峤派的一架美国人驾驶的飞机来绥，接我去兰州，再转道飞广州。我仍以前方军情紧要，不便离开为辞拒绝。马乘飞机回兰州时，天已黄昏，迷失方向，在兰州附近会宁县境内触到山崖上，机毁人亡。

二、特务大肆活动破坏绥远和平。河北、天津、北平、察哈尔解放后，所有的特务都麇集绥远，有如群魔乱舞，大肆进行活动，成了南京政府破坏绥远起义的一支最猖獗的别动队。华北的中统特务头子张庆恩由北平来绥远，向特务作了布置。他们有的带着电台，有的潜入部队的各个角落，力图破坏绥远和平起义。最显著的有以下罪恶表现：

制造谣言。绥远酝酿和平之初，直到起义胜利，特务制造了许多破坏起义的谣言。他们散布说："第三次世界大战快打起来了，今明年就要爆发；美国援助有望了，美国西太平洋舰队司令白吉尔就要率美军来中国参战了，国民党在缅甸训练的很多军队，就要拿出来作战了……"又说："你们无法与共产党合作，共产党绝对不要你们，你们再改造，再进步也不行。"对于这些煽动欺骗，我都及时给予揭露，使人们不被他们的谣言所蛊惑。

组织少数暴徒游行示威。特务伙同一些顽固分子煽动一些不明真相的人在包头大街上游行示威，到处张贴标语，散发传单，还沿街高喊："傅作义出卖了北平，董其武又要出卖绥远。""打倒傅作义"，"打倒董其武"等口号。企图造成恐怖气氛，以动摇人们走和平道路的决心。

砸毁报馆。《奋斗日报》在绥远革新运动开展后，一切言论均逐步向人民靠拢。不但宣扬和平革新，还刊登解放区胜利消息和进步文章，抨击国民党的腐败政治。因此被特务分子们视如眼中钉。他们于七月十一日晚十时前后聚众到报馆大肆打砸，门窗、机器、家具多被捣毁。他们气势汹汹地搜索打人，编辑、记者、工人有多人被打。报馆被砸毁后，我当即命令刘万春军长彻底追查。经查明，砸报馆系第二五八师政工处长赵元德受特务煽动，蒙骗士兵二十余人干的。

妄图破坏铁路交通。绥远铁路警务段长、军统特务康玉玺，伙同他的同党周晏等，受他们主子的指使，煽动不明真相的群众，企图搞罢工，破坏机车、桥梁，利用警务段的枪支，拉到大青山打游击。我得知消息后，找到愿跟我走和平道路的老车务段长高文藻，联系多数职工粉碎了特务们的阴谋，保证了西部的正常通车。

三、反动派封官许愿制造分裂。在特务大搞种种破坏的同时，国民党政府还采取了封官许愿、金钱收买等卑劣手段。七月间，国民党政府派前军令部长徐永昌和空军副总司令王叔铭，乘飞机抵达绥西陕坝。事前他们打来电报，让我和孙兰峰、刘万春在包头等候，派小飞机来包头接我们到陕坝见面。我心想这是国民党在日暮途穷的情况下，作最后的挣扎罢了。他们来也好，我当然也有我的主意，正好要他们给补给。原来叫我到南京、广州去，见了面才解决补给问题，我坚决不去，现在他们来了，见了面了，他们解决不解决？见面后，徐、王仍是劝我们把部队西撤，甚至荒诞地说："将来撤至缅甸才是英雄。就是最大胜利。"我回答说："北平解放同绥远有什么关系，为什么停止了绥远部队的一切补给呢？这不是要困死、困散我们么？我们部队是吃过苦的，想困死、困散我们是妄想。"徐一听马上说："这是误会！"我说："要我们部队西撤可以，但是几个月的欠饷都得如数补发；因为部队的士兵、下级军官多半是绥远当地人，总得安安家吧！"徐永昌当即答应说："我们回去后研究你们部队的补给吧！但是你们的部队要向西撤。"后来，徐、王又同孙兰峰、刘万春和我分别作了个别谈话。同我谈话，我只能不即不离的虚与委蛇。他们同孙、刘的谈话，我虽然不知道，但我猜得出，不外是收买、分化等一类鬼名堂。谈完话后，徐、王就回去了。我们又乘小飞机回包头，飞机起飞时出了事故，我头部受了点轻伤，后改乘汽车回到包头。

为了防止那些不愿意走和平道路的人听从徐、王的指使，带部队西逃，另一方面也为了应付徐、王的劝说，以尽快得到补给，我命令张世珍的独立第七师向西开到河套去。这个师忠诚、可信、可靠，实力较强，装备也好。我秘密命令张世珍师长说："我们的敌人已不在东边，而是在西边了。你师进驻河套后，坚守乌不浪口和西山嘴。没有我的命令，擅自向西逃窜者，一律予以阻击解决。"我这样做，对广州国民党政府也确实起了迷惑作用。他们认为我已开始将队伍西撤，居然补发了欠饷，拨来黄金一千九百两。我接到电拨黄金后，心里十分明白，这是收买我。我当即电告傅先生，傅向毛主席做了汇报。毛主席说："蒋介石的黄金可以接下。但是这点钱怎能解决董其武的经济困难呢？应该再设法帮助董其武解决困难。"

徐、王来绥，表面上是劝我们部队西撤，但实际上是从暗中作秘密布置。对不甘走和平道路的人，封官许愿，金钱收买，分裂绥远部队，以达到他们破坏绥远起义的目的。徐、王回广州后，又使用阴险毒辣的手段，任命我为西北军政副长官。这当然是用明升暗降的办法把我架空，使我在绥远失去兵权，以便操纵。我针锋相对向广州国民党政府发了一份这样内容的电报："请选派贤能来接替我的一切职务。"使国民党政府的阴谋再次破灭。他们是不甘心失败的，一计不成，又施一计，于是又任命孙兰峰为第九兵团司令官，刘万春为第九兵团副司令官，实行各个击破的分化伎俩。他们了解到孙抱有观望态度，刘则是对起义持否定态度。尽管他们千方百计，我有一定之规，对他们这套，我成竹在胸，有办法对付他们。

在《绥远和平协议》签订后，反动分子想方设法“捂盖子”，不让向公众透露。当王克俊、康保安、李竭忠携带《协议》文件，由北平来到归绥城郊南店附近，刘万春早已迎候，见面后就索阅文件，扬言说，城里反对和平的人很多，让他们傍晚再进城。之后，刘一再声言，不能宣扬和平协议，否则会引起大乱。并多次恐吓王说，不要上街，有人要刺杀你。我愤慨之余，深感和平的阻力不小。后来派李竭忠赴丰镇向绥远省委反映情况，说明绥远情况复杂，需要一定时间耐心地做工作。

中共联络处进驻归绥

《绥远和平协议》在北平签字后，华北人民政府依据《协议》，责成绥远省委抽调人员在丰镇组成了联络处。华北人民政府驻归绥联络处的组成人员有潘纪文、鲁志浩、李贵、何树声、张露、张光、曹文玉、李文超、于峰等二十余人。潘纪文同志任联络处处长，鲁志浩同志任联络处主任。联络处下设两个组：铁路工作组，组长由郎觉民同志担任；银行工作组，组长由张光同志担任。在抗战初期，潘纪文、鲁志浩二同志曾在傅部第三十五军工作过。潘曾任第三十五军政治部组织科科长，鲁曾任第三十五军第二一一旅第九十三团政治部主任。我们彼此较为熟悉。

六月底，华北人民政府联络处主任鲁志浩同志率部分人员先期来绥，因事先未得到北平傅先生的电告，加之一些准备工作尚未进行，为保障他们的安全，未让他们一行马上进驻。我于七月一日给潘纪文、鲁志浩同志写了一封信，说明情况并表示歉意。信的原文是：

纪文、志浩二兄大鉴：

绥远问题协议蒙毛主席因傅先生北平和平之方式而特别照顾，予绥省军政干部以自我改造机会，希望能为人民服务。弟站在目前职责上，实深感荷。兄等幸能莅绥指导协助，私心尤为欢迎。惟以干部思想正在打通，准备工作未能迅速完成，更因特务组织之解散，分子之清除，目前已进行至重要阶段。鲁兄等起程日期，未接北平之电告，与兄等之通知，以致今日仓促失礼，殊为不安。故派克俊、保安前往说明实际情形，并致歉意。弟决本毛主席照顾绥远之原则，与傅、邓两先生之意而签订之协议，克服困难，悉力以赴。然以顽固特务分子之垂死挣扎，及准备工作在未彻底完成前，诚恐影响协议案之精神，而对兄等到绥后工作之进行与个人之安全有所顾虑，因而请稍缓时日，以便奠定最近将来工作开展之基础，而免如克俊到绥后遭遇之无谓刺激与工作之阻碍。据克俊、保安今日返回转达鲁兄与各先生分析，兄等到绥后之有利于情势之发展及事实需要之准备工作的意见，弟权衡至再，为双方兼顾，为实际需要，更为目前及最近将来工作开展之顺利起见，务请鲁兄偕必要干部三五人先行莅临商酌进行，此种苦衷除电请傅先生转请华北人民政府谅解允准外，兹再派康保安持函迎迓并附致北平电稿一份，请阅夺为荷。专此敬颂

旅祺

弟董其武拜启

七月一日

至此，潘纪文与王克俊、康保安商定，华北人民政府联络处于七月十五日进驻归绥。

七月十日，何树声同志由旗下营出发，在傅先生派去的工作人员、原华北总部总务处课长肖如芝的陪同下，来绥与我联络。他们到达白塔车站附近的豪沁营子村时，肖如芝给我打电话，报告联络处代表准备进城。我问怎么不提早来个信说明。肖说："信早已发出，怎么还未收到？"我答应肖查一下信的下落，并派人去接他们。经我查询，信被刘万春扣下了，未交给我。后来，我考虑内部复杂情况和中共人员的安全，派康保安在归绥城东门迎接何树声同志，向他说明情况并一起去旗下营，与联络处的鲁志浩、曹文玉等同志商谈缓进问题[①]。

七月十五日，我派寿跃南、李竭忠前往丰镇商谈联络处具体进城日

---

① 据查，华北人民政府驻归绥联络处进驻归绥的日期，第一批人员是一九四九年七月十一日，第二批人员是七月十七日。

期，确定七月二十日进驻归绥。次日，李竭忠先行返绥。傍晚偕同王克俊向我汇报说联络处由潘纪文、鲁志浩率领，一行四十人，三天后到达①，让我们做好准备工作。我让人打电话请刘万春军长也来听听汇报，因为他负责治安工作。刘听完后说："绥东来的人，要把武器集中起来，由我保管，不许随便上街，否则出了问题，我不负责。"又说："这些日子《奋斗日报》登载很多新华社的消息，简直成了共产党的报纸，有人要砸它；共产党员李健生（党的地下工作者，原来也是我师下属的连政工员），又跳得不行啦，有人要收拾他。"在座的四人听了一愣。后来我说："人家是客人，是来工作的，不能那样对待，一定要做好安全保卫工作。"刘万春二话没说，扬长而去（当晚，奋斗日报社被一伙暴徒砸了。李健生得知消息立刻转移，幸免于难）。刘走后，我们研究了接待问题，我指派康保安、张国林、王景泰、李竭忠、张鸿恩等人组成接待班子，负责与联络处的同志联系工作，安排食宿、警卫等。

华北人民政府联络处的人员进驻归绥后，我当即同他们亲切会见。联络处住在新城西落凤街六号的一幢房院里，银行工作组住绥远省银行，铁路工作组住归绥市火车站。他们随即开展了工作。当人们看到街上出现了穿灰色制服的共产党干部，说明绥远解放指日可待，莫不喜形于色，奔走相告。同时，也说明我们的起义已经完全明朗化，进入成熟阶段了。可是特务们感到朝不保夕，已面临末日，对联络处的工作十分仇视，再也按捺不住了，于是顿起杀机。七月下旬的一天，我正在办公室和革新学院的副教育长卢健飞谈学院的事宜，突然来电话报告，联络处铁路工作组的几位同志从旧城回车站时，事先埋伏在"纯一善社"的暴徒突然投掷手榴弹，将工作组秘书王士鑫同志炸伤，当即送省立医院抢救，因伤势过重而牺牲。我听到这个消息后，感到非常震惊，立即亲自到联络处驻地表示慰问和致歉。潘纪文同志认为工作人员的生命没有安全保障，难以进行工作，要把联络处全部撤走。

我对特务的罪行十分气愤，对和平前途十分焦虑。我当即电报傅先生转报中共中央。毛主席接见了傅先生，转来指示说："事情是有曲折的，革命不能没有牺牲，绥远解放仍用'绥远方式'，不变。告诉董主席多加注意。"毛主席还说："绥远用不着军管方式，起义后设军政委员

① 据查，华北人民政府驻归绥联络处进驻归绥的日期，第一批人员是一九四九年七月十一日，第二批人员是七月十七日。

会，由傅（作义）任军政委员会主席……”我收到傅先生转来的毛主席的指示后，焦虑的心情才平息下来，并深切体会到毛主席的伟大。

联络处准备撤回时，我又到联络处见潘纪文同志。说明为了坚决贯彻中共的政策，使绥远和平得以顺利实现，请求联络处继续留驻，以稳定社会民心。潘表示，党的政策是不会因此事故而改变。当即留下鲁志浩、曹文玉、何树声三同志继续工作。联络处工作人员临行前，我和王克俊及联络处的人员，向王士鑫烈士的灵柩举行了公祭仪式，并派车由王克俊陪联络处的同志回丰镇。为了不再发生类似事件，确保安全起见，我让留下的三位同志从西落凤街六号搬到建设厅街德王府院内居住办公，并派部队加强警卫。同时，我即命军长刘万春、独立第七师师长张世珍、第二五八师师长赵晓峰，严厉追查凶犯，从严惩处。后据刘万春向我报告，凶犯是第二五八师段锦堂团的李连长。李发现他被追查时，假传命令，说是奉命“剿匪”，哄骗一部分人潜逃了。段锦堂当即率三个连追剿。追到后，士兵才知受了李的欺骗。当时段将李就地枪决。段锦堂和刘万春都是由独立第七旅改编到第三十五军的。段听命于刘。段将李拘捕，为何不押解回来，而就地枪决，这中间可能是有文章的。但当时我从和平大局出发，未加追究。

联络处留绥的三位同志继续工作，经常到一些工厂、学校参观，召开座谈会。我也常去联络处和他们商谈工作。我们合作相处得很好，再未发生意外的事件。绥远和平的气氛更加浓厚了。

傅给毛主席的关于绥远情况的报告

绥远起义过程中，我经常不断地打电报向傅先生汇报工作情形，傅也经常派人来，或者打电报传达毛主席的指示和他的意见。关于绥远工作的情况，傅先生于一九四九年七月十四日给毛主席写了一份报告，是九一九起义中一项颇为重要的文件。特录全文如下：

毛主席：

关于绥远方面最近进行工作情形，谨向主席作一简要报告，并请主席再予支持，期能在最短期间彻底成为解放区、解放军之一部。

六月十四日，我派王克俊到绥工作后，若干特务分子曾以散发污辱传单及投放手榴弹等伎俩，企图对王克俊等人加以威胁迫害。经董其武、王克俊一面严加布置，一面进行说服，于六月二十四日先召集高级行政人员举行会议，宣布关于绥远问题和平解决的各项协议。董其武认识坚定，决心走向人民方面来。多数干部也都了解主席成全他们的厚意，意见逐渐一致。七月八日，董其武分别向各部队长宣布协议案，并进行说服工作。据王克俊电称："发觉阎锡山利用绥远部队与山西方面的历史关系，正极力从事破坏，以金钱及名位，拉拢分化，并收买绥远部队中个别军官，企图接替董其武之地位名义，挑起叛乱。一旦铁路接轨通车，中共联络人员到达，人民币开始流通，反动派必认其武为叛变，断绝补给，而人民政府因绥远方面尚未完全改变过来，自不便予以承认，亦无法予以接济，再加以阎锡山挑拨分化，可能引起混乱冲突。故中共联络人员到达旗下营后，当将情况说明，请其暂返丰镇。根据目前情势，为打破阎之破坏阴谋，对个别被阎拉拢利用分子必须予以控制或清除。然因其武与渠等，均系弟兄班子，不易掌握。如对个别军官采取扣捕手段，其所属部队即认为系其武之一部分打击另一部分，造成内部冲突。我公如能莅绥，作短时期之亲自安排，可能不至发生意外，即使处治一二人，亦未为不可。一切困难，均可解决，阎之挑拨分化亦因而失去作用。"我当即剀切电告董其武王克俊：

（一）阎锡山之阴谋破坏，虽在前一时期未能估计得到，目前应即尽力克服，彻底执行。让中共联络人员折返丰镇，尤为不当。希即一面克服困难，一面请中共人员来绥，协助进行。

（二）我经过半年来的学习，并从许多事实以及与中共人士接触的实际体验，深感已往因阶级观念不明确，往往为自己笼统含糊的概念所蒙蔽。如"为国家"、"为人民"。所谓"国家"，必须认明是反动阶级抑或革命阶级掌握此一国家机器。所谓"人民"，亦必须明白具体是百分之八十五以上的工农群众、小资产阶级和民族资产阶级。否则，即在反动派欺骗之下，成为为美帝国主义和反动派服务的工具。

（三）研读毛主席七一《论人民民主专政》，使我的观念更明确，认识更坚定。这篇论文，应仔细研读。因为这篇论文，如此透辟的指示出国际趋势和国家前途应该走，且必然走的最正确的发展方向。我们从这篇论文中，进一步地认识了帝国主义的狰狞面目，进一步认识了反动派的可耻阴谋，也进一步认识了国际的和国内的人民民主力量的蓬勃发展和光明前途。

（四）历史是依照一定的规律向前发展。反动的腐朽的必然灭亡，新生的发展的必然胜利。为新生的发展的阶级服务，坚决消灭反动派，肃清残余腐朽的势力，才是推动历史的前进。

（五）美国帝国主义者推行反动的马歇尔计划（下略）。

（六）反动派把唯一的赌注放在第三次世界大战上。（中略）中国反动派第三次世界大战的幻想，必然要遭到破灭，他们的赌注也命定了是要输的。充其量，不过是童男童女，替帝国主义殉葬。

（七）不要受反动派残余力量的引诱，认为反动派还有什么希望；更不要为反动派的金钱拉拢所分化，只看见极短的眼前一时现象。要知道反动派所代表的政策，是依靠帝国主义的卖国政策。反动派要争夺的，是压迫人民的个人权势，个人利益。反动派所有罪恶，在人民面前已遭到完全的唾弃，他们唯一的前途就是死亡。反动派不可能有力量，因为他们的利害是和人民相反的，即使拼凑一些力量，最后也还是失败。何况反动派内部互相矛盾，互相排挤，李白与蒋阎矛盾，胡宗南与二马矛盾，陈诚与李白矛盾，并且二马之间也有矛盾，胡宗南与二马矛盾，李白之间，蒋阎之间，时时都在钩心斗角，争权夺权。这样一堆腐朽的残余，会有什么前途，我敢断言他们唯一的前途就是在人民面前死亡。

（八）蒋阎反动派残民以逞，卖国求荣的阴谋，最近更加暴露了：他们自私自利，把垂死的希望，竟寄托在勾结美帝，勾结日本军国主义，企图引导日本强盗再来屠杀中国人民。他们听从美国帝国主义的指使，封锁海口，滥炸人民，不顾一切地倒行逆施。去年阎锡山曾告我说：必须利用日本的力量，才能阻止共军前进，并且先组织日本军人的华北空军义勇队，即可确保华北。这段话对我的刺激最大，也可说是加强北平和平解决的因素之一。试想：反动派如果再把日本强盗引进来，我们牺牲流血的抗日战争是为了什么？绥远部队抗日最早，且曾未经取得蒋、阎同意，自动袭击百灵庙，成功之后把荣誉归之政府，才得到蒋、阎承认。凡此往事，你们都记忆犹新。眼前一切事实告诉我们：必须彻底坚决地站到人民方面来，才能符合我们抗日的历史，才能符合我们的生活和行动，也不辜负毛主席成全绥远军政干部的厚意。

（九）我们的士兵几乎全是农民，我们的干部最大多数都是一身养数口，没有积蓄，没有财产，和无产阶级的生活极为接近。只是受环境的影响，存在着官僚资产阶级的反动意识。只要思想意识一经改变，即可忠实为人民服务，痛苦很小。过去，我们在反动派欺压之下，走错了路，现在应该觉悟过来，不再替反动派当工具。我半年来的亲身体验，深切感到中共各项政策的正确，处处以群众利益为出发点，并虚心接受群众的意见。党内注重批评与自我批评，与党外人士则以民主统一阵线密切团结。各地学者、专家、华侨都集中到北平来。人民对毛主席、朱总司令表现了至高的爱戴和信仰。人民解放军的无比强大，不是凭空来的，正是人民全力支持的必然表现。我们应该坚决彻底地站到人民方面来，在中共领导下，大刀阔斧地向反动派残余势力进攻，为人民服务，为人民立功，自新自赎来补偿过去的错误。

（十）绥远有些干部对北平的和平解放存在着一些不必要的误解和疑惧。认为和平解决就是失业，就是流落颠沛，这是不对的。北平解放之后，各部队的整编，中共曾提出，将我过去所训练的部队，编成一个军或两个军亦可。我因中央部队为数甚多，为表示我的人格，请求中共一律整编，没有差别。如果你们认为部队不应改编，那是错误的。试想这样大的兵力，存在若严重的反动思想，如果不加改编那就不是革命，那是给革命开玩笑，给革命掘陷阱。部队改编之后，大多数军事干部，均参加学习，若甘愿回原籍者，都开具证明，发给路费，均有适当安置。我知道你们是不会存在以上的误解，但应将真实情形向干部多作说明，工作自易进行。

（十一）绥远军政干部，只要你们思想改造的快，改造的好，走向革命大门，永远是敞开的，为人民服务的机会永远有你们的份。毛主席由于北平的和平解决特意成全绥远的干部，这是别人求之不得的，你们有此机会是无上幸运，能参加人民解放事业更是无上光荣。希即加紧努力克服一切困难，迅速彻底地走到人民方面来，准备配合其他解放军，向甘宁青进击，分担解放大西北的光荣任务。将以上各点详细向干部多加说明，以此来说服干部，进行工作。

前电发出后，据王克俊十二日电称：中共人员于十一日业经抵达归绥，正与董其武研究恢复交通各事。而阎锡山亦派祁定远来绥，特务系统亦派张庆恩到包，企图直接分化、破坏。因情况已至非仇即友的紧急阶段，反动派必出以破坏手段，并可能有少数分子受阎利用，对董其武、王克俊等加以迫害，或生出其他变故。为免除问题拖延夜长梦多计，我的意见：绥远问题必须迅速彻底解决，俾能在最近时期内成为解放区、解放军之一部。把立场站过来，仍继续加紧进行思想教育，至适当时机即可配合解放军作战，为人民立功。因目前情况急迫，请主席再予以特别之支持，军事应如何？政治应如何？经费应如何？指派人员拟定一具体方案，付诸实施，彻底执行，使绥远部队能有机会配合其他解放军向宁青甘进击，分担解放大西北之光荣任务。谨请裁示

傅作义谨启

七月十四日

绥远起义经过几个月的努力工作和斗争，到八月下旬，起义的条件基本成熟，但还有一些事宜尚未料理稳妥。党中央、毛主席十分关心绥远起义的进展情况。傅先生向毛主席汇报了绥远的情况后，毛主席委托傅先生和邓宝珊等人，携带大批现金，到绥远慰问全体将士，推进绥远起义。毛主席的这一重大决策曾有人提出异议，说这样做是“放虎归山”。毛主席批评了这种疑虑。相信傅去绥远只能对进一步统一绥远各界的认识，彻底粉碎南京政府的阴谋，加速起义的步伐起重大作用，不会发生其他问题。毛主席让薄一波政委安排傅先生去绥事宜。

傅作义先生来绥远

八月二十八日，傅先生从北平前门火车站乘专列出发来绥。随同傅先生来绥的有邓宝珊先生、王克俊、李世杰、张濯清、秦丰川、李竭忠等人。华北局派潘纪文同志专程护送傅先生到丰镇。列车一路安全行驶，车到丰镇，绥东中共党政领导同志均到站迎送，彼此会见，互相致意，并派鲁志浩同志由丰镇护送傅先生来归绥。车到集宁，绥蒙军区姚喆司令员等领导同志都登上列车会见傅先生。

傅先生来绥的事已电告给我。我的心情是极端欣慰和愉快的。对他的来绥，我作了周密细致的安排。首先我派康保安代表我到集宁迎候。接着我又派卫景林代表我，率领史国玺营，乘铁甲车到旗下营迎接，交换警卫任务。临行前，我让卫向傅先生转报如下的话：你回来很好，同情我们的人非常欢迎，团结在我们方面的人越来越多了，顽固分子占极少数。由于您的威望所在，敌人的阵脚乱了，非常惊慌，看来他们不敢轻举妄动。傅先生听了这些话，点头微笑。列车到白塔车站时，傅先生下车检阅了部队。官兵们队列整齐，精神饱满，喜气洋洋，表现出对傅先生的尊敬和欢迎。傅先生喜形于色，决定到归绥下车。

傅先生的列车到归绥车站前，我和刘万春、赵晓峰、张钦、荣祥、阎肃、于存灏、胡凤山等人在车站恭候。列车一到站，我们即登车向傅先生表示敬意。请他下车，下榻在省府他原来住的地方。下榻后，略事休息，我即把绥远各方面的情况，向他做了详细的报告，并开具了应传见的干部名单，请他审核。翌日，傅先生分别传见了军政干部和地方各族各界代表，并向官兵们发了慰问金。在我的陪同下，他检阅了驻归绥的部队。此后，傅先生移驻到美岱召。我随傅先生传见了驻萨拉齐县一带的部队和行政干部，发放了慰问金，并把部队集中在美岱召附近，接受傅先生的检阅。

九月十日，我随傅先生进驻包头。傅先生下榻于包头城外皮革厂，我住绥远省银行包头分行，筹备起义事宜。首先召集军、师、旅级高干到包头，分别进行了谈话。傅先生着重说明了全国形势的发展，人民的要求，走和平道路是正确的道路，对国家好，对绥远地方好，对个人也好。

并阐明了对起义人员"起义有功，既往不咎"的宽大政策。解除了一些人对共产党的顾虑，引导大家参加起义，走革命的道路。接着邀请各族各界和地方代表人物，共同商议了绥远起义的有关问题。傅先生的话最能打动人心，也最有说服力。凡受到接见的人，在思想上莫不豁然开朗，欣然同意起义。他这次来绥远，使那些捏造傅先生在北平被软禁的谣言不攻自破。那些蓄意破坏起义的人，更是慌了手脚，不知所措。只得无可奈何地一时销声匿迹，向隅而泣。

傅先生来绥亲自了解掌握了许多情况。他于九月十二日给薄一波、聂荣臻发了一份电报，详细说明绥远起义的准备情况和今后的意见。电报原文是：

薄政委一波兄，聂司令员荣臻兄勋鉴：

申支二十四时三十分电敬悉。甲、正遵照毛主席的正确指示，逐步实施，军队大致均可掌握，通电日内即可发出。乙、目前具体情况：（一）现有军队计第一一一军（下辖二五八赵晓峰、三二〇马逢辰、三二六王崇仁三个师）；独立师计第七师（张世珍）、三一九师（张朴）、三一〇师（张副元）；原榆林驻绥部队（邓宝珊属）计二十二军两个师（二二八师杨仲璜部、八十六师胡景通部）；骑兵计整骑十一旅（陈秉义部）、整骑十二旅（鄂友三）、整骑十三旅（高理亭）、骑五旅（安恩达）、独三旅（乔汉魁）、保二旅（张振基）、保四旅（张汉琏）、保六旅（郇青云）。此外尚有杨作舟部、张飞生部、邢守中部及由榆林来的骑兵一部，总计只骑兵乘马就有二万余匹。直属单位计有战车连一、铁甲车队一、野炮营一、辎重营一及兵站监护部队；指挥机构计西北军政副长官包头指挥所一、晋陕绥边区总司令部一、第九兵团司令部一。（二）除正规部队外，小单位还多，名目繁杂，有些纪律很不好，着手处理极感困难。（三）广州每月发给部队薪饷副食费三十五万银元，主食军粮价十三万六千银元，服装补给现品或按当时市价发给。（四）经连日分别传见说明，军政干部对中共领导及人民政府各项政策，均表拥护，尤其对毛主席敬仰崇拜之热忱，出乎一般意想之外。但因受前由北平回绥干部及前骑四师跑回干部的不正确宣传，影响疑惧心理仍不能完全释然，认为即使现在诚心拥护中共领导，努力学习进步，但中共下级人员仍不会谅解他们，仍不要他们，因此向弟要求保证（甚至背后说，再不要第二次出卖他）。（五）因疑惧心理的存在，虽愿拥护并实施中共各项政策，但害怕通电发出后，中共政工人员及行政人员大批插入，中共人员看不起原有干部，原有干部惊恐疑虑，如冰炭之不相容，可能因小故发生事端。丙、处理原则：（一）坚决团结，耐心教育，使最大多数干部均可成全。（二）肃清特务，使不能散布反动宣传，发生破坏作用。（三）纪律不好的小单位，需妥慎安排，以免操之过急，流为地方土匪盗贼，影响治安及生产建设。（四）军队逐渐整编教育，最后转入工农业生产。丁、实施步骤：（一）董其武等通电发出后，即彻底成为解放区、解放军，与反动政权断绝关系，并站在敌对立场。（二）董其武通电发出后，立刻先恢复交通。（三）他们要求我保证他们，并要求由我负责教育整编。故于董其武等通电发出后，成立军政委员会，拟再以几个月时间进行思想教育，并调整人事，逐渐将干部中进步的与落后的分开。因为他们对我还保有信心，我处置坏分子，他们认为是应该的。如由中共人员直接处理，其他干部即发生疑惧。所以军政委员会成立后，除高、杨、潘、姚各同志协同，设计决策外，请再派若干较高级同志协助进行思想教育及检查工作。惟部队政治工作人员及省厅内部直接处理事务人员暂不插入。俟思想打通，疑惧心理消除，两个省府合并为一，部队政治制度建立，即可水乳交融，合为一体。戊、关于处理绥远问题。毛主席对弟极其信任，两兄对弟亦充分了解。目前绥远干部又要求弟负责保证。弟体察实际情形，不做则已，既做就必须负责做好，才不辜负毛主席成全他们的厚意，亦可作全国其他各地一个较好的影响。这是弟目前应尽的责任。以上各节系弟针对绥远目前实况所拟议，而对整个方针，体会容有不周，但此确为处理此一复杂矛盾情形之所必需，故一本知无不言，言无不尽，宁可丑话说在前边，不愿事后再求补救，两兄有何意见，请电示

傅作义　申真十二时

在包头同反起义势力的斗争

绥远起义将要大功告成，但是国民党反动派破坏和平的贼心不死，又演出了一幕幕丑剧。在傅先生离开北平来绥慰问部队，促进起义之时，保密局毛人凤密电潜伏在绥远部队中的军统特务头子赵思武说："傅作义认贼作父，拱手让出华北。近闻该逆潜赴绥远，企图鼓动部队降匪，着速就地刺杀，任务完成，本局当有重赏。"当傅先生刚到美岱召不久，张庆恩也从包头乘压道车赶到，径直闯进傅的住处——一座小教堂，与傅见面。傅的随从秘书阎又文见此情况，马上令几个卫士护卫在傅的左右，寸步不离。张见此情况，就拿出几份电报交给傅先生，说是广州政府让转交傅先生的。傅接过电报，立即唤人："赶快送张主任上车站，别误了去包头的火车。"明是送客，实是逐客。张无可奈何地回了包头。

九月十五日，国民党中央前军令部长徐永昌携带蒋介石、李宗仁、阎锡山的亲笔信，乘飞机来包头，抱着很大的决心企图把傅先生拉到广州去继续为他们效劳。蒋介石给傅先生手启信的大意是：傅这次回到绥远正像他当年西安事变后回南京一样，要求傅接受历史的经验教训，不要自误误国误部下。傅先生向徐详细介绍了他所以要举行北平和平起义的情况。义正词严地说：蒋政权丧尽军心民心，大势已去，任何力量也不能挽回，我即使去广州也无能为力。不只北平、绥远，全国很快就要解放了。这是历史的必然！

此时，经过多次商研，已拟好了起义的通电稿。徐永昌见他的任务完不成，不好回去复命，便耍了诡计。徐知道中国人民政治协商会议定于九月二十一日在北平开幕，傅先生必须于会前赶回北平参加会议。如果他硬拖着不走，傅先生回不了北平，不去参加会议，绥远就不便起义。于是，佯说他拉肚子病了，要住医院。傅先生见此情况也发了愁，对邓宝珊先生说："次辰（徐永昌的号）病了，要待在这里不走。他不走，我们不能起义，不是耽误了我们的大事吗？这怎么办呢？"这时原傅部参谋长李世杰在座。傅、邓、李计议一番后，想出一条妙策。由邓去找徐永昌。邓见徐后说："怎么你病了？这里气候不好，要多注意！宜生（傅的字）已让董主席给你安排医院。就请你马上搬进医院里去吧。宜生还说，你能在包头住下来也好，那就请你领衔，率领绥远起义吧，不要再回去啦！起义后，我们一同去见毛主席。”徐永昌一听这话，愣住了，意识到他自己的处境不妙了。就连声说：“我的病不要紧，不要紧！我现在对共产党还没有认识，明早我就动身，不妨碍你们的事情。”邓越是挽留，他越是不肯。于是，徐永昌只得于十九日早晨离包头飞返广州。徐临行前还对别人说：“我是来说服傅宜生来啦，不但没说服了他，反而让他给我讲了一番大道理。”徐在上飞机时还狂妄地说：“三年后再见吧！”

起义工作已筹备就绪。绥远省议会议长张钦、高等法院院长于存灏也来到包头，住在包头福生茶庄。九月十八日晚九时许，我和我的办公厅主任李忠孚带着起义通电稿，坐车来到福生茶庄后院客厅，见到张钦和于存灏。就座后，张钦说：“耀辰（土默特旗总管荣祥的字）病了，托我俩代表他签字。”于是，我把连日来筹备起义的情况作了介绍，并让李把起义通电稿给张、于念了一下。念过后，张、于齐声说：“好！”又说：“傅先生来，我们的大事办了，这是全省人民的幸福……”正谈论间，张庆恩突然闯进房来，气冲冲地大声和我叫嚷：“你让我到南京去给你交涉军费，军费要到了，你现在要投共产党，我怎么向中央交代？！”我说：“形势不同了嘛，那时是那时的情况，现在是现在的情况。”张庆恩转头向张、于说：“你们都是地方人，这是绥远的生死关头，一言兴邦，一言丧邦，你们应该说句话嘛！”张钦慢条斯理扯着调子说：“苟能兴邦，万言何惜！”气氛十分紧张。张庆恩来时，坐了一辆大卡车，车上带了十几个便衣特务，内藏手枪。下车后，这些人在院里逡巡，有的在客厅窗外听屋内情况，大有要拼一场之势。我的随从副官王全福见势不好，恐怕出了事，急中生智，立即进入客厅向我报告：“报告主席，总司令来电话，请主席去！”于存灏会意地转头催促说：“总司令有事，董主席去吧！”我说：“好！你们谈吧，我去看看。”于是，我和李主任坐车返回包头银行。这一幕闹剧就这样结束了。九月十九日早晨，张庆恩跟徐永昌一同飞往广州。

九一九起义的电波飞向全世界

我和傅先生来到包头后，一面说服打通军政干部的思想，一面同各种反起义势力作斗争，同时着手拟写绥远起义给毛主席、朱总司令的通电稿。九月十五日，傅先生着他的秘书阎又文拟写的初稿完成。

晚上十点钟，我到皮革厂，阎秘书将电稿交我看，我看后觉得电稿没有充分表达出我们起义的意义。当时我也没说什么，把稿子装在衣兜里，返回包头银行，找我的办公厅主任李忠孚，研究改写电稿。不想他竟不在，连找了三次，已是夜里十二点，他还没回来。次日一早，王副官又去找，李来了。我一见就问："昨晚你哪里去啦？我找你好几趟，你不在！"李说："一位朋友邀我吃饭，喝酒多了，回来迟了些。"我说："咱们来干什么来啦，你还顾得上应酬朋友？！"李说："有事吗？"我说："阎又文写了个通电稿，大骂蒋介石、李宗仁、阎锡山，光骂管什么事？"李说："那就研究另写吧。"我说："我们起义跟共产党走，和共产党共事，要讲明我们的历史和立场。我们多年抗日，牺牲了多少人，受尽艰难困苦，目的是什么？为的是国家、人民，在这方面我们和共产党是一致的，必须把这点讲明白，这是大义所在。"于是，我和李吃过早点，坐车来到皮革厂，到西楼上李世杰、张濯清、王克俊住的房子，我向他们说："昨天夜里又文给我的通电稿子我看了，觉得不太合适，我想让忠孚另写一写。"李世杰等连声说："好！好！让忠孚再写写吧。"我说：

"要把我们多年来的抗日，如长城战役、百灵庙战役、五原战役……奋斗牺牲，艰难困苦的情况写出来，表明我们为国家为人民的立场……"于是李执笔另拟，将近十二点，电稿拟成。这天中午邓宝珊先生宴请徐永昌，邀我们参加起义的将领和李世杰等作陪。我对李忠孚说："我们赴宴去了，你把稿子交又文送总司令审阅。"我们就走了。李把稿子交阎送傅先生审阅，傅同意了。阎、李把稿子各分一半，迅速誊清，以便速送电台发往北平呈毛主席核阅。正誊写间，傅先生来到西楼（傅住在北楼）推开门说："没有骂骂美帝国主义？"他们说："也骂了，没有原来的多。"傅先生没有再说，转身回他房子去了。稿子誊清后，立即送到电台发往北平。阎、李才下楼来到南厅吃午饭。卫士们端来两大盘饺子，傅先生也来了。傅先生吃了两个饺子说："嗯！今天的饺子这么香！嗯！今天的饺子这么香！"连声说了两遍，阎、李都没有答话。傅先生吃了十几个饺子回去了。阎向李说："今天就是两盘饺子，什么菜都没有，他吃得那么香！不是饺子香，是他的心落到心窝里去了。昨天夜里，董主席来了，我把电稿交董主席看，董看完没有吭声，面色沉重，把稿子装在衣兜里走了。董去后，他问我：'董主席看了电稿怎么样来？'我如实地告诉了他。他说：'其武要不同意，我们的义可起不成了！'他翻过来，倒过去，一夜没有睡着。今天董主席亲自主持，你拟好了电稿，起义没有问题了，毛主席给他的任务完成了，他高兴了，所以干吃饺子也是香的。”

傅先生为了绥远起义，碰到多少揪心的事，真是寝不安席，食不甘味。今天总算一块石头落了地，他怎能不心花怒放？所以，连普通的饺子也成了盛馔。阎又文这番话，一点不差。

毛主席看了我们的通电稿后说：“要把蒋、李、阎的全名写出来，这是历史文件，免得后人不知道‘蒋、李、阎’是谁。”北平回电，传达了毛主席的这个指示。我们在电稿上写了蒋介石、李宗仁、阎锡山的全名。我们特用虎皮宣纸将电文缮好，准备签字后发出。

九月十九日上午，是一个庄严隆重的时刻。我们绥远军政干部和地方各族各界代表，以及邓宝珊将军部驻包头附近的第二十二军代表，在省银行包头分行礼堂，举行了签字仪式。我首先拿起毛笔，在起义通电上签了名。按照名单次序，第二个是孙兰峰。孙当时住在医院里，我顺手拿起一个小茶碗，扣在我签名字的后边，留待孙补签。其他三十几人在上边依次签了名。

我扣那个茶碗是有用意的，这得回过头来说几句。张家口解放时，原第十一兵团司令官孙兰峰回到绥远，收容游散部队，驻扎包头，并成立了第九兵团司令部。他对绥远和平问题一直沉默不语，态度不明。傅先生曾派华北总部总参议张濯清、政工处长王克俊从北平来绥劝孙。但孙还是听不进去，谁的话也不相信。傅先生来绥后，与孙兰峰谈过两次话，回答他提出的问题，讲解“绥远方式”的宽大精神，但是他仍然有顾虑。九月十九日凌晨，傅先生又专派人到医院转达对孙的肺腑之言。傅对孙说：“畹九（孙的号），我们共事多年，同甘共苦。我认为现在走的路是最正确的路子，切盼我们一起走。眼下北平已准备召开政治协商会议，在政治地位上，共产党不会错待我们。我更有责任考虑到你的前途，如果不相信我的话，断绝我们几十年的交情，不跟我一起走，那么，人各有志，不能相强。你看谁愿意跟你走，你就带谁走，哪个部队愿意跟你走，你就带哪个部队去。从此以后，分道扬镳，各奔前程。”孙听了傅的话后，才断然地说：“我跟傅先生患难生死相处了几十年，情同手足，我怎么能离开傅先生单独行动呢？好吧！它就是火坑，我也要跟着跳。”于是，孙兰峰才参加到起义的行列里来，终于在起义电文上签了名。孙于事后同我闲谈，说他当时确有些顾虑，如他和他的部下前途问题等等。但更主要的是张庆恩、刘万春等人对他的包围恫吓，使他暂时不明确表态，后来索性住进医院，装作不闻不问。以致有些别有用心的人打着他的旗号，说他是主战派。其实他从一开始便没有反对起义的意思。我认为他这种说法是真实的，因为他虽然没明确拥护起义，也确实没有反对过起义。一时意存观望则是有的。

我们三十几人在起义通电上签名后，中午举行了会餐，庆祝光荣起义。下午一时，傅先生在中国银行院内召集干部讲了话。大意是：我过去一度把大家领到错误的道路上去了，这要我来负责。现在我把大家领到光明的大道上来了。希望大家在毛主席、共产党的领导下，努力学习，自我改造，全心全意为人民服务。今后如果谁自己走错了道，那要自己负责……他谆谆告诫，情至义深，讲了约一个小时。

当天下午，我们在祖国北部边疆重镇——包头，庄严地向毛主席、朱总司令和华北军区聂司令员、薄政委发出起义通电。电文是：

毛主席、朱总司令、聂司令员、薄政委：

我们全体官兵和各级行政人员，今天在绥远发动了光荣起义，并庄严地向人民宣布：我们正式脱离依靠美帝国主义的蒋介石、李宗仁、阎锡山等反动派残余集团，坚决走到人民方面来，绥远和平解放，我们得庆新生。全体军民谨以无限忠诚，向人民领袖毛主席、朱总司令致崇高的敬礼。

北平和平的成功，启示了我们：和平是全国人民迫切的要求与愿望；教育了我们：过去戡乱的政策是错误的；提醒了我们：唯有在中共领导下，团结各民主阶级各民族，建立人民民主统一战线，为人民服务，才是对的。因此北平和平之后，我们迫切的愿望，就是期待由北平和平促成全国人民一致要求的和平，在中共领导下，迅速开始新民主主义的建设。但是，事实一天一天证明，反动派没有丝毫的觉悟和悔改，而是变本加厉地投靠帝国主义，乞怜于帝国主义。反动派和人民的愿望是完全相反的，人民要和平，反动派正是处心积虑地破坏和平。阎锡山断送了山西人民的生命，从太原飞到广州当了反动的行政院院长，狂吠所谓“日本复兴中国论”。积极从事与日本军国主义反动的勾结，阴谋引导日本强盗再来侵略中国国土，再来屠杀中国人民。

我们参加过辛亥革命，我们参加过大革命战争，我们尤其自始至终坚持对日抗战，热血洒遍长城各口。民国二十二年长城抗战中，当无耻的《何梅协定》[①] 正在签字的时候，也正是我们在怀柔附近对日本侵略者西义一师团坚强奋战并予以严重打击的时候。继此之后，我们在绥东抗战，向百灵庙日本侵略内蒙的根据地袭击。“七七”全面抗战展开后，我们参加了平绥线的南口战役，山西的平型关会战，太原守城，文水、交城、离石各战役，绥南战役，反攻包头，克复五原。我们虽然缺乏武器，缺乏弹药，但我们打到底。我们虽然吃过马料沙土，但我们为了民族复兴，国家独立，坚持到底。我们绥远人民在抗日战争里食不果腹，衣不蔽体，一切的节约贡献了抗战。我们绥远人民拿出了生命热血，用一切的力量支持了抗战。我们的抗战目的是为了打倒帝国主义，争取中国独立民主自由和平富强。今天反动派却又勾结日本强盗来屠杀中国的人民，我们愤慨，我们抗议，我们坚决的反对。国民党反动派可曾想过革命的三民主义的目的是什么？全民族八年苦战牺牲了无数生命财产又是为什么？这样倒行逆施，将何以对孙中山先生，将何以对死难先烈。

这一切事实教育我们：使我们看明白反动派已经走到了死亡的末路。在过去，反动派与帝国主义勾结还要用些花言巧语来欺压人民，到了反动派临近死亡的时候，他们就再也顾不得什么羞耻，只有原形毕现地匍匐在帝国主义的脚前摇尾乞怜，妄图做垂死的挣扎。

这一切事实教育我们：使我们从蒙蔽中清醒过来，看明白反动派和人民的利益是相反的，和革命的利害是相反的。反动派和帝国主义的利害，和官僚、买办资本家的利害，和封建地主的利害原来是完全一致的。

这一切事实教育我们：使我们明白，这些封建残余、官僚买办资本家、帝国主义奴仆“三位一体”的中国反动派，是孙中山先生革命的三民主义的叛徒，是无耻地出卖民族的败类。

我们既从蒙蔽中明白过来，从苦闷矛盾中解脱出来，我们就再也没有理由替这些自私自利无羞无耻的反动派作战，我

① 民国二十二年即公元一九三三年。《何梅协定》应为《塘沽协定》。

们就再也没有理由违背革命的初衷自毁抗战的光荣而为反动派效力，我们就再也没有理由跟着反动派殉葬，而必须坚决地脱离反动派残余集团，来向人民靠拢，来为人民服务。我们于北平和平之后，经过半年来的自我反省，自我教育，确切认定，中国人民民主革命必须是以无产阶级为领导，工农联盟为基础，团结各民主阶级及中国境内各民族，建立人民民主统一战线，共同努力，才能彻底完成。这个方向是完全正确的，我们深深感到只有在这个总的方向之下努力奋斗，才能达成人民的愿望，才能符合我们革命抗战的光荣历史。我们现在就是依照这个正确的方向发动起义，实现绥远和平，脱离蒋介石、李宗仁、阎锡山等反动派残余集团，坚决走到人民方面来，在中国共产党领导下努力学习，自我改造，和全国人民一齐起来粉碎帝国主义侵略中国的任何阴谋，消灭反动派一切残余势力，实现新民主主义即革命的三民主义，和平建设新绥远，和平建设新中国。我们热切期望人民领袖毛主席、朱总司令及各界民主人士指导我们，教育我们，使我们能在新社会中忠实地为人民服务，我们高呼：

中华人民共和国万岁！

毛主席、朱总司令万岁！

董其武、孙兰峰、刘万春、
俞方皋、胡景通、张副元、
张世珍、赵晓峰、杨仲璜、
马逢辰、王崇仁、张　朴、
鄂友三、高理亭、乔汉魁、
安恩达、陈秉义、孟昭弟、
张　潜、陈玉甲、于霖瑞、
张振基、张汉琏、邬青云、
王　度、张　钦、阎　肃、
荣　祥、于存灏、胡凤山、
辛崇业、杨令德、陈志仁、
梁子材、奇世勋、任秉均、
吴　桐、吴耀庭、王质武

九月十九日

电文发出后，傅先生已胜利完成毛主席交给的任务，同邓宝珊、孙兰峰乘车返回北平，去参加即将召开的第一届中国人民政治协商会议。我同车从包头回到归绥，暂留归绥，处理善后。傅先生的列车稍停之后继续向北平进发。

至此，反动派千方百计阻挠和破坏绥远起义的企图终于失败了。绥远起义，按毛主席的"绥远方式"的精神和要求实现了。我们深深感谢中共中央、毛主席对绥远的深切关怀，感谢傅作义先生大力的帮助，也感谢中共联络组的潘纪文、鲁志浩、何树声等同志的积极的协助。我在整个起义过程中，虽然做了一些工作，这是每一个具有爱国心的人应该做的。成绩归功于党，归功于毛主席，归功于人民，归功于具有高度爱国之心的全体将士和各族各界人士。

我是怎样走向起义的

孙兰峰*

一

绥远起义是北平和平解放的继续，是傅作义先生对我和董其武启发帮助的结果。我在傅作义部下任职三十多年，还在傅先生当团长的时候，我就跟他当连长。北伐战争时，傅先生带着他的那个师和一个炮兵团向涿州挺进，那时我是他的营长。一九三三年长城抗战时，我是他的团长，一九三六年绥远抗战时，我和董其武是他的旅长。“七七事变”以后的全面抗日战争期间，我和董又都在傅先生的领导下，历任师长、军长等职，在多年的患难相处、生死与共中，我们和傅先生之间形成了深挚的情谊。我是一个行伍出身的军人，傅先生在各方面给予我的启发和帮助是难以用语言形容的。在政治上我一向是以傅先生的意见为依归的。抗日战争胜利后，傅先生错误地走上了反共反人民的道路，我也跟着他走上了这条罪恶的道路。傅先生到北平后，让我以第十一兵团司令官的名义负责察哈尔省地区日常的军事。当中国人民解放军发动平津战役后，傅先生让我防守张家口。当时我们防守人员中任何人都料想不到这场战斗的结局是什么，但我还是执行了傅先生的命令。解放后傅先生一再对他的部下讲，在抗日战争胜利后，他把大家领错了道路。然而，除了傅先生，我们这些人也是负有不容推卸的责任和深感愧疚的。

当北平和平解放时，我已经退到绥远。我是仅从广播中获得北平和平解放的消息的，没有从傅先生那里直接得到过任何的介绍和解释。究竟北平和平解放是怎样一种局面，我感到难以捉摸。我内心中一会儿为傅先

* 作者当时系国民党第十一兵团中将司令官。

生懊悔，懊悔他事先对于应付可能出现的战争形势缺乏明确的决断；一会儿又觉得根据傅先生的长期经历，他毕竟不是一个单纯的军事家，他决定北平和平解放自然有他一定的道理。此后，有一些傅先生的老部下，陆陆续续从北平来到绥远。凡看过我的人，我发现大家的情绪都是比较消沉的。一个很大的问题奔上我的心头：傅先生在北平的行动难道不是投降吗？当然，投降也有性质的区别。向人民投降是好事不是坏事。但当时我根本还认识不到这种程度。我也不愿把“投降”这两个字与傅先生的名字联系在一起，自然也不愿与我的名字联系在一起。根据大家的谈话给予我的印象，我甚至对傅先生的生命也担心起来了。就在这个个人思绪纷乱、心神不定的时候，从北平窜来绥远的中统特务头子张庆恩和军统特务头子史泓，别有用心地一再来找我。他们说：“傅先生上了共产党的当，把几十万大军和武器都交给了共产党，自己却让人家把他当做大战犯软禁起来了。将来得什么样的结果，还不一定。死不了就算好的。我们实在为傅先生可惜。傅先生过去是抗日名将，在国内外都是有声望的人，这一下投降共产党，落了个降将的头衔，真是一失足成千古恨，我们实在替他惋惜。希望孙司令官深明大义，万不可再蹈傅先生的覆辙。”

南京国民党反动政府为了操纵绥远局势，派了前军令部长徐永昌和空军副总司令王叔铭，坐飞机跑到河套陕坝，约董其武、刘万春和我与他们会晤。徐永昌是傅先生多年的好友（当傅先生任第三十五军军长、绥远省政府主席时，徐永昌是第三十三军军长、山西省政府主席），交情甚笃。王叔铭和我是山东同乡，又在陆军大学将官班同期学习过。徐永昌和刘万春有过一段上下级的关系。他们来后所采取的诡计是对我们分别进行拉拢。在他们看来，无论我们全听他们的话，或者部分听他们的话，都是他们游说的成功。他们许给我一个第九兵团司令官的名义，并把所有在绥远的部队全隶属于我这个兵团司令部之下。另外，还答应再给我编两个军，全以美式武器装备，每月特支费二百万元，必要时可以调我到兰州去担任西北军政副长官。他们还说：即使绥远丢失，还有大西北的广阔土地和四川省作大后方，最后一定胜利，并一再地谈道：傅宜生（傅作义先生的字）已经上了共产党的当，走错了路，你千万不能再上当受骗。第三次世界大战不久的将来就会发生。那时苏、美燃起战火，英、法、德、意都将站在美国一方，美国的军队和武器都比苏联优越和强大得多，并且还有原子弹。大战一爆发，肯定苏联必败。苏联失败，共产党还能成功吗？到那时，共产党不打自灭。又说：现在中央尚不愿同共产党最后决战，设法保存实力，以观国际变化。今后你们也要尽量保全实力，不要同共军硬拼。能打就打，打不胜就向西北后方撤退，只要不把力量消耗掉，早晚必有办法，希望你们采纳。他们对我开出的支票越多越大，令人置信的程度当然就越低。尽管如此，我觉得在当时的情况下，还是必须同他们周旋应付。

大约是在一九四九年的六月，傅先生派王克俊来到绥远。王是多年在傅先生身边工作的人，但是我认为在我对局势还没有判断清楚以前，我不能轻信他的话，也不能轻易表态。只好对他说：你既然来啦，住上一两天就回去吧！不要到部队中去，因为部队中的情况很复杂，有些部队不完全听我的话，我对你的安全负不到保护的责任。之后，傅先生又派他原来的总参议张濯清来绥远。张是过去傅先生兼任第三十五军军长时的参谋长，我们之间关系很好。我很坦然地对张说：不管你们谁来，我也不能完全相信，你们说的话我一概不听。我希望的是傅先生亲自来绥远，当我亲眼见到傅先生确实一切都好，我就听他的话。除了傅先生亲自说的话，其他任何人传的话我都不听。我也对张说：既然来啦！就在这里多玩几天吧！但最好不要到部队里去，免生意外，我对你的安全负不了责任。听说张回到北平后向傅先生说："畹九（我的字）倔强得很，什么话也听不进去，非傅先生亲自去绥远一趟，他的顾虑才可以解除。"的确，按照我当时的想法，只有我亲自看到傅先生，我才能弄清楚傅先生的处境如何，搞明白我们这些人的出路何在。还有，我觉得只有傅先生，才能比较好地收拾绥远这个残局。换句话说，不论起义或不起义，最好都由傅先生来主宰决定。因为部队是傅先生带起来的，我们这些人中的任何人都不可能有他那样大的说服力和感召力，使得大家能够获得统一的认识，采取统一的行动。

于是，在当时的绥远社会上流传出一种说法：绥远的军政人员划分了两派：一派是不愿起义的主战派，为首的是孙兰峰；一派是愿意起义的主和派，为首的是董其武。其实，我和董其武都是跟随傅先生多年的老人，我们都不愿做也不会做与傅先生的意志相违背的事。我们两个人在当时所处的地位不同，性格也有差异，而每个人对人对事采取的方式方法自然也不会相同。表现在对待问题的反应和处理上也有所不同，这是事实。但是我们都不能离开傅先生自搞一套，即使想搞也搞不成，这是历史所决定了的。当时我心中的一个强烈愿望，就是傅先生能亲自到绥远来，我的一切都是以此为出发点的。解放后有一次我同张濯清谈起往事时，他说：

“畹九，你要的那一套把戏，我这个当过参谋长的人早就识透了，只是我没有给你暴露‘天机’就是了。”其实如前所述，他回去以后还是向傅先生表达了我的思想情绪，即是要傅先生亲自来绥远一趟。

二

一九四九年八月下旬，傅先生偕同邓宝珊先生及其他人员来到绥远。我和董其武以及傅先生在绥远的很多旧部下、旧同事和老朋友，都去车站迎接。当我见到傅先生时，心情非常激动，有说不出的高兴，高兴的是我们终于又见面了。但是，因为那时的思想情感还不对头，在高兴之中不免夹杂着一些伤感，伤感的是自从我们相识以来，他经历过不少的难关，但没有像在北平这样失败过。

傅先生来绥，对绥远军政人员来说，好像一个大磅秤有了定盘星似的，一切都有所依从。但傅先生在初来的那些日子里，时间主要用在探望部队和传见军政干部，了解部队情况，并没有正式谈到起义不起义这个问题。九月十日傅先生到包头后才用讨论和商研的口气，同我谈论起起义的问题。开头他问我：“畹九，你对北平和平解放有什么看法？”我说：“共产党在北平同我们定的和平解放条件很好，但有的就不执行。特别是协议规定：凡在张家口、新保安、怀来等地区的我军被俘人员一律释放，并均按北平和平起义人员对待，一视同仁，不咎既往。但只将河北永年的人释放回来，在张家口扣押的人，如周钧、靳书科等多人，屡次交涉，不予释放。尤其听说在北平把你软禁起来……这样的起义给我们的干部和部队带来什么好处。像这样起义的悲惨结局，我不愿参加。”傅先生听了我的说法后说：“这就是你对北平和平解放的看法吗？怪不得克俊和漱泉（张濯清的字）都说你非常倔强，实际情况并不是如你所说的那样。首先从我来说，我并没有被软禁过，那完全是特务们的造谣。我不但非常自由，可以随便活动，而且还乘飞机到石家庄去见过毛泽东主席和周恩来副主席，并受到极为热情的接待。当然，某些地方做的不够好，那也是很难避免的。共产党的政策同我们定的协议很好。但有的人不很好地理解，执行上不得力也是有的。因为十个指头伸出来不能一般齐嘛，有的长，有的短，怎么会一样呢？在河北永年的人员全部释放了，在张家口就没有释放，这些都是掌握和执行政策人的水平问题，并不是共产党的政策不兑现，说话不算数。这一点必须要认清楚。”傅先生又说：“你说的一些情况，毛主席和周副主席有的已经知道了，已对个别部门提出批评，问题很快就会改正过来。在张家口扣押的人已通知察哈尔省让他们赶快释放，这一点你可以放心，不必再有顾虑。”听了傅先生的这段解释，我仍不大相信。因为有人告诉我，共产党的手段是先甜后辣。所以，我又说：“傅先生说的是暂时现象，日子一长，就会变样子的。共产党绝不会使用我们这些人的，早晚必受其害。”傅先生听后说：“那就等着以后用事实来说明吧！”我同傅先生第一次谈论起义问题就谈了这些。

第二次傅先生同我谈话时，就比较深入了一步。傅对我说：“目前全国形势发展变化得很快。全国人民一致要求停止内战，实现和平。事实证明走和平的道路是正确的。这样对国家好，对人民好，对地方也好，对我们每一个人都好。既然有这么多的好处，我们为什么还要再打下去呢？不管共产党对我们怎样，这样不得人心的内战，我们是不能再打下去啦！北平和平解放就是出于这种原因。我们过去天天说为人民，实际上是摧残压迫人民，在乡村是给大地主看家，在城市是给特权豪门保镖。所以得不到人民对我们的支持，最后我们遭到失败。共产党是以人民的利益为基础，一切全是为了人民，因而得到人民的拥护，所以能够成功。从北平和平解放到现在，事实证明我们是做对啦！路是走对啦！共产党的政策是既往不咎的宽大政策。只要跟着共产党走，个人的前途和出路都是光明的。”傅先生的这一段话对我启发较大，心中比较豁亮了一些。但还是不敢相信。于是我说：“傅先生的话很对，但我还是不敢相信。傅先生在北平的和平解放，弄得一个人也没有剩下，甚而有些人流浪街头，无家可归。如果我们再同傅先生一样，就都得跳黄河淹死啦！这次让我们起义，必须有条件，而这次的条件不能同北平的条件一样。必须是部队不能再解散，保证每个人的生命财产的安全。在各地扣押我们的人一律释放，并按起义人员对待。”傅听后说：“绥远这次起义和北平和平解放不一样。毛主席指示，绥远起义是另一种方式，就叫做‘绥远方式’。起义人员一律既往不咎，而且是包下来，一包到底。在张家口关押的周钧、靳书科等人，已由党中央通知察哈尔人民政府全部释放，并都按起义人员对待，一律既往不咎。绥远部队不改编，人员不遣散，起义前是什么级别，起义后仍按什么级别待遇。只要求地方要解放区化，军队要解放军化。这些条件比你要求的还要好得多，你还有什么可以顾虑的呢？”我听后说：“如果能如傅先生所说那样，真正说话算话，我们的干部和部队都有了保障，我就再没有什么意见可说了。不过我还有怀疑。”第二次谈话就这样结束了。

就在这个时候，已经“引退”的蒋介石跑到重庆，派徐永昌带着他的亲笔信于九月十五日飞到包头，请傅先生赴渝同他相晤。蒋介石还让徐带着口信，希望傅先生任西北军政长官之职。在此以前，“开府广州”（当时，国民党政府从南京迁至广州。所谓，“开府广州”寓有讽刺之意）的李宗仁和傅先生的老上司国民党行政院院长阎锡山也给傅先生来过电报，邀请傅先生到广州“共商大计”。同时，蒋介石在给傅的亲笔信上说：你这次脱险返回绥远，就像我当年西安事变后回到南京一样，由于一念之差造成今日危亡之大错。让傅先生接受他的教训，不要自误、误国、误部下。徐永昌和傅先生见面之后，还表示要同我见面。我为了不使傅先生对我产生怀疑，我决定不和徐永昌见面，就装病住进医院，对外任何人都不见。另外，我委托我自己的亲信人员注意探听傅、徐以及其他人的态度。同时，我认为傅、徐会晤之后，将是绥远局势揭晓的时候，也就是需要我正式表态的时候。傅、徐会晤的结果将是怎样，虽然我还不能完全知道，但根据我多年跟随傅先生的经验，深知傅先生绝不是出尔反尔的人。徐永昌绝不能扭转傅先生已经确定的方向。一方面，他作为蒋介石的“使者”，必须摆出劝说的姿态。另一方面，他作为傅先生的老友，也不能一味不顾事实，昧着良心把国民党的状况和前途说得那么“有希望”，不敢竭力敦促傅先生去蹈蒋介石所埋设的陷阱。与此同时，我感到蒋介石既然明着派徐永昌来劝说傅先生，如果傅先生不上他的圈套，而暗中就有可能让潜伏在绥远的特务头子对傅先生下毒手。为了保证傅先生的绝对安全，我特由固阳调来一个强有力的骑兵团，在傅先生的住处加强保卫及警戒。并对该团长说：如果傅先生的住地发生问题，定以你是问。同时我自己也提高警惕，以防特务们在我同意起义之后，对我进行暗害，或将部队拉走一部分。所以，我在医院一概不接见外人，对起义也不表态。因此，当时有些人说，起义的电文都写好了，只有孙兰峰不签字。实际在当时，我正是为了稳住中统和军统那些特务们，使他们对我尚存有幻想，听到我不签字，绥远就起不了义，而不敢对傅下毒手、对我进行暗害。及至起义电文写好，徐永昌不能说服傅先生，又知道我之所以不见他就是要跟着傅先生走起义的道路，徐永昌走了。

第三次谈话是在徐永昌走后，傅先生用极郑重的口吻对我说：“徐次宸（徐永昌的字）来说服我，我没有听他的话。我对他说，国民党失败之局已定，任何人任何力量都不能挽回这个败局。我去了同样是无能为力。但是，他还不想走，我请邓宝珊劝说他和我们一起起义。这样，他才说要走，而且已经走了。这你大概也知道了吧！起义的通电已经写好了，别人都签了字，唯有你还没有签字。你是不是还有顾虑？如果你不相信我的话，不愿意同大家一道起义，打算离开我们，断绝我们几十年的交情，那就随你的便吧！你看谁愿意跟你走，你就带谁走。哪个部队愿意跟你去，你就带哪个部队去。但是我要告诉你，仗是绝对不能再打下去了。”说到这里，傅先生讲了一句诙谐的话：“你们要是真有本领打，打出个天下来，我岂不是可以当‘太上皇’吗？”自从我和傅先生相识以来，我们之间的任何一次谈话，都没有像这次谈话那样激动人的感情。我情不自禁地流了不少的眼泪，一时想不出多少话来可说。我只简单地说了：“傅先生和我患难生死相处了几十年，情同手足，我怎么能离开你而单独行动呢？当年涿州战役失败后，我都没有离开过你，今天我怎么能够离开你呢？我听你的话，马上签字。”依照傅先生的看法和主张行事，这本来是我内心中经过多番思考，早就确定了的一条原则。因为根据过去多年的生活经验，证明傅先生要比我们看得远，对部下对同事重义气、重感情、负责任。既然傅先生认定了起义是唯一正确的道路，而且又把一切都安排停妥了，我怎么会不签字呢？签字，它标志着我自己决心弃暗投明，参加到“九一九”起义的行列，它代表着我决心拥护伟大的中国共产党和毛主席。我将从头学起，走真正的为人民服务的道路。现在回想起签字的那个时刻，我心中仍然充满了兴奋之情，好像那似乎是昨天才发生的事情！

三

我同傅先生谈话之后，就在用红绸缮好的电文上签了字。这样，在董其武和我的率领下，绥远起义变成了现实。参加签字的三十九人，在包头市绥远省银行分行举行了庆祝签字仪式。我们庄严隆重地向伟大领袖毛主席、朱总司令，华北军区聂司令员、薄政委，分别发出起义通电，宣布脱离蒋介石、李宗仁、阎锡山等的反动集团，走到人民的行列中来（电文从略）。

通电发出的当天下午，傅作义先生在中国银行院内召集干部讲话。他说：过去我把大家领到错误的道路上去了，这个责任完全应该由我来负。今天我把大家领到光明的大道上来了，希望大家在毛主席和中国共产党的领导下，努力学习，自我改造，全心全意为人民服务。今后如果你们中自己走错了道，那要由你们自己负责……傅先生胜利地完成毛主席交给他的任务之后，即和邓宝珊先生二人乘火车返回北平参加中国人民政治协商会议，我也同车去参加会议。在西直门车站迎接傅、邓的有华北军区的聂、薄二位首长。

通电发出后的次日，即收到毛主席、朱总司令的复电说："看了你们九月十九日的声明，你们的立场是正确的。自从傅作义将军领导北平和平解放后，人民表示欢迎，反动派表示反对。反动派还企图破坏绥远军民和平解放的努力，但是终归久败。你们已经率部起义，脱离反动派，站到人民方面来。希望你们团结一致，力求进步，改革旧制度，实行新政策，为建设人民的新绥远而奋斗。"同时也收到聂荣臻司令员、薄一波政委的复电，对绥远和平解放表示热烈祝贺，并勉励我们把绥远建设成真正的人民解放区，把军队改编成为真正的人民解放军，为建设新绥远、新华北及彻底解放全中国而奋斗。

获悉毛主席、朱总司令、聂司令员、薄政委的回电，使我受到极大的鼓舞。我参加全国政协成立会议，并当选为第一届全国政协委员，感到非常荣幸。当我第一次步入政协会议的会场时，我看到孙中山先生的遗像也悬挂在那里，这是我做梦也梦想不到的事。心中顿然感到共产党真是伟大。我曾把自己的这一感受写进自己在大会上的发言里。特别使我感激的是敬爱的周总理在百忙之中设便宴招待过傅先生和我。傅先生不会喝酒，我是能喝一些的。总理亲切地对我说："噢，你能喝酒，我这里还有一点好酒，你尝一杯吧！"随即从书架上取下半瓶酒来，给我斟了一杯。总理介绍这酒是一位法国朋友送给孙中山先生的，孙夫人珍藏了多少年，解放后孙夫人转赠给了总理。这真是好酒！而且是同这位为中国人民革命一生战斗不息、作出巨大贡献的革命家孙中山先生名字联系在一起的好酒！我喝下去以后，立刻觉得有一股热流在我腹中回荡不已，并且传遍我的周身。政协会议胜利闭幕后，我参加了十月一日的中华人民共和国开国大典。听到伟大领袖毛主席向全世界宣言："中国人民从此站起来了！"我作为一个中国人从来没有像那天那样感到自豪。由北平返回绥远后，我被任命为绥远军政委员会副主席，绥远军区副司令员，绥远省人民政府副主席。蒙绥合并后，我又被任命为内蒙古自治区人民政府副主席，内蒙古政协副主席。此外，我还是历届全国政协委员，四、五届全国人民代表，

五、六届全国政协常委。起义三十年来，一贯受到共产党、毛主席、周总理以及内蒙古党委无微不至的关怀、照顾，内心实在感激。党的光辉照耀了我的全家。在我的儿女和儿媳中，八个人都受过大学教育，是党培养他们成为新中国的大学生，他们分别在不同的岗位上为祖国的社会主义建设贡献他们的力量。孙子辈中，也有两个考入了大学学习。我们的幸福和愉快完全是党给我们的。在旧社会中，绝不可能设想自己的子女会有如此好的前途。

四

三十年前绥远全体军民，能够举行光荣的起义，走向革命的光荣大道，主要是由于伟大领袖毛主席和敬爱的周总理的英明领导，由于中国共产党的英明决策和毛主席指示的“绥远方式”的伟大胜利。同时，也是傅作义先生在北平和平解放对我们的启示，及其对绥远起义无限关怀和大力诱导的结果。当然，这也是由于反动派蒋介石政府人心丧尽，全体军政人员认识到只有跟着傅作义先生走和平起义的道路，才有前途和出路，人民才能幸福，国家才会富强。回顾三十年来跟随傅作义先生起义过来的傅部全体军政人员和干部，都是按照党的起义政策，既往不咎，量才录用，各得其所，各安生业，而且是一贯受到党和人民的关怀照顾和策勉，尚有一部分人光荣地参加了中国共产党。在这个短短的时间之内，由于党的英明领导，把一个在国际上被人看不起的国家，一变而为在国际舞台上富有极大威望的国家；把一个遭受帝国主义长期欺压侮辱的民族，一变而为受到世界人民非常尊敬的民族；把中国在历史上长期存在和遗留下来的民族矛盾，一变而为各族人民和睦团结的大家庭；把贫穷、落后的旧中国推置到建设四化的轨道上来，一变而为政治民主，经济进步的国家。三十年来走过的光辉历程，使我深深感到没有中国共产党就没有新中国，只有社会主义才能救中国——这个颠扑不破的伟大真理。

中國紀

平津战役

附 录

附录一

平津战役国民党军大事记

（一九四八年十月至一九四九年四月）

战役前

一九四八年

十月一日　蒋介石在北平召开军事会议。决定抽调华北"剿总"的第六十二军、第九十二军（后仅调去一个师）、独立第九十五师，抽调驻烟台的第三十九军增援东北。上述部队均海运至葫芦岛集结，统由第十七兵团司令官侯镜如指挥。

二日　察哈尔省的崇礼、尚义二城被解放军华北军区冀热察军区部队攻克。

五日　蒋介石由北平飞抵天津，旋乘车到塘沽视察，后改乘"重庆号"巡洋舰赴葫芦岛。国民党前军令部部长徐永昌、海军总司令桂永清、总统府军务局长俞济时、总统府参军罗泽闿、第十七兵团司令官侯镜如等随行。天津警备司令陈长捷、天津市市长杜建时等到机场、码头迎送。

六日　第六十二军军长林伟俦率军部到达葫芦岛。至九日，该军三个师全部到达葫芦岛。

七日　蒋介石乘"重庆号"巡洋舰由葫芦岛返抵塘沽，旋改乘火车抵北平。

八日　蒋介石由北平飞沪。

九日　绥东之兴和被解放军华北军区第三兵团攻克；（北）平张（家口）线东段被华北军区第二兵团破击，沙城被攻占，并向康庄以东之西拨子、青龙桥、八达岭诸点攻击。

上旬　由于解放军华北军区部队于上月分别在绥远地区和北平以东以北地区的攻势作战，傅作义抽调北平的第三十五军、张家口的第一〇五军等部西援归绥，不久，又将他们东调回防张家口，非常被动。

十一日　侯镜如率第九十二军第二十一师到达葫芦岛。独立第九十五师昨日亦由塘沽运抵葫芦岛。

十二日　国民党军第四兵团第十六军第九十四师为打通平张线交

通，由康庄分两路向东进击，与解放军发生激战。在宣化之暂编第二十六师也由宣化向东进击，以为策应。

十三日　康庄第十六军一个师续分两路向东进击，无进展，退回康庄。困守郭家堡的第九十四师一个团被歼。

十四日　康庄第十六军集中八个团兵力，由康庄续向东进攻，被阻于西拨子岔道、程家窑一线，战至次日凌晨，解放军撤出战斗。

十六日　绥东之陶林[①]被解放军攻占。

二十一日　乘解放军华北军区主力不在冀中，傅作义已决定抽调第九十四军，第一〇一军暂编第三十二师、新编骑兵第四师、骑兵第二师等部组成“援晋兵团”，由第九十四军军长郑挺锋任总指挥，企图偷袭石家庄和中共中央所在地平山西柏坡。

二十三日　国民党新编第十一旅第一团弃守包头，该团被解放军追歼。

第九十四军、新编骑兵第四师、骑兵第二师等集结涿县。

二十四日　华北“剿总”“援晋兵团”第九十四军等奉令由涿县分路南开，到达定兴。

二十五日　国民党第九十四军等由定兴进抵徐水，当夜谍报：解放军华北军区第七纵队已由大王店向南疾进。

二十六日　第九十四军等进抵保定。

二十七日　华北“剿总”第三处副处长任兆同到保定传达作战方案，令骑兵部队到达滹沱河后停止待命。

第三十五军、第十六军两个师、第九十二军第一四二师也奉令调至平汉线，策应第九十 四军等部的作战行动。

蒋介石飞抵承德视察，下午返平。

二十八日　第九十四军、第一〇一军暂编第三十二师等部进至保定以南之方顺桥。

二十九日　第九十四军进至望都。沿途受解放区军民节节阻击，新编骑兵第四师渡过唐河，进入安国县境内；是日夜，骑兵第二师遭解放军袭击，向唐河北岸溃逃。

三十日　第九十四军由望都进抵清风店并继续向南进攻，续遭解放

① 陶林，旧县名，一九五四年撤销，划归察哈尔右翼后旗和察哈尔右翼中旗。

军华北军区第七纵队的顽强阻击，退回唐河北岸，两军隔河对峙。

蒋介石由北平飞返南京。

三十一日 凌晨，华北“剿总”将解放军华北军区第二兵团主力已南下，前锋已过蔚县的情报告知第九十四军，令该军撤至方顺桥。

十一月一日 第九十四军等部队撤至保定，新编骑兵第四师由安国、博野地区北撤。奉令前来接应“援晋兵团”的第三十五军同日到达保定。第十六军到达徐水、定兴。

解放军东北野战军先遣兵团第四纵队由锦州以南出发，开始隐蔽向关内进军。

二日 沈阳解放，辽沈战役胜利结束。

新编骑兵第四师退抵保定。

三日 蒋介石电复杜聿明，在葫芦岛的第六十二军、第九十二军第二十一师、独立第九十五师，仍归华北“剿总”序列。杜聿明决定这些部队首批撤离葫芦岛。

四日 傅作义飞往南京参加军事会议，会商华北国民党军行动的方针。会议最后确定暂守平津，保持海口，扩充实力，以观时变的方针。

第十七兵团司令官侯镜如率第九十二军第二十一师、第六十二军等部由葫芦岛撤往秦皇岛。稍后，独立第九十五师撤往塘沽。

五日 蒋介石在南京接见傅作义，指示今后华北军政措施。

六日 夜，傅作义由南京飞返北平。

解放军华东野战军、中原野战军发起淮海战役。

九日 第一〇一军（原新编第二军，欠暂编第三十一师）军长李士林奉令率军部和暂编第三十三师由保定北撤，该军暂编第三十二师留守保定。

十日 第十三军军长石觉升任第九兵团司令官。

上旬 傅作义在北平中山公园发表演说称：目前局势严重，但其严重程度还不至于威胁华北的生存。

十一日 第一〇一军军部及暂编第三十三师撤抵涿县。

十二日 第十三军奉令弃守承德，撤至密云、通县一带。同日，承德解放。

十三日 傅作义在北平召开地方保安旅旅长、专区保安司令、副司令会议，讨论“整军方案”，决定将地方保安团编入正规部队，要求本月十八日开始行动。

十四日 解放军东北野战军先遣兵团到达河北省蓟县地区，隐蔽集结待命。

十七日 第四兵团司令官李文率第十六军沿平汉线南进，接应保定守军北撤。

二十日 美国帮助傅作义扩充装备的第一批物资运抵大沽港。

中旬 天津市市长杜建时由津来平，向傅作义面陈作战方案。傅要杜同青岛美国西太平洋舰队司令白吉尔中将联系。希美军能来津保侨。杜回津后致函白吉尔。白吉尔复信称“去津保侨事可以考虑”，杜将此复信转交傅作义。

二十二日 第一〇一军暂编第三十二师弃守保定。同日，保定解放。

华北“剿总”宣布，华北地区已进入作战状态，自本日起，唐山、塘沽、天津、北平、张家口之间地区划为戒严区。

二十七日 第八十六军撤出山海关、秦皇岛，退往天津。

二十八日 解放军撤出包头。同日，国民党军复占包头。

战　役　期　间

十一月二十九日 解放军华北军区第三兵团向张家口地区发动进攻，至十二月一日先后攻克柴沟堡、怀安、万全、沙岭子等地，并切断了张家口与宣化间的铁路。张家口陷入包围。

张家口第十一兵团司令官孙兰峰向傅作义告急。傅急令第三十五军（欠第二六二师）、第一〇四军第二五八师分由丰台、长辛店、怀来驰援张家口。同时令第一〇四军主力由昌平推进至怀来，第十六军由涿县前移至昌平、南口，以确保平张线交通。

下午，第三十五军乘汽车沿平张公路西开。

冀东滦县守军炸毁滦河铁路桥，撤往唐山。

三十日 下午，第三十五军（欠第二六二师）到达张家口。该军第一〇一师一部随即协同友军向万全攻击前进，解放军撤出战斗，第一〇一师重占万全。

十二月一日 第一〇四军第二五八师由怀来乘火车到达张家口。

张家口的国民党军向孔家庄、沙岭子等地进行大规模的分路反击，激战竟日。

驻守宁远堡（张家口以南）的第一〇五军一部遭解放军袭击，第三十五军第二六七师往援，后解放军撤出战斗。

二日 张家口第三十五军一个师急攻沙岭子解放军阵地，宣化国民党守军一个团亦出动策应，激战竟日。

沙城为解放军冀察热军区部队攻占。

傅作义由北平飞往张家口部署防务，当日返平。

蒋介石派南京国防部第三厅副厅长许朗轩到北平，要傅作义确实控制海口。

三日 张家口第三十五军和整编骑兵第五旅各一部，在空军支援下续向沙岭子解放军阵地攻击，解放军部分阵地被突破。同日，宣化守军独立第三一八师（即原第二七一师）两个团亦向八里庄解放军阵地进攻，战至下午三时，退回宣化。

傅作义再飞张家口，当日返平。

第一〇四军第二六九师复占沙城。

第十六军一部接防康庄。

解放军东北野战军先遣兵团从蓟县地区西开，向平张线疾进。

四日 宣化、张家口守军从东西夹击沙岭子，攻占解放军部分阵地。是日夜，解放军撤至沙岭子铁路两侧和洋河南岸。

傅作义飞抵张家口，上午召开了小型军事会议。下午，召开驻军旅长以上部队长会议，征求防守张家口的意见，未作决断。会后，傅又召集孙兰峰、袁庆荣、曾厚载（国民党察哈尔省政府秘书长，代行主席职务）、靳书科（察哈尔省保安副司令兼张家口市警备司令）开了一次秘密会议，示意在张家口要作一次“荣誉交代撤退”[①]。当日，傅飞返北平。行前交代，张家口部队的行动，待我回北平后电告。

五日 密云失守，第十三军第一五五师被歼。

傅作义得悉密云失守，急令第三十五军（欠第二六二师），第一〇四军第二五八师立即由张家口撤回北平。

华北“剿总”令第一〇四军（欠第二五八师）在怀来掩护第三十五军通过后，撤回北平。

六日 新保安被解放军华北军区第二兵团第四纵队一部袭占。

午后，第三十五军（欠第二六二师）乘汽车由张家口急返北平，因

---

① 请参看本书靳书科文。

公路已被破击，军行迟缓，夜宿鸡鸣驿、下花园一带。第二五八师因缺运输车辆，仍滞留在张家口。

当晚，沙岭子复被华北军区第三兵团一部攻占。

七日 第三十五军在飞机掩护下，续向东撤，在西八里、新保安为解放军华北军区第二兵团的一个旅顽强节节阻击，被滞留在新保安宿营。

第十六军两个师增防康庄。奉令拨四个营去怀来，暂归第一〇四军指挥。

华北“剿总”令第一〇四军（欠第二五八师）由怀来向西接应第三十五军。

新保安以西之下花园被解放军攻克，察哈尔省保安第一团被歼。

据守宣化之独立第三一八师奉令撤往张家口，中途在沙岭子遭伏击，大部被歼，师长张进修负伤逃回。解放军乘胜解放宣化。

八日 第三十五军由新保安向东八里猛攻，激战竟日不得进，退回新保安。第一〇四军由怀来向西接应，被阻于贾家营。

解放军华北军区第二兵团主力经数日急行军，于今晨全部到达新保安以东以西地区，包围了新保安。

解放军华北军区第三兵团紧缩对张家口的包围。

九日 第一〇四军继续由贾家营向西猛攻，一度攻抵马圈，第三十五军仍被阻于东八里一带不得进，距马圈仅四公里，无法会合。是日夜，解放军发起反击，第一〇四军退回怀来，第三十五军退回新保安。解放军完成对新保安的确实包围。

第十六军在康庄外围与进逼康庄的解放军东北野战军第四纵队发生战斗，当晚全部退进康庄，康庄被解放军包围。午夜，该军向康庄以南撤逃。

张家口第一〇五军军长袁庆荣率两个师轻装东进，增援新保安，进至沙岭子遭解放军阻击，战至下午四时，退回张家口。

十日 康庄为东北野战军先遣兵团第四纵队攻占，国民党军第十六军军指挥所、第一〇九师和第二十二师一部在康庄东南被解放军追歼。

上午，第一〇四军（欠第二五八师）发现康庄第十六军突围被歼，乃退回怀来。下午，由怀来弃城南逃。

傅作义调津、塘地区的第六十二军、第九十二军、第九十四军（欠第四十三师）增防北平，今天到达奉台、清河、南口一带待命。

十一日 由怀来弃城南逃的第一〇四军（欠第二五八师）、第十六军第二十二师一部在横岭、白羊城一带被东北野战军第四纵队、第十一纵队及冀热察军区部队所追堵，大部被歼。第一〇四军军长安春山等少数人逃回北平。

十二日 第十六军奉令弃守南口。

华北"剿总"令第六十二军从丰台乘原火车回防天津（该军第一五七师后因平津线被切断，滞留北平）。

第八十六军由汉沽、芦台退防天津。

第八十七军弃守唐山，撤往塘沽。

傅作义调整部署，改为分区防守，北平、津塘各为一个防守区，分由李文、侯镜如指挥，后来津塘线被切断后，又将天津、塘沽分为两个防守区，分由陈长捷、侯镜如指挥。

天津警备司令陈长捷召开驻军军长、军参谋长、天津市市长等开会，研究加强城防工事的措施和防守兵力的部署。决定将天津市区分为西北、东北、市南等三个防区，分由第六十二军（欠第一五七师）、第八十六军和第九十四军第四十三师等担任防守。

傅作义重建第一〇四军，将河北省保安部队补充第二五〇、二六九两师，新编第三〇九师划归该军建制。

十三日 通县、马驹桥为解放军攻占。

十四日 丰台、廊坊、漷县镇等地为解放军攻占。对北平形成包围，平津线被切断。

华北"剿总"司令部由北平西郊匆忙移往城内。

十五日 傅作义密派北平《平民日报》社长崔载之，由记者李炳泉陪同，携电台和报务人员共五人出城，拟往河北省平山找中共中央联系，途中遇东北野战军第十一纵队，留宿于该纵队司令部。

蒋介石派前军令部长徐永昌由南京飞抵北平，劝诱傅作义率部南撤，徐当日飞返南京。

十六日 张北县被华北解放军北岳军区、内蒙古军区部队攻克。整编骑兵第十二旅等部向康保、商都方向撤退。

华北"剿总"在北平、天津城内赶修临时机场。

第八十六军前哨部队在天津外围与解放军发生战斗。

十七日 崔载之等一行五人，到达蓟县解放军平津前线司令部驻地孟家楼附近之八里庄。

北平南苑机场被解放军攻占，北平完全被包围。

第八十六军前哨部队撤至天津东北近郊。

绥远第一一一军三个师向卓资山、集宁方向进击，以策应张家口守军的作战。

十八日 蒋介石派南京国防部参谋次长李及兰、总统府参军罗泽闿、联勤总司令部参谋长吴光朝等持蒋的亲笔信（信中要求天津守军“协力固守”）到天津，当即与杜建时、陈长捷、刘云瀚、林伟俦等会商。李口头传达了蒋虑津塘两区兵单，不如并到一区以固守海口为主的意图。后因陈长捷不同意而作罢。李及兰在津期间曾电请侯镜如来津共商防务，侯借故未到。

十九日 傅作义令第九十二军向南苑机场反击，收复该地。但遇到解放军的坚决抗击，未能得逞。

李及兰等由天津飞往北平，因无处降落，乃将蒋介石给傅作义及各军军长的信空投后，飞返南京。

天津张贵庄机场为解放军炮火控制，民航停止起降。

津塘间的要点军粮城被解放军攻克。

二十日 解放军切断了津塘线。

傅作义的代表崔载之同解放军平津前线司令部参谋长刘亚楼在蓟县八里庄举行第一次谈判。因双方条件相距太远，未能达成协议。崔载之等继续留住八里庄协商谈判事宜。

中旬 陈长捷在天津宣布戒严令。

天津守军为了扫清阵地前的障碍，从中旬开始征调民工十万人以上用半个月时间拆毁三千余户民房。

驻守北平南城之第九十二军在中共地下党组织的争取下，积极酝酿起义。

二十一日 解放军华北军区第二兵团向新保安发起攻击，扫清了外围工事。

第九十二军密派代表出城与当面的解放军围城部队取得联系，表明起义意愿，并商定了以后的联络办法。

驻守塘沽附近新河村的交警第三旅第十总队被歼，解放军攻克新河村。

二十二日 华北军区第二兵团向新保安发起总攻。下午结束战斗。全歼第三十五军（欠第二六二师）一万六千余人，军长郭景云毙命。

下午，孙兰峰、袁庆荣接傅作义电令，要张家口守军“相机突围向归绥撤退”。随后，袁庆荣作出了突围计划：决定明日拂晓全军突围。主力出大境门突围向商都方向撤退；整编骑兵第五、十一旅向张家口以南突围，然后转道去商都会合，令在张北附近的整编骑兵第十二旅鄂友三部攻占张家口北面要点狼窝沟，接应张家口突围部队。同时令第一〇五军第二五九师当夜即出大境门向北作试探性的突围攻击。

二十三日 晨，张家口守军分路仓促突围。主力出大境门向北，骑兵部队开始向南，后亦改向北于下午四时左右出大境门跟进。旋即遭围城的华北军区第三兵团、东北野战军第四纵队以及北岳军区、内蒙古军区部队的围堵追击，激战终日。

大沽守军击退解放军一个团的进攻。

蒋介石派其次子、陆军装甲兵司令部参谋长蒋纬国携蒋介石亲笔信到平，劝诱傅作义。蒋纬国于二十五日飞返南京。

二十四日 第十一兵团部、第一〇五军军部及五个师、两个骑兵旅和其他地方保安部队等，共约五万四千余人，在张家口大境门北两公里之西甸子至乌哈拉达不足十公里长一公里宽的狭长山沟地区内被全歼。第十一兵团司令官孙兰峰率少数骑兵逃往绥远。第一〇五军军长袁庆荣被俘。同日，张家口解放。

第六十二军第一五一师的一个加强团在撤离天津北郊宜兴埠时，纵火焚村，一千多户居民遭难。

夜间，天津守军在市郊丁字沽、北仓一带与解放军发生战斗。

二十五日 中共权威人士宣布四十三名头等战争罪犯的名单。傅作义对他被列为战犯感到惊恐。

大沽守军再次击退解放军一个团的进攻。

二十六日 崔载之从蓟县八里庄返回北平。

二十七日 交警第三旅第十二总队在塘沽新河镇与解放军激战，国民党海军第三舰队用炮火支援。

二十八日 接傅作义电邀，华北“剿总”副总司令邓宝珊乘专机由包头飞抵北平。

三十一日 国民党中央军校分校学生及宪兵，在北平城内鸣枪骚事，制造混乱，傅作义派部队迅即将其平息。

下旬 傅作义拒往南京参加军事会议。

一九四九年

一月一日 蒋介石在南京发表求和声明。

新华社发表题为《将革命进行到底》的新年献辞。

天津被围攻日紧，第十七兵团司令部由塘沽新港移至渤海口上的"江宁"轮上。

三日 天津外围的各部守军与当面的解放军发生战斗。

五日 傅作义约见中国民主同盟北平负责人燕京大学教授张东荪。

晚，傅作义召见华北"剿总"土地处处长兼土地改革队队长周北峰，商派周为代表再次前往解放军平津前线司令部进行和平谈判，并请张东荪教授同行。

六日 周北峰、张东荪出北平西直门到达解放军东北野战军第二兵团司令部，受到程子华司令员的欢迎并同他们进行了亲切交谈。

蒋介石派国防部次长郑介民来平，继续劝诱傅作义南撤，勿与中共和谈。

七日 周北峰、张东荪到达蓟县城南的八里庄。

天津市东郊据点东局子被解放军攻克。第八十六军三个营大部被歼。同日，天津西营门西南之碉堡群亦被解放军攻占。

八日 解放军华北军区司令员聂荣臻在蓟县八里庄分别会见了张东荪、周北峰。

天津市郊据点丁字沽被解放军攻占。

郑介民由北平飞回南京。

九日 解放军平津前线司令员林彪、政治委员罗荣桓、华北军区司令员聂荣臻与周北峰、张东荪正式举行谈判。周北峰谈了傅作义对和平解决平津问题的四点意见，并要求在新保安、张家口的被俘人员能予释放，宽大处理。罗荣桓提出了解放军方面的四点意见，作为答复。

天津城防线主阵地前的碉堡据点相继发生战斗，王顶堤、北新庄、安徽义地等被解放军攻占，主阵地第二线碉堡群大部被摧毁。

天津市参议会代表丁作韶、杨云青、胡景熏、康相九等四人经市政府商得陈长捷同意出城，向解放军平津前线司令部提出和平解决的意愿。刘亚楼参谋长要求天津守军在十一日八时前放下武器。陈长捷拒不接受。

十日 林彪、罗荣桓、聂荣臻与周北峰、张东荪继续举行谈判。双方在《会谈纪要》上签字后，周北峰与张东荪下午回北平。

中午，丁作韶等四人再次会见刘亚楼参谋长，希望将放下武器的时间推迟到十二日十二时。刘亚楼参谋长允将时限推迟到十一日十八时。

淮海战役结束。国民党军五十五万五千余人被歼。

十一日 下午六时，丁作韶等四人再次出城，称：守军部分将领只愿放下重武器，让其带步枪回南方。刘亚楼参谋长表示，愿放下武器的将领可让出阵地给解放军。四代表回天津后再未出城。

解放军派通信员通过第六十二军阵地送来林彪、罗荣桓给陈长捷、林伟俦、刘云瀚的信件，敦促他们放下武器。经陈、林、刘以及秋宗鼎、杜建时等会商后，复信拒绝放下武器，并由第六十二军派员随解放军通信员出城面交。

天津市南防区的灰堆、西门外的义庄、西北防区的蓄水池等处据点，均被解放军攻占。

十二日 天津东郊浙江公墓等处，被解放军攻占。

十四日 中共中央毛泽东主席发表《关于时局的声明》，提出中共愿意与南京国民党政府及其他任何国民党地方政府及军事集团进行和平谈判的八项条件。

十时，解放军向天津发起总攻，当晚突破城防主阵地。陈长捷召集各军军长和市长杜建时等会商，计划请市参议会议长杨亦周、市工商界知名人士李烛尘先生等为代表，于明日出城求和（为时已晚，未能出城）。同时，当夜通过广播电台播出“明晨将派代表出城接洽放下武器事宜，要求解放军停止攻击”的消息。在此前后，第六十二军军长林伟俦也派参谋向解放军接洽“停火”。

傅作义派邓宝珊将军为全权代表偕周北峰和随员二人出城，到达通县五里桥村。当晚，林彪、罗荣桓、聂荣臻会见了邓宝珊等一行。聂荣臻说，因时限已到，我们已向天津发起攻击，这次谈判就不包括天津了。

十五日 清晨，陈长捷向傅作义报告天津战况危殆，傅表示“可以接洽和平”。

下午，解放军攻克天津。守军十三万余人被歼，陈长捷、林伟俦、刘云瀚、杜建时等被俘。

邓宝珊、周北峰与林彪、罗荣桓、聂荣臻正式举行谈判，会议延续到深夜。

塘沽守军决定将船只集中，拟在海军掩护下先撤至渤海海面。

十六日 下午，林彪、罗荣桓、聂荣臻同邓宝珊、周北峰继续进行谈判。最后签署了北平和平解放的初步协议。同时，林彪、罗荣桓致傅作义的公函，托邓宝珊带交傅作义，信中敦促傅作义当机立断。

傅作义接见国民党北平市参议会议长许惠东，前北平市市长何思源。

解放军紧缩对塘沽的包围。

蒋介石电傅作义，下令塘沽守军南撤。

十七日 邓宝珊携经谈判双方签署的初步协议返回北平，一同进城的还有平津前线司令部派出的一位代表。

经傅作义授意，由许惠东出面通知，邀集华 北七省市参议会议长或代表及北平市各界人士共五十余人聚餐，商谈北平问题。参加者一致要求北平和平解决为好，并推举何思源、吕复（大学教授）、康同璧（康有为之女）等十一人为和平代表，向解放军方面正式请求和平解决。

根据傅作义授意，何思源、许惠东遍访在北平的国民党兵团司令官、军长等高级将领，征询他们对北平问题的意见。

蒋介石致电傅作义称，要派飞机来平，接走第十三军少校以上军官和部分武器去南京。后因机场为解放军炮火封锁，此计划未能实现。凌晨，第十七兵团司令官侯镜如奉令率第八十七军、独立第九十五师、第三一八师等部五万余人，撤离塘沽南去上海、常州一线。

十八日 傅作义会见解放军平津前线司令部代表。

前北平市长何思源等十一人代表团出西直门到达海淀解放军东北野战军第四纵队司令部，纵队政委莫文骅请他们敦促傅作义接受和平解决的方案。

十九日 何思源等十一人代表团返回北平城。

王克俊、崔载之、阎又文同解放军平津前线司令部代表举行谈判，根据双方已达成的协议，逐条具体化，形成正式协议。

中旬 蒋介石派南京参谋次长李及兰等来平，召集黄埔军校毕业的几个军长，传达蒋介石“必要时用飞机接你们出去”的打算。

二十一日 王克俊、崔载之与解放军代表在协议上签字。

傅作义在北平分别召开军长以上将领、北平市党政警高级官员、“军统”“中统”特务机构负责人开会，宣布《北平和平解放实施办法》条文，并向他们提出了一些要求。傅答允李文、石觉等蒋嫡系将领回南京的要求，言明不得破坏部队对和平协议的执行。

蒋介石宣告“引退”，并于当日飞往浙江杭州，第二天抵达奉化，退居幕后操纵。

二十二日 傅作义将军发表文告，公布和平解放北平的协议。

下午，傅作义在北平中山公园举行记者招待会。

遵照协议，北平国民党军新编骑兵第四师首先开出城外。

二十三日 北平国民党军队陆续开往城外，听候改编。

国民党军第九兵团司令官李文、第十三军军长石觉邀约第九十二军军长黄翔等面告，谓：奉蒋介石电令要各师选五十名连以上军官携机枪五十挺，明晨飞回南京。黄翔托词敷衍未办。

二十五日 下午，邓宝珊、周北峰等出城与解放军平津前线司令部商谈部队撤往城外以及改编的有关问题。

二十六日 邓宝珊、周北峰等返回北平，解放军代表陶铸、徐冰、戎子和等同行。

第四、九兵团部队上午八时开始撤往城外。

三十一日 北平国民党军全部开出城外。解放军东北野战军第四纵队入城接防。北平宣告和平解放。

战 役 后

二月一日 解放军平津前线司令部代表和傅作义将军的代表，成立联合办事处。由解放军总参谋长叶剑英为主任委员，国民党华北"剿总"副总司令郭宗汾为副主任委员。委员：解放军方面为陶铸、徐冰、戎子和；傅作义将军方面为周北峰、焦实斋。

三日 解放军在北平举行盛大的入城式，北平人民倾城出动，热烈欢迎解放军。

八日 林彪、聂荣臻会见傅作义将军，赞扬傅将军为和平解放北平所作的贡献，傅表示今后坚决为人民服务。

十四日 联合办事处在北京饭店宴请接受改编的国民党军师长以上的将领。傅作义、邓宝珊将军出席。

二十日 傅作义召集接受和平改编部队师以上军官会议，宣布解放军提出的改编方案，结束他与各部队之指挥关系。

二十一日 解放军平津前线司令部召集接受和平改编部队师以上军官会议，正式接上指挥关系，并宣布部队改编后的新番号。

二十三日 中共中央军委主席毛泽东、副主席周恩来、中国人民解放军总司令朱德等中共中央领导人接见傅作义将军、邓宝珊将军，并同他们作了恳切的晤谈。

四月一日　傅作义将军发表和平通电。

二日　毛泽东主席复电傅作义将军表示欢迎。

附录二

绥远“九一九”起义大事记

（一九四九年一月至十二月）

一月二十二日 国民党华北“剿总”驻绥部队指挥所主任、绥远省政府主席董其武由绥远飞抵北平谒见傅作义将军。关于绥远问题，傅表示：“等我见到毛主席以后再定吧。”

傅作义将军发表《关于北平和平解放协议》的公告。

下旬 董其武由北平飞返绥远。

国民党绥远前线部队在绥东陶卜齐车站附近与解放军绥蒙军区部队发生冲突。经傅作义与中共中央华北局联系，华北局转达了毛泽东主席的指示，双方部队停止战斗，绥远问题和平解决。

国民党绥远省党部主任委员潘秀仁、副主任委员张遐民等要求董其武率部西撤，遭董拒绝。

二月二十二日 傅作义、邓宝珊将军到河北平山县西柏坡村晋见毛泽东主席和中共中央领导人，毛泽东主席、周恩来副主席、朱德总司令同他们进行了重要和恳切的谈话。毛主席说：“绥远问题用‘绥远方式’解决。”

三月初 国民党南京政府命令董其武率部西撤，董未执行。南京政府停发军政经费及一切补给。

三月下旬 人民解放军平津前线司令部领导人在北京饭店宴请傅作义将军，根据毛泽东主席所指示的“绥远方式”，双方商定了谈判代表。随后，双方代表先就双方军队停火线问题进行了商谈，尔后又就和平解决绥远的其他有关问题商谈具体方案。

四月下旬 傅作义派安春山、刘庸笙等携双方初步拟定的和平协议草案和双方军队驻地临时分界图来绥。征求绥远驻军将领和有关人士的意见。

五月二十八日 双方代表商定了《绥远和平协议》（草案）送毛泽东主席审批。

六月八日 双方在《绥远和平协议》上签字生效。签字后，毛泽东主席接见了傅作义将军。

六月十四日　傅作义派张濯清、王克俊等离平赴绥协助董其武工作。

六月十六日　国民党广州政府派员飞绥，接董其武去广州参加各省省主席会议，董拒绝参加。

六月二十四日　董其武分别召见高级行政官员，宣布和平解决绥远问题的各项协议。

六月下旬　绥远省革新运动委员会成立。由董其武兼主任，成立了“革新学院”，进行各方面的改革。

七月八日　董其武分别向各部队长宣布《绥远和平协议》内容，并进行说服工作。

七月十一日　华北人民政府驻归绥联络处首批工作人员进驻归绥。当晚国民党暴徒在归绥砸毁《奋斗日报》社，殴打工作人员。

十四日　傅作义写信给毛泽东主席，请迅速彻底解决绥远问题。

十七日　华北人民政府驻归绥联络处第二批工作人员进驻归绥。

二十四日　华北人民政府驻归绥联络处干部王士鑫遭国民党特务杀害。

七月间　国民党广州政府派前军令部长徐永昌、空军副总司令王叔铭飞抵绥西陕坝，约董其武、刘万春见面。徐、王返穗后，广州政府发表董其武为西北军政副长官，孙兰峰为第九兵团司令官，刘万春为副司令官，并拨发黄金作为军饷。

八月二十日　傅作义偕邓宝珊等由北平来到绥远促进起义。路经绥东解放区，在丰镇、集宁受到党政军领导及人民群众的热烈欢迎。翌日，在归绥分别接见了高级军政官员和各族各界代表，向官兵发了慰问金。之后，董其武陪同傅作义移驻美岱召（即麦达召）。

九月十日　傅作义，董其武移驻包头筹备起义。

十二日　傅作义致电聂荣臻、薄一波，汇报绥远起义的准备情况。

十五日　国民党广州政府派徐永昌到包头，代表蒋介石邀请傅作义去广州，傅严予拒绝。

十九日　徐永昌离包头飞返广州。

国民党绥远省主席、原华北“剿总”驻绥远部队指挥所主任董其武、第九兵团司令官孙兰峰等旅以上部队长和各族各界代表三十九人，在包头市举行了起义签字仪式。发出了起义通电。实现了绥远和平解放。

二十日　毛泽东主席、朱德总司令复电董其武及所属部队官兵、行政人员和各界同胞，欢迎其起义。

二十一日　中国人民政治协商会议第一届全体会议在北平开幕，傅作义、邓宝珊、董其武、孙兰峰、周北峰为特邀代表参加了会议。

三十日　傅作义、董其武当选为中国人民政治协商会议第一届全国委员会委员。

十二月二日　中央人民政府委员会第四次会议批准任命傅作义为绥远军政委员会主席，高克林、乌兰夫、董其武、孙兰峰为副主席，刘万春等十六人为委员。批准任命董其武为绥远省人民政府主席，杨植林、奎璧、孙兰峰为副主席，周北峰等二十二人为委员。

十三日　中央人民政府人民革命军事委员会任命傅作义为绥远省军区司令员，薄一波兼政治委员，乌兰夫、董其武、姚喆、孙兰峰为副司令员，高克林、杨叶澎、王克俊为副政治委员，裴周玉为政治部主任，雷宜之、阎又文为副主任。

附录三

平津战役国民党华北“剿总”指挥系统和战斗序列表

（1948 年 11 月—1949 年 1 月）

总司令	傅作义
副总司令	陈继承　刘多荃　上官云相　宋肯堂　邓宝珊　吴奇伟　冯钦哉　郭宗汾
参谋长	李世杰
副参谋长	梁述哉　郑长海　廉壮秋
总参议	张濯清
秘书长	郑道儒
副秘书长	王克俊　焦实斋
办公室主任	智南屏
第一处处长	王子襄
第二处处长	史　泓
第三处处长	雷立法
第四处处长	邢　喆
政工处处长	王克俊（兼）
新闻处处长	阎又文
经理委员会主任	潘瑞徵
军法处处长	张庆恩
军械处处长	姜文华
军医处处长	杜敬之
经济处处长	冀朝鼎
联络处处长	李腾九
土地处处长	周北峰
副官处处长	温永栋
文教处处长	秦丰川
财政稽核处处长	俞　杰

（一）指挥系统简表

- 华北“剿总”（傅作义）
  - 4CA（李文）
    - 16A
      - 22D
      - 94D
      - 109D
    - 94A
      - 5D
      - 43D
      - 121D
      - 305D
  - 9CA（石觉）
    - 13A
      - 4D
      - 89D
      - 155D
      - 297D
      - 299D
  - 31A—205D
  - 35A
    - 101D
    - 262D
    - 267D
  - 101A
    - 271D(S318D)
    - 272D
    - 263D
  - 104A
    - 250D
    - 258D
    - 269D
  - NK4D
  - 309D
  - 310D
  - 311D

注：

①部队标号：兵团（CA）、军（A）、师（D）、旅（B）、团（R）、新编（N）、暂编（T）、骑兵（K）、独立（S）、整编（整）。

②张家口、北平、天津、塘沽被分割包围后，改取分区防守，指挥系统有所调整：

归张家口防守区指挥的部队有第11CA部、105A、S318D（即原101A271D）、258D（104A）、310D整K5B、整K11B、整K12B。

归北平防守区指挥的部队有第4CA部、16A、94A（缺43D、305D）、第9CA部、13A（155D已被歼）、92A（缺318D）、157D（62A）、31A之205D、101A（缺271D）；262D（35A）、309D、311D、NK4D。

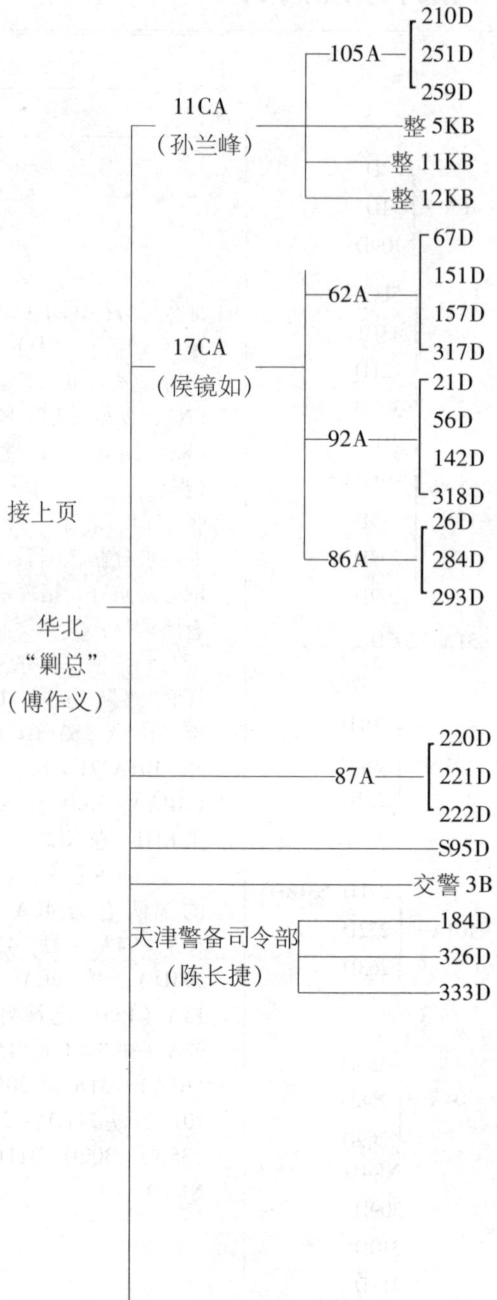

注：

①归天津防守区指挥的部队有，天津警备司令部、62A（缺 157D）、86A、43D（94A）、305D（94A）、184D、326D、333D。

②归塘沽防守区指挥的部队有：第17CA 部、87A、318D（92A）、S95D、交督 3B。

③35A、104A 被歼后又重建。

④交警第三旅归南京交警总局领导和指挥，战役期间同时受津、塘防守司令部指挥。

⑤特种兵部队、骑兵暂编师和总队、警备旅、保安旅等均未列入。

⑥战役期间新组建的师有：第 317D、318D、326D、333D、184D 等。

⑦指挥系统简表和战斗序列表中凡同一职务列两个名字者，其意为前后任。

（二）战斗序列表

兵团（CA）			军（A）			师（D）、旅（B）			团（R）		备注
4 CA	司令官	李文	16A	军长	袁朴	22 D	师长	黄剑夫	64 R		
									65 R		
									66 R		
					冯龙	94 D	师长	周士瀛			
						109 D	师长	严映皋			该师被歼后又重建
	副司令官	周体仁		副军长			副师长	袁伯旗			
						5 D	师长	杨培德			战役期间第九十四军军长郑挺锋调任天津防守区副司令（未到职）。军长由副军长朱敬民升任。
			94A	军长	郑挺锋 朱敬民						
						43 D	师长	王治熙 饶启尧	127 R	何斗魁	参谋长饶启尧调任第四十三师师长，原师长王治熙他调。
							副师长	余　和	128 R	谢劲风	
				副军长	朱敬民 林伟宏		参谋长	徐季春	129 R	马芳诚	该师被歼后又重建。
						121 D	师长	韩　悌			
				参谋长	饶启尧						
						305 D	师长	姚葛民			第三〇五师是战役前组建的新师。
							副师长	陈得煌			

兵团（CA）			军（A）			师（D）、旅（B）			团（R）		备注
9 CA	司令官	石觉	13 A	军长	骆振韶（兼）	4 D	师长	郑邦捷			
									12 R	王化仁	
						80 D	师长	胡冠天	265 R		
							副师长	汪君勃	266 R	魏华美	
	副司令官	蔡剑鸣 骆振韶		副军长	胡冠天	155 D	师长	杨　齐	267 R		该师在战役初期在密云被歼。
						297 D	师长	欧孝全	890 R	熊中岳（兼）	
				参谋长	全英		副师长	熊中岳			
						299 D	师长	巫剑峰	897 R	崔中洲	
							副师长	陈玉玲			
							参谋长	汪英华			
			31 A	军长	廖慷	205 D	师长	邓文禧			第二〇五师系由台湾训练的“新军”调来。当时也称他们为青年军。

兵团（CA）	军（A）			师（D）、旅（B）			团（R）		备注
	35A	军长	郭景云	101D	师长	冯梓	301R	王和卿	该军军部及一〇一师、二六七师在新保安被歼后，又重建，朱大纯任军长。
					副师长	常效伟	302R	牛毓礼	
					参谋长	樊金槐	303R	梁兴	
		副军长	王雷震 朱大纯	262D	师长	朱大纯（兼）			
		参谋长	田士吉	267D	师长	温汉民	799R	王孝模	
					副师长	张振基	800R	孙绍先	
							801R	李上九	
	101A	军长	李士林	271D	师长	栾乐山			该师是战役末期的重建师。原第二七一师在战役前已改番号为独立第三一八师，驻防宣化，1948年12月上旬被歼。
		副军长	张辑戎 刘本厚	272D	师长	刘化南			
					副师长	魏永祥			
					参谋长	杨毓林			
		参谋长	李得勋	273D	师长	郑海楼	1R	刘舜元 王德安	
							2R	郑希成	
							3R	蔡继忠	

兵团（CA）	军（A）			师（D）、旅（B）			团（R）		备注
	104A	军长	安春山	250D	师长	王建业	91R	杨贵富	该军军部及三个师先后在怀来、张家口地区大部被歼后，又重建。安春山仍任军长。
					副师长	王步云	92R	张葆初	
					参谋长	孙伯缘	93R	王智仙	
		副军长	王宪章	258D	师长	张惠源	772R	柴映堂	
					副师长	赵树桥 刘一平	773R	崔新建	
					参谋长	王鸿鹄	774R	武耀国	
		参谋长	郝勤福	269D	师长	慕新亚	805R	王　文 马毅英	
					副师长	戴增俊	806R		
					参谋长	许　恒	807R	吉思圣	
				4NKD	师长	刘春方	10R	白占元	
					副师长	乔占海	11R	田绥明	
					参谋长	陈燕谋 田绥明	12R	杨占元	
				309D	师长	赵树桥			该师后拨归重建的第一〇四军序列，为第二五八师。
				310D	师长	张副元			
				311D	师长	孙英年	931R	张锡祉	
					副师长	王步云	932R	王明儒	
							933R	石穆然	

<table>
<tr><th colspan="3">兵　团
（CA）</th><th colspan="3">军（A）</th><th colspan="3">师（D）、旅（B）</th><th colspan="2">团（R）</th><th>备　注</th></tr>
<tr><td rowspan="21">11
CA</td><td rowspan="12">司令官</td><td rowspan="12">孙兰峰</td><td rowspan="12">105
A</td><td rowspan="3"></td><td rowspan="3"></td><td rowspan="3"></td><td></td><td></td><td></td><td></td><td rowspan="15"></td></tr>
<tr><td></td><td></td><td></td><td></td></tr>
<tr><td></td><td></td><td></td><td></td></tr>
<tr><td rowspan="3">军长</td><td rowspan="3">袁庆荣</td><td rowspan="3">210
D</td><td>师长</td><td>李思温</td><td>628
R</td><td>王大治</td></tr>
<tr><td>副师长</td><td>令狐理</td><td>629
R</td><td>张振耀</td></tr>
<tr><td>参谋长</td><td>韩定业</td><td>630
R</td><td>谷布云</td></tr>
<tr><td rowspan="3">副军长</td><td rowspan="3">杨维垣</td><td rowspan="3">251
D</td><td>师长</td><td>韩天春</td><td>94
R</td><td>胡星文</td></tr>
<tr><td>副师长</td><td>段吉祥</td><td>95
R</td><td>路世平</td></tr>
<tr><td>参谋长</td><td>高步义</td><td>96
R</td><td>谢克刚</td></tr>
<tr><td rowspan="3">参谋长</td><td rowspan="3">成于念</td><td rowspan="3">259
D</td><td>师长</td><td>郭跻堂</td><td>775
R</td><td>耿光英</td></tr>
<tr><td>副师长</td><td>李民济</td><td>776
R</td><td>赵守本</td></tr>
<tr><td>参谋长</td><td>朱建全</td><td>777
R</td><td>慕介福</td></tr>
<tr><td rowspan="9">副司令官</td><td rowspan="9">朱矩林</td><td rowspan="3"></td><td rowspan="3"></td><td rowspan="3"></td><td rowspan="3">318
SD</td><td>师长</td><td>张进修</td><td>1
R</td><td>胡祥云</td><td rowspan="3">该师原番号是第一〇一军第二七一师，战役前即已改为现番号。</td></tr>
<tr><td>副师长</td><td>粱　超</td><td>2
R</td><td>郭奠原</td></tr>
<tr><td>参谋长</td><td>张振洋</td><td>3
R</td><td>叶占青</td></tr>
<tr><td rowspan="3"></td><td rowspan="3"></td><td rowspan="3"></td><td rowspan="3">5 整
KB</td><td>旅长</td><td>卫景林</td><td>9
R</td><td>王绳武</td><td rowspan="6"></td></tr>
<tr><td>副旅长</td><td>谷耀武
王存瑞</td><td>10
R</td><td>杨占山</td></tr>
<tr><td>参谋长</td><td>马仰超</td><td></td><td></td></tr>
<tr><td rowspan="3"></td><td rowspan="3"></td><td rowspan="3"></td><td rowspan="3">11 整
KB</td><td>旅长</td><td>胡逢泰</td><td>21
R</td><td></td></tr>
<tr><td>副旅长</td><td>郁傅义</td><td>22
R</td><td>张汉三</td></tr>
<tr><td>参谋长</td><td>李兴久</td><td></td><td></td></tr>
</table>

兵团（CA）			军（A）			师（D）、旅（B）			团（R）		备注
11 CA						12整KB	旅长	鄂友三	1R	李存英	
	参谋长	贾璜					副旅长	张汉连	2R	毕宝玺	
							参谋长	王静山	3R	任方	
17 CA	司令官	侯镜如	62 A	军长	林伟俦	67 D	师长	李学正			
							副师长	刘顺初			
						151 D	师长	陈植			
				副军长							
							参谋长	刘福根			第六十二军在由北平回防天津途中，平津铁路线被解放军切断，第一五七师被滞留在北平。
						157 D	师长	何宝松	469 R		
									470 R		
									471 R		

兵团（CA）			军（A）			师（D）、旅（B）			团（R）		备注
17CA	副司令官	刘春岭 林伟俦	62A	参谋长	莫汉英	317D					该师是战役期间新建师。
			92A	军长	黄翔	21D	师长	张伯权			该军增防北平后，先归第四兵团指挥，后归第九兵团指挥。
							参谋长	宋铨夏			
	参谋长	李荻秋		副军长		56D	师长	周中砥			
						142D	师长	王凤歧			
				参谋长							
						318D	师长	刘元伯			该师是战役期间新建师。
							副师长	彭怀霖			
							参谋长	宋铨夏			
			86A	军长	刘云瀚	26D	师长	张越群			
							副师长	何卓			
							参谋长	萧调			
				副军长	范玉书	284D	师长	罗先之			
							参谋长	卢子元			

兵团（CA）	军（A）			师（D）、旅（B）			团（R）		备注
	86A			293D	师长	陈膺华	877R	田子永	
					副师长	陈　琨	878R		
					参谋长	谭宝林	879R		
	87A	军长	段沄	220D	师长	路静澄			
				221D	师长	王永树			
				222D	师长	周雨震			
				95SD	师长	朱致一	283R	席震弦	
					副师长	郭　栋	284R	周绍福	
					参谋长	张肇安	285R	詹仰强	
				交警3B	旅长	杨遇春	10总队	周挽澜	
					参谋长	陈　畴	12总队	余　钺	

兵团（CA）			军（A）			师（D）、旅（B）			团（R）		备注
	司令	陈长捷				184D	师长	杨朝纶	550R		第一八四师是收容在辽沈战役中被歼后逃散和被俘释放来津人员于战役期间所组成的新建师。
							副师长	刘国举	551R		
							参谋长	罗恒有	552R		
天津警备司令部司令						326D	师长	柴玉峰			第三二六、三三三师均为战役期间的新建师。
	副司令	秋宗鼎					副师长	吴继先			
						333D	师长	宋海潮 王殿臣(代)	997R	赵镜明	天津警备司令部辖一个警备旅。
									998R	韩开元	
	参谋长	严家诰					参谋长	张淑荣	999R	孙景涛	第一八四师、三二六师、三三三师，归天津防守区司令部指挥。陈长捷兼天津防守区司令。

图书在版编目（CIP）数据

原国民党高级将领的战场记忆．平津战役/全国政协文化文史和学习委员会编．—北京：中国文史出版社，2018.6

ISBN 978-7-5205-0480-5

Ⅰ.①原…　Ⅱ.①全…　Ⅲ.①平津战役（1948—1949）—史料　Ⅳ.①K266.606

中国版本图书馆 CIP 数据核字（2018）第 195200 号

责任编辑： 胡福星

出版发行：**中国文史出版社**

社　　址：北京市海淀区西八里庄 69 号院　　邮编：100142

电　　话：010-81136606　81136602　81136603　81136605（发行部）

传　　真：010-81136655

印　　装：廊坊市海涛印刷有限公司

经　　销：全国新华书店

开　　本：16　　　　插页：29 页

印　　张：26.75　　　字数：452 千字

版　　次：2019 年 2 月北京第 1 版

印　　次：2021 年 9 月第 3 次印刷

定　　价：93.00 元

平津战役战前态势图

1948年11月22日

图-1

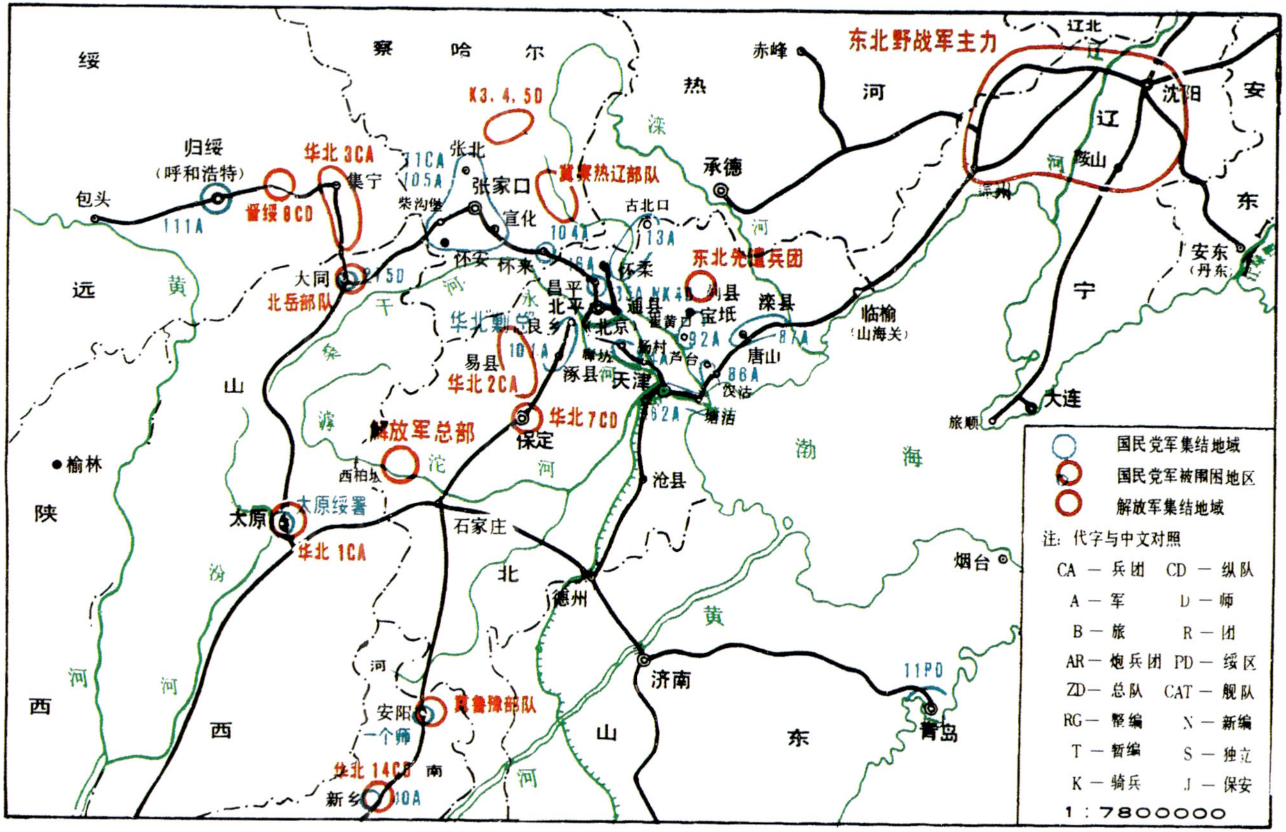

天津、塘沽战前布防图

1948年11月中旬

图-3

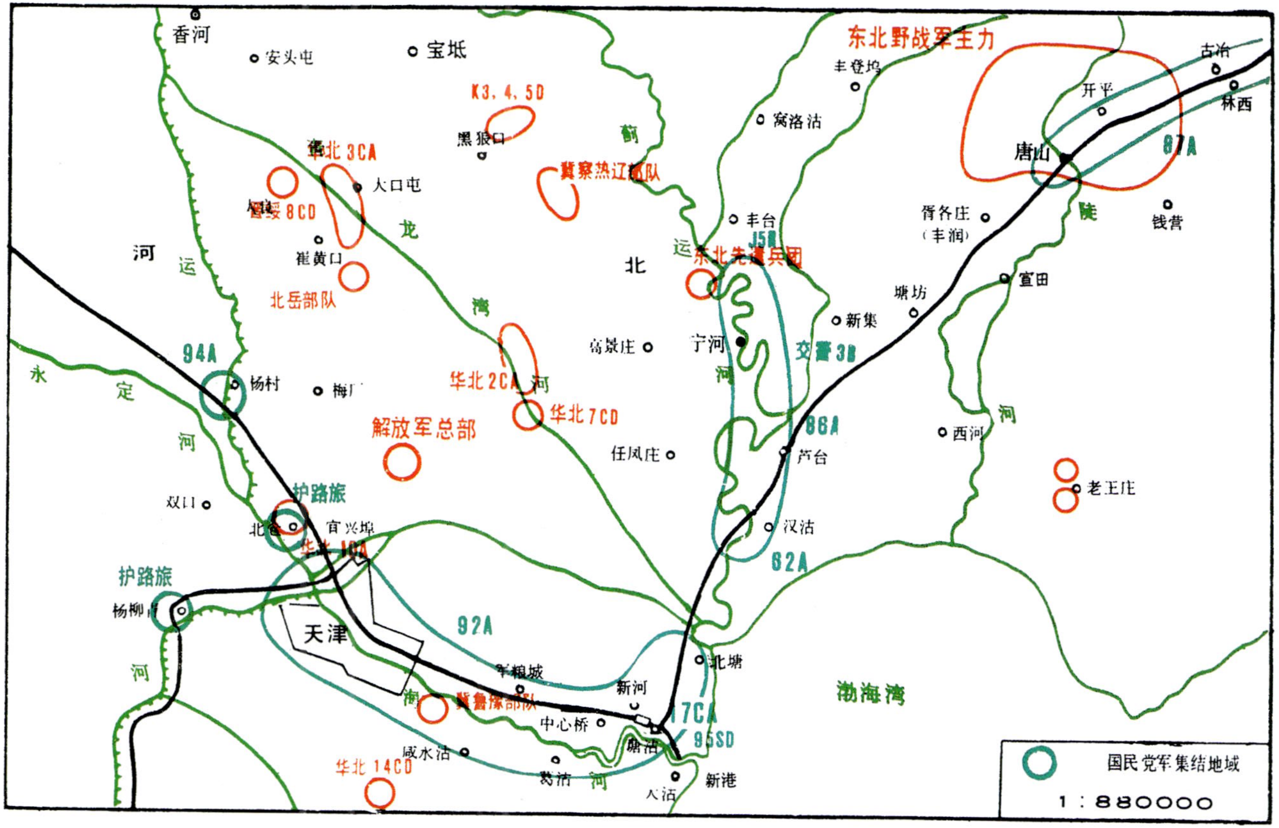

新保安战役要图

1948年12月5日—22日

图-6

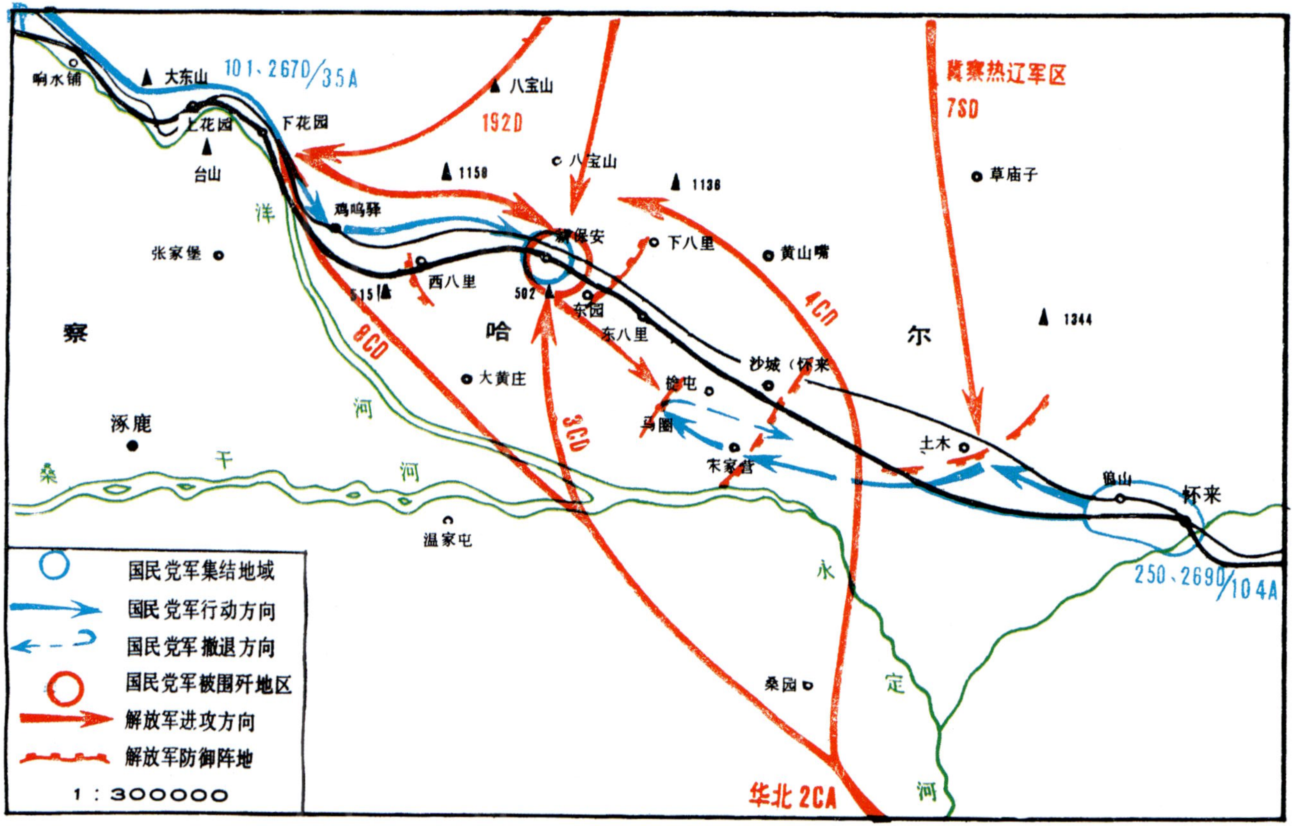

一〇四军救援三十五军与被歼经过要图

1948年12月7日—11日

图-7

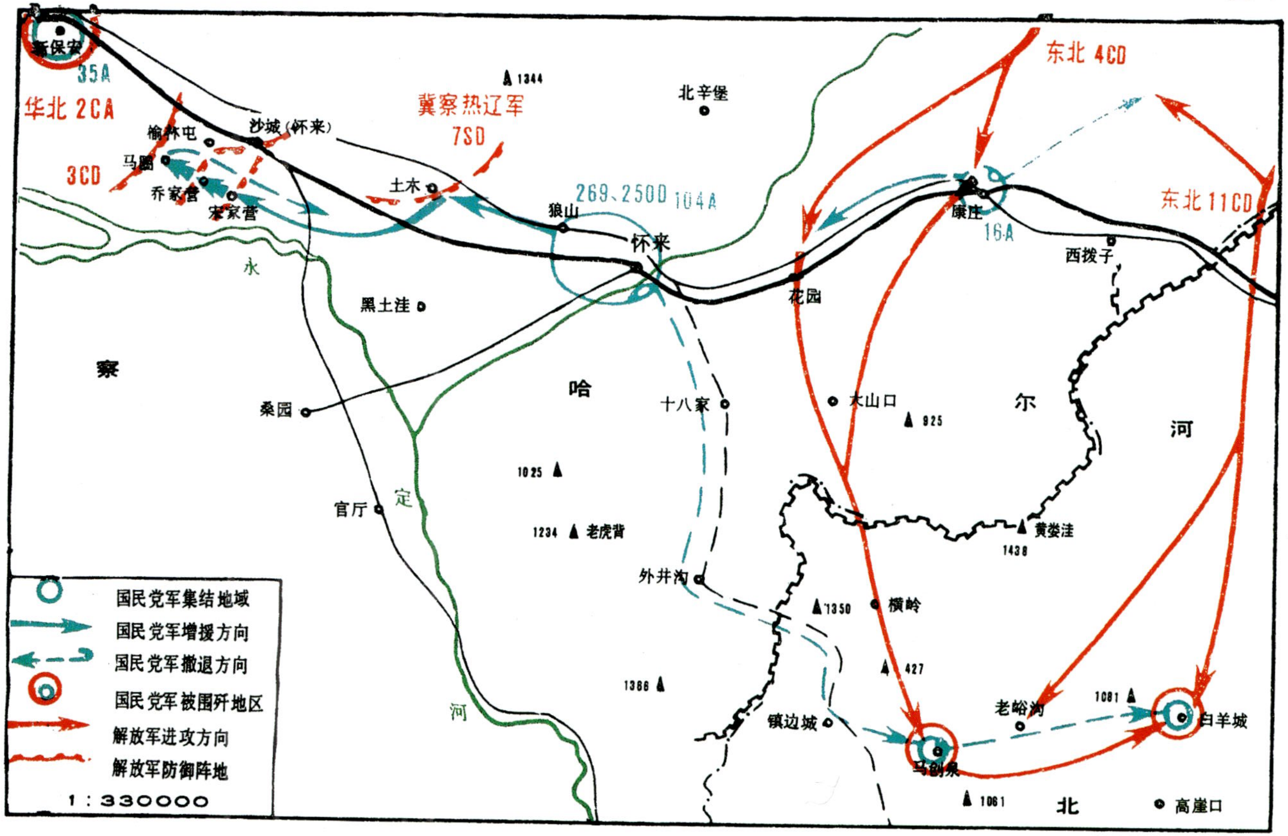

塘 沽 战 役 要 图

1948年12月中旬—1949年1月13日

图-8

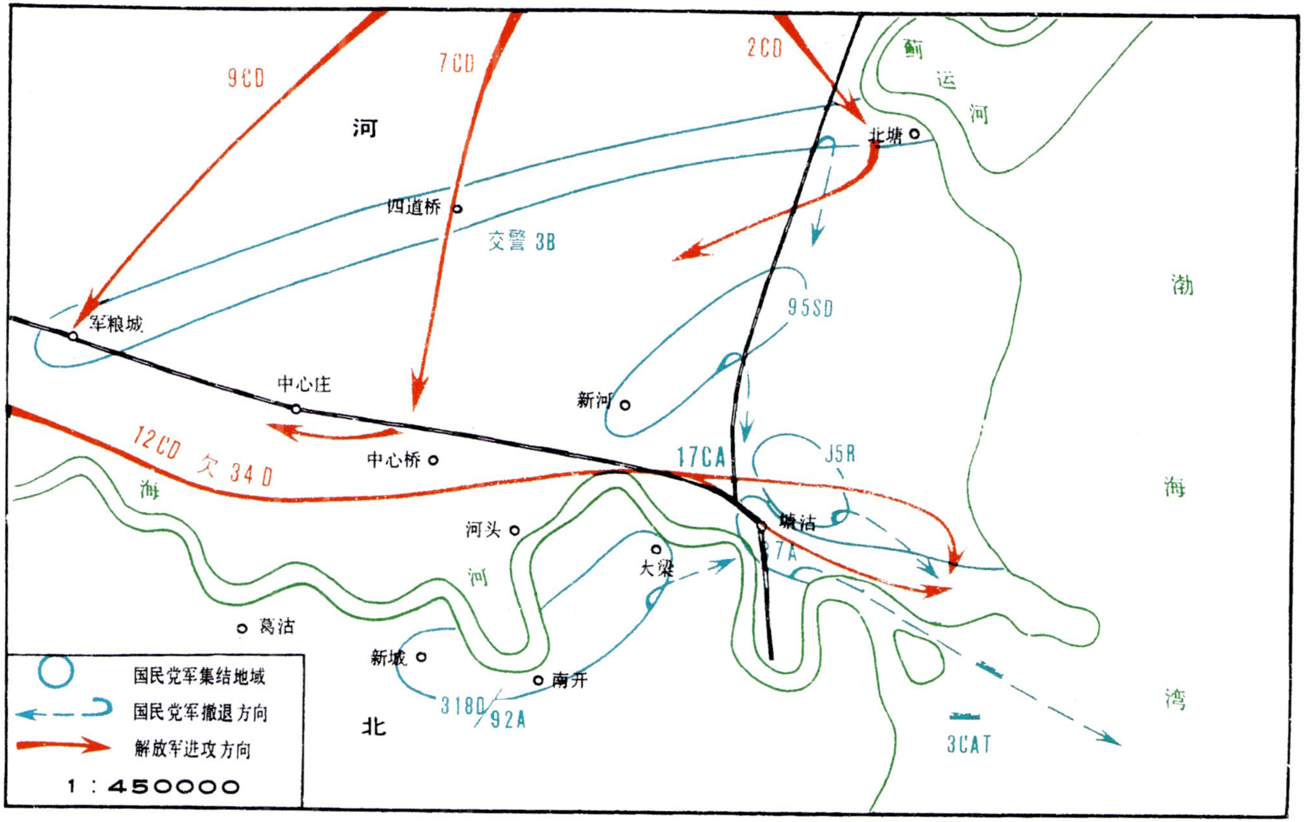

张家口战役要图

1948年12月23日

图-9

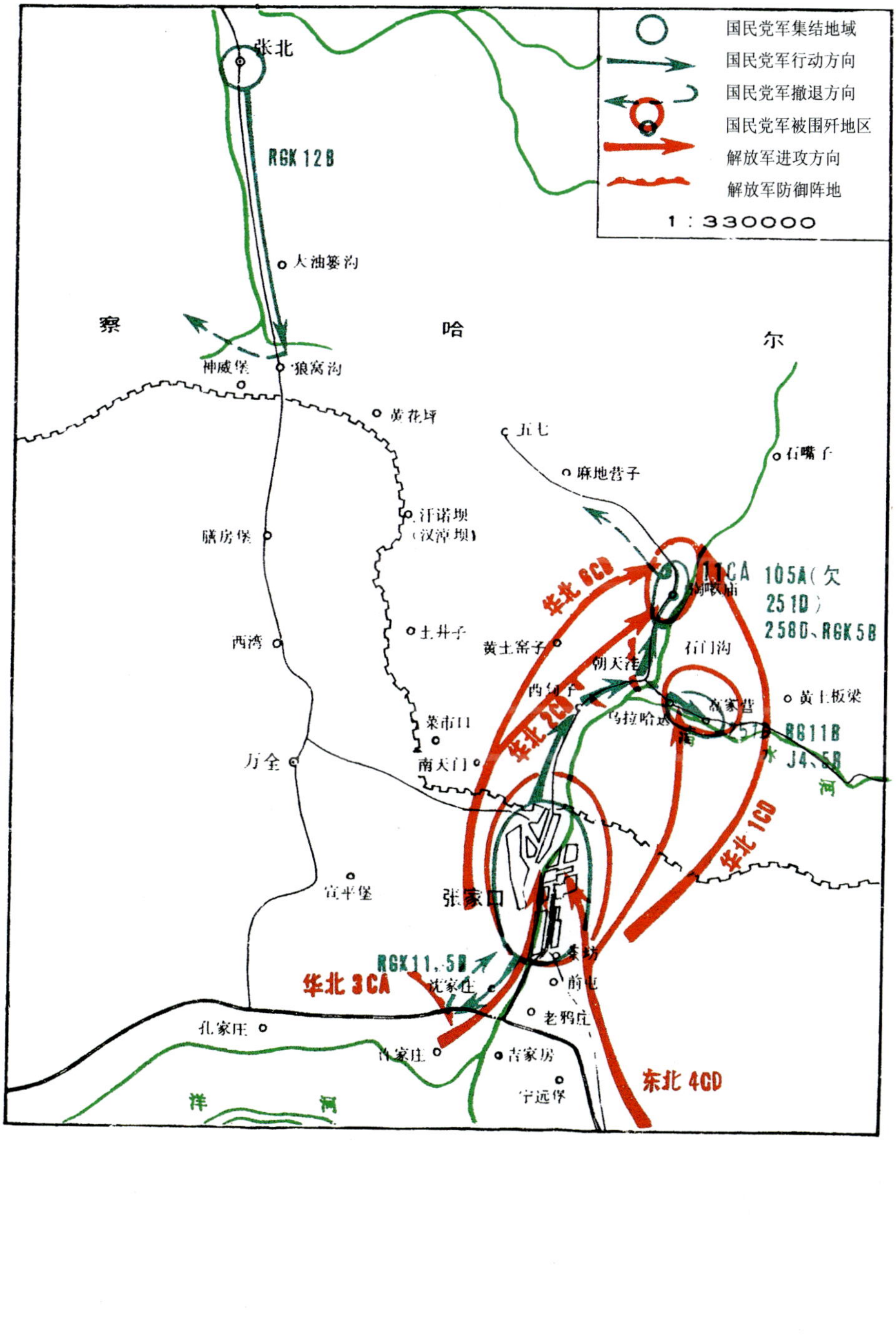

华北“剿总”受编位置图

1949年1月22日—31日

图-12

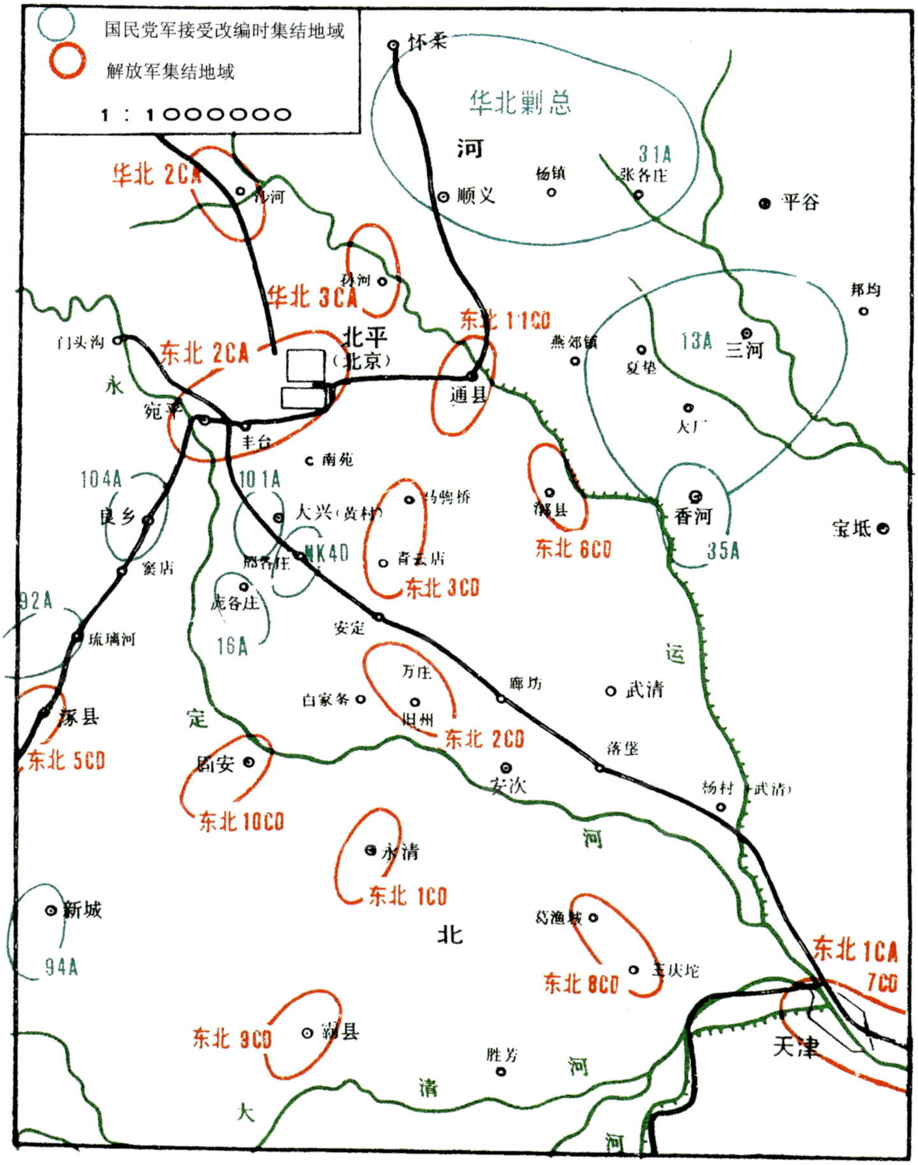